國家社會科學基金重大項目『《朔方文庫》編纂』
（批准號：17ZDA268）經費資助出版

朔方文庫提要圖録

胡玉冰 主編

國家圖書館出版社

圖書在版編目（CIP）數據

朔方文庫・提要圖録 / 胡玉冰主編 .—北京： 國家圖書館出版社，2023.8

ISBN 978-7-5013-7649-0

Ⅰ. ①朔… Ⅱ. ①胡… Ⅲ. ①地方文獻—提要—寧夏—圖録 Ⅳ. ① Z812.243-64

中國版本圖書館 CIP 數據核字（2022）第 219865 號

書　　名　朔方文庫・提要圖録
著　　者　胡玉冰　主編
項目統籌　張愛芳
責任編輯　張慧霞　宋紅垚
責任校對　湯紅霞　王明義
封面設計　徐新狀

出版發行　國家圖書館出版社（北京市西城區文津街 7 號　100034）
（原書目文獻出版社　北京圖書館出版社）
010-66114536　63802249　nlcpress@nlc.cn（郵購）
網　　址　http://www.nlcpress.com
印　　裝　北京金康利印刷有限公司
版次印次　2023 年 8 月第 1 版　2023 年 8 月第 1 次印刷

開　　本　787 × 1092　1/16
印　　張　33.25
字　　数　230 千字
書　　號　ISBN 978-7-5013-7649-0
定　　價　168.00 圓

編纂委員會

主　編　胡玉冰

成　員　（按姓氏筆畫排序）

丁卓源　刁　俊　王　敏　王海英　王婧哲　孔德成　牛露露　田富軍　付明易

司文静　安正發　李　星　李俊易　李曉芳　李彦霞　李新貴　何娟亮　余曉玲

邵　敏　林光釗　柳玉宏　馬小玲　馬建民　姚玉婷　徐遠超　郭婉瑩　孫　佳

孫　瑜　梁　艷　張　倩　張　航　張冠魯　張園園　賀知章　楊　浣　楊富學

楊學娟　蔡淑梅　劉　紅　穆　旋　韓　超　韓中慧　魏　一　魏舒婧

總序

寧夏古稱『朔方』，地處中國西部地區，依傍黄河，沃野千里，有『塞上江南』之美譽。她歷史悠久，民族衆多，文化積澱豐厚。在這片土地上産生并留存至今的古代文獻檔案數量衆多、種類豐富，有傳統的經史子集文獻、地方史志文獻、西夏文等古代民族文字文獻、巖畫碑刻等圖像資料，以及明清、民國時期的公文檔案等。這些文獻檔案記述了寧夏歷朝歷代人們在思想、文化、史學、文學、藝術等各方面的成就，蘊含着豐富而寶貴的、具有地域和民族特色的歷史文化内涵，是中華各民族人民共同的精神和文化財富，保護好、傳承好這批珍貴的文化遺産，守護好各民族共有的精神家園，扎實推進新時期文化的繁榮發展，是寧夏學者義不容辭的責任。

黨和國家歷來高度重視和關心文化傳承與創新事業，積極鼓勵和支持古籍文獻的收集、保護和整理研究工作，改革開放以來，相繼實施了一批古籍文獻整理與研究重大項目，取得了一大批重要成果。二〇一七年一月，中共中央辦公廳、國務院辦公廳印發《關於實施中華優秀傳統文化傳承發展工程的意見》，把中華優秀傳統文化的傳承和發展推上了新的歷史高度。《意見》指出，要『實施國家古籍保護工程』『加强中華文化典籍整理編纂出版工作』。這給地方文獻的整理研究，帶來了新的機遇。

寧夏作爲西部地區經濟欠發達省份，一直在積極努力地推進優秀傳統文化傳承發展事業。二〇一八年五月，《寧夏回族自治區實施中華優秀傳統文化傳承發展工程方案》和《寧夏回族自治區『十三五』時期文化發展改革規劃綱要》正式印發，爲寧夏文化事業的發展繪就了藍圖。自治區政府提出了『小省區也能辦大文化』的理念，决心在地方文化的傳承發展上有所作爲，有大作爲。在地方文獻檔案整理研究方面，寧夏雖資源豐富，但起步較晚，力量不足，國家級項目少。這種狀况與自治區政府對文化事業的發展要求差距不小，亟須迎頭趕上。在充分論證寧夏地方文獻檔案學術價值及整理研究現狀的基礎上，以寧夏大學胡玉冰教授爲首席專家的科研團隊，依托自治區『古文獻整理與地域文化研究』人文社科重點研究基地以及自治區重點學科『中國語言文學』、重點專業『漢語言文學』的人才優勢，全面設計了寧夏地方歷史文獻檔案整理研究與編纂出版的重大項目——『《朔方文庫》編纂』，并於二〇一七年十一月申請獲批立項爲國家社科基金重大項目，這一項目的啓動，得到了國家的支持，也有了更高的學術目標要求。

編纂這樣一部大型叢書，涉及文獻數量大、種類多，時間跨度長，且對學科、對專業的要求高，既是整理，更是研究，必須要有長期的學術積纍、學術基礎和人才支持。作爲項目主編，胡玉冰教授一九九一年北京大學畢業後，一直在寧夏從事漢文西夏文獻、西北地方（陝甘寧）文獻、回族文獻等爲主的古文獻整理研究工作。他是寧夏第一位古典文獻專業博士，已主持完成了三項國家社科基金項目、兩項省部級項目，出版學術專著十餘部。從二〇〇四年主持第一項國家社科基金項目開始，到二〇一七年『《朔方文庫》編纂』作爲國家社科基金重大項目立項，十多年來，胡玉冰一直將研究目標鎖定在地方文獻與民族文獻整理與研究領域。期間，他完成的國家社科基金項目結項成果《寧夏古文獻考述》，是第一部對寧夏古文獻進行分類普查、研究，具有較高學術價值的成果，爲全面整理寧夏古文獻提供了可靠的依據；他完成的《傳統典籍中漢文西夏文獻研究》入選《國家社科基金成果文庫》，爲《朔方文庫·漢文西夏史籍編》奠定了研究基礎；他完成出版的《寧夏地方志研究》，基本摸清了寧夏舊志的家底，梳理清楚了寧夏舊志的版本情況，爲《朔方文庫·寧夏舊志編》奠定了研究基礎。在項目實施過程中，胡玉冰注重與教學結合，重視青年人才培養，重視團隊建設。在寧夏大學人文學院，胡玉冰參與創建的西北民族地區語言文學與文獻博士學位點、中國古典文獻學碩士學位點，成爲寧夏培養古典文獻專業高級專門人才的重要陣地。他個人至今已培養研究生三十多人，這些青年專業人員也成爲『《朔方文庫》編纂』項目較爲穩定的團隊成員。關注相關學術動態，加强與兄弟省區和高校地方文獻編纂同行的學術交流，汲取學術營養，也是《朔方文庫》在實施過程中很重要的一條經驗。

《朔方文庫》是目前寧夏規模最大的地方文獻整理編纂出版項目，其學術意義與社會意義重大。第一，有助於發掘和整合寧夏地區的文化資源，理清寧夏文脉，拓展對寧夏區情的認識，有利於增强寧夏文化軟實力，提升寧夏的影響力，促進寧夏經濟社會全面發展；第二，有助於深入研究寧夏歷史文化的思想精髓和時代價值，具有歷史學、文學、文獻學、民族學等多學科學術意義，推動寧夏人文學科的建設與發展；第三，有助於推進寧夏高校『雙一流』建設，帶動自治區人文社科重點研究基地、重點學科、重點專業以及學位點建設，對於培養有較高學術素質的地方傳統文化傳承與創新的人才隊伍有積極意義；第四，在實施『一帶一路』倡議大背景下，深入探討民族地區文獻檔案傳承文明、傳播文化的價值，可以更好地爲西部地區擴大對外文化交流提供決策支持。

編纂《朔方文庫》，既是堅定文化自信，鑒古開新，傳承和弘揚中華優秀傳統文化的需要，也是服務當下經濟社會文化發展的需要，是一項功在當代、澤被千秋的文化大業。該大型叢書的出版，恰逢寧夏回族自治區成立六十周年，這也説明，在寧夏這樣的小省區可以辦成，而且已經辦成了不少文化大事，對於促進寧夏文化事業的發展、提升寧夏知名度起到了重要作用。同時，也要看到，由於基礎薄弱，條件和力量有限，還有許多在學術研究和文化建設上想辦、要辦而還未辦的大事在等待着我們。我相信，《朔方文庫》的編纂與出版，再一次爲我們提供了經驗，增强了信心，展現了實力。衹要我們放開眼界，集聚力量，發揮優勢，精心設計，培養和選擇好學科帶頭人，一個項目一個項目地堅持下去，一個個單項成績的積纍，就會給學術文化的整體面貌帶來大的改觀，就會做成『大文化』，我們就會做出無愧於寧夏這片熱土、無愧於當今時代的貢獻！

陳育寧

二〇一八年七月於銀川

（教授，博士生導師，寧夏回族自治區政協原副主席，寧夏大學原黨委書記、校長）

前　言

一

寧夏是中華民族遠古文明發祥地之一，古稱『朔方』，地處祖國西部地區，依傍黄河，沃野千里，有『塞北江南』之美譽。所轄靈武市考古發現的『水洞溝遺址』表明，早在四萬年前的舊石器時代，寧夏就有人類在此生息繁衍。公元前三世紀，秦始皇統一六國後，在此設北地郡，派兵屯墾，興修水利，開創了寧夏引黄灌溉的歷史。兩漢時期，設北地郡、安定郡。唐朝，寧夏全境屬關内道，唐玄宗開元九年（721）在靈州（今寧夏回族自治區吴忠市、靈武市一帶）置朔方節度使。宋仁宗寶元元年（1038），党項族首領元昊以今寧夏爲中心，建立西夏國，定都興慶府（今寧夏回族自治區銀川市）。元滅西夏後，設寧夏路，始有『寧夏』之名。明設寧夏鎮、寧夏衛，清設寧夏府。民國十八年（1929），國民政府成立寧夏省。新中國成立後，一九五八年十月二十五日成立寧夏回族自治區。

新中國成立之初，寧夏北部爲寧夏省，轄一市（銀川市），一鎮（吴忠鎮，一九五〇年十一月升置縣級吴忠市），兩旗（阿拉善旗、額濟納旗），十三縣（賀蘭、寧朔、靈武、平羅、磴口、中衛、中寧、金積、同心、陶樂、永寧、惠農、鹽池）。南部固原、海原、西吉、隆德、化平五縣屬甘肅省。一九五四年六月，寧夏省建制撤銷，并入甘肅省，北部爲銀川專區、河東回族自治區，南部爲西海固回族自治區和涇源回族自治區。一九五八年十月成立寧夏回族自治區，轄兩市（銀川、吴忠），一專區（固原專區），十七縣。一九六九年，阿拉善左旗由内蒙古自治區劃入寧夏，一九七九年復劃歸内蒙古。

寧夏回族自治區现轄五個地級市，二十二個縣、市（區），其中銀川市轄三區兩縣一市（興慶區、金鳳區、西夏區、永寧縣、賀蘭縣、靈武市），石嘴山市轄兩區一縣（大武口區、惠農區、平羅縣），吴忠市轄兩區兩县一市（利通區、紅寺堡區、鹽池縣、同心縣、青銅峽市），固原市轄一區四縣（原州區、西吉縣、隆德縣、涇源縣、彭陽縣），中衛市轄一區兩縣（沙坡頭區、中寧縣、海原縣）。

二

古代文獻檔案整理研究是文化興盛的基石，是建設優秀傳統文化傳承體系的基礎性工作。寧夏古代文獻檔案種類豐富、數量衆多，既有傳統的經史子集文獻、地方史志文獻、碑石出土文獻，又有西夏文等古代民族文字文獻，贺兰山巖畫等圖像資料，以及明、清、民國時期的公文檔案等，這些文獻檔案記述了寧夏歷代人在思想、文化、史學、文學、藝術等各方面的成就，蘊含着豐富而寶貴的、具有地域和民族特色的歷史文化内涵，是中華各民族人民共同的精神和文化財富。

二〇一七年十一月，由胡玉冰教授擔任首席專家的『《朔方文庫》編纂』項目立項爲國家社會科學基金重大項目。該項目是目前寧夏規模最大的地方文獻檔案整理編纂出版項目，項目組成員堅持『傳承、整理、研究、創新』的原則，第一次全面系統地分類、分專題整理研究，集成式彙編出版與寧夏相關的文獻檔案，理清寧夏文獻檔案『家底』，『讓書寫在古籍裏的文字活起來』，推動中華優秀傳統文化創造性轉化，創新性發展。

『《朔方文庫》編纂』項目組整理研究的寧夏文獻檔案主要包括四大類：第一大類，形成於一九四九年以前的、由寧夏籍歷史人物撰寫的傳世文獻，或著述的作者非寧夏籍，但其内容與寧夏直接有關的傳世文獻。主要包括寧夏舊志、歷代士人著述、漢文西夏史籍等，如明朱㮵修《［正統］寧夏志》、明管律撰《芸莊雜録備遺》、清周春撰《西夏書》等；第二大類，在今寧夏轄境内出土的、一九四九年以前形成的各種出土文獻資料，或出土於寧夏轄境之外，内容與寧夏直接有關的出土文獻，如固原南郊隋唐墓地出土碑石、西夏陵殘碑等；第三大類，寧夏各單位館藏入選《國家珍貴古籍名録》的古籍，以及流傳稀少、具有特殊研究價值的公藏文獻，如《漢石例》《香南精舍金石契》等；第四大類，存藏於中國第一歷史檔案館、中國國家圖書館、故宫博物院、臺北故宫博物院、臺北『中央研究院』歷史語言研究所等單位的有關寧夏的上諭、硃批、奏議等珍貴文書檔案。

本項目組對上述四類寧夏古代文獻檔案全面普查，理清『家底』，在此基礎上，對其進行影印、整理、研究，并進一步進行專題資料彙編、專題目録編纂。經過項目組同仁和學界同仁的不懈努力，截至目前，已出版影印類成果《朔方文庫》《朔方文庫補編》，出版整理類成果《寧夏珍稀方志叢刊》《〈西夏書〉校補》《〈西夏書事〉校注》等，出版研究類成果《寧夏舊志研究》《寧夏明清人士著述研究》，即將出版的專題資料彙編類成果《明清时期寧夏文書檔案彙編》《寧夏古代詩文彙編》《寧夏古代地理史料彙編》《寧夏古舊地圖集》《西北五省方志序跋凡例彙編》等；專題目録《西北五省方志目録新編》業已定稿。《寧夏回族自治區圖書館古籍普查登記目録》《寧夏回族自治區二十家收藏單位古籍普查登記目録》《寧夏回族自治區珍貴古籍名録圖録》《寧夏大學圖書館藏古籍書目》四書基本完整呈现了寧夏各單位館藏古籍全貌，但寧夏傳世文獻、出土文獻、文書檔案等尚未彙編出版總目。

三

將一地全部文獻彙編成地方藝文志的做法古已有之，專門的寧夏藝文志却一直闕如。《〔民國〕朔方道志》卷三十一《志餘下・著作》首次梳理出自西夏至清代寧夏歷史人物著述二十六種，顯非寧夏文獻全貌。爲全面呈現寧夏古文獻概貌，便於學界更好地理清寧夏文脉，講好寧夏故事，胡玉冰教授組織編寫了『寧夏藝文志』《朔方文庫・提要圖録》。其具體編寫方法如下：

（一）全書以彙集寧夏古代文獻典籍數量最多、資料最全的叢書《朔方文庫》《朔方文庫補編》所輯《寧夏舊志編》《歷代人物著述編》《漢文西夏史籍編》《寧夏典藏珍稀文獻編》四編爲序，對各編所收編纂成册的傳統文獻逐一撰寫提要，彙編成目（爲區分《朔方文庫》〔2018 年出版〕與《朔方文庫補編》〔2023 年出版〕所收書目，《朔方文庫補編》書名均標注『*』）。提要内容主要包括文獻名稱、卷數、著者及其生平簡介、文獻版本、文獻内容、文獻價值等。每篇提要均配有書影，并附撰寫人姓名。

（二）《寧夏舊志編》共著録舊志三十六種，先列通志七種；次按今寧夏行政區劃，依次編排銀川市、石嘴山市、吴忠市、固原市、中衛市等五市分志二十七種；末列日本人所編《支那省别全志·甘肅省附新疆省》《新修支那省别全志·甘肅寧夏省》兩種。

（三）《歷代人物著述編》共著録七十六種①，主要包括三類著述。第一類爲寧夏籍士人著述，如清代俞益謨爲今寧夏青銅峽市人，著録其《辦苗紀略》《青銅自考》等。第二類爲寓居寧夏或曾在寧夏爲官者著述，其作者雖非寧夏籍，但一生行事與寧夏有密切關係，且其著述載有相關寧夏的内容，如清代楊芳燦原籍爲江蘇無錫人，曾任靈州知州十二年，故著録其《荆圃倡和集》等。第三類爲西夏遺民著述，如元朝余闕爲唐兀氏即西夏遺民，故著録其《青陽先生文集》。按時代統計，共著録西晋著述十二種，唐代著述三種，元代著述四種，明代著述二十三種（其中新編著述三種，共收書十八種，實收明代著述三十八種），清代著述三十四種（其中新編著述一種，共收書三種，實收清代著述三十六種）。

（四）《漢文西夏史籍編》共著録編輯成册的傳統文獻十三種，散見漢文西夏文獻一種。傳統文獻均

① 本數據是《朔方文庫·提要圖録》著録的條目數量。明楊一清、胡侍、毛伯温，清龔景瀚的著述種類較繁，卷數多寡不一，不便逐一給予提要。故筆者將其著述編爲一集，重擬書名，集中提要叙述。其中，明楊一清撰《楊一清文集》《關中奏議全集》《西征日録》《制府雜録》《吏部獻納稿》《宸翰録》《閣諭録》《密諭録》《督府稿》《石淙詩稿》十種，總名《楊一清集》；胡侍撰《胡蒙谿詩集》《胡蒙谿文集》《胡蒙谿續集》三種，總名《胡蒙谿詩文集》；毛伯温撰《毛襄懋先生文集》《東塘集》《毛襄懋先生奏議》《别集》《附録》五種，總名《毛襄懋詩文集》。清代龔景瀚撰《澹静齋文鈔》《外篇》《澹静齋詩鈔》三種，總名《龔景瀚詩文集》。故《朔方文庫·提要圖録》實際收歷代人物著述九十三種，其中西晋人物著述十二種，唐代人物著述三種，元代人物著述四種，明代著述三十八種，清代著述三十六種。詳下文。

爲明清及近代士人所編纂的西夏專史，包括明代文獻兩種，清代文獻八種，近代文獻三種。《宋元人編西夏專題史料提要》扼要介紹散見的漢文西夏專題文獻。傳世漢文西夏專史的史料一般取材於宋元人編歷史文獻，特別是西夏專題文獻。其中，宋人編西夏專題文獻的類型主要有詔令專題、奏議專題和歷史專題。與西夏有關的詔令最爲集中的是收録在《宋朝大詔令集・政事門》中的《西夏》專題部分。奏議最爲集中的是《宋朝諸臣奏議・邊防門》中的《遼夏》專題部分。歷史專題主要有《武經總要・邊防・西蕃地界》《東都事略・西夏傳》《建炎以來朝野雜記・西夏扣關》《宋朝事實類苑・安邊禦寇・西夏》《隆平集・夏國傳》等。元人編西夏專題史料最爲突出的成績是編纂了《宋史》卷四百八十五至卷四百八十六的《夏國傳》，《遼史》卷一百一十五《西夏外記》，《金史》卷一百三十四《西夏傳》。這批宋元時期編纂的歷史文獻較爲散見，故集中給予提要。

（五）《寧夏典藏珍稀文獻編》共著録七種，以珍貴、稀見爲原則，從學術資料、成書時代、藝術價值等角度考慮著録典藏於寧夏各單位的善本文獻，特別是入選《國家珍貴古籍名録》者。截至二〇二一年十二月，在已公布的六批《國家珍貴古籍名録》中，寧夏四家單位的十二種古籍入選。其中，寧夏文物考古研究所入選六種，寧夏大學入選三種，寧夏回族自治區圖書館入選兩種，寧夏回族自治區博物館入選一種。入選古籍中，七種爲西夏文古籍，五種爲漢文古籍。本編著録其中的四種漢文古籍，另外著録三種寧夏大學圖書館館藏善本。

（六）《朔方文庫》於二〇一八年正式出版，因各種原因，一些寧夏古代文獻未能彙編出版。二〇二三年，

《朔方文庫補編》正式出版，其收録文獻的範圍、編纂原則與《朔方文庫》相同，編入寧夏古代文獻共三十六種，其中古籍十九種，文書檔案十七種。凡古籍皆撰寫有提要，文書檔案不撰提要。

（七）西夏文文獻、漢文西夏文獻屬寧夏特色文獻，學界已有集成式彙集之作《俄藏黑水城文獻》等出版，也有相關目録提要出版。寧夏民國文獻相對完整地彙輯於《民國時期寧夏文獻集成》之中，亦有目録之作問世。爲避免重複，除舊志中的民國舊志、西夏遺民文獻、漢文西夏史籍外，《朔方文庫·提要圖録》不再著録其他西夏文獻和寧夏民國文獻。存藏於中國第一歷史檔案館、故宫博物院、中國國家圖書館、臺北故宫博物院、臺北『中央研究院』歷史語言研究所等單位的有關古代寧夏的上諭、硃批、奏議等珍貴文書檔案，但迄今爲止，這些檔案尚未全部公開，被專題研究者更少。『《朔方文庫》編纂』項目組將據公開出版物編輯出版《明清时期寧夏文書檔案彙編》，并據公開資料編輯出版《明清時期寧夏文書檔案目録》，故在《朔方文庫·提要圖録》中對寧夏古代文書檔案也不予著録。

四

《朔方文庫·提要圖録》述及的陝西、甘肅、浙江、雲南等省通志，除特别注明外，其版本均爲影印文淵閣《四庫全書》本，行文時一律簡稱《某某通志》，不再標注其成書年號。有些工具書、舊志、單位等在本著作中多次述及，除直接引文、内容標題、脚注出處以及需要其他特殊的表達外，工具書、陝甘寧三省舊通志和部分書名較長的地方舊志、館藏單位等，在本著作中一律用簡稱。其他各編文獻若有簡稱，皆隨文注明，如『《振武將軍陝甘提督孫公思克行述》（簡稱《行述》）』。

文獻全稱與簡稱對照表

全稱	簡稱
工具書	
《隴右方志録》	《隴右録》
《中國地方志綜録》	《方志綜録》
《中國地方志聯合目録》	《聯合目録》
《中國地方志總目提要》	《總目提要》
《稀見地方志提要》	《稀見提要》
《西北五省（區）社會科學院館藏古籍綫裝書、西北地方文獻、外文及港臺報刊聯合目録》	《西北目録》
《西北史籍要目提要》	《西北提要》
《寧夏地方文獻聯合目録》	《寧夏目録》
《甘肅省圖書館藏地方志目録》	《甘肅目録》
《天一閣藏明代地方志考録》	《天一閣録》
《新編天一閣書目》	《新天一閣》
陝甘寧舊志	
《［嘉靖］陝西通志》	《嘉靖陝志》
《［乾隆］陝西通志》	《乾隆陝志》
《［乾隆］甘肅通志》	《乾隆甘志》
《［宣統］甘肅新通志》	《宣統甘志》
《［正統］寧夏志》	《正統寧志》

《[弘治]寧夏新志》	《弘治寧志》
《[嘉靖]寧夏新志》	《嘉靖寧志》
《[乾隆]寧夏府志》	《乾隆寧志》
《[萬曆]朔方新志》	《萬曆朔志》
《[民國]朔方道志》	《民國朔志》
《[康熙]新修朔方廣武志》	《康熙廣武志》
《[嘉靖]固原州志》	《嘉靖固志》
《[萬曆]固原州志》	《萬曆固志》
《[咸豐]固原州憲綱事宜册》	《事宜册》
《[宣統]新修固原直隸州志》	《宣統固志》
《[民國]固原縣志》	《民國固志》
《[康熙]隆德縣志》	《康熙隆志》
《[道光]隆德縣續志》	《道光隆志》
《[民國]重修隆德縣志》	《民國隆志》
《[宣統]新修硝河城志》	《宣統硝河志》
《[道光]續修中衛縣志》	《續中衛志》
《[乾隆]鹽茶廳志備遺》	《廳志備遺》
《[光緒]新修打拉池縣丞志》	《打拉池志》
《[民國]支那省別全志》	《省别全志》
《[民國]新修支那省別全志》	《新修全志》
其他文獻	
《續資治通鑑長編》	《長編》

《朔方文庫・提要圖録》由胡玉冰主編、統稿，寧夏大學、北方民族大學、寧夏師範學院、寧夏回族自治區博物館、寧夏回族自治區圖書館等單位的四十多位學者和研究生參與提要撰寫工作，田富軍、邵敏、馬建民、安正發、徐遠超、韓超、韓中慧、付明易等文獻提要撰稿人也是該文獻的整理者。本著作統稿時，除對撰寫體例、撰寫内容进行必要的統一外，对撰稿人文字叙述及寫作風格不强求一律。文中錯誤之處在所難免，敬請大方之家批評指正。

胡玉冰

二〇二三年五月

目録

歷代人物著述編

西晋

唐代

元代

明代

清代

寧夏典藏珍稀文獻編

漢文西夏史籍编

附録

主要參考文獻

寧夏舊志編

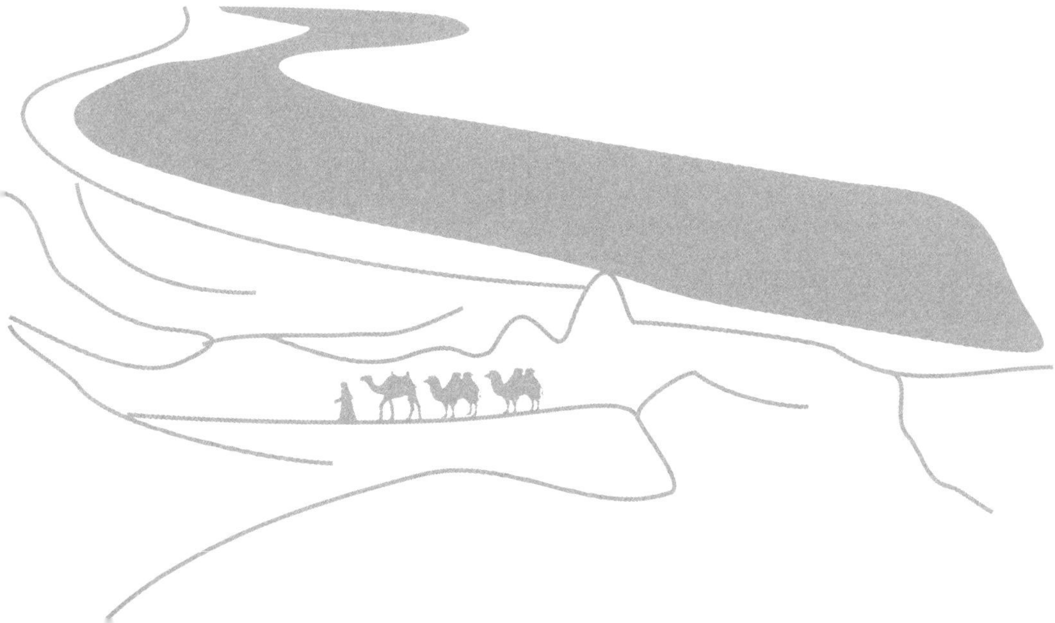

通志

［正統］寧夏志

《［正統］寧夏志》二卷，明朱㮵纂。

朱㮵（1378—1438），號凝真。明太祖朱元璋第十六子，生於明太祖洪武十一年（1378）正月，二十四年（1391）四月封爲慶王，二十六年（1393）五月入韋州就藩，明惠帝建文三年（1401）十二月遷王府於寧夏鎮城（今寧夏回族自治區銀川市），英宗正統三年（1438）八月薨，賜謚曰靖，史稱靖王或慶靖王。其生平資料參見《明實録》之《太祖高皇帝實録》《太宗文皇帝實録》《仁宗昭皇帝實録》《宣宗章皇帝實録》《英宗睿皇帝實録》，《明史》卷一百零二《諸王世表三》、卷一百一十七《慶王㮵傳》，《弘治寧志》卷一《寧夏總鎮·藩封》、卷二《人物·國朝·宗室文學》，《嘉靖寧志》卷一《封建·宗室》，以及寧夏同心縣大羅山下韋州鄉周新莊村出土的《慶王壙志》（現藏寧夏回族自治區博物館）。

《正統寧志》是傳世的寧夏舊志中成書時間最早的一部，日本國立國會圖書館藏明萬曆二十九年（1601）

重刻本，海内外孤本。原爲明徐𤊹所藏，後於康熙五十三年（1714）傳入日本。該本版框高二十一點九厘米，寬十五點二厘米，四周雙邊，白口，雙黑魚尾。上書口題書名『寧夏志』，上魚尾之下有一圓圈符號。兩魚尾間標卷次及頁次。下書口有刻工名氏『圻』『池』『川』『章』等共十三個。《正統寧夏志》未定稿，或自文獻典籍中徵引事隸寧夏者，或取諸口傳資料，亦有實地調查取材者，編寫體例不一，行文及内容編排上也有不嚴謹之處，出現誤字、脱文、衍文等問題。傳世的《正統寧夏志》書非全帙，朱永齋萬曆二十九年（1601）《重刻寧夏志序》前缺五頁内容。

《正統寧夏志》分上、下兩卷，共三十八目。正文前有《重刻寧夏志序》一篇、《寧夏志目録》。卷上包括《沿革》《分野》《風俗》《疆》（目録中録爲《疆場》）《城垣》《街坊》《山川》《土産》《土貢》《壇壝》《屬城》《古迹》

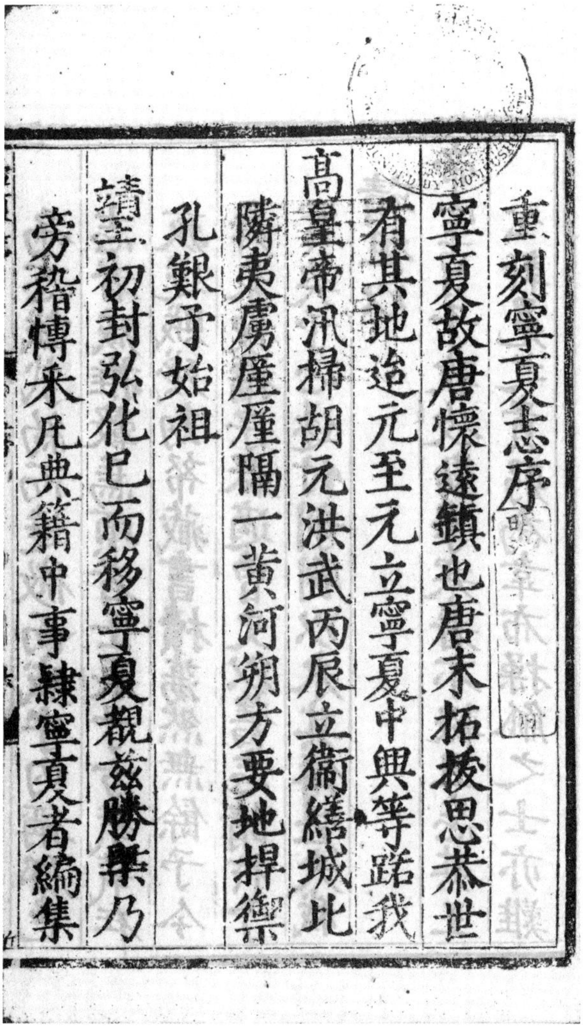

《寺觀》《祠廟》《學校》《貢舉》《人物》《孝行》《名宦》《名僧》《死王事》《津渡》《陵墓》《橋》《園》《壩》《河渠》《鹽池》《屯田》《職官》《驛傳》《牧馬監苑》《公宇》《祥異》《雜志》等三十五目，卷下包括《文》《題咏》《詞》等三目，共録文十三篇，録詩一百零七首，録詞十四首。

作爲寧夏傳世的第一部地方志，《正統寧志》有獨特的利用價值。第一，該志在類目設置上符合明永樂年間頒降的《纂修志書凡例》的要求，爲研究明初期方志提供了標準的研究文本。第二，提供了豐富的明寧夏史地資料。第三，所輯人物事迹資料可豐富對明寧夏歷史人物的研究。第四，行文中避當朝者諱的現象，可以從一個側面反映明朝宮廷內部鬥争的激烈。第五，所録西夏史料，爲研究明西夏文

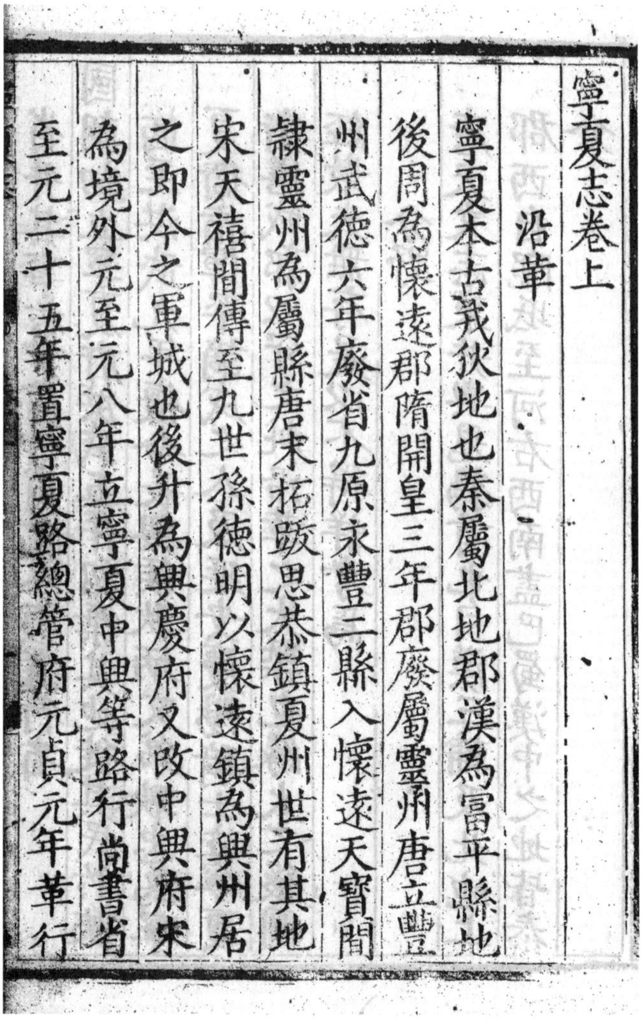
寧夏志卷上
沿革
寧夏本古戎狄地也秦屬北地郡漢為富平縣地後周為懷遠郡隋開皇三年郡廢屬靈州唐立豐州武德六年廢省九原永豐二縣入懷遠天寶間隸靈州為屬縣唐末拓跋思恭鎮夏州世有其地宋天禧間傳至九世孫德明以懷遠鎮為興州居之即今之軍城也後升為興慶府又改中興府宋為境外元至元八年立寧夏中興等路行尚書省至元二十五年置寧夏路總管府元貞元年革行

獻提供了寶貴的一手資料。志書多處記載與西夏相關的史事，在《雜志》類目下開始系統整理西夏歷史，這些都被其後編修寧夏方志者所繼承并發揚。

最早提及并利用《正統寧志》者是明王珣、胡汝礪。胡汝礪編修《弘治寧志》，主要動機之一就是要補《正統寧志》之缺漏，且在編修新志時還以《正統寧志》爲主要參考文獻。明周弘祖《古今書刻》上編最早著録《正統寧志》。日本學者松岡玄達於日本中御門天皇正德四年（1714）在其《再續州府縣志摘録》中删抄《正統寧志》卷上《土産》的部分内容，是目前所知海外最早利用《正統寧志》者。《日本主要圖書館・研究所所藏中國地方志總合目録》《隴右録》《聯合目録》《寧夏目録》《甘肅目録》《總目提要》等對《正統寧志》有著録。高樹榆、吴忠禮、陳永中、胡玉冰等撰文研究過該志，吴忠禮、胡玉冰、孫瑜等有該志的整理成果。中國社會科學出版社二〇一五年出版的胡玉冰、孫瑜校注《正統寧志》，以日本國立國會圖書館藏明萬曆二十九年（1601）重刻本爲底本，以《弘治寧志》《嘉靖寧志》等爲參校本，部分整理成果參考寧夏人民出版社一九九六年出版的吴忠禮著《寧夏志箋證》。

（胡玉冰　孫瑜）

［弘治］寧夏新志

《［弘治］寧夏新志》八卷，明王珣修，明胡汝礪纂，明馮清重纂。

王珣（？—1508），字德潤，山東曹縣人。明弘治十一年（1498）十月戊子，王珣巡撫寧夏。《明實録·武宗毅皇帝實録》卷三十八、《萬姓統譜》卷四十五載王珣事甚詳。另外，《弘治寧志》卷二、《嘉靖寧志》卷二、《萬曆朔志》卷二、《［康熙］兖州曹縣志》卷十三等均有王珣專傳。其編修《湖州府志》二十四卷，著有《邊備奏稿》《邊務奏稿》各十卷，《應議奏稿》《南野詩稿》各二卷。《弘治寧志》卷八録其《行臺視事》《開靖虜渠》《新設靈州》等詩。

胡汝礪（1465—1510），字良弼，號竹巖，又號竹山，原爲應天府溧陽（今江蘇省溧陽市）人，其父謫戍寧夏，遂爲寧夏人。明憲宗成化二十二年（1486）丙午科舉人，二十三年（1487）丁未科進士，纍官至兵部尚書。《國朝獻徵録》卷三十八、《明史稿》卷一百七十二有傳。著有《竹巖集》《弘治寧志》等。《竹巖集》在《千頃堂書目》卷二十有著録，已佚。唯《弘治寧志》傳世。

馮清，生卒年不詳，字汝揚，別號濯庵，浙江餘姚縣人①。明弘治六年（1493）癸丑科進士，明正德七年（1512）

① 《嘉靖陝志》卷二十二《職官》載，馮清爲順天府宛平縣人。

巡撫寧夏，八年（1513）主持重纂《寧夏新志》，九年（1514）離任時止。《千頃堂書目》卷二十一載其有《濯庵集》二卷，惜不傳。

明孝宗弘治十三年（1500），胡汝礪受寧夏巡撫王珣之命開始編修《弘治寧志》，十四年（1501）春修成初稿，李端澄對全稿校閲後呈送王珣，王珣閲畢同意刊行。武宗正德八年

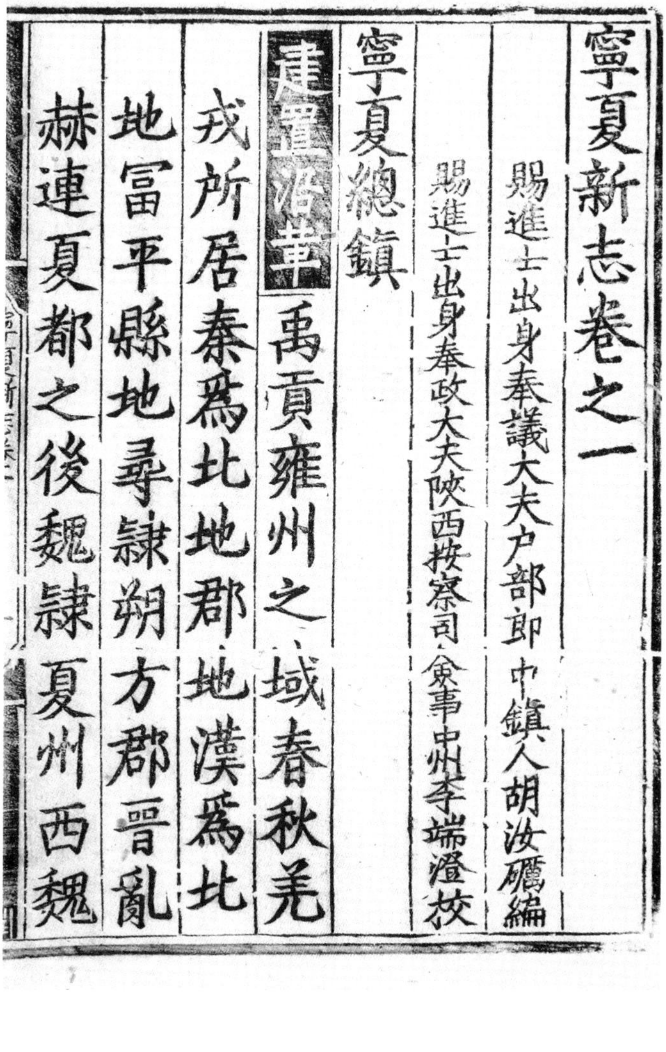
寧夏新志卷之一
賜進士出身奉議大夫户部郎中鎮人胡汝礪編
賜進士出身奉政大夫陝西按察司僉事中州李端澄校
寧夏總鎮
建置沿革 禹貢雍州之域春秋羌
戎所居秦爲北地郡漢爲北
地富平縣地尋隸朔方郡晋亂
赫連夏都之後魏隸夏州西魏

（1513），寧夏巡撫馮清重纂《寧夏新志》。《弘治寧志》傳世本藏於寧波市天一閣博物院，孤本。版框高二十二厘米，寬十五點七厘米，每半頁八行，行十三字，四周雙邊，黑口，雙黑魚尾。卷二缺前兩頁，卷七內容全缺。記事最晚至正德九年（1514），有明顯的補版特徵。天一閣藏本《弘治寧志》很有可能是

正德九年或之後刊印的馮清重纂的《寧夏新志》，而不是通常認爲的胡汝礪弘治十四年原刻初印《弘治寧志》本。

《弘治寧志》正文前内容包括王珣撰《寧夏新志序》《目録》《凡例》《引用書目》《寧夏城圖》《國朝混一寧夏境土之圖》，二圖是寧夏舊志地圖中成圖時間最早的。正文共八卷二十一類七十五目。卷一《寧夏總鎮》下設《建置沿革》《分野》《郡名》《形勝》《風俗》《界至》《山川》《城池》《藩封》《人品》《物産》《土貢》《田賦》《差役》《户口》《優贍》《寶印》《公署》《壇壝》《宫》《園》《軒》《樓閣》《亭》《齋館》《塢榭》《池沼》《莊所》《洲渚》《橋渡》《景致》《街坊》《市集》《倉庫》《驛鋪》《學校》《寺觀》《祠廟》《水利》《關隘》《斥候》《邊防》《屯戍》《屬城》《營堡》《牧馬監苑》《官吏》《軍馬》《禄俸》《軍餉》《輸運》《古迹》《陵墓》五十三目。卷二包括《人物》《宦迹》《朝使》《俘捷》《祥異》《仙釋》《鄉飲》《祭祀》《經籍》九類，其中《人物》下設《宗室文學》《流寓》《科目》《監生》《恩例》《恩封》《武階》《孝行》《忠節》《烈婦》《孝婦》《節婦》《直衛》《義民》十四目，《宦迹》下設《主將》《副將》《鎮守内臣》《巡撫》《游擊將軍》《督儲》《監槍内臣》《都指揮》八目。本卷缺前兩頁，所缺當爲《人物》類内容。卷三主要記載靈州、韋州、花馬池營、興武營、寧夏中衛、廣武營等六處州營沿革、界至、户口、賦役、公署、人物、宦迹等。卷四《沿革考證》主要對寧夏元朝以前的歷史進行簡單梳理。卷五《赫連夏考證》主要對赫連勃勃建立之大夏國興亡歷史進行簡單梳理，末附胡汝礪史論。卷六《拓跋夏考證》爲西夏簡史，對於研究明漢文西夏文獻而言有重要價值。卷七《文章》全佚，具體内容不可考。卷八《雜咏》，録詩詞文共二百零六篇，其中唐、宋、元、明四朝與寧夏有關的詩歌共一百九十首，録詞十三首，録文三篇。志末爲胡汝礪《寧夏新志後序》。

《弘治寧志》在傳世的寧夏舊志中成書時間僅次於《正統寧志》，從編纂體例看，遠比《正統寧志》規範、成熟。從志書内容看，也遠豐富於《正統寧志》，對其後編修的寧夏志書影響也很明顯。嘉靖十九年（1540）八月，在寧夏巡撫楊守禮的督請下，管律重修、孟霦重校之《嘉靖寧志》完稿，并正式刊印行世，此志正是在《弘治寧志》的基礎上重修的。清汪繹辰於乾隆二十年（1755）編修完成《銀川小志》之《竊據》，内容全部襲自《弘治寧志》。

《萬卷堂書目》《天一閣書目》《千頃堂書目》《明史・藝文志》《隴右録》《聯合目録》《寧夏目録》《甘肅目録》《總目提要》《新天一閣》等書目對《弘治寧志》有著録。吴忠禮、胡迅雷、胡玉冰等撰文研究過該志，范宗興、胡玉冰、曹陽等有該志的整理成果。中國社會科學出版社二〇一五年出版的胡玉冰、曹陽校注《弘治寧志》，以明弘治十四年（1501）刻本爲底本，以《正統寧志》《嘉靖寧志》等爲參校本，部分整理成果參考寧夏人民出版社二〇一〇年出版的范宗興箋證《弘治寧志》。

（胡玉冰）

［嘉靖］寧夏新志

《［嘉靖］寧夏新志》八卷，明楊守禮修，明管律纂，明孟霦重校。

楊守禮（1484—1555），字秉節，號南澗，蒲州（今山西省永濟市）人。明嘉靖十八年（1539），楊守禮巡撫寧夏。《明史》卷二百、《山西通志》卷一百二十五《人物》有楊守禮傳。《山西通志》卷一百九十八載瞿景淳撰寫《太子少保兵部尚書兼都察院右都御史楊公墓誌》，載楊守禮家世、仕履等事頗詳。嘉靖十九年（1540），楊守禮修成《籌邊録》，備載其政績，對於研究西北邊防有重要價值，惜今不傳。

管律（1481？—1544？），字應韶，號芸莊，自稱賀蘭山人，寧夏人。明武宗正德十一年（1516）丙子科舉人，十六年（1521）辛巳科進士，除刑科給事中，以憂歸，復除直隸長垣縣丞，仕終山西高平知縣。《萬姓統譜》卷八十一、《乾隆甘志》卷三十三《選舉》等載其仕履。有《芸莊雜録備遺》十六卷傳世（詳後），另有多篇文獻散見於《嘉靖寧志》及《［康熙］延綏鎮志》《乾隆甘志》等。寧夏銀川市還出土有管律撰寫的墓誌銘。

孟霦，生卒年不詳，字孔章，號未泉，澤州（今山西省晋城市澤州縣）人。嘉靖十七年（1538），孟霦任督儲寧夏河西道。《山西通志》卷一百二十二《人物》、《嘉靖陝志》卷五十二《名宦》、《嘉靖寧志》

卷二《宦迹·督儲》、《萬曆朔志》卷二等有傳。其《寧夏吟》《邊樓》見載於《乾隆甘志》卷四十九《藝文》，《仙樂臺》見載於《雲南通志》卷二十九之十三《詩》。《南塘詩》《觀赤木口詩》《觀赤木口詩序》等十餘篇詩文見載於《嘉靖寧志》。

嘉靖七年（1528），寧夏巡撫翟鵬建議重修寧夏志書，未定稿。十九年（1540）八月，巡撫楊守禮督請管律重修、孟霦重校之《嘉靖寧志》完稿，并最早於當年十二月正式刊印行世。傳世本藏於寧波市天一閣博物院，孤本，有補版痕迹，非原版初印本。版框高二十一厘米，寬十五點六厘米，每半頁八行，行二十字，四周單邊，白口，單白魚尾。卷端題名作『寧夏新志』，版心題名省作『寧夏志』。卷二缺第十九、二十六兩頁。

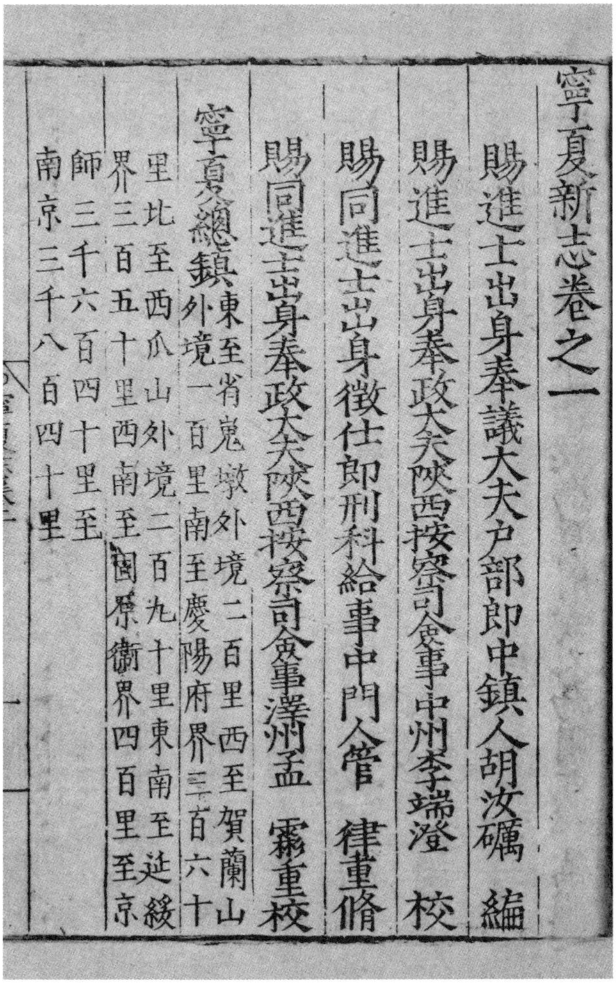

《嘉靖寧志》正文前内容包括楊守禮、王珣所作《序》各一篇，《寧夏新志目録》《國朝混一寧夏境土之圖》《寧夏城圖》《南塘圖》《金波湖圖》。正文八卷。卷一包括《寧夏總鎮》《建置沿革》《郡名》《形勝》《風俗》《山川》《關隘》《邊防》《水利》《橋渡》《街坊》《物産》《土貢》《封建》《王府》《公署》《五衛》《南路守備》《北路守備》十九目，卷二包括《壇壝祠祀》《宦迹》《人物》《選舉》《武階》《忠孝節義》《技能》《仙釋》《祥異》《寺觀》《游觀》《景致》《古迹》《俘捷》《陵墓》十五目。卷三目録標注有《中路靈州》《五馬驛遞》《韋州》《西路中衛》《廣武營》《鳴沙州》《東路後衛》《興武營》《鐵柱泉》九目，正文依次作《靈州守禦千户所》《韋州》《中衛》《西路廣武營》《寧夏後衛》《東路興武營守禦千户所》六目。卷四、卷五、卷六分别是《沿革考證》《赫連夏考證》《拓跋夏考證》。卷七至卷八《寧夏文苑志》專録詩文。共録詩二百九十五首、詞十三首、文四十九篇，涉及作者近百人。其中録馮清詩最多，有十三首，録朱㮵詞最多，有七首。志末附胡汝礪、孟霦、管律所作《後序》各一篇。

《嘉靖寧志》的文獻價值體現在多個方面。第一，《嘉靖寧志》上承《弘治寧志》而編，補充了明弘治之後至嘉靖十九年（1540）間與寧夏有關的史實，使明寧夏各方面資料没有斷層，爲研究明代寧夏歷史、政治、經濟、軍事、文學、人物等問題提供了大量第一手的資料。編修方法比《弘治寧志》更加科學、嚴謹，反映了明寧夏舊志編修人員具備了較高的修志水準。第二，該志所載資料雖然是就寧夏一地而言，却具有全國層面的研究價值。如有關經濟方面的諸多資料，爲我們提供了一個素材豐富的明代軍屯經濟研究標本。

第三，《嘉靖寧志》徵引了大量的詩文入志，這些詩文有的見存於原作者的詩文集或其他文獻中，有的僅見於《嘉靖寧志》，因此，《嘉靖寧志》所引詩文是整理他書很好的校勘資料或輯佚資料，而獨見於《嘉靖寧志》中的詩文研究價值就更高。

《内閣藏書目録》《千頃堂書目》《天一閣録》《聯合目録》《稀見提要》《寧夏目録》《甘肅目録》《總目提要》《新天一閣》等對《嘉靖寧志》有著録，陳明猷、牛達生、胡迅雷、胡玉冰等撰文研究過該志，陳明猷、邵敏有該志的整理成果。中國社會科學出版社二〇一五年出版的邵敏校注《嘉靖寧志》，以明嘉靖十九年（1540）刻本爲底本，以《弘治寧志》等爲參校本，部分成果參考寧夏人民出版社一九八二年出版的陳明猷點校《嘉靖寧志》。

（胡玉冰　邵敏）

［萬曆］朔方新志

《［萬曆］朔方新志》五卷，明楊應聘修，明楊壽纂。

楊應聘（1556—1620），字行可，號楚璞，安徽懷遠人。明萬曆四十二年（1614），楊應聘巡撫寧夏。《江南通志》卷一百四十九《人物志·宦績》、《浙江通志》卷一百五十一《名宦》、《［嘉慶］懷遠縣志》卷十九《英賢傳》有其傳。

楊壽，生卒年不詳，寧夏前衛人。萬曆三十四年（1606）丙午科舉人，四十一年（1613）癸丑科進士，授户部主事。寧夏鎮人黄機和明時儒負責協助楊壽進行志書的編輯，修志時，黄機爲遥授儒官，明時儒爲儒學廪膳生員。三人其他生平事迹不詳。

《萬曆朔志》於萬曆四十三年（1615）定稿，至早於四十五年（1617）七月正式刊行。傳世版本主要有兩種，即明萬曆四十五年刻本和清康熙增補本。兩種版本版式特徵與行款相同。每半頁九行，行二十一字，四周雙邊，白口，單黑魚尾，兩種版本頁數不同，萬曆本卷二共九十九頁、卷四共八十七頁、卷五共五十七頁，增補本分别增加了十五頁、三頁、二十七頁。

《萬曆朔志》於萬曆四十一年（1613）由寧夏巡撫崔景榮最先倡議編修，楊壽實際負責纂修，黄機、明時儒協助編纂。四十二年（1614），楊應聘接任寧夏巡撫一職後又請楊壽對新志文稿進一步修訂，四十三年（1615）定稿，開始雕版。從志書所記載内容看，至早於四十五年（1617）七月正式刊行。此後又有補修刊印，因此出現了傳世本中記叙萬曆四十五年（1617）之後史實的現象。

《萬曆朔志》正文前有羅鳳翱、楊應聘、石茂華、楊守禮所作《序》共四篇，其後爲《朔方新志目録》《總鎮圖説》《修志姓氏》，龔文選《纂修朔方新志檄文》，《修志凡例》及正文五卷。《萬曆朔志》收録十一幅圖，是傳世的明清兩朝寧夏志書中數量最多的。正文五卷二十類五十三目。卷一《建置沿革》、《天文》（小類有《分野星宿圖》）、《地理》（小類有《疆域》《城池》《衛寨》《坊市》《風俗》）、《山川》（附《形勝》）、《食貨》（小類有《户口》《屯田》《賦役》《水利》《鹽法》《物産》《土貢》《税課》）。卷二《内治》（小類有《帝幸》《藩封》《官制》《宧迹》《兵

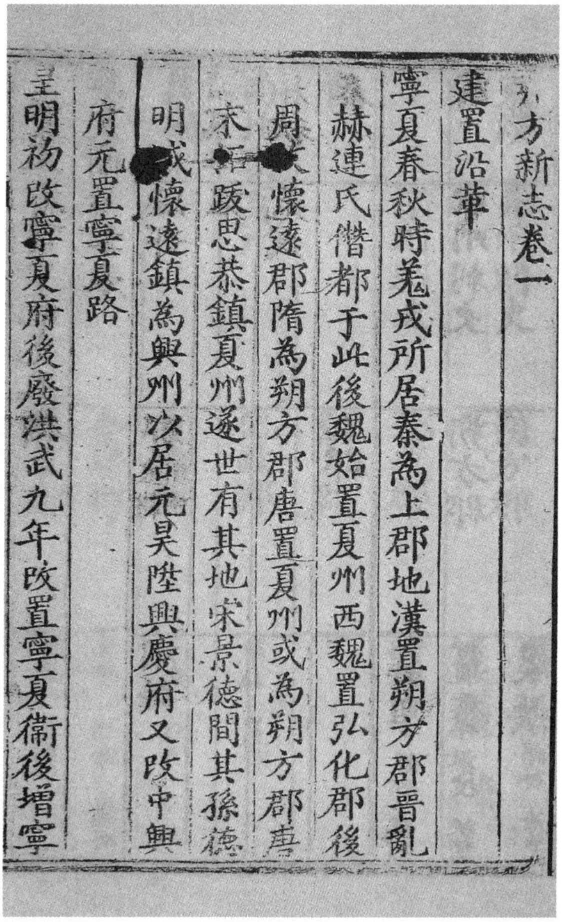
朔方新志卷一
建置沿革
寧夏春秋時羲戎所居秦為上郡地漢置朔方郡晉亂
赫連氏僭都于此後魏始置夏州西魏置弘化郡後
周改懷遠郡隋為朔方郡唐置夏州或為朔方郡唐
末拓跋思恭鎮夏州遂世有其地宋景德間其孫德
明改懷遠鎮為興州以居元昊陞興慶府又改中興
府元置寧夏路
皇明初改寧夏府後廢洪武九年改置寧夏衛後增寧

《馬》《錢糧》《公署》《學校》《倉庫》《驛遞》），《外威》（小類有《邊防》《關隘》《烽燧》《俘捷》《款貢》）。卷三《文學》（小類有《科貢》《鄉獻》《流寓》）、《武階》（附《武科》）、《忠孝節義》、《竊據叛亂》、《壇祠》、《寺觀》（附《仙釋》）、《陵墓》、《古迹》、《祥異》、《方技》。卷四《詞翰》，主要録頌、制、表共五篇，賦兩篇，碑銘、題記等文章六十八篇。卷末附高辛胤撰《巡撫都御史三韓劉公秉政去思碑記》一篇。卷五《詞翰》（小類有《詩》《詞》）、《遺事》。録詩二百零九首，詞八首。遺事共八則，全同《嘉靖寧志》之《遺事雜志》。本卷後附趙可教撰《朔方新志後跋》。第五十七頁後附唐采臣增補的寧夏巡撫黄圖安於順治十二年至十五年間（1655—1658）上奏的三篇奏議共二十七頁。

清人對於該志評價不高，但從今天利用文獻的角度來看，《萬曆朔志》還是有它的價值。該志上續《嘉靖寧志》，下啓《乾隆寧志》的編修，在寧夏舊志編纂史上是一部重要的、具有承上啓下作用的舊志。它補充了大量的嘉靖十九年至萬曆四十三年（1540—1615）間發生在寧夏的史實，對於研究寧夏政治、經濟、文化、教育等都是非常難得的史料。清人補刻的幾篇文獻也有一定的研究價值。從方志編修歷史看，在寧夏方志編修史上，《萬曆朔志》第一次在形式上非常規範地編纂方志，組成了相應的編纂隊伍，制定了具有指導意義的《修志凡例》，在編修體例上大膽創新，如繪製多幅地圖，編制簡捷明了的表格，使寧夏志書的編寫水準上了一個新臺階。從文獻學研究意義看，本志輯録了多篇明寧夏歷史人物的詩文，不僅豐富了寧夏藝文，同時也是研究相關問題的重要資料。更爲重要的是，《萬曆朔志》是《乾隆寧志》最重要的史料源頭之一，是整理研究《乾隆寧志》必須重視的史料。

《萬曆朔志》在古代目録中未見有著録，《隴右録》《聯合目録》《總目提要》《寧夏目録》《甘肅目録》等對其有著録。《稀見提要》對藏於上海圖書館的《萬曆朔志》有解題。陳明猷、陳健玲等撰文研究過該志，胡玉冰、范宗興有該志的整理成果。中國社會科學出版社二〇一五年出版的胡玉冰校注《萬曆朔志》，以清康熙增補本爲底本，以《正統寧志》《弘治寧志》《嘉靖寧志》《乾隆寧志》等爲參校本。

（胡玉冰）

［乾隆］銀川小志

《［乾隆］銀川小志》不分卷，清汪繹辰纂。

汪繹辰，生卒年不詳，字陳也，號代笠亭客，新安（今安徽省黄山市歙縣）人，祖籍錢塘（今浙江杭州市），《國朝畫徵續録》載其事迹。有《即是深山館詩集》《銀川小志》，惟後者傳世。

《銀川小志》修成於清乾隆二十年（1755）。傳世本爲手抄孤本，原稿藏於汪繹辰即是深山館，後歸杭州丁氏八千卷樓，現藏於南京圖書館。抄本，開本高二十四點八厘米，寬十七點五厘米。每半頁十行，行二十六字。雙行小字，每半頁二十行，行二十五字。首頁鈐蓋有『泰來印』『卷勺主人』『嘉惠堂丁氏藏』『嘉惠堂藏閲書』『即是深山館』等朱文印。該志爲傳世的清寧夏通志中成書時間最早的一部，所記内容是以今銀川市爲中心，輻射周邊賀蘭、平羅等各縣的地理、物産、風土民情、自然灾變等事，勾勒出了明末清初寧夏府的基本概貌，故非銀川一地之舊志，而是相當於寧夏通志。

《銀川小志》正文前有汪繹辰《銀川小志記》。正文共設二十五目，包括《疆域》、《星野》、《山川》、《水利》、《城池》、《學校》、《風俗》、《古迹》、《祠宇》、《寺觀》、《臨幸》、《藩封》、《竊據》、《叛亂》、《宦迹》、《鄉賢》（附《忠孝節義》并《流寓》）、《公署》、《物産》（附《坊市》）、《榷税》、

《邊防》、《關隘》、《災異》。類目沿襲明舊志而設，大部分資料都從明寧夏舊志特别是《萬曆朔志》中删摘，《竊據》全部襲自《弘治寧志》，同時補充了部分清朝史料。內容編排體例仿《嘉靖寧志》《萬曆朔志》，將與所述之事有關的詩文輯入當條事下，以補充闡述説明。共録詩一百五十五首，文十七篇。對於從舊志中輯録的資料有時也略加辨析。《銀川小志》係『粗成』，修成後大概没有進行精心的修訂，故多種從其他寧夏舊志中輯録的資料出現了一些文字錯誤，利用時要注意辨明。

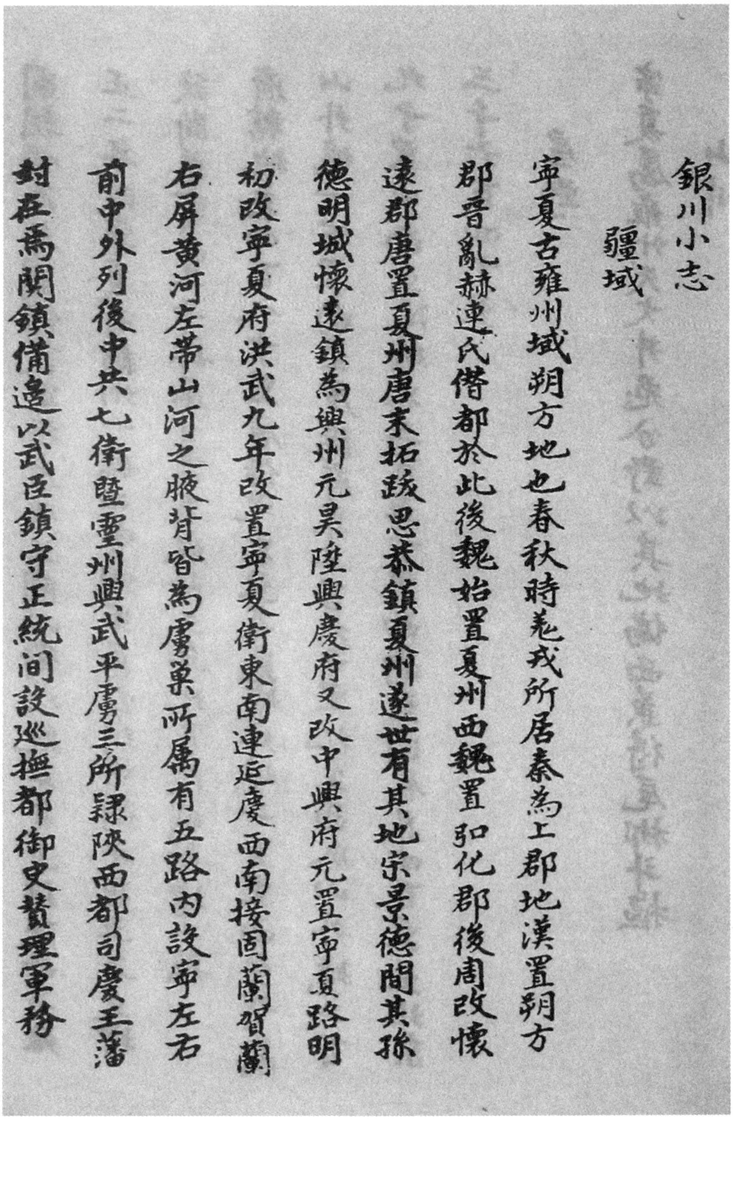
銀川小志
疆域
寧夏古雍州域朔方地也春秋時羌戎所居秦為上郡地漢置朔方郡晋亂赫連氏僭都於此後魏始置夏州西魏置弘化郡後周改懷遠郡唐置夏州唐末拓跋思恭鎮夏州遂世有其地宋景德間其孫德明城懷遠鎮為興州元昊陞興慶府又改中興府元置寧夏路明初改寧夏府洪武九年改置寧夏衛東南連延慶西南接固蘭賀蘭右屏黄河左帶山河之腋背皆為虜巢所屬有五路内設寧左右前中外列後中共七衛暨靈州興武平虜三所隸陝西都司慶王藩封在焉開鎮備邊以武臣鎮守正統间設巡撫都御史贊理軍務

汪繹辰對前朝所修寧夏志書的質量不太滿意，認爲其在内容上均存在『考訂失實，重複脱略，無以徵信』

的問題。加之自清立國以來，寧夏尚無新編志書傳世，故利用在寧夏知府趙本植家任私塾教師講課之閑，搜集資料，編修寧夏志書，成《銀川小志》。該志從開始編修到『粗成』，衹用了一年左右的時間，無論是編修體例還是内容輯録上都没有大的創新。作爲清代寧夏的第一部志書，《銀川小志》屬私人學者個人編修，没有官方修志的背景，有的内容記述非常簡略，但仍然保存了一些珍貴資料。如於各類目中補充的清初期與寧夏有關的各種記載，爲研究清初期寧夏政治、經濟、軍事等情況提供了難得的資料。在《灾異》中記述乾隆三年（1738）大地震，涉及地震前兆、時間、地點、震時地表現象以及震後的損失破壞程度等，很形象具體。記載清寧夏回族的資料較此前舊志更詳細，對於研究清初期寧夏回族活動情況有獨特價值。

《銀川小志》在《八千卷樓書目》《聯合目録》《甘肅目録》《寧夏目録》《中國邊疆圖籍録》等有著録，趙志堅、郭曉明、陳健玲等撰文研究過該志，張鍾和、許懷然、柳玉宏有該志的整理成果。中國社會科學出版社二〇一五年出版的柳玉宏校注《［乾隆］銀川小志》，以清抄本爲底本，以《嘉靖陝志》《萬曆朔志》《乾隆甘志》《乾隆寧志》等爲參校本，部分成果參考寧夏人民出版社二〇〇〇年出版的張鍾和、許懷然整理《銀川小志》。

（胡玉冰　柳玉宏）

［乾隆］寧夏府志

《［乾隆］寧夏府志》二十二卷，卷首一卷，清張金城修，清楊浣雨纂。

張金城，生卒年不詳，直隸南皮（今河北省滄州市南皮縣）人。清乾隆十八年（1753）癸酉科拔貢。二十六年（1761）任郯城縣知縣，四十一年（1776）任寧夏知府。《乾隆寧志》《［乾隆］郯城縣志》《［光緒］南皮縣志》載其事迹。

楊浣雨，生卒年不詳，字子瀛，寧夏縣（今寧夏回族自治區銀川市）人。乾隆三十五年（1770）庚寅科舉人，三十六年（1771）辛卯科進士。編纂《寧夏府志》，窮源竟委，考核精詳。其他事迹不詳。

《乾隆寧志》於乾隆四十三年（1778）秋開始策劃編輯，四十四年（1779）秋脱稿，大約在乾隆四十五年（1780）七月正式刊行，不存在所謂『嘉慶三年刻本』。每半頁九行，行十九至二十二字，四周雙邊，白口，單黑魚尾。編纂體例主要仿《乾隆甘志》，有的内容直接沿襲舊志或他書資料，有的則以官府公文檔案爲基本資料，同時注意利用民間資料。大抵務爲詳，不務爲簡，取其實，不取其華。乾隆四十五年（1780）刻本流傳較廣，中國國家圖書館、甘肅省圖書館、寧夏回族自治區圖書館，及日本東洋文庫等均有藏。

《乾隆寧志》卷首包括明楊守禮、楊應聘，清勒爾謹、永齡、張金城五人所作《序》共五篇，以及《凡例》《纂修〈寧夏府志〉詳文》《修志姓氏》《總目》《圖考》。正文共二十二卷八大類，仿《乾隆甘志》，每一大類首卷開篇有小序，說明類目設立緣由和目的。某些類目之後還附有張金城的按語，對於志書所載史實發表議論，或者補充若干資料入志。卷一《恩綸紀》，包括《聖祖仁皇帝西巡紀事》《上諭》《宸翰》《恩詔》四目。卷二至卷四《地理》，包括《疆域》（附《形勢》）、《沿革》、《星野》、《山川》、《名勝》、《風俗》、《物産》、《古迹》（附《陵墓》）等十目。卷五至卷六《建置》，包括《城池》、《堡寨》（附《橋梁》）、《公署》、《學校》、《壇廟》（附《寺觀》）、《坊市》（附《街巷》）等九目。卷七至卷八《田賦》，包括《丁稅》、《賦額》（附《鹽茶雜稅》）、《水利》四目。卷九至卷十二《職官》，包括《歷代官制》《歷代官姓氏》《今官制》《歷任姓氏》《武官制》《歷任姓氏》《兵防》《營汛》《驛遞》《宦迹》十目。卷十三至卷十七《人物》，包括《鄉獻》《科貢》《武科》《文武階》《忠》《孝》《義》《隱逸》《流寓》《耆壽》《仙釋》《方技》《列女》十三目。卷十八至卷二十一《藝文》，按文章體裁分類

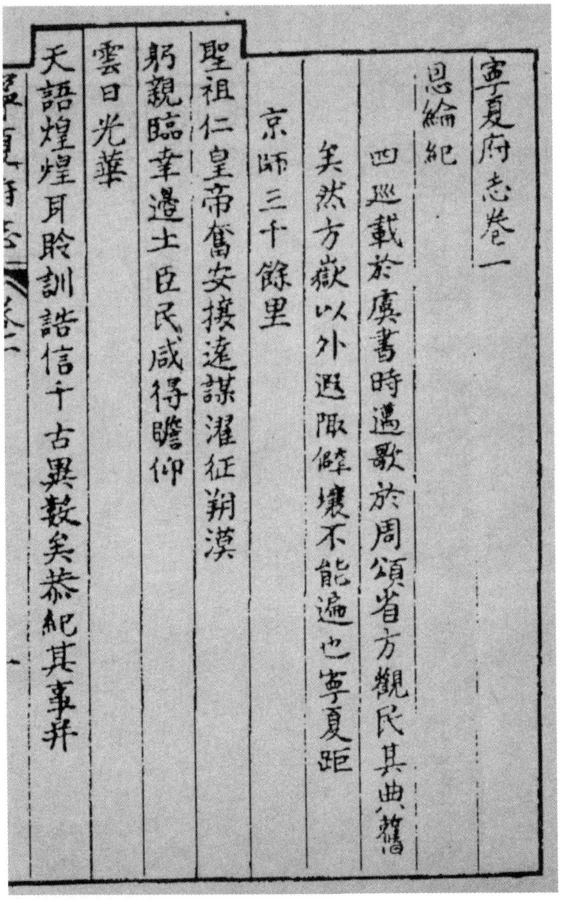
寧夏府志卷一
恩綸紀
四巡載於虞書時邁歌於周頌省方覲民其典舊
矣然方嶽以外遐陬僻壤不能遍也寧夏距
京師三千餘里
聖祖仁皇帝奮安接遠謀濯征朔漠
躬親臨幸邊土臣民咸得瞻仰
雲日光華
天語煌煌耳聆訓誥信千古異數矣恭紀其事并

爲《奏疏》《賦》《議》《頌》《銘》《贊》《序》《説》《傳》《書》《記》《詩》十二目，共録詩三百首，文九十篇。卷二十二《雜記》，包括《紀事》《祥異》《軼事》三目。《雜記》載與西夏有關史料，均襲自《弘治寧志》。志末附王宋雲撰《寧夏府志後序》。

陳明猷在其《寧夏封建時代的一座豐碑——乾隆〈寧夏府志〉評介》一文中，從『寧夏三百年間唯一府志』『百年戰事的側影』『一代盛世的實録』『科學資料和封建意識交織』等四個方面深入闡述了《乾隆寧志》的研究價值。該志還具有以下幾個特點。第一，在明清寧夏通志中，《乾隆寧志》編修體例最完善、編輯水準最高、内容最豐富。其對後世寧夏舊志編修影響明顯，如《［嘉慶］靈州志迹》《民國朔志》等，直接自《乾隆寧志》取材。第二，《乾隆寧志》是多角度研究寧夏不可或缺的一手資料。如卷一收録的康熙、雍正、乾隆三朝皇帝所降與寧夏有關的聖旨是研究清邊疆民族政策的重要資料，卷六《建置・學校》登記學校存貯書籍的書名、部數、册數，爲研究清寧夏教育史提供了寶貴的資料，《建置・壇廟》是非常寶貴的研究寧夏回族史的資料，卷九至卷十《職官》記載的清代文武官制、人員名單及各官俸薪、養廉并夫役工食等内容顯然是利用了當時官方的公文檔案資料，這是研究清寧夏官制的重要資料。第三，對於寧夏歷史上的西夏時期研究有獨特價值。散見於卷十六所謂『忠』的人物傳記資料中有關明末李自成農民起義軍在寧夏一帶的活動，也爲研究相關歷史提供了參考資料。第四，不僅爲寧夏府所屬各縣修志提供了寶貴的資料，同時也保存了寧夏佚志的寶貴資料。

《乾隆寧志》在《八千卷樓書目》《隴右録》《聯合目録》《寧夏目録》《甘肅目録》《總目提要》

等書目中有著録，陳明猷、馬力、韓超等撰文研究過該志，陳明猷、胡玉冰、韓超等有該志的整理成果。

中國社會科學出版社二〇一五年出版的胡玉冰、韓超校注《乾隆寧志》，以清乾隆四十五年（1780）刻本爲底本，以成文出版社、蘭州古籍書店、天津古籍出版社、寧夏人民出版社、鳳凰出版社等影印本及《萬曆朔志》《乾隆陝志》《乾隆甘志》《［乾隆］中衛縣志》等爲參校本，部分成果參考寧夏人民出版社一九九二年出版的陳明猷點校《乾隆寧志》。

（胡玉冰　韓超）

［民國］朔方道志

《［民國］朔方道志》三十一卷，卷首一卷，馬福祥、陳必淮、馬鴻賓修，王之臣纂。

馬福祥（1876—1932），字雲亭，原籍河州（今甘肅省臨夏市）韓集陽窪山人。其事迹見馬福祥、馬鴻逵編《馬氏族譜》等，《民國朔志》卷二十二《人物志・流寓》有其傳，卷十三《職官志・民國職官表》、卷三十《志餘・歷史》等亦載其事。民國元年（1912）任寧夏鎮總兵，民國二年（1913）兼任寧夏駐防將軍，同年任寧夏護軍使。其著述有《磨盾餘墨》《蒙疆紀要》《蒙藏狀況》《積善堂訓誡子侄諸孫書稿》《先哲言行類鈔》《家訓》等。首倡編修《民國朔志》，該志《藝文志》録其文七篇。

陳必淮，生卒年不詳，字三洲，湖南岳陽人。《［光緒］靈州志・歷朝宦迹志》載其事較詳。清光緒三十一年（1905）冬權知靈州州事，三十二年（1906）解任回省，三十四年（1908）二月又重守斯土。守靈州期間，曾主持續修《靈州志》，惜傳世本皆爲殘本。民國元年（1912）任首任寧夏分巡道員，三年（1914）任首任朔方道道尹。

馬鴻賓（1884—1960），字子寅，甘肅臨夏人。民國八年（1919）任寧夏護軍使，十年（1921）任首任寧夏鎮守使。十九年（1930）初，被馮玉祥任命爲寧夏省主席。一九四九年九月，與其子馬惇靖率兵起義，爲和平解放寧夏作出了貢獻。新中國成立後，歷任寧夏省副主席、甘肅省副主席等職。《民國朔志》卷二十七《藝文志·記序》録其《新室記》一篇。

王之臣，生卒年不詳，字汝翼，湖南寧鄉人。民國二年（1913）任鹽池縣知事，三年（1914）任平羅縣知縣，八年（1919）任靈武縣知縣，九年（1920）卸任。《民國朔志》卷十三《職官志·民國職官表》等載其事迹。在任靈武期間編修過靈州志書，惜未傳世。

《民國朔志》的編修，動議於民國六年（1917），吴復安等於民國七年（1918）開始編修，未成書。十三年（1924），王之臣重游來寧，陳必淮、馬鴻賓請他主持編修朔方志書。十四年（1925），《民國朔志》修成。十六年（1927）春，全部書稿運至天津，經焦沛南校閲後由天津華泰印書館正式印行。該本傳世較廣，多家圖書館有藏。每半頁十一行，行二十六至二十七字，四周

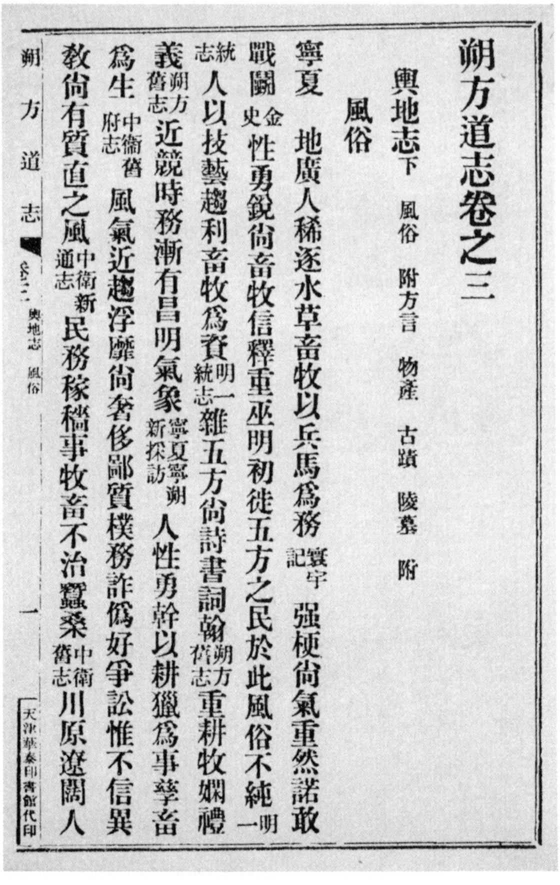

朔方道志卷之三

輿地志下 風俗 附方言 物產 古蹟 陵墓 附

風俗

寧夏 地廣人稀逐水草畜牧以兵馬爲務寰宇記 强梗尚氣重然諾敢戰鬭金史 性勇鋭尚畜牧信釋重巫明初徙五方之民於此風俗不純一明統志 人以技藝趨利畜牧爲資明一統志 雜五方尚詩書詞翰朔方舊志 重耕牧嫻禮義朔方舊志 近競時務漸有昌明氣象寧夏寧朔新採訪 人性勇幹以耕獵爲事孳畜爲生中衛舊府志 風氣近趨浮靡尚奢侈鄙質樸務詐僞好爭訟惟不信異教尚有質直之風中衛新通志 民務稼穡事牧畜不治蠶桑中衛舊志 川原遼闊人

朔方道志 卷之三 輿地志 風俗 一

天津華泰印書館代印

雙邊，白口，單黑魚尾。

《民國朔志》收録馬福祥、王之臣撰《序》各一篇和清王宋雲撰《寧夏府志後序》一篇。卷首包括《命令》《序》《銜名》《目録》《凡例》。正文共三十一卷十一志共八十二目（含附目七）。爲闡明編輯主旨，該志於總目之首各用弁言，或於子目加小引，或於篇尾跋以論説。卷一《天文志》共四目，包括《星野説》、《井宿圖》、《鬼宿圖》（附《祥異》）。卷二至卷三《輿地志》共十一目，包括《疆域總圖》、《疆域分圖》、《沿革》、《邊界》、《形勝》、《山川》、《風俗》（附《方言》）、《物産》、《古迹》（附《陵墓》）。卷四至卷五《建置志》共十二目，包括《城池圖》、《公署圖》、《壇廟》（附《寺觀》）、《堡寨》、《關梁》、《倉庫》、《警察》、《郵政》、《電政》、《坊表》、《市集》。卷六至卷七《水利志》共四目，包括《河渠源流》《渠道建置》《渠工則例》《渠務格言》。卷八至卷九《貢賦志》共八目，包括《賦則》、《額徵》、《鹽法》、《茶法》、《錢法》、《統捐》、《雜税》（附《户口》）。卷十《學校志》共七目，包括《學宫》《書院》《試院》《學額》《社學義學》《學田》《學校》。卷十一《兵防志》共三目，包括《兵制》《防地》《營盤》。卷十二至卷十五《職官志》共八目，包括《明代官制》（附《明藩制》）、《清代官制》、《民國官制》、《歷代職官表》、《民國職官表》、《宦迹》（附《客官》）。卷十六至卷二十三《人物志》共十三目，包括《鄉宦》《學行》《孝友》《選舉》《忠義》《節烈》《耆壽》《流寓》《隱逸》《技藝》《釋道》《任俠》《殉難》。卷二十四至卷二十九《藝文志》共八目，包括《公牘》《記序》《議説》《書傳》

《銘贊》《頌歌》《賦詩》《歌詞》，共録詩二百一十六首，文一百二十四篇。卷三十至卷三十一《志餘》共四目，包括《歷史》《蒙古世系》《軼事》《著作》。其《著作》共著録二十六種，其中西夏人著作兩種，明人著作四種，清人著作二十種。志末附焦沛南於民國十六年（1927）秋撰《重校〈朔方道志〉跋》。

《民國朔志》所載與寧夏有關的歷史、政治、經濟、軍事、文化、人物等方面的内容，是研究寧夏特别是近代寧夏的必讀資料，其編修水準代表了民國時期寧夏舊志的編修水準，在寧夏舊志編纂史上具有一定的影響和學術研究意義。作爲民國時期寧夏唯一一部通志，從記載内容看，新增了很有價值的新資料。如其附録有疆域地圖十二幅，在寧夏舊志中數量最多，是研究民國時期寧夏疆域沿革、水利等難得的資料。《風俗》附《方言》，記載八十六個有一定代表性的方言詞彙，對研究以銀川話爲代表的寧夏地區方言有一定價值。民國時期軍閥混戰，《民國朔志》新增馬福祥撰《五原剿匪寧軍諸烈士殉難碑記》、王文墀撰《甘軍援五原表功記》、梁隽冕撰《寧軍剿匪紀略》等文，雖然作者評價戰事時難免偏頗，但對戰事過程的記載還是有一定可信度的。從編修體例而言，有繼承亦有創新。對於輯自其他文獻的資料一般都注明其出處，根據寧夏實際特點，在類目設置上有所變通。例如，將『水利』獨立爲專題進行記載，既有文字説明，更有地圖標示。不僅有對寧夏水利興修史的概述梳理，更有對寧夏興修水利經驗的總結。今天梳理寧夏水利史，甚至在具體的水利建設活動中，這些内容仍有借鑒意義。《民國朔志》集全道（省）之力，把當時所轄寧夏縣、寧朔縣、中衛縣、平羅縣、靈武縣、金積縣、鹽池縣、鎮戎縣等八縣内容全部彙於一編，如果將每一縣的内容單獨輯録出來，按相關體例進行編輯，都可以獨立成爲各縣的民國時期縣志，這對後人很有啓發意義。與同心縣有關的《［民國］豫旺縣志》正是把《民國朔志》中鎮戎縣的内容都輯録出來，冠以《豫旺縣志》的書名傳世。

《民國朔志》在《隴右録》《聯合目録》《寧夏目録》《甘肅目録》《總目提要》等方志書目中都有著録，沈克尼、李習文、李樹儼等撰文研究過該志。上海古籍出版社二〇一八年出版的胡玉冰校注《民國朔志》，以民國十六年（1927）天津華泰印書館鉛印本爲底本，以《乾隆寧志》《宣統甘志》等爲參校本。

（胡玉冰）

銀川市分志

［嘉慶］靈州志迹

《［嘉慶］靈州志迹》四卷，清楊芳燦修，清郭楷纂。

楊芳燦（1753—1815），字才叔，一字蓉裳，金匱（今江蘇省無錫市）人。善詩文，尤工駢體，華瞻有時譽。《清史稿》卷四百八十五、《清史列傳》卷七十二有傳。清乾隆四十三年（1778），應廷試，以拔貢入一等用爲知縣，掣簽赴甘肅，先攝西河、環縣事。四十五年（1780）任伏羌（今甘肅甘谷縣）知縣。五十二年（1787），以軍功補靈州知州，監修《靈州志迹》。嘉慶三年（1798），擢升平凉府權知。四年（1799）初，委署寧夏水利同知，同年因仲弟楊揆出任甘肅布政使，其遵例回避，改捐户部員外郎，在廣東司行走。六年（1801），舉爲《大清會典》纂修官，兩年後升會典館總纂修官。十一年（1806），辭官歸家奔母喪，先後出任衢杭、關中、錦江書院講席。十六年（1811），在蜀參修《四川通志》。二十年（1815）十二月，病逝於安縣（今四川安縣），年六十三。其生平資料參見清光緒五年（1879）刻《楊蓉裳先生年譜》本，光緒十三年（1887）木活字本《芙蓉山館自訂年譜》，光緒十四年（1888）楊遂甫等纂修木活字本《無錫楊氏家譜》，同年楊應坦、楊念祖纂修賜書堂木活字印本《楊氏家譜》及楊芳燦家乘之殘册《無錫楊氏家乘》等，亦參見《芙蓉山館全集·附録》收録陳文述撰《蓉裳楊公傳》、陳用光撰《墓誌銘》、姚椿撰《誥授奉直大夫户部廣東司員外郎楊公墓表》，《碑傳集》卷一百零八趙懷玉撰《户部廣東司員外郎前甘肅靈州知州楊君方燦墓誌銘》，光緒七年（1881）刻《［光緒］無錫金匱縣志·文苑傳》等。

郭楷（1760—1840），字仲儀，號雪莊，甘肅凉州武威人。乾隆五十七年（1792）壬子科舉人，乾隆六十年（1795）乙卯科進士，候選知縣。同年，應楊芳燦之邀任靈州奎文書院院長。任職期間，先後受楊芳燦、豐延泰之托編纂靈州志書。嘉慶三年（1798），《靈州志迹》修成，爲傳世的靈州舊志中成書時間最早者。除《靈州志迹》四卷外，郭楷還編纂有《夢雪草堂讀易録》五卷、《夢雪草堂讀詩録》、《夢雪草堂詩稿》八卷、《夢雪草堂續稿》三卷，惟《夢雪草堂讀詩録》未畢工。其中《夢雪草堂讀易録》有嘉慶二十四年（1819）果勇侯楊芳瑮刻本傳世。《姑臧李郭二家詩草》收録其《夢雪草堂詩稿》《續稿》（詳後），近人徐世昌所編《晚晴簃詩匯》卷一百零九收其詩五首。

靈州舊無專志，曾任靈州知州的周人傑最早有編修靈州志書的想法。乾隆五十二年（1787），楊芳燦到任靈州知州，靈州專志的編纂纔有了實質性的進展。他參考諸多文獻，積纍了較豐富的資料。郭楷任奎文書院院長後積極參與志書的編纂，補充搜集了大量靈州史料，修成《靈州志迹》初稿。在兩任官員的督促與鼓勵下，特别是在新任知州豐延泰的支持下，郭楷在嘉慶三年（1798）十二月完成了《靈州志迹》的編修。經豐延泰捐資刻版，嘉慶四年（1799），《靈州志迹》正式刊行，不存在所謂『嘉慶三年抄本』的《靈州志迹》。《靈州志迹》刻本傳世較廣，中國國家圖書館、甘肅省圖書館、清華大學圖書館，及日本東洋文庫等均有藏。版框高十九點九厘米，寬十五點三厘米，每半頁九行，行十九字，四周雙邊，白口，單黑魚尾。

《靈州志迹》正文前有修志者名單，郭楷、楊芳燦作於嘉慶三年（1798）序兩篇，《目録》。正文

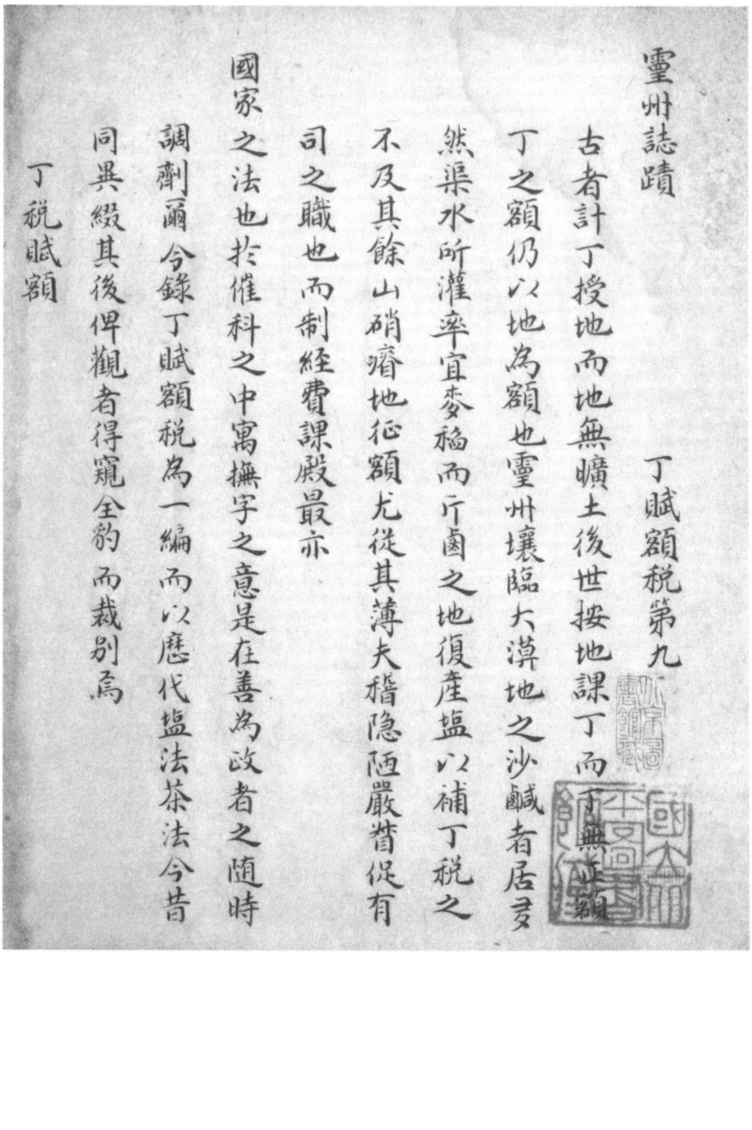
靈州誌蹟
丁賦額税第九
古者計丁授地而地無曠土後世按地課丁而丁無正額
丁之額仍以地為額也靈州壤臨大漠地之沙鹹者居多
然渠水所灌率宜麥稻而斥鹵之地復產鹽以補丁稅之
不及其餘山硝瘠地徵額尤從其薄夫稽隱陋嚴督促有
司之職也而制經費課殿最亦
國家之法也於催科之中寓撫字之意是在善為政者之隨時
調劑爾今錄丁賦額稅為一編而以歷代鹽法茶法今昔
同異綴其後俾觀者得窺全豹而裁别焉
丁税賦額

分爲四卷十八志。卷一共八志，包括《歷代沿革表志第一》《星野志第二》《地里山川志第三》《城池堡寨志第四》《公署學校志第五》《壇廟坊市橋梁津渡名勝志第六》《風俗物産志第七》《古迹志第八》。卷二共五志，包括《丁税賦額志第九》《水利源流志第十》《職官姓氏志第十一》《兵額營汛驛遞志第十二》《歷朝宦迹志第十三》。卷三共三志，包括《人物鄉獻志第十四》《忠孝義烈志第十五》《藝文志第十六上》，卷四共三志，包括《藝文志第十六下》《歷代邊防事迹志第十七》《歷代祥異志第十八》。志末後附豐延泰撰《靈州志跋》。《藝文志》共録詩四十六首，文二十九篇。

從獨創性角度來看，《靈州志迹》不能算是一部質量上乘的地方舊志，其編纂體例、内容結構的因襲痕迹非常明顯，基本上是《乾隆寧志》的摘抄本。另外，由於對參考文獻中原始資料考證不精，原錯誤被以訛傳訛，如以夏州（今陝西靖邊縣紅墩界鎮白城子村）爲寧夏故地之説。原始文獻中存在的脱、訛、衍、倒等錯誤也一并被承襲下來，且又增加了新錯誤。但從文獻利用的角度來看，這部志書還是有一定的價值。第一，作爲今寧夏靈武市成書時間最早的一部舊志，《靈州志迹》有首創之功。第二，該志是靈武現存舊志中内容最集中、最豐富、最完整的一部，於靈州史料而言，《靈州志迹》有彙輯之功。第三，影響了其他志書的編修，《靈州志迹》有發凡起例之功。成書於光緒三十四年（1908）的《寧靈廳志草》，受其影響最大。該志仿《靈州志迹》類目體之體例編纂，部分内容完全取材自《靈州志迹》。

《靈州志迹》在《隴右録》《聯合目録》《寧夏目録》《甘肅目録》《總目提要》《日本主要圖書館·研究所所藏中國地方志總合目録》等書目中有著録，白述禮、陳永中等撰文研究過該志，張建華、蘇昀、蔡淑梅有該志的整理成果。中國社會科學出版社二〇一五年出版的蔡淑梅校注《［嘉慶］靈州志迹》，以清嘉慶四年（1799）刻本爲底本，以《乾隆甘志》《乾隆寧志》爲參校本，部分成果參考寧夏人民出版社一九九六年出版的張建華、蘇昀校注《［嘉慶］靈州志迹校注》。

（胡玉冰　蔡淑梅）

［光緒］靈州志

《［光緒］靈州志》四卷，清陳必淮纂修。

陳必淮事迹參見本書前文《［民國］朔方道志》提要。

清光緒三十四年（1908），《靈州志》修成。惜未完整傳世，其傳世本内容爲抄本，均殘缺。中國國家圖書館藏本未題編纂者姓名，無頁次，書名頁題『靈州志迹』，但所記與《靈州志迹》有異。正文共四十三頁，每半頁十行，行二十二至二十四字。甘肅省圖書館藏有五種抄本。其中光緒三十三年（1907）修《靈州志》、光緒三十四年修《靈州志》的抄寫時間不詳，另有民國二十年（1931）臨洮張氏（即張維）抄本、民國三十三年（1944）抄本、民國三十六年（1947）抄本。民國三十三年抄本扉頁題識稱，據國立北平圖書館藏稿本録副，最末一頁題有『大部分係藍德昌君録』九字。民國三十六年抄本是《靈州志》殘存内容最多的文本。民國三十三年抄本與光緒三十三年修《靈州志》均殘存兩卷内容，版本關係最近。民國三十六年抄本與光緒三十四年修《靈州志》均殘存一卷内容，版本關係最近。

中國國家圖書館抄本存《丁税賦額》《水利源流》《職官姓氏》《兵額營汛驛遞》《歷朝宦迹志》五部分内容，《職官姓氏》有目無文。《丁税賦額》主要記載靈州道光二十三年至光緒三十三年（1843—

1907）間的各種丁税賦額，包括田地等級、畝數、應交税額、鹽法、茶法及其他課税種類等，資料主要源自官府公文檔案。《水利源流》主要補充了知州陳必淮在任期間對秦渠的興修工作。所記光緒三十四年（1908）修築峽口『豬嘴碼頭』事，首見於此志，是秦渠興修史上的重要資料。《兵額營汛驛遞》之《兵額》補充了靈州營、横城營、興武營、花馬池營等四處分防地點、兵員數及兵員構成情況。《營汛邊墩》中靈州營由二十五處減少爲十七處，花馬營由十三處減少至八處。《驛遞》所記也與《靈州志迹》有異。《歷朝宦迹志》補充記載了同治元年至光緒三十四年（1862—1908）間任職於靈州、花馬池的張瑞珍、周浩、王鎮墉、孫承弼、廖葆泰、陳必淮、王式金等七位清人的事迹。

《靈州志》殘本内容具有補史價值。自嘉慶三年（1798）修成《靈州志迹》并刊行後，至光緒三十四年（1908），一百一十年間靈州史料再也没有被彙輯過。《靈州志》恰恰可以部分彌補這一缺憾，上續《靈州志迹》，比較全面地勾勒出靈州兩千年來特别是有清一代的政治、經濟、人文等諸多面貌，形成一套較爲完整的靈州地方史料。該殘志也是研究清末寧夏回民反清鬥争的重要資料。晚清時期寧夏回民反清鬥争，在《清實録·穆宗同治皇帝實録》《左宗棠年譜》《左文襄公全集·奏稿》《平回志》《平回方略》《平定關隴紀略》《征西紀略》及《甘寧青史略正編》等文獻中有大量記載。官方文獻多站在封建統治階級立場記述和評價這次起事，多用污衊性語言，民族歧視和仇視色彩很濃，我們今天利用這些資料，要加以批判繼承。由於馬化龍組織領導的義軍曾與清政府軍在靈州地區發生過激戰，且一度占領過靈州，故靈州地方史中就不可能回避這段歷史。《靈州志》在『宦迹』『鄉獻』『忠孝義烈』中輯録了多位親歷戰事者的事迹，如訥穆棟額、尹泗、鍾蘭等三人直接領導過鎮壓回民反清鬥争，戰死後靈州曾立『三忠祠』來紀念他們。《靈州志》將這三人列入『忠』者之列，對其戰死過程記叙得非常詳細，還録《重修三忠祠碑記》，客觀上爲我們今天研究這段歷史提供了難得的資料。其他如『宦迹』中的張瑞珍、周浩、王鎮墉，『鄉獻』中的道以德、『忠』者李繡春等人的事迹都與回民反清鬥争有關，顯然也是有一定的研究價值。

《靈州志》在《隴右録》《聯合目録》《寧夏目録》《甘肅目録》《總目提要》等方志書目中有著録，陳永中、張建華、蘇昀等撰文研究過該志，張建華、蘇昀、蔡淑梅有該志的整理成果。中國社會科學出版社二〇一五年出版的蔡淑梅校注《［光緒］靈州志》，以清光緒三十四年（1908）抄本爲底本，以《乾隆甘志》《乾隆寧志》爲參校本，部分成果參考寧夏人民出版社一九九六年出版的張建華、蘇昀校注《［嘉慶］靈州志迹校注》。

（胡玉冰　蔡淑梅）

石嘴山市分志

［嘉慶］平羅縣志

《［嘉慶］平羅縣志》不分卷，清佚名纂。张維纂《隴右録》著録『一册寫本』，并據該本所載内容對文獻的版本情况進行了推究，稱：『今録《［嘉慶］故宫圖書館目》載有國興《平羅縣志》，清嘉慶十五年（1810）抄本，疑即此志。未見，不敢臆定也。』[1]故宫圖書館藏本未見傳世，張維著録本今藏於甘肅省圖書館，中國國家圖書館藏有民國二十一年（1932）抄本。傳世的《［嘉慶］平羅縣志》很可能是國興在就任平羅知縣期間編抄而成，成書時間不早於嘉慶十四年（1809）。

國興，生卒年不詳，滿洲人。嘉慶十四年至十五年（1809—1810）任平羅知縣，《［道光］平羅記略》卷六《職官》載其事迹。

① 張維纂：《隴右方志録》，《中國西北文獻叢書》據北平大北印書局一九三四年版影印，蘭州古籍書店一九九〇年版，第七十七册第七百零一頁。

《平羅縣志》抄本實屬平羅縣官府遵照寧夏府有關抄送地方志書的要求抄録而成，無獨特的編修體例可言。全書共二十五頁，未題書名、編纂者姓氏，無序跋、目録，亦無頁次。實屬官員照抄乾隆四十五年（1780）成書的《乾隆寧志》，把其中所載平羅縣的城池、學校等資料抄録出來，彙爲一編，上報寧夏府。其各類目名稱均沿用《乾隆寧志》。具體來説，其《疆域》《形勢》《山川》《古迹》四類内容抄自《乾隆寧志》卷一至卷四《地理》，《城池》《堡寨》《橋梁》《公署》《學校》《壇廟》《坊表》《市集》八類内容均抄自《乾隆寧志》卷五至卷六《建置》，《户口》《田賦》《雜賦》三類内容均抄自《乾隆寧志》卷七《田賦》，《水利》抄自《乾隆寧志》卷八《水利》，《官制》《營汛墩》《驛遞》《宦迹》四類内容均抄自《乾隆寧志》卷十至卷十二《職官》，《鄉獻》《科貢》二類内容均抄自《乾隆寧志》卷十三至卷十五《人物》。同時，《平羅縣志》還新補充了一些《乾隆寧志》没有的内容，或對《乾隆寧志》的有些内容進行了改寫。《乾隆寧

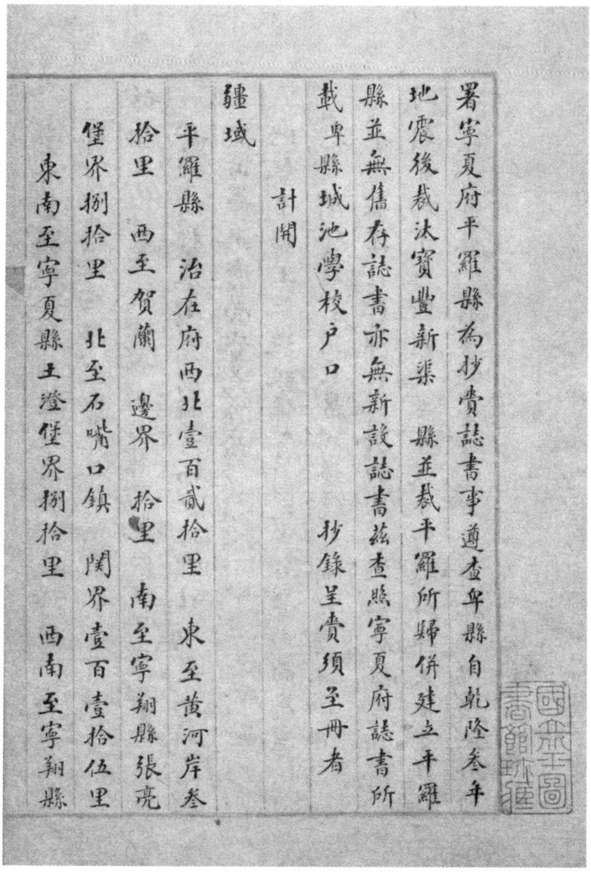
署寧夏府平羅縣爲抄賚誌書事遵查卑縣自乾隆叁年
地震後裁汰寶豐新渠二縣並裁平羅所歸併建立平羅
縣並無舊存誌書亦無新設誌書茲查照寧夏府誌書所
載卑縣城池學校户口抄錄呈賚須至冊者
計開
疆域
平羅縣 治在府西北壹百貳拾里 東至黃河岸叁
拾里 西至賀蘭邊界拾里 南至寧翔縣張亮
堡界捌拾里 北至石嘴口鎮 閱界壹百壹拾伍里
東南至寧夏縣王澄堡界捌拾里 西南至寧翔縣

志》幾乎所有的漢字數目字包括紀年數目字，在《平羅縣志》中均被换成了相應數目字的漢字大寫，如《乾隆寧志》卷七《田賦·丁税》載平羅縣『户一萬六千四百九十，口一十五萬八千三百六十』，《平羅縣志·户口》改抄作『户壹萬陸千肆百玖拾，口壹拾伍萬捌千三百陸拾』。實際上，抄本并非嚴格意義上的、獨立編修的志書，實爲平羅縣專題資料輯録，故以縣志定名是不恰當的。

由於抄録者的粗心，導致《平羅縣志》有明顯的誤抄、漏抄現象，故而其文獻價值大受影響。但該書是平羅縣在清正式設縣之後以地方志形式形成的第一份較爲完整、系統的縣情資料，特别是新增了部分《乾隆寧志》所無的資料，對於研究嘉慶十四年（1809）以前的平羅縣情還是有一定史料價值的，而且還很有可能影響了道光年間編修的《平羅記略》。

《隴右録》《聯合目録》《寧夏目録》《甘肅目録》《總目提要》等方志書目對該志都有著録。上海古籍出版社二〇一八年出版的徐遠超校注《［嘉慶］平羅縣志》，以民國二十一年（1932）抄本爲底本，以《乾隆甘志》《萬曆朔志》《乾隆寧志》等爲參校本，部分成果參考中國社會科學出版社二〇一五年出版的胡玉冰、韓超校注《乾隆寧志》。

（胡玉冰　徐遠超）

［道光］平羅記略

《［道光］平羅記略》八卷，清徐保字纂。

徐保字（1786—1851），字阮鄰，歸安（今浙江省湖州市吴興區）人。清嘉慶十二年（1807）丁卯科副榜，十三年（1808）戊辰科舉人。曾任平凉同知。清道光四年至六年（1824—1826）、八年至十年（1828—1830）兩度出任平羅知縣。《［道光］續增平羅記略》卷三《職官》、《［光緒］歸安縣志》卷三十二《選舉》、《［光緒］烏程縣志》卷十《舉人》等載其事迹。徐保字爲官非常注重民生，在任期間興辦義學、義倉，助學幫困，興修水利，造福百姓。《平羅記略》卷八録其撰《義學碑》《義倉碑》《改修新濟渠記》等文詳述其事。

《平羅記略》是平羅縣自清正式設縣後第一部獨立纂修的專志，道光九年（1829）修成，但正式刊行是在道光十三年（1833），其刊行過程頗爲艱辛。徐保字於道光四年至六年（1824—1826）第一次出任平羅知縣，就致力於編修縣志，以傳世文獻《明一統志》《萬曆朔志》《乾隆甘志》等進行考證，對於不能確定的『疑』或『僞』的資料寧付闕如。他在第一次卸任知縣時，《平羅記略》基本完稿，他將文稿帶回老家，交由當地的書坊雕版。道光八年（1828），雕版工作完成。由於没能足額支付刻工的工費，徐保字雖於當年再任平羅知縣，但没能將《平羅記略》書版帶回平羅印刷。到道光十年（1830）他第二次卸任時，印版一直被留在會稽。道光十三年（1833），邵煜出任平羅知縣，與他人一道捐錢交齊所欠雕版工費，於當年秋天，把留在會稽長達六年之久的《平羅記略》書版全部運回平羅縣，印刷了百部。《平羅記略》通行本爲中國國家圖書館藏清道光九年（1829）新堡官舍刻本，每半頁九行，行二十二至二十三字，四周雙邊，白口，單黑魚尾。

徐保字組織了職責分工明確的編修隊伍，有資料收集者、文稿抄録者，由他自己總其成。更爲可貴的是，《平羅記略》不是原封不動地沿襲原始資料，而是根據實際情况對資料進行糾正或補充，編纂完成了今寧夏石嘴山市的第一部地方志書，它對瞭解和研究清平羅縣轄境内的風土人情、政治、經濟、地理等均有重要的資料價值。《平羅記略》幾乎對每一條資料都注明出處，這在寧夏舊志中也開創了先例。對於其所補充

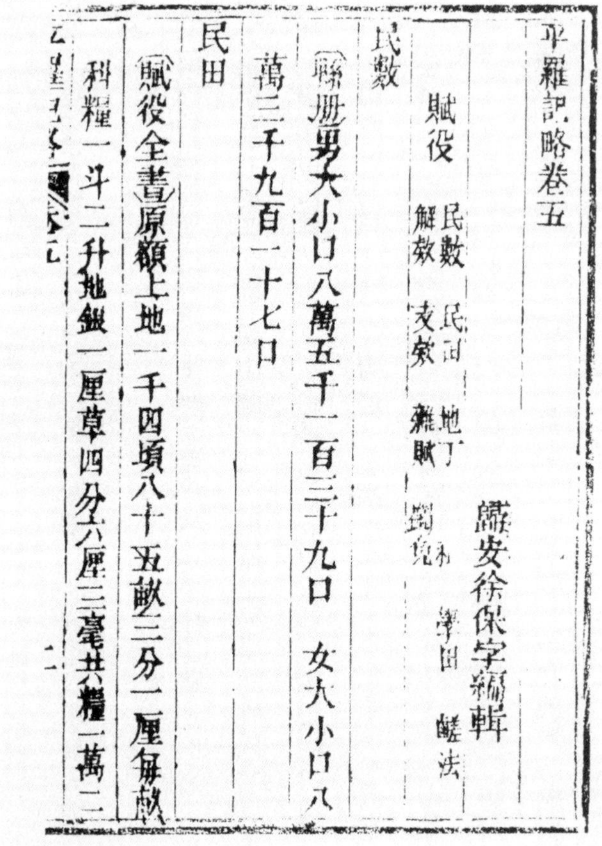
平羅記略卷五　　歸安徐保字編輯
賦役　民數　民田　地丁　學田　鹺法
　　　解款　支款　雜賦　蠲免
民數
（縣冊）男大小口八萬五千一百三十九口　女大小口八
萬三千九百一十七口
民田
（賦役全書）原額上地一千四頃八十五畝三分一厘每畝
科糧一斗二升地銀一厘草四分六厘三毫共糧一萬二

的他書罕見的新資料，研究者要給予充分的重視。如乾隆三年（1738）寧夏大地震，《銀川小志》《乾隆寧志》都有詳細的細節描寫，《平羅記略》卷八録班第《請裁新寶二縣疏》則爲後人瞭解和研究這次寧夏大地震又提供了新的、詳實的資料。

《平羅記略》内容結構仿《乾隆寧志》，正文前内容包括徐保字撰《平羅記略序》、《平羅記略凡例》、《平羅記略圖目》（包括《平羅輿地全圖》《縣治圖》《唐惠昌三渠圖》《賀蘭山圖》）、《平羅記略采訪姓氏》、《平羅記略總目》。正文八卷，每卷先列各卷獨立的二級類目目録。卷一《象緯》包括《星野》《躔次》二目，《輿地》包括《沿革》《方域》《形勢》《山川》《邊隘》五目；卷二《古迹》包括《城障》《州鎮》《營寨》《寺觀》《名勝》五目，《建置》包括《城池》《公署》《學校》《堡屯》《倉廪》《橋梁》《坊表》《市集》《郵傳》九目；卷三《風俗》包括《習尚》《制度》《禮儀》《時令》《占驗》五目，《物産》包括《穀屬》《蔬屬》《果屬》《貨屬》《藥屬》《木屬》《花屬》《草屬》《禽屬》《獸屬》《鱗屬》《介屬》《蟲屬》十三目；卷四《水利》包括《河渠》《閘壩》《堤埂》三目，《河渠》又分《唐徠渠》《惠農渠》《昌潤渠》《滂渠》《西河》五子目；卷五《賦役》包括《民數》《民田》《地丁》《廠租》《學田》《鹺法》《解款》《支款》《雜賦》《蠲免》十目，《祠祭》包括《崇祀》《群祭》《壇壝》三目；卷六《職官》包括《知縣》《縣丞》《訓導》《主簿》《典史》《參將》《游擊》《守備》《千總》《把總》十目，《武衛》包括《營俸》《兵制》《糧餉》《馬政》《軍器》《圍場》《塘汛》《邊功》《恤典》九目，《選舉》包括《進士》《舉人》《貢生》《武進士》《武舉人》《吏員》《行伍》《蔭階》八目；卷七《人物》包括《名宦》《鄉達》《儒林》《忠烈》《孝友》《義行》《耆德》《隱逸》《仙釋》《列女》十目；卷八《藝文》包括《疏》《書》《碑》《記》《銘》《詩》《賦》七目，共録詩三十五首，文二十七篇，其有四十篇（詩、文）未見載於其他寧夏舊志。其後附《志異》，記載了六條唐至清期間發生於平羅縣的災異之事，分别取材於《萬曆朔志》《乾隆寧志》。志書最末附徐保字、項廷綬和邵煜撰《〈平羅記略〉跋》。

《平羅記略》在《隴右録》《聯合目録》《寧夏目録》《甘肅目録》《總目提要》等方志書目中有著録，王耀倫、王亞勇等撰文研究過該志。上海古籍出版社二〇一八年出版的徐遠超校注《［道光］平羅記略》，以清道光九年（1829）新堡官舍刻本爲底本，以成文出版社、天津古籍出版社、鳳凰出版社等出版之影印本及《乾隆甘志》《萬曆朔志》《乾隆寧志》等爲參校本，部分成果參考寧夏教育出版社二〇〇三年出版的王亞勇點校《平羅記略》。

（胡玉冰　徐遠超）

［道光］續增平羅記略

《［道光］續增平羅記略》五卷，清張梯纂。

張梯（1778—1853），字雲階，號頤園，鹿邑王皮溜集（今河南省周口市鹿邑縣）人。清道光元年（1821）辛巳恩科舉人，十五年（1835）任秦安知縣，二十一年至二十四年（1841—1844）任平羅知縣。凡有害於民者，革除不遺餘力。《續增平羅記略》卷三《職官》、《［光緒］鹿邑縣志》卷十二下《科貢表》載其事迹。《鹿邑縣志·張梯傳》載其編修志書事。

《續增平羅記略》修成於道光二十四年（1844），當年即刊行。該志由張梯捐修、承修，正式刊行當在郭鴻熙任平羅知縣期間。每半頁九行，行二十三字，四周雙邊，白口，無魚尾。

《續增平羅記略》共五卷，分六類二十九目，主要記載平羅縣道光六年至二十四年（1826—1844）間史實。正文之前有張梯、郭鴻熙所作《序》兩篇和《續增平羅記略目録》。卷一《建置》包括《宫》《壇》《廟》《祠》《書院》《義學》六目；卷二《賦役》包括《民田》《廠租》《蠲免》三目；卷三《職官》包括《知縣》《縣丞》《訓導》《主簿》《典史》《參將》《游擊》《守備》《千總》《把總》十目，《選舉》包括《文舉人》《貢生》《武舉》《雜職》《行伍》五目；卷四《人物》包括《耆德》《義行》《恤典》三目；卷五《藝文》包括《碑》《詩》兩目），附《志瑞》。《藝文·碑》録兩篇，《藝文·詩》録二十六首。《志瑞》僅記本縣道光二十年（1840）『一産三男』一事。志末附《〈續增平羅記略〉姓氏》，記八位參與纂修《續增平羅記略》者的分工、身份及姓名。從各卷内容來看，與人物有關的資料最爲豐富，卷三《職官》、卷四《人物》兩卷共占總内容的百分之四十六點五，將近一半。其次爲《藝文》，占總内容的百分之十八點六。其他兩卷内容相對都比較少。

從整書編輯來看，張梯續增《平羅記略》的意圖非常明顯，内容基本上接道光八年（1828）事，而且多載張梯就任平羅知縣期間即道光二十一至二十四年（1841—1844）間的政績。卷五《藝文》録《碑》兩篇，均爲張梯所撰，《詩》録二十六首，張梯詩有八首，幾近三分之一。自徐保字之後，至張梯，共有九任平羅知縣，而《續增平羅記略》中很少有其他八位知縣的政績記録，這不能不説是本志書的一大缺憾。

從體例創新的角度看，《續增平羅記略》的確無任何建樹。張梯完全根據當時他所能搜集到的資料來續修平羅縣志，體例上基本沿襲徐保字的做法，所有資料均一一注明其出處，主要從《乾隆寧志》《縣册》《學册》《營册》《賦役全書》《中樞備覽》等文獻檔案中取材，張梯就任知縣期間的政績補充記載於相應的類目之下。在没有較多内容需要補充的情况下，基本沿襲前人志書的體例，將需要補充的資料隨類增入，而不對前人志書體例進行大的變革，這種做法是值得肯定的。

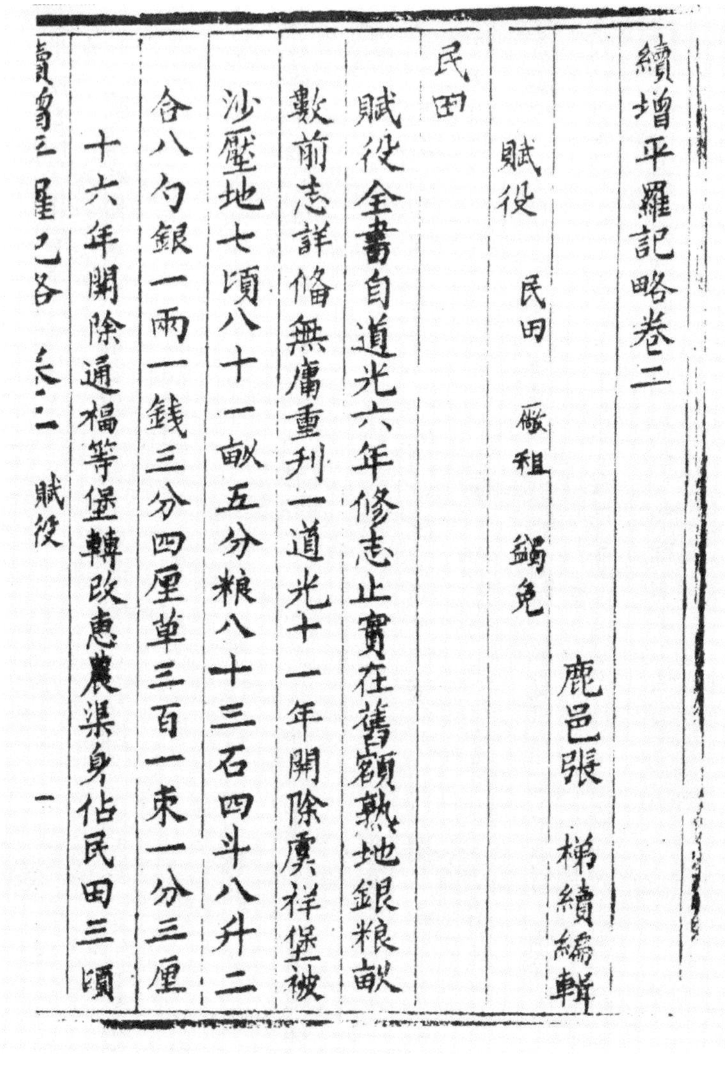
續增平羅記略卷三
賦役　民田　廠租　鍋免　　鹿邑張　梯續編輯
民田
賦役全書自道光六年修志止實在舊額熟地銀粮畝
數前志詳備無庸重刊一道光十一年開除虞祥堡被
沙壓地七頃八十一畝五分粮八十三石四斗八升二
合八勺銀一兩一錢三分四厘草三百一束一分三厘
十六年開除通福等堡轉改惠農渠身佔民田三頃
續增平羅記略　卷三　賦役　一

張梯增補的道光六年（1826）以後諸事，相對於《平羅記略》是很好的補充，兩志内容接續在一起，可以相對完整地勾勒出清平羅縣轄境内地理、水利、經濟、人文等諸多方面的概貌，爲深入瞭解和研究平羅縣歷史提供相對較爲完整、系統的資料。特别是徵引了多種現已不存的當時官府檔案文獻，不僅增加了志書資料的可信度，同時也爲研究這些檔案文獻提供了難得的一手資料。所以，《平羅記略》《續增平羅記略》在研究平羅縣乃至今寧夏北部石嘴山市轄境内政治、歷史、經濟、人文等情況時，都具有無可替代的文獻價值。

《隴右録》《聯合目録》《寧夏目録》《甘肅目録》《總目提要》等對《續增平羅記略》有著録。王亞勇、王耀倫等撰文研究過該志。上海古籍出版社二〇一八年出版的徐遠超校注《[道光]續增平羅記略》，以清道光二十四年（1844）刻本爲底本，以成文出版社、天津古籍出版社、鳳凰出版社等出版之影印本及《乾隆甘志》《萬曆朔志》《乾隆寧志》等爲參校本，部分成果參考寧夏教育出版社二〇〇三年出版的王亞勇點校《續增平羅記略》。

（胡玉冰　徐遠超）

吴忠市分志

［光緒］寧靈廳志草

《［光緒］寧靈廳志草》不分卷，清佚名纂。

《寧靈廳志草》未署編纂者姓名，亦無序跋，清光緒三十一年（1905）任寧靈廳同知的成謙很有可能是本志的編纂者，成書時間可能在光緒三十四年（1908）。

日本東洋文庫藏《寧靈廳志草》。稿本，孤本，未見刊印本傳世。原稿有正文六十七頁，自開篇《歷代沿革表》至《祠祀第十》有明顯修改痕迹，此後間有文字增删係原稿編纂者所留。

《寧靈廳志草》内容由兩部分組成，第一部分包括《星宿圖》《寧靈廳歷代沿革表》《星野志第二》《建置第三》《疆域第四》《山川第五》《城池第六》《公署第七》《學校第八》《關梁第九》《祠祀第十》《貢賦第十一》《兵防第十二》《水利第十三》《驛遞第十四》《蠲恤第十五》《鹽法第十六》《茶馬第十七》《物産第十八》《風俗第十九》《古迹第二十》《祥異第二十一》《陵墓第二十二》《封爵第二十三》《職官第二十四》《名宦第二十五》《選舉第二十六》《人物第二十七》《忠節第二十八》《孝義第二十九》《隱逸第三十》《流寓第三十一》《仙釋第三十二》《方伎第三十三》《列女第三十四》《藝文第三十五》三十五目。第二部分統稱作『增采新章十條』，包括《方言第一》《户口第二》《倉儲第三》《度支第四》《鄉鎮第五》《金石第六》《釐税第七》《實業第八》《巡警第九》《學堂第十》。志末附寧靈廳學恩貢生、歲貢生、原額廪生、原額增生、歲科取進充附生、廳學武進士、廳學武舉、每科取進武生人數及名單。前後兩大部分各類目内容詳略不一，《蠲恤第十五》《封爵第二十三》《忠節第二十八》《隱逸第三十》《流寓第三十一》《仙釋第三十二》《方伎第三十三》七目均有目無文。

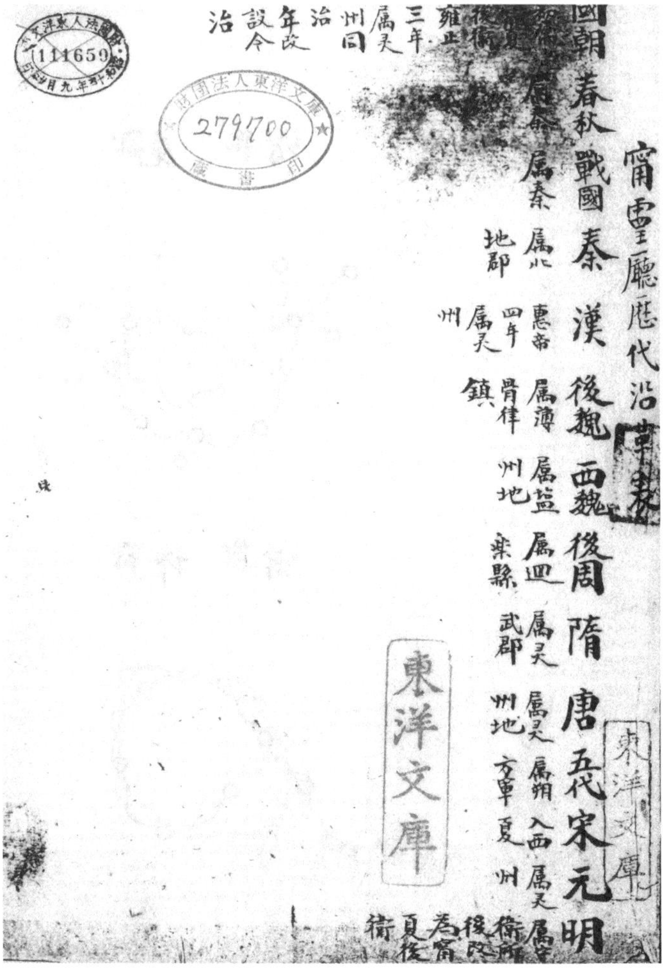

《寧靈廳志草》編纂受《乾隆甘志》《[嘉慶]靈州志迹》兩書的影響最大。類目設置全同《甘肅通志》，撰寫方法及輯録

內容則多同《靈州志迹》。該志是唯一一部寧靈廳專志，作爲海內外孤本文獻，其自身價值尚待學者進一步挖掘。該志所記地域面積窄小，歷史短暫，自同治十一年（1872）設置寧靈廳，至光緒三十四年（1908）《寧靈廳志草》成書，共三十六年的歷史，但這些都不影響《寧靈廳志草》一書的價值。從歷史價值方面看，《寧靈廳志草》彙集了寧靈廳設置以後至光緒三十四年間政治、經濟、文化、地理等多方面的一手資料。《寧靈廳志草》多次提及清末寧夏金積鎮回民馬化龍反清鬥争之事，其『藝文』部分所録《揭告回逆狀》等文獻由於是當事人所述，史料可信度非常高，對於研究馬化龍反清鬥争無疑價值重要。所記寧靈廳回民人口、學校教育、語言等資料也是研究回族史的重要資料，『增采新章十條』所記對研究清末新政亦有積極意義。其抄録自《靈州志迹》的資料，《藝文》所録詩文，都爲整理相關文獻提供了難得的他校資料。

《寧靈廳志草》在《東洋文庫地方志目録》《日本主要圖書館·研究所所藏中國地方志總合目録》《聯合目録》《寧夏目録》等書目中有著録。它的發現與研究曾引起了寧夏部分媒體的關注。二十世紀九十年代初，張京生最早撰文研究《寧靈廳志草》，其後，巴兆祥、胡建東、胡玉冰等撰文研究過該志，張京生、胡建東、胡玉冰等有該志的整理成果。上海古籍出版社二〇一八年出版的胡玉冰、張煜坤校注《寧靈廳志草》，以日本東洋文庫藏稿本爲底本，部分成果參考寧夏人民出版社二〇〇八年出版的胡建東整理《［光緒］寧靈廳志》，陽光出版社二〇一〇年出版的張京生校注《［光緒］寧靈廳志草》。

（胡玉冰　張煜坤）

［康熙］新修朔方廣武志

《［康熙］新修朔方廣武志》二卷，清俞益謨、高嶷修，清俞汝欽、李品䓿等纂。

俞益謨（1653—1713），字嘉言，號澹庵，別號青銅，廣武營（今寧夏回族自治區青銅峽市）人。有文武才，歷官柳樹澗守備、達州營游擊、廣西郁林參將、兩江督標中軍副將、大同總兵官、湖廣提督。著述有《孫思克行述》、《辦苗紀略》八卷、《青銅自考》十二卷、《康熙廣武志》二卷等傳世，《道統歸宗》《投贈瓊集》《投壺廣義》《上諭直解訓戎簡本》《路程》《便覽》等亡佚。清黎宗周、王基撰《青銅君傳》對俞益謨事記載甚詳，《康熙廣武志》《［乾隆］中衛縣志》《［道光］續修中衛縣志》《乾隆寧志》《民國朔志》等寧夏舊志均載俞益謨事迹，《康熙廣武志》對俞氏家族的文治武功記載詳明。

高嶷，生卒年不詳，寧夏中衛人。清康熙四十一年（1702）壬午科舉人，四十八年（1709）揀選知縣，曾任朝邑縣（今陝西大荔縣朝邑鎮）教諭。

俞汝欽，生卒年不詳，俞益謨子，一名汝敬，字念兹。康熙三十八年（1699）己卯科武科舉人，因南河功授按察司副使。《康熙廣武志·鄉賢志》有傳，他直接促成了《康熙廣武志》的刊行。《康熙廣武志》卷上《城池志》《建置沿革志》《風俗志》《忠志》《義志》之後都附有『俞汝欽曰』，卷下録俞汝欽《神禹洞鼎建殿宇聖像碑記》《餘慶堂捐建義學義田記》《積慶祠堂設立祭田志》等文,《都可觀賦》《咏新月巖》《咏白電峰》等詩賦。

李品騎，生卒年不詳，廣武營（今寧夏回族自治區青銅峽市）人。寧夏等衛儒學廩膳生員。雍正三年（1725）商學鄉貢生。《康熙廣武志》卷下録其《千金渠碑記》。

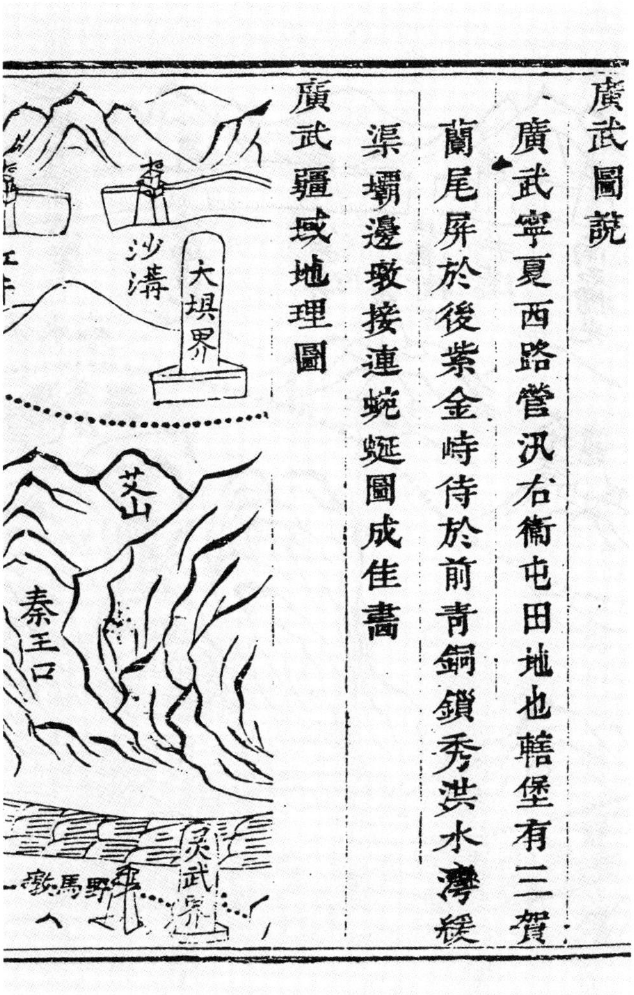

廣武圖說
廣武寧夏西路營汛右衛屯田地也轄堡有三賀蘭尾屏於後紫金峙侍於前青銅鎖秀洪水灣綏渠壩邊墩接連蜿蜒圖成佳畫

《康熙廣武志》修成於康熙五十二年（1713），五十六年（1717）刊刻行世，僅見藏於甘肅省圖書館，傳世孤本。每半頁八行，行二十字。

《康熙廣武志》正文前内容包括俞汝欽撰《新修朔方廣武志序》，原文當有三百一十字左右，但傳世刻本内容严重殘缺，衹存一百三十七字。序後爲《新修朔方廣武志姓氏》、《康熙廣武志》卷上《目録》，其後爲《廣武圖説》《廣武疆域地理圖》《天文志分野星宿圖》和《凡例》。《地理圖》是寧夏舊志中單幅地圖繪製篇幅最長的，一般地圖占雕版一整版，而這幅竟占了三版半，蜿蜒成圖，爲地方舊志所罕見。其後爲卷上正文，共三十八目，包括《城池邊墩圖》《天文星宿分野圖》《地理疆域志》《城池志》《建置沿革志》《坊表志》《風俗志》《山川志》《形勝志》《户口志》《屯田志》《賦役志》《水利志》《宦迹志》《兵馬志》《官俸志》《兵丁糧餉志》《邊墩志》《塘墩志》《隘口志》《邊外水頭志》《公署行署志》《演武教場志》《廣武倉廒志》《學校志》《文武科貢監生志》《鄉賢志》《武階志》《忠志》《孝志》《節志》《義志》《古迹志》《祥異志》《廟宇寺觀庵祠志》《橋閘志》《塋墓誌》《物産志》等。下卷爲《藝文》專卷，共録詩文四十三首（篇），包括詩二十二首，賦一篇，傳記十篇，墓引一篇，墓誌銘一篇，貤封八道。

參與編修《康熙廣武志》的主要是廣武當地讀書人，以俞氏父子爲主。從編修方法看，《康熙廣武志》基本遵從了方志編修的要求，組織了分工明確的編輯隊伍，制定了志書編修的原則和基本方法。從志書體例看，設置了類目，編製有《凡例》《目録》，繪製有專題地圖，體例基本完備。從内容看，與廣武有關的歷史、地理、軍事、人文、藝文等資料記載得比較豐富、全面，有很多資料都是他書未載的，許多資料都與志書編輯者密切相關，可信度較高。《康熙廣武志》以已有的寧夏志書爲主要取材對象，同時，也注意向有一定知識經驗的老者諮詢，實地調查取材。另外，對於地方歷史，還盡量利用第一手的碑石資料進行考證。爲省筆墨，避免重複，《康熙廣武志》行文采用互見筆法提示讀者參見内容。由於與廣武有關的文獻資料比較少，加上受纂修人員學識水準所限，《康熙廣武志》編修也存在一些問題，突出表現在資料疏漏與文字錯誤上，還有信息資料前後不一致的地方。

明朝爲邊防計，於正統九年（1444）正式設廣武營，它相當於一座有屯田戍守功能的營堡。《康熙廣武志》作爲該營堡的專志，是今寧夏現存唯一一部獨立成書的基層鄉級志，具有較高的史料價值。首先，廣武營屯田、賦役、水利、兵馬、糧餉等資料在其他文獻中罕有記載，《康熙廣武志》的記載，對於瞭解和研究正統九年至清初寧夏邊塞的情況，以及軍屯經濟和賦税制度等，都具有一定的史料價值。其次，與廣武營有關的資料在明寧夏舊志中雖然有記載，但多散見於各類目中。《康熙廣武志》把這些資料集中輯録，特别補充了大量清廣武營資料，這就形成了較爲完整的廣武志資料。此後有關文獻在編輯時多從《康熙廣武志》中取材。最後，《康熙廣武志》相當多的内容都與當地望族俞氏有關，是研究廣武俞氏家族的重要資料。但這也成爲《康熙廣武志》輯録資料的一大缺憾，即俞氏家族之外的史實被有意無意地忽略了。

《隴右録》《聯合目録》《稀見提要》《寧夏目録》《甘肅目録》《總目提要》《中國古籍善本書目》等對《康熙廣武志》有著録，馬力、吴曉紅、田富軍等撰文研究過該志，吴懷章、田富軍有該志的整理成果。上海古籍出版社二〇一八年出版的田富軍校注《康熙廣武志》，以清康熙五十六年（1717）刻本爲底本，以《青銅自考》等爲參校本，部分成果參考寧夏人民出版社一九九三年出版的吴懷章校注《康熙廣武志》。

（胡玉冰　田富軍）

［光緒］花馬池志迹

《［光緒］花馬池志迹》二卷，清佚名纂。

《花馬池志迹》不署修纂者姓氏及修纂年月，亦無序跋。最早可能於清光緒三十三年（1907）修成，監修者可能是時任花馬池州同的胡炳勳。胡炳勳，陝西西安府臨潼縣監生，原籍湖南岳州府巴陵縣，光緒三十三年任花馬池州同。《花馬池志迹·職官姓氏志第十》載其事迹。

《花馬池志迹》均以抄本傳世，未見刻本。甘肅省圖書館、甘肅省博物館、浙江圖書館等有藏。甘肅省圖書館館藏本共三册七十六頁，每半頁十行，行二十二字。

《花馬池志迹》共二卷十六志，每志開篇都有小序，説明立目之由。卷一包括《歷代沿革表第一》《星野志第二》《地里山川志第三》《城池堡寨志第四》《公署學校志第五》《壇廟名勝志第六》《風俗土産志第七》《古迹志第八》《丁税賦額志第九》《職官姓氏志第十》《營防驛遞志第十一》十一志，卷二包括《歷代宦迹志第十二》《人物鄉賢志第十三》《忠孝義烈志第十四》《藝文志第十五》《歷代祥異志第十六》五志。繪製《輿圖》與《城圖》各一幅，編印時附在《地里山川志第三》之後。

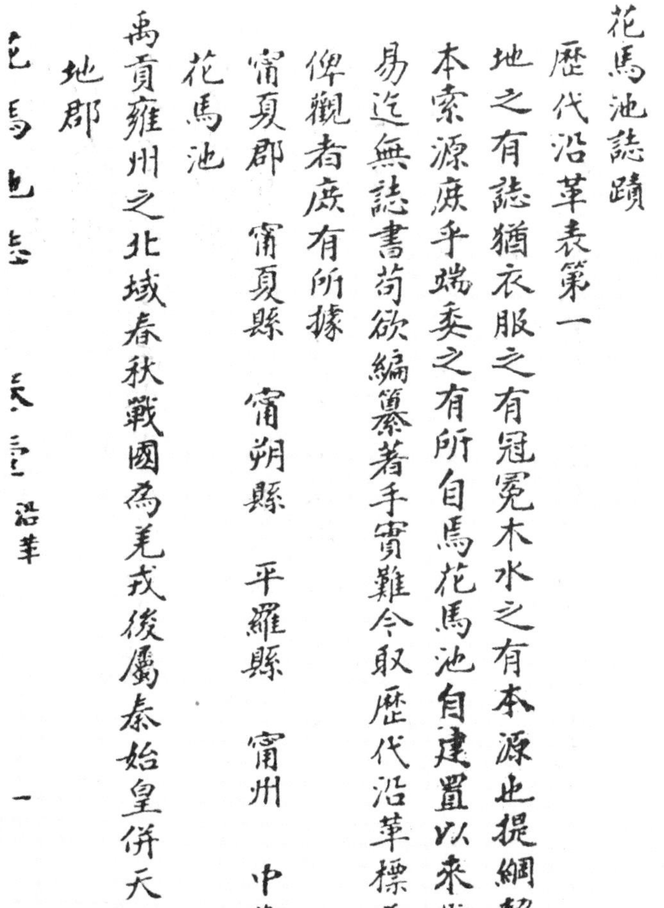
花馬池誌蹟
歷代沿革表第一
地之有誌猶衣服之有冠冕木水之有本源也提綱挈領尋
本索源庶乎端委之有所自馬花馬池自建置以來代有更
易迄無誌書苟欲編纂著手實難今取歷代沿革標爲表識
俾觀者庶有所據
花馬池　甯夏郡　甯夏縣　甯朔縣　平羅縣　甯州　中衛縣
地郡
禹貢雍州之北域春秋戰國爲羌戎後屬秦始皇併天下隸北
花[illegible]志　天氣沿革　一

《花馬池志迹》從形式到内容主要沿襲《[嘉慶]靈州志迹》，編修無創新可言。由於輯録者對於原始資料未加辨明，加之輯録的粗疏，志書中存在一些文字内容上的錯誤，但它仍有利用價值，主要體現在以下三方面：第一，該志編修成書，并抄録傳世，無疑彌補了花馬池舊無專志的缺憾。第二，《花馬池志迹》把相關的資料輯録在一起，有整理資料之功。除了節選自《靈州志迹》的部分資料外，《花馬池志迹》輯録的很多資料僅見於該志。第三，《花馬池志迹》第一次在文獻中繪製附花馬池《輿圖》和《城圖》，爲深入研究花馬池轄境、城内建築布局等提供了第一手資料。

《隴右録》《聯合目録》《寧夏目録》《甘肅目録》《總目提要》等方志書目對該志都有著録，陳永中、胡玉冰、孫佳等撰文研究過該志，范宗興、孫佳等有該志的整理成果。中國社會科學出版社二〇一五年出版的孫佳校注《［光緒］花馬池志迹》，以抄本爲底本，部分成果參考黑龍江人民出版社二〇〇四年出版的范宗興箋證《花馬池志迹箋證》。

（胡玉冰　孫佳）

［民國］鹽池縣志

《［民國］鹽池縣志》十二卷，陳步瀛纂。

陳步瀛（1902—1951），字仙舟，寧夏鹽池縣高沙窩鎮人。民國十四年（1925）畢業於甘肅省立第五中學，後任鹽池縣小學校長至民國二十五年（1936），其後投靠寧夏軍閥馬鴻逵。民國三十六年（1947）任鹽池縣縣長，一九四九年九月率衆向解放軍投誠，一九五一年被錯誤鎮壓，一九八三年中共鹽池縣委爲其平反。《鹽池縣志》卷七《職官志・鄉宦》有陳步瀛傳。

《鹽池縣志》修成於一九四八年八月，一九四九年八月一日鉛印出版，共二册八十五頁。

《鹽池縣志》從資料内容到編修體例都直接襲自《民國朔志》，編者新增、新輯的内容有限，故《鹽池縣志》衹是一部『取巧』之作，并非嚴格意義上的創修之作。陳步瀛等人主要依據《民國朔志》的類目體例架構出《鹽池縣志》的體例，類目名稱及内容編排次序上略有變通，把《民國朔志》輯録的鹽池縣資料基本全文過録，對部分資料略有辨析，填充到《鹽池縣志》相應的類目中。民國二十九年（1940），原屬金積縣的紅寺堡，原屬同心縣的下馬關、韋州堡、紅城水等地劃歸鹽池縣管轄，陳步瀛等人又將《民國朔志》中鎮戎縣的部分資料輯録出來，附在鹽池縣資料之後。新增資料主要是民國十四年（1925）以後鹽池縣的資料，又從《［嘉慶］定邊縣志》中輯録了部分資料，最終形成了今天傳世《鹽池縣志》的基本内容。

《鹽池縣志》共十二卷十二志四十四目。正文前内容包括陳步瀛撰《鹽池縣志序》《鹽池縣志凡例》《鹽池縣志目録》。卷一《地理志》，包括《疆域》《形勝》《山川》《古迹》《風俗》《變異》六目。卷二《建置志》，包括《設縣》《城垣》《公署》《公所》《壇廟》《堡寨》《關梁》《倉庫》《警察》《郵政》《市集》十一目。卷三《田賦志》，包括《額賦》《鹽法》《統捐》三目。卷四《行政區劃》，包括《鄉保表》《人口表》二目。卷五《教育志》，包括《學額》《社學》《義學》《學校》《學校分布》《社會

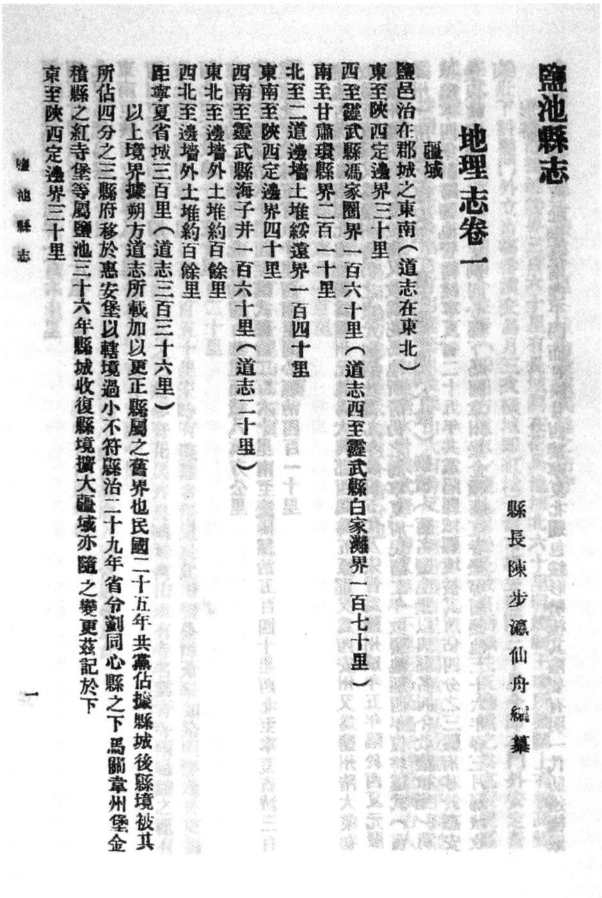

鹽池縣志

縣長陳步瀛仙舟編纂

地理志卷一

疆域

鹽邑治在郡城之東南（道志在東北）
東至陝西定邊界三十里
西至靈武縣馮家圈界一百六十里（道志西至靈武縣白家灘界一百七十里）
南至甘肅環縣界二百一十里
北至二道邊墻土堆綏遠界一百四十里
東南至陝西定邊界四十里
西南至靈武縣海子井一百六十里（道志二十里）
東北至邊墻外土堆約百餘里
西北至邊墻外土堆約百餘里
距寧夏省城三百里（道志三百三十六里）

以上境界據朔方道志所載加以更正縣屬之舊界也民國二十五年共黨佔據縣城後縣境被其所佔四分之三縣府移於惠安堡以轄境過小不符縣治二十九年省令劃同心縣之下馬關韋州堡金積縣之紅寺堡等屬鹽池三十六年縣城收復縣境擴大疆域亦隨之變更茲記於下
東至陝西定邊界三十里

鹽池縣志　一

教育》五目。卷六《兵防志》，包括《兵制》《防地》《營盤》三目。卷七《職官志》，包括《歷代官制》《歷代職官》《宦迹》《鄉宦》四目。卷八《人物志》，包括《義行》《孝友》《忠義》《節烈》四目。卷九《選舉志》，包括《科第》一目。卷十《藝文志》，包括《條議》《詩選》兩目，選録與鹽池縣形勢、風俗有關的文、詩各五篇（首），這些詩文在其他寧夏舊志中也常見。卷十一《經濟志》，包括《出産》《畜牧》兩目。卷十二《歷史志》，包括《匪患起因及蕩平（包括歷代）》一目。本志另附有《鹽池縣形勢圖》《舊花定區花馬池、濫泥池合圖》《蒙古北大池、倭波池、狗池合圖》《舊花馬區惠安堡鹽池圖》四幅地圖。

《鹽池縣志》從内容到體例主要仿《民國朔志》，雖然對輯録自《民國朔志》的部分内容有辨析，但辨析深度遠遠不够。《民國朔志》内容、文字上存在的問題，有一些被其以訛傳訛了。《鹽池縣志》編修過程中，在内容、文字、體例上又出現了部分新的問題。從創修縣志的角度來看，本志價值不大。但鹽池縣歷史上，若無專門的舊志來記載這段民國歷史，對鹽池縣無疑是一大憾事。有鑒於此，陳步瀛搜羅史料，按《民國朔志》體例，把該志中與鹽池有關的資料全部輯録出來，并據鹽池轄境的實際變化情況，把鎮戎縣的部分資料也輯録出來，再加上新采訪的一些民國時期鹽池縣資料，彙爲一編，形成《鹽池縣志》并傳世。作爲唯一一部傳世的民國時期鹽池縣專志，《鹽池縣志》資料彙輯之功還是值得肯定的。研究民國時期鹽池縣的歷史、地理、人文、經濟等，此志所獨有的資料具有不可替代的研究價值。另外，該志附録《鹽池圖説》文字資料和地圖資料，特别還繪製有反映一九四七年鹽池縣形勢的地圖，這在其他歷史文獻中都非常罕見，無疑提升了本志的文獻價值。

《寧夏目録》《總目提要》等對《鹽池縣志》有著録，陳永中、張樹林等撰文研究過該志，范宗興、孫佳有該志的整理成果。中國社會科學出版社二〇一五年出版的孫佳校注《［民國］鹽池縣志》，以一九四九年鉛印本爲底本，部分成果參考黑龍江人民出版社二〇〇四年出版的范宗興箋證《鹽池旧志箋證》。

（胡玉冰　孫佳）

[光緒]平遠縣志

《[光緒]平遠縣志》十卷，清陳日新纂修。

陳日新，生卒年不詳，字焕齋，蘄水（今湖北省黄冈市浠水縣）人。《民國朔志》卷十五《職官志·宦迹》有傳。清咸豐元年（1851）辛亥恩科鄉試，授甘肅海城縣知縣，後升爲直隸州，賞戴花翎。清同治十三年（1874）任平遠縣第一任知縣，做了很多有益於百姓的事。清光緒六年（1880）任海原縣知縣。《[光緒]蘄水縣志》卷七《選舉志》、《[光緒]海城縣志》卷八《職官志》、《民國朔志》卷十五等載其事迹。

光緒五年（1879）秋，陳日新即將離任平遠知縣前，完成了《平遠縣志》的編修，并將其刊刻傳世。刻本流傳較廣，中國國家圖書館、甘肅省圖書館等多家單位有藏。甘肅省圖書館藏本書衣上鈐蓋有『鎮戎縣知事印』陽文方朱印，當爲民國三年至十七年（1914—1928）鎮戎縣縣衙所藏。每半頁八行，行二十二字，四周雙邊，白口，單黑魚尾。

《平遠縣志》十卷二十八目。正文前内容包括陳日新、魏光燾所作《序》兩篇，《凡例》《目録》。卷一《圖考》，附《平遠縣疆域圖》《平遠縣城池圖》；卷二《歲時》，包括《氣候》《風雨雪霜冰雹》二目；卷三《建置》，包括《沿革》《疆域》《形勝》《城池》《公署》《倉庫》《里甲》《驛站》《鋪司》《攉插》

《社倉》十一目；卷四《山川》，包括《山》《川》兩目；卷五《古迹》；卷六《田賦》，包括《賦始》《原畝額徵》《鹽課》《户口》《物産》五目；卷七《學校》，包括《學額》《選舉》兩目；卷八《官師》，附《新設文員》《新設武員（附兵）》兩目；卷九《人物》；卷十《藝文》，附《忠義》《工役》兩目。《藝文》録詩共五十六首，其中四十八首自《萬曆固志》輯録，另録陳日新自己的八首詩。文和人物傳記共十五篇，皆陳日新所作。

　　作爲平遠縣首任知縣，陳日新在即將離任前，從鹽州、固原、靈州等地志書中輯録與平遠有關的内容，一方面是對地方歷史文化、制度沿革的一次全面梳

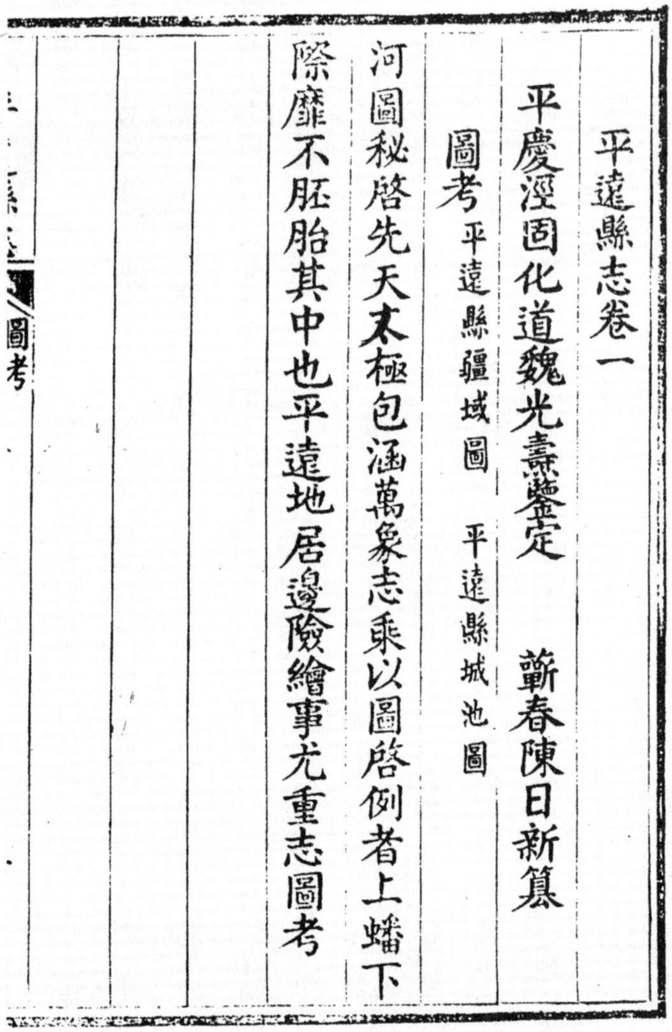
平遠縣志卷一

平慶涇固化道魏光燾鑒定　蘄春陳日新纂

圖考　平遠縣疆域圖　平遠縣城池圖

河圖秘啓先天太極包涵萬象志乘以圖啓例者上蟠下際靡不胚胎其中也平遠地居邊險繪事尤重志圖考

平遠縣志　卷一　圖考

理，另一方面也爲即將到任的新知縣瞭解縣情提供了資料。在古代寧夏，以知縣一己之力完成地方志書的編纂工作實屬罕見。其編修志書用意深遠，表面看是爲新任知縣瞭解縣情提供資料便利，實際上是要樹立一種政績的榜樣，讓後繼者效仿。《平遠縣志》卷四和卷五注明了部分史料的出處，引文分别出自《［嘉慶］靈州志迹》《萬曆固志》《資治通鑑後編》《大清一統志》《貳臣傳》《東華録》等文獻，證明陳日新於《序》中所言自鹽、固、靈州志書中輯録資料非虚言，這是本志的一大特色和值得肯定的地方。該志還利用碑石資料對某些古迹進行考辨。但志書部分内容還存在一些問題，有些引文有文字錯誤，利用時要注意辨明。

陳明猷在其《平遠縣的創建及〈平遠縣志〉》一文中，從該志所載『縣名和縣治』『地域』『自然地理和歷史地理』『人口和民族』『經濟狀況』『有關詩文』等六方面的内容對志書文獻價值給予了較爲全面、系統的評價，指出志書内容記載務實，文字精煉，在一般舊志中罕見，也很可貴。我們還想强調以下兩點價值：第一，《平遠縣志》是今寧夏同心縣傳世的第一部縣志，對於研究同心縣歷史沿革、自然地理、人文特點等自有其特殊的資料價值。第二，《平遠縣志・藝文》録陳日新所作文章和人物傳記共十五篇，其所作《創修平遠縣署記》《重修平遠縣城記》《豫旺城城隍廟記》《社倉記》《重修蠡山廟記》五篇文獻是研究平遠縣建置沿革的珍貴資料，其所作《甘肅東路叛回紀略》《戡定平遠記》《劉甫田傳》《潘錫齡傳》《黄仲馨傳》《王雲鵬傳》《田榮曉傳》《丁提督賢發死事紀略》《義回合傳》《義民傳》十篇紀傳文獻中，陳日新對於清末回民反清鬥争所持的反動政治立場，我們要持批判態度，但從資料角度而言，對於深入研究相關歷史則是非常難得的一手文獻。

《隴右録》《聯合目録》《寧夏目録》《甘肅目録》《總目提要》等方志書目對《平遠縣志》有著録，陳明猷等撰文研究過該志，王克林、陳志旺、胡玉冰等有該志的整理成果。上海古籍出版社二〇一八年出版的胡玉冰等校注《［光緒］平遠縣志》，以清光緒五年（1879）刻本爲底本，以《中國方志叢書》《寧夏歷代方志萃編》《中國地方志集成》等叢書影印本爲參校本，部分成果參考寧夏人民出版社一九九三年出版的王克林、陳志旺等整理《標點注釋平遠縣志》。

（胡玉冰　孫佳）

［民國］豫旺縣志

《［民國］豫旺縣志》六卷，托名朱恩昭纂。

朱恩昭生平事迹不詳。《豫旺縣志》抄成於民國十四年（1925），以抄本形式傳世，未見刻本。

該志由一九二五年朱恩昭撰《豫旺縣志序》、《目録》、卷一至卷六等内容組成。編纂者把《民國朔志》中與鎮戎縣有關的絶大多數資料直接摘抄出來，再摻雜部分《［光緒］平遠縣志》的資料，把資料中的『鎮戎』一詞全部替换成『豫旺』，并對個别内容進行簡單改寫，然後按照《民國朔志》的編寫體例，分門别類彙爲一編，冠名曰《豫旺縣志》以行世，實爲一僞志也。

《豫旺縣志》的造僞從序言開始。署名『朱恩昭』於民國十四年（1925）七月朔日撰寫的《豫旺縣志序》基本抄録的是王之臣於民國十四年（1925）十月朔日撰寫的《朔方道志序》，主要對四方面内容進行改寫：一是與志書關係密切的地名、人名，如把『寧夏』替换成『豫旺』、『之臣』替换成『余』等；二是與志書編修過程有關的内容，如把《民國朔志》編修始末記載改寫成與豫旺縣舊志編修情况相符的文字；三是與志書實際情况有關的内容，如把《民國朔志》編修時間、史料資源、卷數、取名之由等内容，改寫成與僞造的《豫旺縣志》相一致的内容；四是把梳理整個朔方道所轄各縣舊志編修情况的内容替换成豫旺縣一地的舊志編修内容。由於造僞者對有關歷史缺乏瞭解，衹是機械地改寫，故而出現了明顯的錯誤。

正文部分，《豫旺縣志》基本按《民國朔志》的卷次順序，把其中有關鎮戎縣的資料分門別類摘抄出來，一般衹是簡單地把《民國朔志》中的『鎮戎縣』改換成『豫旺縣』，其他内容基本照録。部分則是把『寧夏』改作『豫旺』，并略爲改動相應内容。

具體來看，《豫旺縣志》卷一《天文志》全部抄自《民國朔志》卷一《天文志》，包括所附的《井宿圖》《鬼宿圖》。《豫旺縣志》卷一《疆域志》之《沿革》《形勝》《山川》《風俗》《物産》《古迹》《陵墓》，全部抄自《民國朔志》卷二、卷三《輿地志》中的『鎮戎縣』部分。《豫旺縣志》卷二《建置志》之《城池》《公署》《壇廟》《堡寨》《關》《倉庫》《警察》《市集》，全部抄自《民國朔志》卷四、卷五《建置志》中的『鎮戎縣』部分。《豫旺縣志》卷三

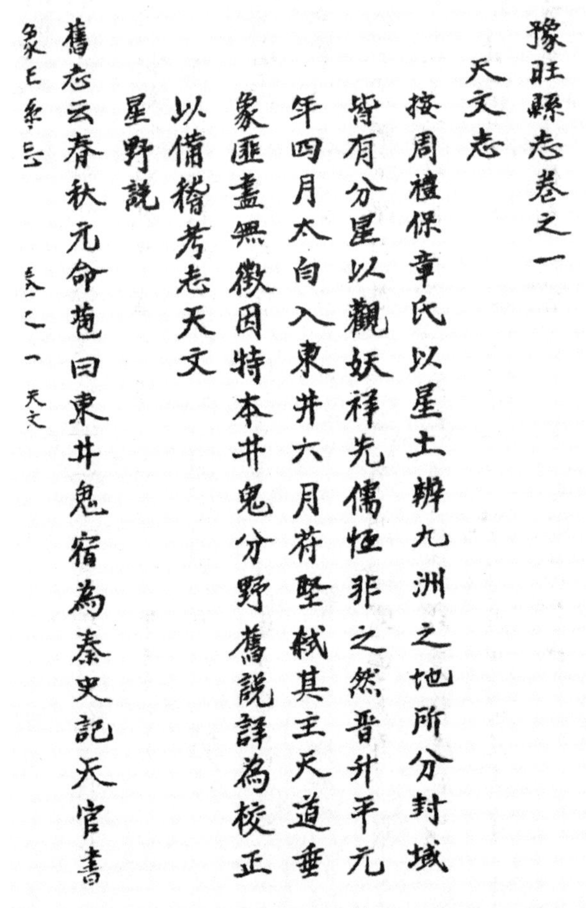
豫旺縣志卷之一
天文志
按周禮保章氏以星土辨九洲之地所分封域皆有分星以覼妖祥先儒恆非之然晋升平元年四月太白入東井六月苻堅載其主天道垂象匯盡無徵因特本井鬼分野舊説詳爲校正以備稽考志天文
星野説
舊志云春秋元命苞曰東井鬼宿爲秦史記天官書

《貢賦志》之《賦則》《額徵》《雜税》《户口》，全部抄自《民國朔志》卷八、卷九《貢賦志》中的『鎮戎縣』部分。《豫旺縣志》卷三《學校志》之《書院》《學額》《義學》《學校》，全部抄自《民國朔志》卷十《學校志》中的『鎮戎縣』部分。《豫旺縣志》卷四《人物志》之《民國職官》，全部抄自《民國朔志》卷十三《民國職官表》中的『鎮戎縣』部分，《學行》《孝友》全部抄自《民國朔志》卷十七《人物志》，《忠義》《節烈》全部抄自《民國朔志》卷十九至卷二十一《人物志》，《俠義》全部抄自《民國朔志》卷二十三《人物志》。《豫旺縣志》卷五《藝文志》全部抄自《民國朔志》卷二十四至卷二十六《藝文志》。摘抄《［光緒］平遠縣志》的情況如下：《豫旺縣志》卷一《天文志》所附《歲時》《氣候》全部抄自《平遠縣志》卷二《歲時》。《豫旺縣志》卷四《人物志》之《選舉》《職官》《武職》三目内容全抄自《平遠縣志》卷七《學校》之《選舉》、卷八《官師》。《豫旺縣志》卷六《藝文志》全部抄自《平遠縣志》卷十《藝文志》，祇是變化了内容編排次序，《平遠縣志》先録詩再録文，《豫旺縣志》先録文後録詩。

《豫旺縣志》在摘抄《民國朔志》中鎮戎縣資料時，爲掩蓋造僞痕迹，把一些出處有意省去不抄，有時則有意篡改出處，或有意把一些與鎮戎縣無關的資料抄録出來，把其中易显出造僞痕迹的關鍵信息删去或改寫。《豫旺縣志》抄自《平遠縣志》的内容多在格式上略加變動，内容則照抄。《豫旺縣志》摘録内容時對原始資料没有進行核查，更未作考證，故原始資料若有誤，它也以訛傳訛了。

通過以上分析可以看出，《豫旺縣志》幾乎無一字無來歷，是一部摘抄出來的僞作，而不是創修出來的縣志。傳世本序言雖署名爲『朱恩昭』，但不能就據此判定《豫旺縣志》是朱恩昭摘抄而成的，極有可能是他人托名造僞。傳世的《豫旺縣志》肯定不能作爲研究豫旺縣的縣志資料，但它對研究同心縣還是有一定價值的，并非如某些學者所言毫無價值，如果摘抄者把文獻命名爲《鎮戎縣志》，其利用價值從文獻名稱上也許會比較恰當地表現出來。正是由於這樣的資料對於學者研究有用，故《平遠縣志》的整理者輯録《民國朔志》中有關鎮戎縣的資料，且按原志書體例分門别類，方便後人研究利用。

《聯合目録》《寧夏目録》《甘肅目録》《總目提要》等方志書目對《豫旺縣志》有著録，陳明猷等撰文介紹過該志，胡玉冰撰文對其進行過辨僞。

（胡玉冰）

固原市分志

［嘉靖］固原州志

《［嘉靖］固原州志》二卷，明楊經纂修。

楊經，生卒年不詳，平虜城（今寧夏回族自治區石嘴山市平羅縣）人，卒於河南浚縣。《［道光］平羅記略》卷七《人物·鄉達》有傳。明正德十一年（1516）丙子科舉人，且爲《春秋》魁。明嘉靖五年（1526）丙戌科進士，任大名府推官。其操行純潔，歷官清勤，有北宋名臣范仲淹之風。《嘉靖陝志》卷三十一、《嘉靖寧志》卷二、《萬曆朔志》卷三、《乾隆甘志》卷三十三等載其事迹。

《嘉靖固志》刊行於嘉靖十一年（1532），原刻本流傳稀少，僅天一閣博物院等有藏。天一閣藏本後被盗出，曾爲吴興蔣氏傳書堂收藏，民國二十年（1931）又歸北平圖書館，今存臺灣。版框高十七點三厘米，寬十三點一厘米，每半頁十一行，行十八字，四周單邊，白口，雙黑對魚尾。

《嘉靖固志》共二卷十六目。正文前内容包括唐龍撰《固原州志序》《明固原州志目録》。卷一包括《創建州治》《城池》《疆界》《山川》《古迹》《土産》《風俗》《文武衙門》《人物》《節婦》十目。卷二包括《前代原州人物》《前代名宦》《詩》《記》《序》《奏議》六目，後四目相當於『藝文志』，共録詩二十二首、記十四篇、序五篇、狀一篇、奏議三篇。

明人唐龍、近人張維等對《嘉靖固志》的編修質量都給予了評價，張維評價較爲公允，他肯定了志書的史料價值，對《嘉靖固志》缺點的分析也比較中肯。《嘉靖固志》存在文字有脱文、訛文現象，部分内容編輯失誤等問題前人没有并指出。《嘉靖固志》是傳世的固原舊志中成書時間最早的一部，比嘉靖十九年（1540）刊行的《嘉靖寧志》還要早八年。它較爲全面地記載了明固原的地理、人文、經濟、藝文等内容，爲其後編修的《嘉靖寧志》《萬曆固志》都提供了可資參考的資

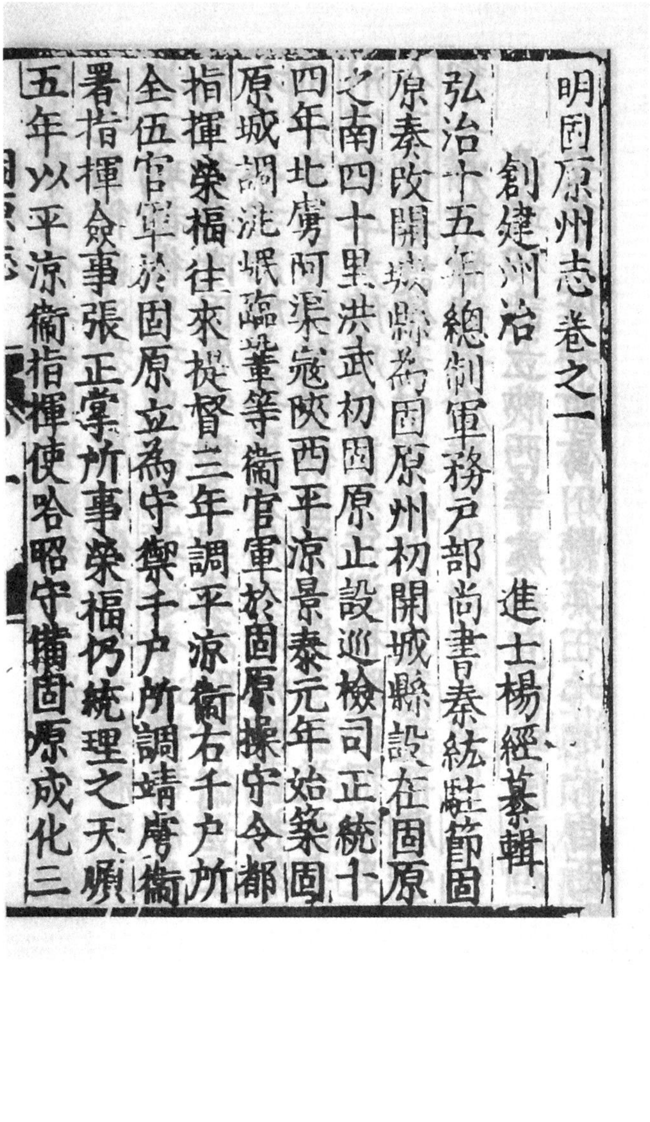
明固原州志卷之一
創建州治　進士楊經纂輯
弘治十五年總制軍務戶部尚書秦紘駐節固原奏改開城縣爲固原州初開城縣設在固原之南四十里洪武初因原止設巡檢司正統十四年北虜阿渠寇陜西平涼景泰元年始築固原城調洮岷臨鞏等衛官軍於固原操守令都指揮榮福往來提督三年調平涼衛右千戶所全伍官軍於固原立爲守禦千戶所調靖虜衛署指揮僉事張正掌所事榮福仍統理之天順五年以平涼衛指揮使哈昭守備固原成化三

料，更爲今天研究固原文史提供了寶貴資料。但令人疑惑的是，無論是《嘉靖寧志》還是《萬曆固志》的編者，都没有提到《嘉靖固志》，甚至清末《宣統固志》的編纂者及各篇序的作者在提到固原地方舊志時，也祇提及劉敏寬纂次《萬曆固志》，對楊經編纂《嘉靖固志》事隻字未提。但事實上，這些舊志在編修時諸多内容實際上都直接承襲了《嘉靖固志》。

《嘉靖固志》在《萬卷堂書目》《天一閣書目》《隴右録》《聯合目録》《稀見提要》《寧夏目録》《甘肅目録》《總目提要》等方志目録中有著録。《天一閣録》對其傳世情況及志書内容有簡介。牛春生、牛達生、胡迅雷等撰文研究過該志，牛達生、牛春生、韓超等有該志的整理成果。上海古籍出版社二〇一八年出版的韓超校注《嘉靖固志》，以明嘉靖十一年（1532）刻本爲底本，以《嘉靖陜志》《［嘉靖］平凉府志》《萬曆固志》等爲參校本，部分成果參考寧夏人民出版社一九八五年出版的牛達生、牛春生整理《［嘉靖］［萬曆］固原州志》。

（胡玉冰　韓超）

［萬曆］固原州志

《［萬曆］固原州志》二卷，明劉敏寬、董國光纂修。

劉敏寬，生卒年不詳，字伯功，人稱劉司馬或少司馬，安邑（今山西省運城市東部）人。明萬曆四年（1576）丙子科舉人，五年（1577）丁丑科進士。曾任河南府宜陽縣知縣、河間知府、西寧兵備道副使、延綏巡撫等，官至兵部尚書，總督三邊。卒後進階少保，賜祭葬祀名宦祠。敏寬長才大略，久歷邊疆。《萬曆固志》下卷《文藝志》載《軍門防秋定邊剿虜捷疏記略》，詳細記載萬曆四十三年（1615）秋劉敏寬禦邊事迹。除《萬曆固志》外，劉敏寬還與龍膺一起編修過《西寧衛志》三卷，萬曆二十三年（1595）刊行；撰《延鎮圖説》一卷，不傳。《山西通志》卷一百三十一《人物·解州》、《嘉靖陝志》卷五十一《名宦》、《西寧府新志》卷二十五《官師·名宦》、《［光緒］解州全志·安邑縣運城志》卷八等有劉敏寬專傳。

《萬曆固志》刊行於萬曆四十四年（1616）。中國國家圖書館、南京圖書館、天津圖書館、中央民族大學圖書館、天一閣博物院、臺北『國家圖書館』等單位藏有清刻本，中國國家圖書館、天一閣博物院、臺北『國家圖書館』還藏有清乾隆刻本，對避諱字有所鏟削。每半頁十行，行二十字，四周雙邊，白口，單黑魚尾。

《萬曆固志》正文前内容包括劉敏寬《固原州志叙》，志書編、校、印者名單，《固原疆域圖》《固原州城圖》《固原州志目録》。上卷包括《地理志》《建置志》《祠祀志》《田賦志》《兵制志》《官師志》六目，下卷包括《人物志》《文藝志》兩目。後附董國光《固原州志後序》。

與《嘉靖固志》相比，《萬曆固志》編修質量明顯要高。從體例上講，《萬曆固志》分類相對比較

齊整，八志内容中没有出現像《嘉靖固志》『文武衙門』子目内容的大雜燴現象，每志後都有編修者對本部分内容的議論，顯示出較高的志書編輯水準。從具體内容上看，過去有學者認爲兩志之間没有任何關聯，實誤。《萬曆固志》比《嘉靖固志》晚八十餘年編修，雖然《萬曆固志》對《嘉靖固志》隻字未提，但兩志之間的承襲關係是非常清楚的，《萬曆固志》多處資料均原樣照抄《嘉靖固志》，包括後者的錯誤也一并抄録。從内容看，《萬曆固志》上續《嘉靖固志》，不僅保留了後者的大部分資料，又多新的補充。從

體例上看，《萬曆固志》比《嘉靖固志》更加規範，更加符合舊志編修的體例要求。受《萬曆固志》成書時代的局限，對於歷史人物、歷史事件的評價不可避免有其時代烙印，對於農民起義者的仇視、蔑視是舊志編者一貫的立場，《萬曆固志》也不例外。另外，文本中存在一些文字、内容上的訛、脱、衍等錯誤。

關於固原州志的文獻價值，有學者認爲，《嘉靖固志》《萬曆固志》是寧夏固原地區最早、最完備的史料彙録，具有很高的文獻價值。其中部分内容，如有關固原地區的歷史人物、歷史事件的記載，可與有關史傳互相參證，互爲補充。而部分内容，如有關固原地區山川、古迹、文武衙門、户口、税糧，以及明代中後期錯綜複雜的民族關係在固原地區的反映，守邊大臣攻守策略的探討，還有記、序、詩、歌、奏議等文獻資料，則爲《固原州志》所獨有。特别要注意的是，《萬曆固志》輯録修志時期的碑石文獻，對研究明固原歷史有重要價值。

《萬曆固志》在《八千卷樓書目》卷六《史部·地理類》、《清學部圖書館方志目·府州縣志·甘肅省》、《隴右録》、《聯合目録》、《稀見提要》、《寧夏目録》、《甘肅目録》及《總目提要》等方志目録中有著録。牛春生、牛達生等撰文研究過該志，牛達生、牛春生、韓超等有該志的整理成果。上海古籍出版社二〇一八年出版的韓超校注《萬曆固志》，以明萬曆四十四年（1616）刻本爲底本，以《[嘉靖]平凉府志》《嘉靖固志》等爲參校本，部分成果參考寧夏人民出版社一九八五年出版的牛達生、牛春生整理《[嘉靖][萬曆]固原州志》。

（胡玉冰　韓超）

［宣統］新修固原直隸州志

《［宣統］新修固原直隸州志》十二卷，清王學伊總纂，清錫麒分纂，清王兆駿等九人襄校，共二十九位固原當地人參與了志書的編修活動，其中負責搜集資料的二十位采訪者均爲固原人。

王學伊，生卒年不詳，字平山，山西文水人。清光緒二十年（1894）甲午恩科進士，刑部奉天清吏司主事、固原直隸州知州兼學正，民國後任涇源道尹。《宣統固志》卷三《官師志》載，光緒三十一年（1905）任固原知州，三十三年（1907）以知州兼攝學正。卷八《藝文志》載其《勸種樹株示》《張觀察墓銘》《董少保墓銘》等文八篇，《抵海城》《過黄羊坪》等詩八首。

《宣統固志》始修於光緒三十四年（1908），宣統元年（1909）修成，當年由官報書局排印出版。每半頁十行，行二十二至二十四字，四周雙邊，白口，單黑魚尾。所附各圖由寶文堂刊刻，其他内容均由官報書局排印。

《宣統固志》共十二卷十志九十五目，是傳世固原舊志中卷帙數最多者。卷一包括《目録》、《序言》六篇（均撰寫於宣統元年，作者分别是熙麟、張行志、于逵、夏彭齡、鄭錫齡、王學伊）、《銜名》、《凡例》、《圖繪》（共三十四幅，包括《井宿》《鬼宿》兩幅，《固原疆界圖》《固原五屬總圖》《固城圖》等地理圖三幅，《文廟圖》《武廟圖》等祠宇圖八幅，《提署圖》《州署圖》等官署圖十一幅，《東山秋月》《西海春波》等固原風景圖十幅，繪製工作由王明森、温聯奎完成）、《圖説》。卷二包括《天文志》《地輿志》《官師志一》。卷三包括《官師志二》《貢賦志》。卷四包括《學校志》《兵防志》《人物志一》。卷五至卷六分别爲《人物志二》《人物志三》。卷七至卷十分别爲《藝文志一》至《藝文志四》。卷十一包括《庶務志》《軼事志》。卷十二爲《新修硝河城志》，内容相對獨立。卷二至卷十一中分别是《天文志第一》包括《分野》《經緯度》《氣候》三目。《地輿志第二》包括《建置》《疆域》等十二目。《官師志第三》包括《歷朝名宦文武職官》《國朝名宦文武職官》兩目。《貢賦志第四》包括《蠲恤》《額徵》等六目。《學校志第五》包括《職官》《學額》等十二目。《兵防志第六》包括《營制》《防營》等五目。《人物志第七》包括《后妃》《歷朝鄉賢仕進》等十四目，其中《仙釋》《流寓》有目無文。《藝文志第八》包括《綸音》《表》等二十一目，共録詩文三百零九篇。《庶務志第九》包括《統計》《選舉》等十五目。《軼事志第十》包括《祥異》《風俗》等五目。

《宣統固志》是清固原唯一一部全域性方志，也是固原府州級舊志中内容最豐富的一部，相對完整地勾勒出了十九世紀末期固原的全貌。卷首的多幅地圖及風景圖，非常形象地描繪出了固原自然地貌、疆域城池、秀美風光等。《天文志》記載了與自然地理相關的氣候，《地輿志》記載固原歷史地理、人文地理、自然地理等方面的内容，包括了建置沿革、疆域、山川、村莊、驛站、户口、古迹等内容。經濟地理、軍事地理等方面的資料，則散見於《貢賦志》《兵防志》等内容中。所載民族、民俗方面的資料彌足珍貴。《軼事志第十》對清末期固原地區回族人冠禮、婚禮、喪葬禮、日常習俗、社會用語和宗教儀式等内容的記載至今仍有研究價值。特别需要指出的是，州志中有關清末回民反清鬥争的記載和議論，包括所輯録的有關文獻，都是堅持歧視和敵視少數民族的觀點，并誣蔑起事者爲『逆』爲『匪』，但作爲反面資料，它畢竟記載了重大歷史事件的大量資料，值得我們批判參考和認真研究。州志所載固原農林牧業、手工業、商業、交通郵電業等方面的資料儘管較爲簡略，但由於他書記載較爲罕見，故這些資料也成爲研究清末固原相關歷史難

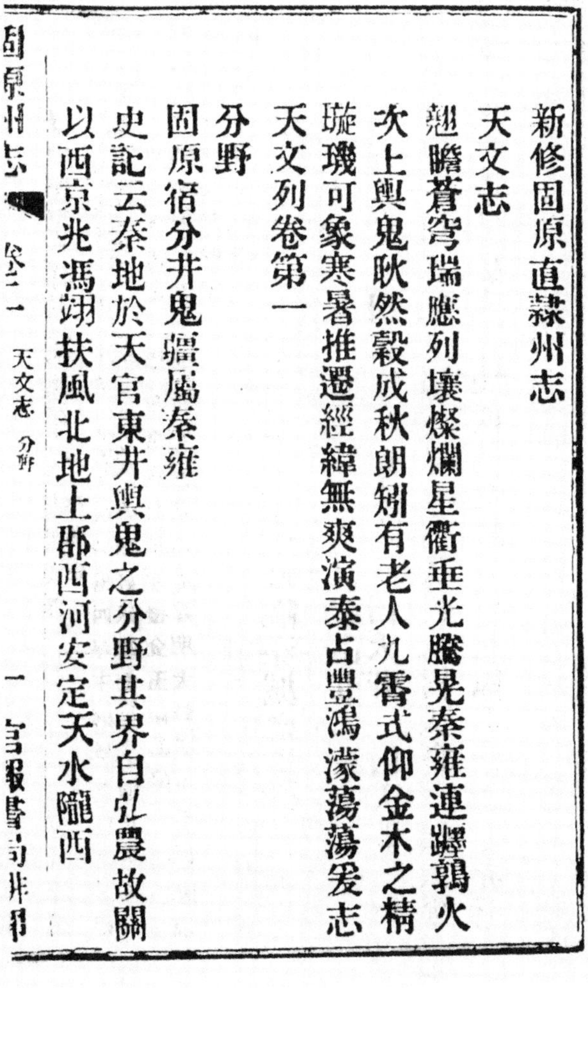
新修固原直隸州志
天文志
翹瞻蒼穹瑞應列壤燦爛星衢垂光騰晃秦雍連躔鶉火次上輿鬼耿然穀成秋朗矧有老人九霄式仰金木之精璇璣可象寒暑推遷經緯無爽演泰占豐鴻濛蕩蕩爰志天文列卷第一
分野
固原宿分井鬼疆屬秦雍
史記云秦地於天官東井輿鬼之分野其界自弘農故關以西京兆馮翊扶風北地上郡西河安定天水隴西
固原州志　卷之一　天文志　分野　一　宣報書局排印

得的資料。另外，這些記載也爲研究清末『新政』提供了新的思考角度。

《宣統固志》在《隴右録》《聯合目録》《寧夏目録》《甘肅目録》《總目提要》等方志目録中有著録。陳明猷、牛達生、牛春生、薛正昌等撰文研究過該志，陳明猷、韓超有該志的整理成果。上海古籍出版社二〇一八年出版的韓超校注《宣統固志》，以清宣統元年（1909）官報書局鉛印本爲底本，以《宣統甘志》爲參校本，部分成果參考陝西人民出版社一九九二年出版的陳明猷點校《［宣統］固原州志》。《宣統固志》卷十二爲楊修德總纂之《新修硝河城志》，因另有整理本，爲避免重複，《宣統固志》校注本僅存目。

（胡玉冰　韓超）

［民國］固原縣志

《［民國］固原縣志》十二卷，葉超等纂。

葉超（1898—？），字逸凡，閩侯（今福建省福州市）人。民國二十八年（1939）任固原縣縣長，三十年（1941）離任後開始編修《民國固志》。爲籌措修志經費，他曾於民國三十二年至三十六年（1943—1947）間任固原師範學校教員。三十七年（1948）縣志修成。有《塞上雪鴻集》二卷傳世，多篇詩文入編《民國固志》。

民國十年（1921），杜友仁最早動議編修《民國固志》。二十六年（1937）固原縣縣長丁耀洲向甘肅省主席于學忠呈請編修《民國固志》，聘請徐步升爲總纂，開始官方編修計劃，徐步升去世後由夏際文接替總纂，由於丁耀洲的離任，志書未能修成。張桃接任固原縣縣長後督促編修，但在任時間短，志書亦未修成。葉超離任縣長後，自民國三十年至三十七年（1941—1948），在夏際文等人幫助下，終於修成志書。其接任者王思誠雖然積極籌措刊修志書的經費，但由於時局動蕩不安，葉超等人修成的志書最終未能刊行，祇以抄本形式傳世。但傳世本内容有殘缺，其中《天文志》内容全佚，又該志《凡例》載，另製《方輿圖》及《地方情形概况表》若干列於篇首，以與正志相輔，於卷末置《雜記》及『祥異』類資料，但傳世的《民國固志》中未見《方輿圖》《地方情形概况表》《雜記》及『祥異』類資料，說明該志未最後完稿，或者這些内容在傳世過程中佚失了。另外，學界之前認爲該志佚失的《人物志·忠惇》在寧夏社會科學院圖書資料中心被發現。因本志編於衆手，抄於衆手，没有最後統稿、定稿，故各卷各册行款不一。

《民國固志》由《序》（包括趙生新、夏際文、石作梁、杜友仁、張登甲等五人所作序）、《凡例》、《目録》、《采訪要目》、卷一至卷十二正文、《跋》等内容組成，共十綱二十八目六十四門。卷一《天文志》包括《天象》《氣象》兩目，《天象》包括《星野》《晷度》兩門，《氣象》包括《氣候》《時令》兩門，本卷内容全佚。卷二《地理志》包括《方域》《地質》《山川》《形勝》四目，本卷是最能體現《民國固志》編者考證水準和特點的部分。卷三《居民志》包括《聚落》《宗教》《職工》《習尚》四目。卷四《物産志》包括《庶物》《熟貨》兩目。卷五《建置志》包括《區劃》《城驛》《廨庠》《壇坊》四目。卷六《職官志》包括《民獻》《官師》兩目。卷七《政權志》包括《黨務》《民意》兩目。卷八《治權志》包括《行政》《賦税》《司法》《軍事》四目。此兩志的設立及所載内容有鮮明的民國時代特色。卷九《人物志》包括《懿行》《群材》兩目。《凡例》中與《人物志》

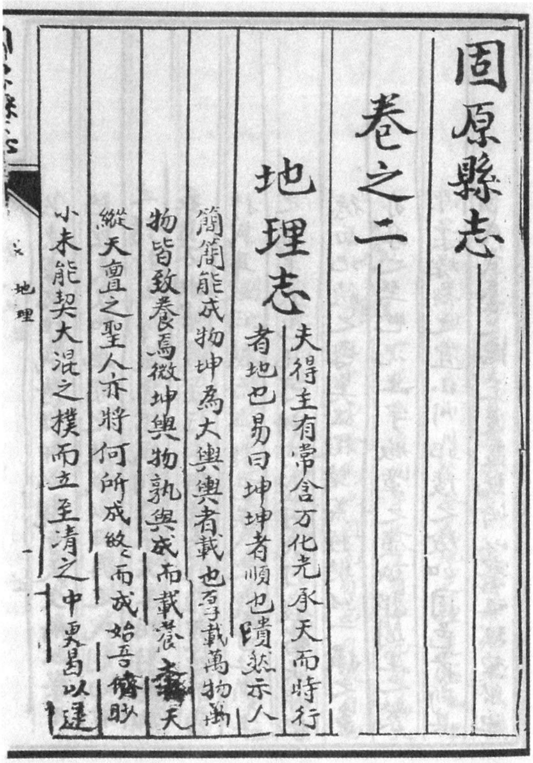

有關的説明達十八條，是各志説明中最詳細的。卷十至卷十二《藝文志》包括《大文》《韵語》兩目。

《民國固志》的文獻價值體現在以下三個方面：第一，該志記載内容創新之處頗多。以卷二《地理志》爲例，該志在寧夏舊志中首次對巖石、土壤進行較爲科學的描寫，與以往舊志多憑主觀感覺描繪有了本質的區别。第二，該志體現出了鮮明的時代特點。《民國固志》全面總結民國時期固原縣政治、經濟、文化、地理、社會生活等情況，民國資料尤其是與國計民生有關的統計資料、時人撰寫的同時代人物傳記資料、時人撰寫的親歷歷史資料，都爲相關問題的研究提供了難得的詳細資料。加之對某些問題運用了傳統的考據方法進行考證，無形中增加了志書的學術内涵。第三，在寧夏舊志編修史上，《民國固志》達到了比較高的水準。《民國固志》有六十二條《凡例》規範編修工作，通過《凡例》可知，該志從抄寫格式、文字字體等方面都有細緻的規定，可證該志的編纂計劃是比較周密的。但另一方面，志書中仍然存在諸多問題有待進一步修訂，如志書所載人名，或記載有誤，或記載前後不一致。這些很可能是志書未能有充裕的時間進行最後統稿、潤色所致。

《民國固志》在《寧夏目録》《甘肅目録》《總目提要》等方志目録中有著録。陳明猷、牛達生、何應泰等撰文研究過該志，張賢、李德彭、邵敏等有該志的整理成果。上海古籍出版社二〇一八年出版的邵敏、韓超校注《［民國］固原縣志》，以民國抄本爲底本，部分成果參考寧夏人民出版社一九九二年出版的寧夏固原縣志辦公室整理《［民國］固原縣志》。

（胡玉冰　邵敏）

［咸豐］固原州憲綱事宜册

《［咸豐］固原州憲綱事宜册》不分卷，清佚名纂修。

傳世本主要有中國國家圖書館藏抄本、甘肅省圖書館藏抄本。

中國國家圖書館藏本題名《平凉府固原州憲綱事宜册》，一册六頁，附抄在其館藏的《萬曆固志》之前，用朱絲欄稿紙抄録，每半頁十行，行三十三至三十七字，四周雙邊，白口，無魚尾，版心無頁次。《事宜册》分條紀事，共四十條，内容分類依次包括：固原州城（建築規模、尺寸），州治（所在地，與省城、府城距離里數，地理形勝，當地民衆基本構成及民風），城内文武官署（包括職位、人數及衙門數），城内古迹（寺廟宫觀），東城、南城、西城、北城等四城之外壇廟山峰，州境（即四至八到），州境十里（地名中含有『里』字者，如在城里、固原里等）、十八堡（地名中含有『堡』字者，如在大營堡、樊西堡等）、四所（如鎮戎所）、五寨（如南川寨）及州境市鎮，州境土地情況，物産（每月農事），額徵地丁銀及額徵糧之數額，州地倉廒數量，文官（有目無文），武官（包括職位、人數），學校歲貢名額，選舉（包括文舉、拔貢、歲貢、文生、監生、武榜眼、武進士、武舉、武生），其他官員（包括陰陽學典術、醫學典科、僧正司僧正、道正司道正），貢士生員及文昌書院學風，文廟崇祀名宦（四人）、崇祀鄉賢（馬從龍一人），旌表節婦（十三人）、列婦（兩人）、十世同居一户、五世同堂一户，隘口駐軍（四處），溏汛（二十三處），通衢官路，驛遞，養濟院，訴訟案件及訴訟程式。

甘肅省圖書館藏本題名《固原州憲綱事宜册》，共七頁，可能於清咸豐五年（1855）抄就。抄本，每半頁十行，行二十五至二十八字不等，四周雙邊，朱絲欄，白口，無魚尾，但版心編有頁次。

從内容來看，中國國家圖書館《事宜册》與甘肅省圖書館《事宜册》略有差異。主要表現在以下幾個方面：第一，中國國家圖書館《事宜册》所載的有些内容甘肅省圖書館《事宜册》失載。如『選舉』部分，中國國家圖書館《事宜册》録有武榜眼馬維衍、武進士田玉春，甘肅省圖書館《事宜册》則

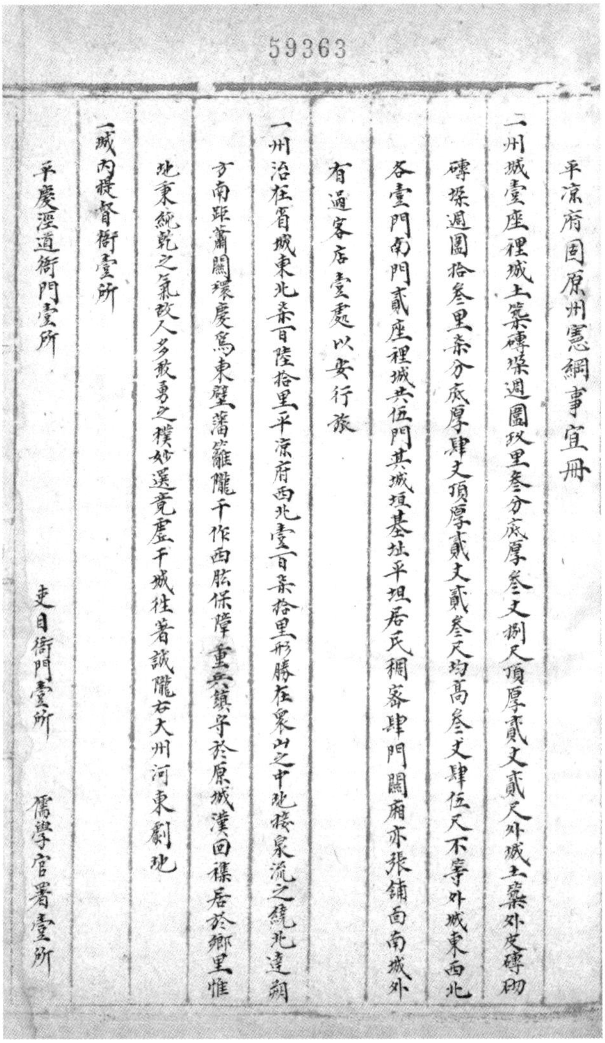
59363

平凉府固原州憲綱事宜册

一州城壹座裡城土築磚墁週圍玖里叁分底厚叁丈捌尺頂厚貳丈貳尺外城土築外皮磚砌磚垛週圍拾叁里柒分底厚肆丈頂厚貳丈貳叁尺均高叁丈肆伍尺不等外城東西北各壹門南門貳座裡城共伍門其城垣基址平坦居民稠密肆門關廂亦張鋪面南城外有過客居壹處以安行旅

一州治在省城東北柒百陸拾里平凉府西北壹百柒拾里形勝在衆山之中地接泉流之繞北達朔方南距蕭關環慶爲東壁藩籬隴干作西肱保障重兵鎮守於原城漢回襍居於鄉里惟地東純乾之氣故人多敢勇之樸始選竟盡干城往著誠隴右大州河東劇地

一城内提督衙壹所

平慶涇道衙門壹所　吏目衙門壹所　儒學官署壹所

失載。甘肅省圖書館《事宜册》所載拔貢生李承昀，中國國家圖書館《事宜册》失載。第二，兩種《事宜册》内容記載互異。如中國國家圖書館《事宜册》載歲貢朱承烈等『伍名』，甘肅省圖書館《事宜册》作『拾名』；中國國家圖書館《事宜册》載武舉『紀祺』等拾名，甘肅省圖書館《事宜册》作武舉『陳祥』等拾名。第三，文廟崇祀名宦中，『明臣黄公諱道周』，中國國家圖書館《事宜册》抄録無誤，而甘肅省圖書館《事宜册》『諱』誤抄作『韓』，兩字形近而誤。第四，甘肅省圖書館《事宜册》對中國國家圖書館《事宜册》改寫痕迹明顯。如關於固原當地治安問題，中國國家圖書館《事宜册》載『其竊案每月壹貳件肆伍件不等，或數月并無呈報壹件者，而固原地方并無盗案』，甘肅省圖書館《事宜册》省抄作『竊案每月三肆件不等，或數月并無壹件，更無盗案』。第五，中國國家圖書館《事宜册》内容排列順序混亂，甘肅省圖書館《事宜册》對此進行了糾正。如中國國家圖書館《事宜册》把城内文武官署（包括職位、人數及衙門數）和寺廟宫觀的内容排列在一起，緊接於州治内容之後，這本無可厚非。但在此後，又列出『文官』『武官』的内容類别目，而『文官』祇有此類目名稱二字，其下没有記載任何内容。『武官』内容也非常簡單。很明顯，中國國家圖書館《事宜册》在内容安排上出現了失衡現象。甘肅省圖書館《事宜册》對此進行了糾正，把城内文武官署（包括職位、人數及衙門數）内容剪輯到後面的『文官』『武官』内容中去，就避免了内容的失衡問題。另外，中國國家圖書館《事宜册》把貢士生員及文昌書院學風單列爲一條，甘肅省圖書館《事宜册》則把這部分内容與選舉内容合抄在一起，這在内容排列上是比較合理的。

《固原州憲綱事宜册》是一份州情調查資料，它雖然包含了一些志書應該包括的内容，如城池堡寨、物産、職官等，但實際上并非正式的志書。另外，有些内容是綱要式的，没有很具體的内容。儘管如此，由於固原縣級舊志祇有在宣統年間纔編修成書，此前一直没有固原專志問世，所以，清代固原州專題文獻中形成時間最早的《事宜册》自然就有重要的文獻價值，爲此後編修固原舊志提供了較爲可信的相關素材。同時，《事宜册》也是當代人瞭解、研究清代固原不可多得的資料。

甘肅省圖書館《事宜册》在《甘肅目録》《總目提要》等方志目録中有著録。尚無專文研究《事宜册》。

（胡玉冰）

［宣統］新修硝河城志

《［宣統］新修硝河城志》一卷，清楊修德修。

楊修德，生卒年不詳，字明卿，貴州都匀府人。清光緒二十三年（1897）丁酉科拔貢，三十四年（1908）任硝河城最高文職長官——州判。《［民國］都匀縣志稿》卷十六載楊修德科舉事。

《宣統硝河志》修成於清宣統元年（1909）。該志是《宣統固志》的第十二卷，内容相對獨立，當年由官報書局排印出版。每半頁十行，行二十二至二十五字，四周雙邊，白口，單黑魚尾。書名頁及所附地圖由寶文堂刊刻，其他内容均由官報書局排印。

《宣統硝河志》能在不到一年的時間内修成，與《宣統固志》關係很大。因硝河城屬固原分州，編修固原州志時，與硝河城有關的内容也是州志所需要的，故固原知州王學伊令新上任州判的楊修德采輯硝河城諸事，按《宣統固志》的編輯體例輯録具體内容。楊修德組建了一支十人編輯隊伍，很快就完成了王學伊所交辦的任務，修成《宣統硝河志》，作爲《宣統固志》的第十二卷，順利出版，王學伊欣然爲該志題寫書名《硝河城志》。

《宣統硝河志》正文前包括《硝河疆域圖》《硝河城圖》，繪製較爲精細。其後爲楊修德撰《新修硝河城志序》、修志人員名單。正文内容類别完全仿《宣統固志》，設爲十志，即《天文志》《地輿志》《官師志》《貢賦志》《學校志》《兵防志》《人物志》《藝文志》《庶務志》《軼事志》。由於硝河城轄境範圍較小，境内山川、河流較少，城内建築數量也有限，人文較爲落後，志書就據實際情況對各志内容記載有詳有略。《天文志》《軼事志》内容最簡。《地輿志》包括十目。《官師志》載硝河城文職最高長官州判十四人，武職最高長官千總十一人，除文職沈文仲、劉漢章未載籍貫，其餘均載其姓名、籍貫、任職時間。《貢賦志》記載當地『額徵』『估撥』『物産』等。《學校志》記載當地有初等小學堂、師範各一所。《兵防志》記載硝河城『兵額』『塘汛』『馬廠』『校場』等内容。《人物志》所載内容是《宣統硝河志》中最多的。《藝文志》一般是舊志中

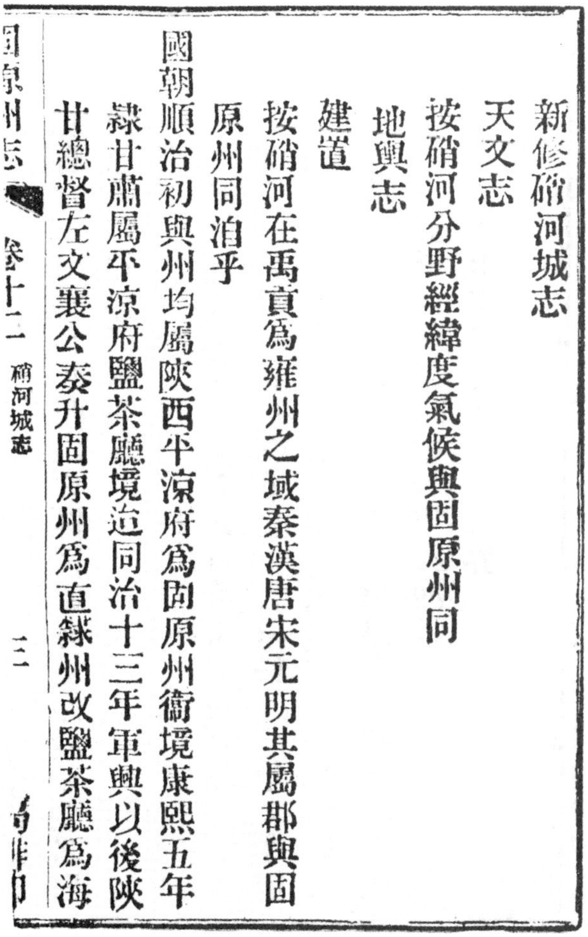
新修硝河城志

天文志

按硝河分野經緯度氣候與固原州同

地輿志

建置

按硝河在禹貢爲雍州之域秦漢唐宋元明其屬郡與固原州同洎乎

國朝順治初與州均屬陝西平涼府爲固原州衛境康熙五年隸甘肅屬平涼府鹽茶廳境迨同治十三年軍興以後陝甘總督左文襄公奏升固原州爲直隸州改鹽茶廳爲海

固原州志　卷十二　硝河城志　三

内容相對較爲豐富的部分，但硝河由於設立時間短，文化較爲落後，歌咏其名山風景的詩歌基本没有，當地人也少有詩作，故《宣統硝河志·藝文志》祇輯録有三篇文獻。《庶務志》所載内容與清末『新政』有關，但内容也僅『巡警』『商務』兩種。

硝河城分州自同治十三年（1874）正式建置，到宣統三年（1911）清王朝被推翻，前後存在過三十七年，其分州歷史不能算悠久。因此，在客觀上造成了《宣統硝河志》相對其他固原舊志而言内容比較簡略的事實。但作爲唯一一部完整保存硝河史地資料的志書，《宣統硝河志》還是有一定利用價值的。首先，傳世文獻中，《宣統硝河志》是今西吉縣傳世的第一部，也是最完整的一部志書。所載硝河分州的史地資料最全面、最集中、最系統，硝河地區地理、山川、村落、人物等方面的史料幸賴該志得以保留。其保存古代西吉縣有關資料之功是其他文獻無法替代的。其次，志中所載與回族有關的信息或資料是難得的民族史研究資料。在《硝河城圖》中，城池西北面標繪有『回寺』建築物，説明當地回族聚積人數應該比較多。《學校志》載，初等小學堂『來堂肄業者回民子弟居多，亦民數然也』，説明回族人口占有相當的比例了。清真寺建築還構成了當地一景。《地輿志·景致》『岑樓清幽』載：『署後清真寺内有樓一座，高可凌霄，扉櫺洞達。公暇偶一登臨，亦足蕩滌塵囂，尚爲斯邑之勝。』《人物志·方技》記載蘇巨集珍事迹，儘管事涉荒誕，但説明當地回族人多有一技之長者。再次，志書《人物志》中記載有多位所謂『議叙』者、『戰功』者、『忠義』者，這些人的主要事迹都與同治年間回民反清鬥争有關，且都爲直接參與鎮壓起事者。事迹記載中提及起事時往往用仇視、污衊的態度，這是我們要批判的。但從歷史研究的角度看，則可以把這些事迹當做研究清末回民反清鬥争的資料來利用。

《宣統硝河志》在《甘肅目録》《總目提要》等方志目録中有著録。高樹榆論文對該志有提要式著録。雨陽等撰文研究過該志。上海古籍出版社二〇一八年出版的胡玉冰、魏舒婧校注《[宣統]新修硝河城志》，以清宣統元年（1909）官報書局鉛印本爲底本，部分成果參考陝西人民出版社一九九二年出版的陳明猷點校《[宣統]固原州志》。

（胡玉冰　魏舒婧）

［民國］化平縣志

《［民國］化平縣志》四卷，蓋世儒修，張逢泰纂。

蓋世儒，生卒年不詳，慶陽人。民國二十三年（1934）八月到化平縣任縣長。任内振興教育，革除積弊，并提倡編纂縣志。在他的主持下，完成了《化平縣志》第一稿。

張逢泰（1883—1946），字子平，今寧夏回族自治區固原市涇源縣黄花鄉華興村人。清光緒三十年（1904）優生。民國十年（1921）三月被選爲國會第三届衆議院議員初選當選員，十一年（1923）任化平縣勸學所所長，十五年（1926）任縣教育局長，二十六年（1937）任縣文獻委員會委員長、甘肅省政府諮議，二十七年（1938）任化平縣回民教育促進會會長。張逢泰熱心於家鄉的教育事業，主持修成并刊印的《化平縣志》，爲今天研究涇源縣政治、經濟等留下了寶貴的文獻資料。

民國十八年（1929），化平縣縣長楊承基動議編修《化平縣志》，請當地學者張逢泰編修，未果。二十四年（1935）春三月，在縣長蓋世儒主持下，張逢泰等人開始編修縣志。次年三月修成。二十六年（1937）四月，縣長張建勛派人帶縣志稿前往南京印刷，遭遇戰火，待印刷的志稿遺失。二十八年（1939）二月，縣長郝遇林請張逢泰再任編纂主任，重新編修《化平縣志》，郝遇林還積極籌措印刷經費。同年八月，《化平縣志》第二稿修成。二十九年（1940）五月，新修《化平縣志》在縣長原佑仁任内由平凉一心印書館正式石印出版。該縣志從動議編修，到正式印行，歷時十一年，是涇源縣唯一傳世的舊志。四周單邊，白口，每半頁九行，行二十四字。

《化平縣志》共四卷十一志一百零五目。正文前包括《序》六篇，作者分别是蓋世儒、張建勛、謝國選、郝遇林、原佑仁、張逢泰。其後是《化平縣志目録》《化平縣志凡例》《化平縣志衔名》和《化平縣輿地總圖》《化平縣山脉水道圖》。正文卷一《輿地志》《建置志》二志，卷二包括《經政志》《職官志》《選舉志》《教育志》四志，卷三包括《武備志》《古迹志》《人物志》《灾異志》四志，卷四《藝文志》。《輿地志》包括《沿革》、《疆域》、《形勝》、《山脉》、《水道》、《地質》、《氣候》(附《風雨》)、《水利》、《化平縣太陽高度表》、《風俗》、《方言》、《物產》等目。《建置志》包括《城郭》《縣署》

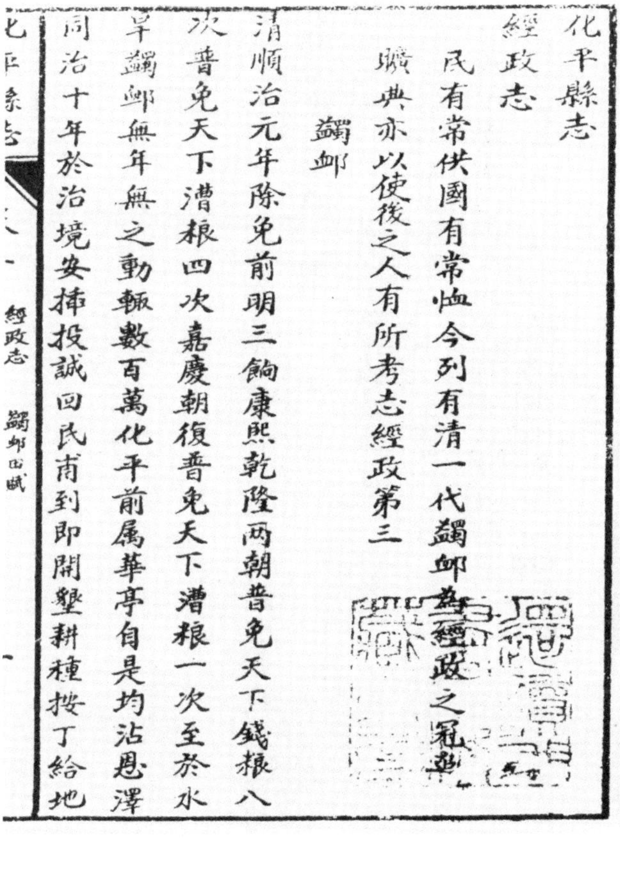
化平縣志
經政志
民有常供國有常恤今列有清一代蠲卹為經政之冠其
職典亦以使後之人有所考志經政第三
蠲卹
清順治元年除免前明三餉康熙乾隆兩朝普免天下錢粮八
次普免天下漕粮四次嘉慶朝復普免天下漕粮一次至於水
旱蠲卹無年無之動輙數百萬化平前屬華亭自是均沾恩澤
同治十年於治境安插投誠回民甫到即開墾耕種按丁給地

《廟寺》《文廟祀位》《區村》《堡寨》等目。《經政志》包括《蠲恤》、《田賦》、《雜項》、《稅課》、《經費支出考》、《化平縣地方收入調查表》、《民族》、《户口》、《倉儲》、《恤政》、《驛傳》、《郵政》、《生業》（附《衣食住行》）、《衛生》（附《禮樂》）、《文化》、《宗教》等目。《職官志》記載同治十年（1871）正式設置化平川直隸廳至民國二十八年（1939）六十八年間各級官員及官府機構組織情況。《選舉志》記載的各類科舉人才數量有限，且無一進士出身，從一個側面反映了化平縣地方人才缺乏的情況。《教育志》記載了化平縣教育事業的發展簡史。附載『教養』至『禁烟』的内容，其實都是在爲縣長郝遇林歌功頌德。《武備志》記載化平縣兵防與警察制度等。《古迹志》主要記載化平縣可供後人憑吊的古迹，但内容輯録較爲雜亂。附録《甘肅化平縣煤礦分析表》《甘肅化平縣褐鐵礦分析表》。《人物志》記載當地鄉賢、忠烈、孝義、列女、耆瑞、方技等，『流寓』『隱逸』『仙釋』三目有目無文。《災異志》祇記同治十二年（1873）至民國二十四年（1935）六十二年間發生的灾異而不記祥瑞。《藝文志》祇要是與本地地理、風景、政治、文化等有關，能有裨於世道人心者，悉行采録雜著，所以本志中既有文學性較强的詩文，亦有公文檔案資料，難免有拼凑之嫌。共録文十九篇，詩二首。另有《歌詞》四十六首，楹聯九條。

《化平縣志》編著雖有《凡例》可循，但體例上仍有不完善的地方，如《古迹志》雜有礦産資源分析表，《藝文志》收録機構年報、電文等無文學價值的資料。就編者『持論』而言，亦非公允，如無視歷史客觀原因和歷史真相，對農民或民族起義一概仇視、否定。另外，石印本中存在誤字或用詞不準確等現象。儘管《化平縣志》有不盡如人意之處，但它是今涇源縣唯一傳世的舊志，且第一次將該縣自同治十年（1871）

至民國二十八年（1939）間政治、經濟、地理、人文等資料輯爲一編，其文獻價值不應忽視。陳明猷在《回鄉舊貌——民國〈化平縣志〉評介》一文中，對該志的文獻價值進行了充分、全面的分析，較爲客觀公允。

《化平縣志》在《聯合目録》《寧夏目録》《甘肅目録》《總目提要》等方志目録有著録。佘貴孝、李子傑、陳明猷、樊莹等撰文研究過該志，李子傑、胡玉冰等有該志的整理成果。上海古籍出版社二〇一八年出版的胡玉冰、穆旋校注《［民國］化平縣志》，以民國二十九年（1940）平凉一心印書館石印本爲底本，部分成果參考寧夏人民出版社一九九二年出版的李志傑等整理《標點注釋［民國］化平縣志》。

（胡玉冰　穆旋）

［民國］西吉縣志

《［民國］西吉縣志》，卷數不詳，存一卷，馬國璵纂。

馬國璵（1902—1952）[1]，寧夏回族自治區固原市西吉縣沙溝鄉人，生平資料不詳。民國三十六年（1947）修成《西吉縣志》卷一初稿傳世。

寧夏回族自治區圖書館藏《西吉縣志》，民國三十六年（1947）稿本，共二十頁，其中目録的前半頁内容重複抄録。從抄寫筆迹看，當係一人寫就。《西吉縣志》正文前的《創修縣志序》落款爲『中華民國三十六年秋邑後學馬國璵謹識』，其下鈐蓋有『馬國璵章』陽文方印，故很可能爲馬國璵手抄。此本用逗號、句號兩種新式標點斷句，稿本因爲修改文本等原因而出現每頁行數不一的現象，每半頁十一行至十四行不等。受斷句符號的影響，稿本每行字數也不固定，多爲每行十八字。本稿本最大的特點就是有多處修改痕迹。從修改情況看，多數是從遣詞造句方面對文本進一步潤色，也有一部分是對原本記載的内容進行修改或補充。

民國三十六年（1947）春，西吉縣文獻委員會奉令改組，龐育德新任縣長，由夏仙洲任文獻委員會主任。

---

① 參見王佩瑚整理：《〈西吉縣志〉的始纂與馬國璵》，載《西吉文史資料》，二〇〇二年内部刊印，第一百三十頁。

龐育德非常重視縣志的編修工作，延聘馬國璵負責纂修。馬國璵遵照内政部頒布的《地方志書纂修辦法》，分類編輯資料，既有文獻徵引者，亦有實地調查所獲者。傳世的《西吉縣志》内容衹涉及了沿革、自然、地理、建置等四方面，僅有純文字記載，没有繪製地圖，也没有相關的統計表格，這與國民政府有關修志的要求顯然還有很大的差距。從各種資料看，《西吉縣志》没有編修團隊，可能是馬國璵憑一己之力在編纂。由於他個人學識及所見資料有限，傳世本《西吉縣志》各章内容都比較簡單，尤其缺乏資料豐富的考證。

一九四七年中國政局動蕩不安，寧夏全境亦籠罩在戰争的陰影之中，這很可能也影響到了馬國璵的纂修志書活動，故《西吉縣志》未能按計劃如願修完。傳世的縣志僅是卷一的稿本而已，實際上并没有完成全志的編修工作。

《西吉縣志》正文前有馬國璵《創修縣志序》，其後由四章内容組成。第一章《沿革》，但并未如題把西吉縣的歷史沿革梳理出來，僅記有『近回教聖

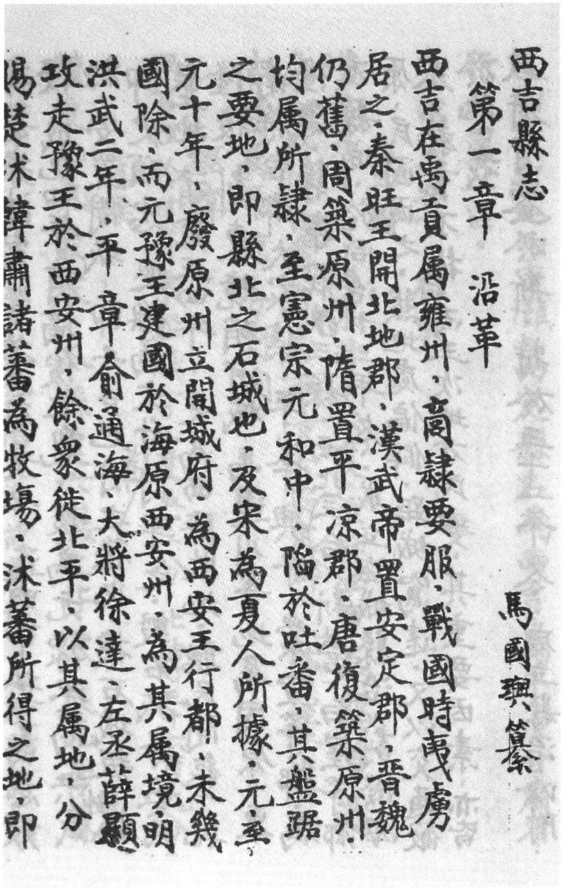
西吉縣志
第一章　沿革　馬國璵纂
西吉在禹貢屬雍州，商隸要服，戰國時夷虜居之。秦莊王開北地郡，漢武帝置安定郡，晉魏仍舊。周築原州，隋置平涼郡，唐復築原州，均屬所隸。至憲宗元和中，陷於吐番。其盤踞之要地，即縣北之石城也。及宋為夏人所據。元至元十年，廢原州立開城府，為西安王行都。未幾國除，而元豫王建國於海原西安州，為其屬境。明洪武二年，平章俞通海、大將徐達、左丞薛顯攻走豫王於西安州，餘衆徙北平，以其屬地分賜楚沐韓肅諸藩為牧場。沐藩所得之地，即

地西吉灘，而定縣名爲西吉，屬平凉甘肅省行政第二區』二十六字的内容，説明西吉縣縣名的由來及現在行政隸屬情况。此亦證明傳世本尚在編，并未如馬國璵《創修縣志序》中所言，志書已經完成了。第二章《自然》包括《星野》《經緯》《氣候》《地質》四目。《星野》内容引自《漢書·天文志》《甘肅省志》，《經緯》《氣候》《地質》等内容顯然有别於民國以前舊志的内容，記載信息更加科學，描述内容也更加專業、細緻。第三章《地理》包括《疆域》、《地形》、《地勢》、《山脉》、《河流》、《名勝與古迹》（附《八景》）六目。第四章《建置》包括《縣治》《城池》《黨部》《看守所》《忠烈祠》《苗圃》《集市》《鄉鎮》《學校》《橋梁》《公路》《鄉鎮道》十二目。

從傳世稿本提供的版本信息看，原編者非常認真地對縣志初稿進行了修改，明顯改進了志稿的編修質量。但由於志書未最後定稿，《西吉縣志》尚待完善、改進的地方還有很多。除内容需要大量補充外，僅就編寫體例看，某些内容當歸置在一起。如第四章《縣治》後依次接述『西吉縣政府』『城池』『縣政府』等内容，『西吉縣政府』與『縣政府』内容當合并在一起，不應當割裂開。另外，某些内容表述上有錯誤，當糾正。作爲民國時期西吉縣唯一一部按舊志體例來編修的志書，《西吉縣志》由於未最後完稿，大大影響了它的文獻價值。但從其僅存的内容來看，還是有一定的文獻利用價值。比如，氣候、地質等内容，爲研究民國時期西吉縣的相關情况保存了值得研究的資料；地形、地勢、山脉、河流等内容，爲瞭解西吉地理狀况提供了可資借鑒的參考資料；苗圃、集市、鄉鎮、學校等内容，爲瞭解西吉縣民國時期的國計民生狀況提供了第一手的研究資料；而有關古迹、景致的内容，不僅讓後人對西吉縣的歷史人文有更深刻的瞭解，同時附載的詩歌也爲研究西吉文學提供了一定的資料；與回族有關的資料，也是研究民國時期西吉民族狀況需要重視的資料。

《西吉縣志》在《寧夏目録》《總目提要》等方志目録中有著録。王佩瑚、胡玉冰、魏舒婧有該志的整理成果。上海古籍出版社二〇一八年出版的胡玉冰、魏舒婧校注《［民國］西吉縣志》，以民國三十六年（1947）稿本爲底本，部分成果參考一九八七年出版的固原地區地方志辦公室編印《固原地區史志資料》第二輯、二〇〇二年出版的西吉縣政協文史資料編委會編印《西吉文史資料》第二輯《藝苑雜談》整理本。

（胡玉冰　魏舒婧）

［康熙］隆德縣志

《［康熙］隆德縣志》二卷，清常星景修，清張煒纂。

常星景，字晋寧，山西翼城縣人。明崇禎十五年（1642）壬午科鄉試中試，清順治十三年（1656）任隆德縣知縣。清康熙五年（1666）升任吏部驗封司主事，遷稽勳員外郎。在任隆德縣知縣長達十年的時間裏，贏得了時人對他的贊譽。《康熙隆志》録有常星景的《修城記》《重修文廟記》及《六盤山詩》《美高山詩》《靈湫詩》《蓮花池詩》等詩文。《［雍正］山西通志》卷七十《科目》、《康熙隆志》上卷《官師志》等載其事迹。

張煒，寧夏隆德人，生平事迹不詳。

《康熙隆志》的編修與其他舊志編修一樣，即先從當地舊有的志書查起，再據實際情况或實地調查，或搜羅他書資料，最後據一定的編修體例輯爲一編。正是在常星景的帶動下，董煒動等人共同努力，終於修成了清代隆德縣第一部志書——《康熙隆志》。該志雖修成於康熙二年（1663），但在中國國家圖書館藏刻本中，《官師》新增康熙五年（1666）秋八月到任的周憲。在傳世的《康熙隆志》抄本中，又新增康熙七年（1668）到任的袁舜蔭，十六年（1677）到任的曾権，二十三年（1684）到任的陳士驥。故知，該志成書後，至晚在康熙二十三年（1684）還有補修。其傳世版本主要有五種。康熙二年刻本爲其後各本的祖本。中國國家圖書館藏本係康熙五年補刻本，爲最早的傳世本。上海圖書館和臺灣藏抄本與中國國家圖書館藏本關係最近，最早當抄成於康熙二十三年或其後，甘肅省圖書館藏抄本當抄成於乾隆年間，張維藏抄本係據甘肅省圖書館重抄。中國國家圖書館藏本每半頁九行，行二十二字，雙行小字亦同，四周雙邊，白口，單黑魚尾。上海圖書館與臺灣藏抄本的版本特點均同中國國家圖書館藏本。甘肅省圖書館本每半頁九行，行二十三字，雙行小字，行二十九至三十二字。

中國國家圖書館藏《康熙隆志》有劉瀾、常星景、葉正蓁撰《序》三篇，均作於康熙二年（1663）五月。董煒勳撰《隆德縣志跋》無時間落款。序跋後是《境内圖》《縣城圖》《隆德縣志目》。正文共二卷十二類。卷一包括《沿革》、《山川》、《户口》、《田賦》、《物産》、《壇祠》（附《公署》）、《河渠》（附《堡墩鋪古迹》）、《風俗》、《官師》等九類。卷二包括《學校》《人物》《灾異》三類。志書最後附《寺觀湫》，對分布在隆德縣内供奉諸多不是『正祀』神靈的寺觀廟宇一一加以介紹説明。

舊志一般具有資政教化的現實作用，

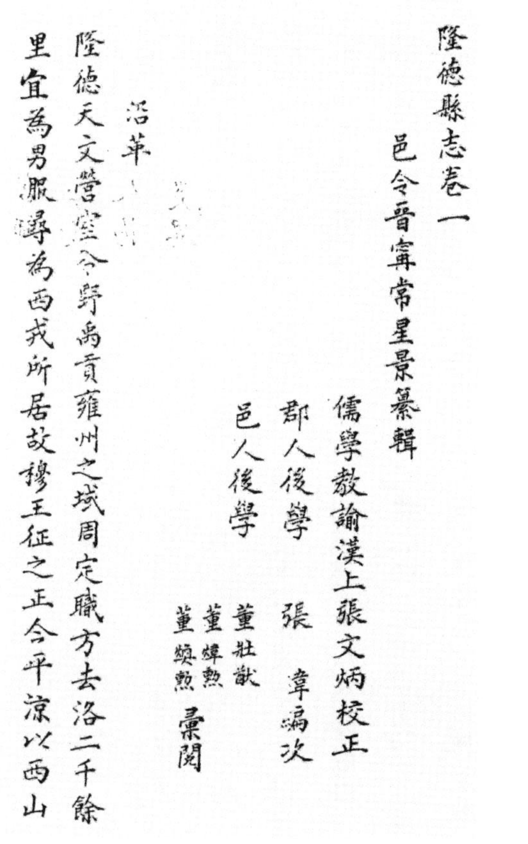
隆德縣志卷一
邑令晉寧常星景纂輯
儒學教諭漢上張文炳校正
郡人後學　張　璋編次
邑人後學　董壯猷　董煒勳　董焕勲　彙閲
沿革
隆德天文營室今野禹貢雍州之域周定職方去洛二千餘里宜爲男服□爲西戎所居故穆王征之正今平凉以西山

《康熙隆志》亦不例外。劉灝、葉正蓁在其序中對該志的評價都很高，認爲編輯質量一流，可以傳之萬世，甚至還可以爲國史的編修提供資料借鑒。而一百六十二年後，黄璟對《康熙隆志》的評價更顯出該志對後世的利用價值。今天利用該志，對其中的問題也要有充分的認識，如部分内容有誤字現象，引用時一定要核查原始文獻，以免以訛傳訛。對部分歷史資料的價值評價也要實事求是，《康熙隆志》的部分資料取材於正史文獻，利用這部分資料時最好能以縣志爲史料綫索，找到最原始的資料出處，而不能直接把縣志中的資料當成是第一手的資料來使用。從資料價值而言，縣志中最具價值的當是獨見載於該志的内容，如有關隆德的土地、税賦、户口、隆德人科舉名録、附載的隆德藝文等。縣志没有列『藝文』專題，詩文均散見於正文中，共有文四篇，詩二十五首。縣志中散見有部分民族史、李自成起義的相關史料，對有關問題的研究也有一定的參考價值。

《康熙隆志》在《隴右録》《聯合目録》《稀見提要》《寧夏目録》《甘肅目録》《總目提要》等目録中有著録。景永時、王文娟、任小花等撰文研究過該志，張家鐸、安正發等有該志的整理成果。上海古籍出版社二〇一八年出版的安正發、王文娟校注《康熙隆志》，以清康熙五年（1666）補刻本爲底本，以《中國方志叢書》影印本、上海圖書館藏抄本、《中國地方志集成·寧夏府縣志輯》影印本、《中國西北文獻叢書》第一輯《西北稀見方志文獻》影印本、《［嘉靖］平凉府志》《［康熙］静寧州志》等爲參校本。

（胡玉冰　安正發）

［道光］隆德縣續志

《［道光］隆德縣續志》不分卷，清黄璟纂修，清藺乃瀅校正，清馬超閑等十人編次。

黄璟，生卒年不詳，字有春，號梅邨（一作『梅村』），山西平定州人。清嘉慶十二年（1807）丁卯科鄉試中試。清道光三年（1823）十二月任隆德縣知縣，七年（1827）任山丹縣知縣，九年（1829）署理涇州，十年（1830）又回任山丹縣知縣，十三年（1833）調任皋蘭縣。後升安西州知州，未到任而卒。著有《周禮集解》《蘭山堂詩集》《試帖試賦偶餘》等。黄璟主要在甘肅任職，在任期間除關注民生、關心地方教育外，還非常重視地方文獻的編修工作。在隆德、山丹、皋蘭等縣任職期間，主持當地縣志的續編工作，傳世者主要有現藏美國國會圖書館的《道光隆志》，中國國家圖書館、甘肅省圖書館等藏《山丹縣續志》《皋蘭縣續志》等。《［光緒］平定州志》卷八《人物志》、《道光隆志・職官》等載其事迹。

《道光隆志》修成於道光五年（1825），六年（1826）刊刻行世。美國國會圖書館藏本爲孤本。每半頁九行，行二十二字，四周雙邊，白口，單黑魚尾。

黄璟纂修《道光隆志》重在『續』字上。在編修方法上没有太多創新，資料采集仍然與《康熙隆志》等其他地方志書一樣，通過實地調查或文獻檢索獲得。爲順利完成志書編寫，黄璟組建了一個編輯班子，他親自擔任纂輯，總體負責志書的編寫，還親自調查編輯資料。在具體內容的編輯上，《道光隆志》有些內容沿襲《康熙隆志》，藝文的內容則與《康熙隆志》將詩文附見於《山川》《河渠》等類目的做法不同，單立《藝文》類目，專録詩文。爲避免內容上的重複，《道光隆志》在有關人物事迹內容的編排上前後呼應。

《道光隆志》由《隆德縣續志序》（黄璟撰）、《隆德縣續志跋》（董效思撰）、《續》、《户口》、《地畝》、《灾異》、《職官》、《人物》、《藝文》、《續志跋》（藺乃瀅撰）等十部分內容組成。除序跋之外，內容結構基本上與《康熙隆志》相同。《道光隆志》於序跋後續圖七幅，即《隆德堡》《六盤關寨》《韓魏公祠》《蓮花池》《靈湫》《隆德寨》《四泉》。正文共分爲六大類，即《户口》《地畝》《灾異》《職官》《人物》《藝文》。《户口》《地畝》《灾異》三類內容較略，《職官》《人物》《藝文》三類內容較詳。《藝文》收録了六位清人的詩文共二十四篇。

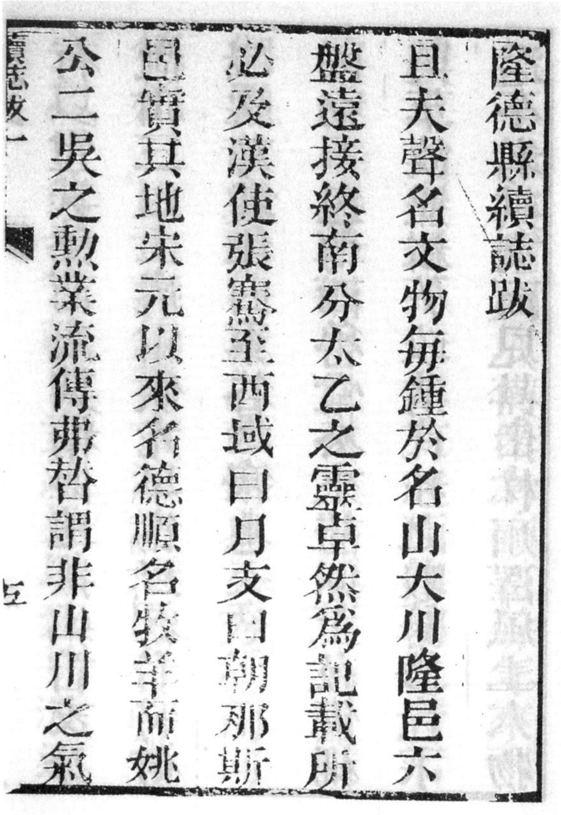
隆德縣續誌跋
且夫聲名文物毋鍾於名山大川隆邑六
盤遠接終南分太乙之靈卓然爲記載所
必及漢使張騫至西域曰月支曰朔那斯
曰賓其地宋元以來名德順名牧羊而姚
公二吳之勳業流傳弗替謂非山川之氣
續志跋一
五

《道光隆志》部分內容采自《康熙隆志》，由於編輯者對《康熙隆志》原文理解有誤，出現了錯輯史料的現象。《道光隆志》記載內容雖然簡略，但仍有一定的學術研究價值。作爲一種孤本文獻，《道光隆志》是隆德縣自康熙二年（1663）以後一個半世紀中唯一的地方志書，所記載的資料無疑具有一定的學術研究價值。所附七幅圖也爲隆德地理人文等研究提供了形象的圖像資料。尤其《職官》和《藝文》内容，爲研究隆德縣職官問題和寧夏藝文成就提供了難得的資料。如《職官》載明隆德知縣王軫、李期遠等二人爲《康熙隆志》所未載。《藝文》資料基本上都是《道光隆志》獨有的，這些資料不僅具有文學研究價值，有關道光年間隆德縣城的整修、重建及學宫、義學、書院、義倉的設立過程的内容又具有歷史研究價值。

《道光隆志》僅著録於《聯合目録》。景永時、王文娟、張京生等撰文研究過該志，張欣毅、安正發等有該志的整理成果。上海古籍出版社二〇一八年出版的安正發校注《道光隆志》，以清道光六年（1826）刻本爲底本，以《康熙隆志》等爲參校本。

（胡玉冰　安正發）

［民國］重修隆德縣志

《［民國］重修隆德縣志》四卷，桑丹桂修，陳國棟纂。

桑丹桂，生卒年不詳，字燕芳，河北寧津縣（一九四九年後改隸山東）人。民國十八年（1929）任隆德縣縣長。在任期間重視縣情資料的搜集與整理，主持編修的《隆德縣采訪册文》爲《民國隆志》的編修奠定了基礎。

陳國棟（1875—1960），字槐山，號松樵，隆德縣沙塘人。清末廩生，好讀書，不求聞達。民國十八年（1929）被推舉爲主任編輯，負責組織編修《隆德縣采訪册文》。

《民國隆志》修成於民國十九年（1930），民國二十四年（1935）又重修後出版。該志是隆德縣舊志中成書時間最晚的一部。每半頁十行，行三十二字，四周單邊，白口，單黑魚尾。

《民國隆志》正文前有林培霖、劉相弼、雒文麟、趙文璽等四人序，朱紹良、范振緒、喇世俊、劉慶篤、慕壽祺等五人爲《民國隆志》正式印行題寫的賀詞，《重修隆德縣志銜名録》和《隆德縣志目録》。正文共四卷十三志八十三目，每志都有小序，説明設志緣由及本志主要内容、子目名稱等。卷一包括《輿地》《建置》《民族》三志三十目，其中《輿地》包括《輿圖》《沿革》《疆域》《天文》《晷度》《山脉》《水道》《地形》《地質》《土壤》《氣候》《古迹》《隆德八景》十三目，《建置》包括《縣市》《城池》《廨署》《倉庫》《村里》《關梁》《壇廟祠宇寺觀》《封建》八目，《民族》包括《種族》、《移徙》、《户口》、《氏族》、《宗教》、《文化》、《生計》、《風俗》（包括《婚姻情形》《喪葬情形》《社會習尚》）、《方言》九目。卷二包括《經政》《食貨》《交通》三志二十九目，其中包括《民政》《學制》《議會》《司法》《外交》《軍制》《邊防》七目，《食貨》包括《田賦》《鹽茶》《税捐》《倉儲》《差徭》《公債》《官産》《會計》《貨幣》《度量衡比較表》《農業》《工業》《商業》《礦業》《林業》《畜牧》《物産》十七目，《交通》包括《驛傳》《道路》《河運》《郵務》《電政》五目。卷三包括《職官》《選舉》《人物》三志二十四目，其中《職官》包括《歷代官制》《現行官制》《表傳》《名宦》四目，《選舉》包括《徵辟》《科目表》《學校畢業調查表》《議員調查表》《教育局》《黨

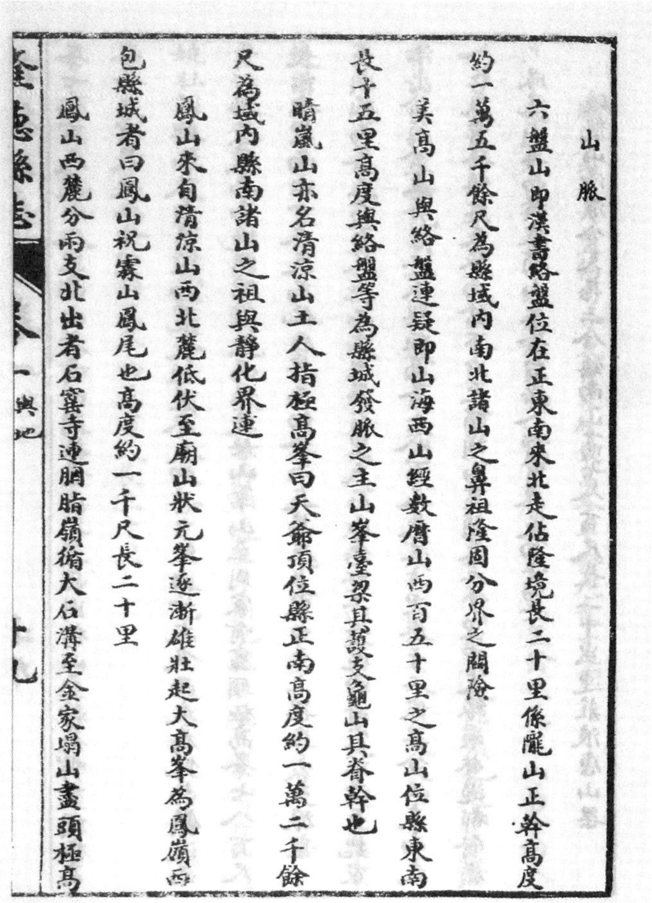
山脈
六盤山即漢書絡盤位在正東南來北走佔隆境長二十里係隴山正幹高度約一萬五千餘尺為縣域内南北諸山之鼻祖隆固分界之關隘
美高山與絡盤連疑即山海西山經數脣山西百五十里之高山位縣東南長千五里高度與絡盤等為縣域發脈之主山峯臺翠具蔽支龜山具脊幹也
睛嵐山亦名清涼山土人指極高峯曰天爺頂位縣正南高度約一萬二千餘尺為域内縣南諸山之祖與靜化界連
鳳山來自清涼山西北麓低伏至廟山狀元峯逐漸雄壯起大高峯為鳳嶺西包縣城者曰鳳山祝寨山鳳尾也高度約一千尺長二十里
鳳山西麓分兩支北出者石窯寺連腡脂嶺循大石溝至金家塌山畫頭極高

務訓練所畢業》六目，《人物》包括《聖哲》《賢達》《循卓》《忠節》《孝義》《儒林》《文學》《勇略》《烈士》《烈女》《隱逸》《藝術》《流寓》《仙釋》十四目。卷四包括《藝文》《金石》《紀事》《拾遺》四志，其中《藝文》未細分子目，共載文二十篇，隆德人張維岳《南源山館自警詞》四言詩十三首，《金石》包括《石刻》《金器》兩目，《紀事》包括《歷代戎事始末》《方隅割據始末》兩目，《拾遺》包括《祥異》《故事》《震災》《旱災》《匪災》《兵災》《瑣聞》《考證》八目。志末附陳國棟《重修隆德縣志後叙》。

民國時期，隆德官員對前代志書編修活動進行梳理後認爲，自常星景編修《康熙隆志》後再無正式的編修活動。奠定《民國隆志》資料、體例基礎的是民國十九年（1930）在桑丹桂任内修成的《隆德縣采訪册文》，此後歷經關培穀、劉相弼、林培霖等三任縣長的監修，特别是劉相弼解决了印刷費用問題，《民國隆志》纔於民國二十四年（1935）得以刊行於世。故雒文麟題書名頁上載，《民國隆志》『中華民國十八年六月開始編輯，二十四年十一月告成付印』是比較符合實際的。

《民國隆志》是成書時間最晚的一部傳世隆德舊志。志書中輯録的内容包括了民國時期的多種資料，特别是附有多張統計表，資料翔實完整，不僅是研究隆德的重要史料，而且也可以作爲研究民國時期西北地域社會經濟狀况的重要資料來使用。志書還輯録了多條與回族有關的資料，這是難得的民族史研究資料。同時，志書也存在多種問題：第一，從編輯指導思想看，編纂者站在官府立場評介歷史人物、歷史事件，不能表現出客觀的立場，在對待民族問題上極端狹隘，有民族歧視和偏見，甚至對民族起義表現出極大的仇視。第二，從文字看，有誤字現象。民國時修志，行文避清人諱是不應該的。第三，從内容看，卷四《藝文》

中輯録的多是官宦文章，甚至把省長的講話稿也録入其中。《瑣聞》所補充的人物事迹非常明顯是爲官僚歌功頌德而補充的。這些都説明了志書編纂者阿諛奉承、依附權貴的媚態，也極大地影響了志書的史料價值。第四，從編纂體例來看，《民國隆志》也有疏漏。以志書所録詩文看，可以隨文隨事輯録，也可以集成成卷，《民國隆志》輯録時却體例不一。卷四有《藝文》專志，録文二十篇，詩衹録一人之作。但在卷一又隨事録詩，《古迹》録詩七首，《隆德八景》録詩八首，《廨署》録詩二首，卷四《旱灾》後録王續卿《荒年歌》、張海天《哀旱歌》，《匪灾》後録雒文麟《時事吟》七言絶句三十首，這四十九首詩按體例輯入《藝文》當更合理些。

《民國隆志》在《聯合目録》《寧夏目録》《甘肅目録》《總目提要》等方志目録中有著録。景永時、王文娟、任小花等撰文研究過該志，安正發有該志的整理成果。上海古籍出版社二〇一八年出版的安正發校注《民國隆志》，以民國二十四年（1935）鉛印本爲底本，以《康熙隆志》《道光隆志》等爲參校本。

（胡玉冰　安正發）

中衛市分志

［乾隆］中衛縣志

《［乾隆］中衛縣志》十卷，清黄恩錫纂修。

黄恩錫，生卒年不詳，字素庵，號龍章，永北府（今雲南省麗水市永勝縣）人。清乾隆十七年（1752）壬申科進士，二十一年（1756）任中衛知縣。在任期間，帶頭興修水利，興辦教育，建造倉廒，增置驛館，請求減免當地百姓差糧，積極撫恤災民，赢得了百姓的贊譽。所修《中衛縣志》是中衛市第一部傳世舊志，卷九至卷十收録黄恩錫詩文多篇，對於研究中衛市及黄恩錫本人都有重要的史料價值。

乾隆二十五年（1760）始修《中衛縣志》，二十六年（1761）定稿，二十七年（1762）初刻行世。每半頁九行，行二十一至二十二字，四周雙邊，白口，單黑魚尾。

《中衛縣志》共十卷，卷前有小序，説明内容輯録之由。正文前有《序》四篇，作者分别是鍾蘭枝、圖鎝布、隆甫、黄恩錫，《跋》两篇，作者是羅元琦、楊士美。序後是甘肅總督楊應琚、巡撫明德、按察司某某對縣志的審閲批示，其後爲《修志姓氏》《應理志草總目》《凡例》《圖考》等，附《中衛縣域圖》《水利圖》各一幅。卷一《地理考》包括《星野》、《沿革》、《疆界》（附《形勝》）、《山川》、《水利》（附《河防》）、《風俗》、《物産》（附《蠶桑》）七目。卷二《建置考》包

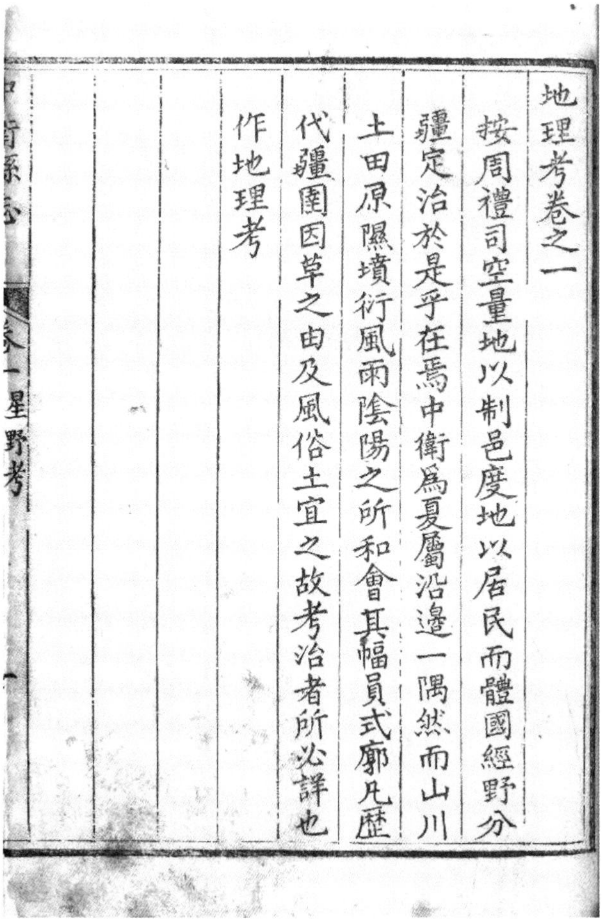
中衛縣志　卷一　星野考　一

地理考卷之一

按周禮司空量地以制邑度地以居民而體國經野分疆定治於是乎在焉中衛爲夏屬沿邊一隅然而山川土田原隰墳衍風雨陰陽之所和會其幅員式廓凡歷代疆圉因革之由及風俗土宜之故考治者所必詳也

作地理考

括《城池》、《堡寨》（附各灘、湖、山莊）、《官署》（附《庫獄》《養濟院》《公館》）、《倉廪》（附《社糧》）、《學校》、《祠祀》（附《寺廟》）、《祥異》七目。《寺廟》後附《文廟陳設圖》《文廟樂舞圖》。卷三《貢賦考》包括《額徵》、《户口》（附《蠲恤》）、《税課》（附《市集》）、《鹽法》（附《茶法》）四目。卷四《邊防考》包括《塞垣》《營制》《邊界》《驛遞》《關梁》五目。卷五《官師考》包括《官制》

《職官》《名宦》三目，附《俸薪養廉并夫役工食》。卷六《獻徵表》包括《人物》《忠節》《孝義》《列女》《流寓》五目。卷七《選舉表》包括《科甲》《鄉貢》《武階》三目。卷八《古迹考》包括《古迹》《中衛各景考》二目，附《雜記》。卷九至卷十《藝文編》，包括《上諭》《議》《論》《書》《記》《序》《傳》《賦》《銘》《詩》十目。兩卷共録詩文一百八十六篇，其中文四十一篇，《詩》一百四十五首。

黄恩錫等纂修《中衛縣志》并非首創而是有所承襲。除舊抄本《應理志草》對其編修有影響外，康熙五十年（1711）劉追儉就曾修《中衛縣志》，而黄恩錫是於四十九年後纔又組織人員新修《中衛縣志》的。《中衛縣志》對於部分資料注明其出處，反映了編者編修態度的嚴謹，這也基本保證了志書的編修質量。引用資料既有傳世文獻，也有出土的碑石文獻。黄恩錫等注重用相對可信的資料，并未全信其他文獻所記中衛事，而是對有些史料進行了考辨。受編纂者學識及各種客觀條件如文獻無徵的限制，該志也存在缺點，如縣志的類目名稱體例没有統一，部分内容編排也存在問題，部分文字有誤，使用時需要辨明。

作爲中衛市傳世的第一部舊志，《中衛縣志》較爲系統全面地總結了中衛地理、民情、經濟等資料信息，特别是自雍正三年至乾隆二十五年（1725—1760）間的資料信息更爲詳盡。部分内容反映出黄恩錫關注民生的治政理念。卷一《地理考·物産》後所録黄氏《蠶桑考》對中衛應當注重發展養蠶業提出了前瞻性的建議，至今都有借鑒價值。他把自己治水修渠的經驗總結出來，爲後人提供了諸多有益的借鑒。志書中某些資料還具有特殊的研究價值。如卷二《建置考·堡寨》『要崖』條對於研究中衛民族問題有研究價值，卷九劉得炯《重刻關學編序》是研究明馮從吾《關學編》的重要文獻，對研究西北地方理學家的學術傳承史有重要價值。

《隴右録》《聯合目録》《寧夏目録》《甘肅目録》《總目提要》等方志書目對該志都有著録。胡玉冰、王子今等撰文研究過該志，范學靈、韓超等有該志的整理成果。上海古籍出版社二〇一八年出版的韓超校注《［乾隆］中衛縣志》，以清乾隆二十七年（1762）刻本爲底本，部分成果參考寧夏人民出版社一九九八年出版的范學靈等整理《［乾隆］中衛縣志校注》。

（胡玉冰　韓超）

［道光］續修中衛縣志

《［道光］續修中衛縣志》十卷，清鄭元吉修，清余懋官纂。

鄭元吉，生卒年不詳，字考堂，江西金溪人。爲江西金溪附監生，清道光十九年（1839）任中衛知縣。余懋官，生卒年不詳，字子佩，江西人。前借補河州太子寺州判，直隸州州判。參與《續中衛志》的實際續修工作，對有關内容進行審讀、辯證，使原書内容的可信度有了很大的提高。

黄恩錫於清乾隆二十六年（1761）修成《中衛縣志》，至鄭元吉道光十九年（1839）任中衛知縣，中間經過了十四任知縣（包括鄭元吉）近八十年時間。時過境遷，因革損益，舊志又有漸就湮没的危險，客觀上需要對《中衛縣志》進行續修。鄭元吉深以爲憾，慨然視爲己任，組織了一支二十九人的續修縣志隊伍，自道光二十年（1840）五月始，對《中衛縣志》做全方位的補充、訂正。《續中衛志》初稿完成後，又延請余懋官進一步審訂，至二十一年（1841）二月定稿并刊行。該版本每半頁九行，行二十一至二十二字，四周雙邊，白口，單黑魚尾。

《續中衛志》的編修體例、内容結構基本照搬《中衛縣志》，卷前均有小序。《中衛縣志》原有序四篇，《續中衛志》按原志次序全部保留，均題作『原序』，又新增程德潤、鄭元吉序兩篇，置於原序之前。序後爲《中衛縣志修志姓氏》《續修志姓氏》《應理志草總目》《凡例》，新增《縣城全圖》，置於原志《中衛縣境域圖》《水利圖》之前。圖後爲卷一至卷十正文。卷一《地理考》包括《星野》、《沿革》、《疆域》（附《形勝》）、《山川》、《水利》、《古迹》、《風俗》七目。卷二《建置考》包括《城池》、《堡寨》（附各灘、湖、山莊）、《公署》（附《養濟院》《公館》）、《倉廪》、《學校》、《祠祀》（附《寺廟》）六目。卷三《貢賦考》包括《額徵》、《户口》（附《蠲恤》）、《税課》（附《市集》）、《物産》、《鹽法》（附《茶法》）五目。卷四《邊防考》包括《塞垣》《營制》《邊界》《驛遞》《關梁》五目。卷五《官師考》包括《官制》《職官》《名宦》三目，附『俸薪養廉』。卷六《獻徵表》包括《人物》《忠節》《孝義》《節女》《流寓》五目。卷七《選舉表》包括《科甲》《鄉

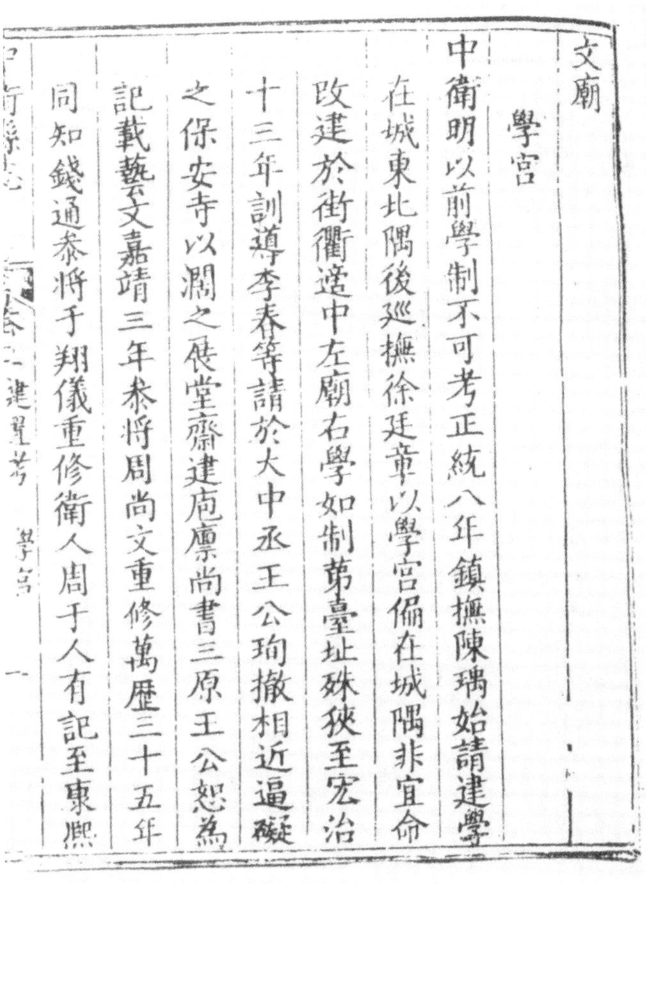
文廟
學宮
中衛明以前學制不可考正統八年鎮撫陳瑀始請建學
在城東北隅後廵撫徐廷章以學宮偏在城隅非宜命
改建於衛衢適中左廟右學如制第臺址殊狹至宏治
十三年訓導李春等請於大中丞王公珣撤相近逼礙
之保安寺以潤之厥堂齋建庖廩尚書三原王公恕為
記載藝文嘉靖三年叅将周尚文重修萬歷三十五年
同知錢通叅将于翔儀重修衛人周于人有記至康熙
中衛縣志　卷二　建置考　學宮　一

貢》《武階》三目，附『誥贈』『仕宦』『鄉飲耆年』等内容。卷八《雜記》包括《各景考》《祥異》《軼事》三目。卷九至卷十爲《藝文編》，包括《上諭》《議》《論》《書》《記》《序》《傳》《賦》《銘》《詩》十目。志末有羅元琦撰《中衛縣志跋》。

《續中衛志》編修參與人數衆多，文本中錯誤也不少，特别是將原志中許多重要的内容，如祭祀物品及儀節形式、《文廟陳設圖》《文廟樂舞圖》的説明文字、黄恩錫撰《蠶桑考》等删掉，殊爲不當。原志部分内容後附有黄恩錫的議論，鄭元吉往往於黄氏議論之後再附『考堂鄭氏曰』或『考堂記』，對黄氏的議論再發議論。另外，《續中衛志》對於部分類目内容的次序進行了調整，部分類目名稱也有變更，有些可取，有些則很牽强。遺憾的是，續志没有把原志内容編排上存在的部分問題給糾正過來，而是把問題沿襲了下來。《續中衛志》大部分内容都直接過録《中衛縣志》原文，雖也有相當多的行文表述的内容與原志不同，但模仿原志使用字、詞、句的痕迹非常明顯。

續修縣志共用了十個月的時間，在内容上比原志豐富了一些，作爲續志，自有其獨特價值，并非像某些學者評價説其資料價值不大。《續中衛志》成書於《中衛縣志》修成八十多年後，鄭元吉在很多類目内容中都有史料方面的補充，特别像户口、賦税、田畝等類内容資料會常常發生變動，職官的人事上會有正常的變動、調整，科甲方面也會有規律性變化等，《續中衛志》都能較爲準確地反映出來。部分史料詳細程度也比《中衛縣志》高，因此，《續中衛志》不僅基本保存了《中衛縣志》的全部内容，同時又補充了新的内容，所以就研究中衛的歷史、政治、經濟、地理等問題而言，《續中衛志》的資料更全面，使用上也更爲便利。

《隴右録》《聯合目録》《寧夏目録》《甘肅目録》《總目提要》等方志書目對《續中衛志》都有著録。俞星燕等撰文研究過該志，周興華、韓超有該志的整理成果。上海古籍出版社二〇一八年出版的韓超校注《續中衛志》，以清道光二十一年（1841）刻本爲底本，部分成果參考寧夏人民出版社一九九〇年出版的寧夏中衛縣縣志編撰委員會點注的《標點注釋中衛縣志》。

（胡玉冰　韓超）

［乾隆］鹽茶廳志備遺

《［乾隆］鹽茶廳志備遺》不分卷，清朱亨衍修，清劉統纂。

朱亨衍，生卒年不詳，桂林（今廣西壯族自治區桂林市臨桂區四塘鄉田心村）人。《廳志備遺·官制》、《［光緒］海城縣志》卷八《職官》有傳。清康熙五十年（1711）辛卯科舉人，清乾隆九年（1744）任甘肅平涼府鹽茶廳同知，治所設於固原州（今寧夏回族自治區固原市原州區），十四年（1749）奉文正式移駐海喇都城（易名爲海城，今寧夏回族自治區中衛市海原縣）。朱亨衍到任後『修城池、建衙署、開水利，卓著政聲，士民至今稱之』。

劉統，隆德人。清雍正七年（1729）己酉科舉人。《廳志備遺·藝文》録其《鹽茶廳署落成記》《海喇都沿革考》兩文。

雍正四年（1726）以前鹽茶廳之所以無志，是因爲它没有獨立的行政管轄範圍，之後仍然無志，這是因爲鹽茶廳行政官署駐地離實際轄境太遠，官員無暇實地調查訪求文獻。朱亨衍於乾隆九年（1744）任鹽茶廳同知，有志於編輯廳志，於乾隆十五年至十六年（1750—1751）兩年時間輯得十分之三四的廳志資料。諸生參與到廳志的編輯活動中後，修志速度明顯加快。十六年（1751）年末，廳志資料基本齊備之時，朱亨衍因病離任，但他堅持對廳志作最後的編輯，十七年（1752）四月基本完成編輯。《廳志備遺》傳世本最早當抄成於乾隆十九年（1754），而非乾隆十七年，更不可能是咸豐九年（1859）。該志每半頁十行，行二十四字。

《廳志備遺》包括朱亨衍撰《廳志備遺序》《廳志備遺目録》、采輯人員名單及正文二十二目，即《圖記》（附《城圖》《廳地建革》）、《星野》、《疆域形勢》、《建置沿革》、《城堡》、《山川》、《水利》、《古迹》、《田賦》、《户口徭役》（附《鹽税》）、《風俗》、《官制》、《名宦鄉賢》、《學校》（附《生徒科貢》）、《廳署》、《積貯》、《倉廩》、《壇廟》、《寺觀廟宇》、《人物》、《物産》、《藝文》。《藝文》録詩共三十一首，文三篇。詩歌均未題作者名，據志書編寫體例看，除《題贈朱司馬》《送司馬朱公回粤》兩首從詩題看非朱亨衍所作外，其他二十八首可能均爲朱氏所作。三篇文章均無篇題，據文章内容，其分别記載鹽茶廳署落成始末、海喇都沿革考、廳地興衰記略。據研究，前兩篇作者可能爲劉統，第三篇作者爲曹夔隆。

《廳志備遺》的編修與其他舊志的編修方法基本相同。首先廣泛調查與本地有關的各種文獻記載，從搜檢甘肅、平凉、固原等地文獻着手，在《乾隆甘志》《固原州志》《平凉府志》等文獻中輯出與鹽茶廳有關的資料。其次，把實地調查資料及自身『親歷』之事編入廳志，對文獻資料補充説明。再次，充分利用鹽茶廳現有的公文檔案資料，對官制、賦役、户口、科貢等資料進行分類編輯整理。朱亨衍對廳志的編修質量還是有較爲清醒、客觀的認識的，他没有把該志視爲體例、内容等都令人較爲滿意的鹽茶廳專志，而把它視爲可以爲他人編修更高質量的志書提供一定幫助的備遺之作，故爲所編廳志取名爲《廳志備遺》。

需要注意的是，《廳志備遺》非規範的鹽茶廳專志，書稿未經最後潤色統稿，《凡例》等内容缺失，類目設置也未進行最後的推敲、斟酌，内容編排順序有的比較混亂，還有重複、錯置、疏漏等現象。資料輯録也有錯誤，既有内容理解上的錯誤，也有因字音相同或相近等原因造成的文字轉録上的錯誤。

作爲鹽茶廳歷史上的第一部志書，《廳志備遺》對後來志書的編輯有一定的影響，如《［光緒］海城縣志》就是在《廳志備遺》的基礎上編修而成的。鹽茶廳廳志的編輯本身存在一定的難度，這有客觀原因，鹽茶廳『地處邊陲，自宋以前，忽夏忽夷，元以後又非國非邑』，這就造成了當地人文不興、文獻缺乏的局面。朱亨衍等克服諸多困難，多方采輯資料，還能對輯録的部分資料有所考證，充分利用實地調查的資料，這些努力，爲後

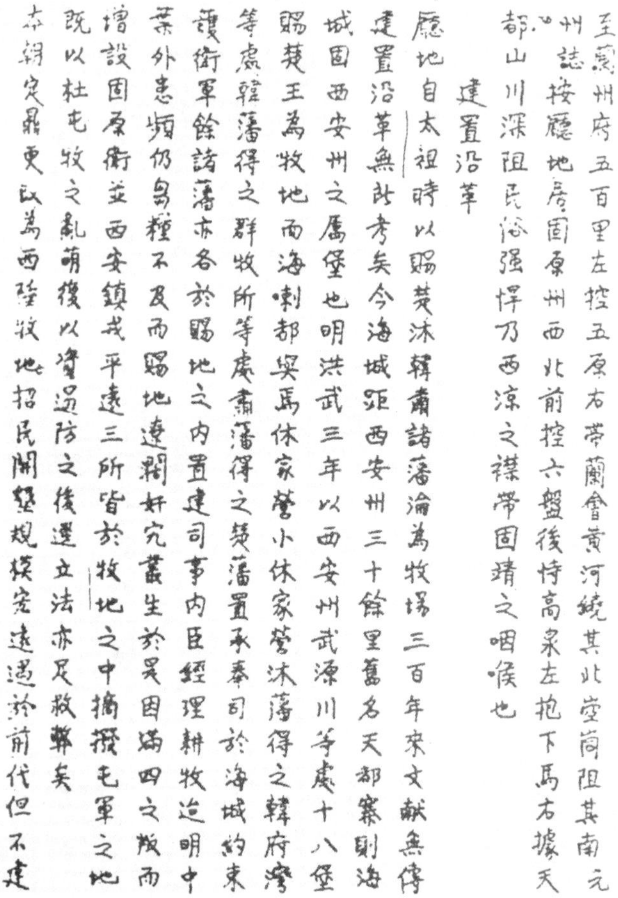
至蘭州府五百里左控五原右帶蘭會黃河繞其北空崗阻其南元州誌按廳地屬固原州西北前控六盤後恃高泉左抱下馬右據天都山川深阻民俗強悍乃西涼之襟帶固靖之咽喉也

建置沿革

廳地自太祖時以賜楚沐韓肅諸藩論為牧場三百年來文獻無傳建置沿革無所考矣今海城距西安州三十餘里舊名天都寨則海城固西安州之屬堡也明洪武三年以西安州武源川等處十八堡賜楚王為牧地而海喇都與馬休家營小休家營沐藩得之韓府灣等處韓藩得之群牧所等處肅藩得之楚藩置承奉司於海城約束護衛軍餘諸藩亦各於賜地之內置建司事內臣經理耕牧迨明中葉外患頻仍芻糧不足而賜地遼闊奸宄叢生於是因滿四之叛而增設固原衛並西安鎮戎平遠三所皆於牧地之中摘撥屯軍之地既以杜屯牧之亂萌復以資邊防之後還立法亦足救弊矣亦嗣定鼎更改為西路牧地招民開墾規模宏遠遠於前代但不建

人深入研究鹽茶廳提供了較爲可信的第一手資料。故《廳志備遺》保存資料之功當不容忽略。

《廳志備遺》在《隴右録》《聯合目録》《寧夏目録》《甘肅目録》《總目提要》《稀見提要》等方志書目都有著録或提要。《方志與寧夏》有綜述與研究。高樹榆、張淑娜等的論文對《廳志備遺》等都有著録或提要式介紹。梁艷、孫倩等撰文研究過該志的藝文部分，筱心、米壽祺、劉華、楊孝峰等撰文研究過該志，劉華、胡玉冰等有該志的整理成果。上海古籍出版社二〇一八年出版的胡玉冰、魏舒婧校注《廳志備遺》，以民國三十三年（1944）抄本爲底本，以張維藏琴城趙氏抄本、《［光緒］海城縣志》等爲參校本。

（胡玉冰　魏舒婧）

［光緒］海城縣志

《［光緒］海城縣志》十卷，清楊金庚修，清陳廷珍纂。

楊金庚，生卒年不詳，字鎮西，山東諸城人。拔貢，清光緒三十三年（1907）任海城知縣，任内頗有政績。光緒三十四年（1908）修成《海城縣志》，爲當地留下了寶貴的文獻資料。

陳廷珍，生卒年不詳，字廣文，寧遠（今甘肅省天水市武山縣）人。光緒二十六年（1900）任海城縣儒學訓導。楊金庚聘其協修《海城縣志》。

海城素無志書，文獻無徵，僅存朱亨衍《廳志備遺》一册。前縣令高蔚霞、朱美燮、陳日新等欲彙集成帙，新修縣志，惜均未果。楊金庚於光緒三十三年（1907）任海城知縣，公務之餘，非常留心積累當地歷史沿革、山川疆域等方面的資料及有忠孝節義之行的人物事迹。加上當時《宣統甘志》的編修工作正式啓動，要求各轄縣也要編修各自的最新縣志，以便爲省志的編修提供最新的資料，這就直接促成了《海城縣志》編修工作的啓動。光緒三十四年（1908），《海城縣志》修成，同年刊行。甘肅省圖書館藏光緒三十四年抄本當爲縣志成書後不久抄録而成，更爲接近原稿原貌。抄本，一函二册。卷一至卷六爲上册，卷七至卷十爲下册。版框高二十八厘米，寬十五點七厘米。每半頁十行，行二十四至二十五字。抄本，無邊欄。

《海城縣志》仿《宣統甘志》體例，在内容上分十類，包括《建置志》《疆域志》《貢賦志》《學校志》《兵防志》《古迹志》《風俗志》《職官志》《人物志》《藝文志》，每類一卷，共十卷。每類均有小序，説明立類之由，每類包括若干子目，共五十三目。正文前包括楊金庚、陳廷珍《序》，《新修海城縣志銜名》《凡例》《海城縣志目録》。卷一《建置志》包括《圖考》、《星野》、《氣候》、《沿革》、《城池》、《公署》（附《鹽庫》）六目。《圖考》後附《海城縣全境圖》《海城城池圖》。卷二《疆域志》包括《形勝》、《道里》、《疆界》、《鄉鎮》（附《村堡》）、《山川》（附《八景》）、《水利》、《關梁》、《祠祀》（附《各壇廟》）八目。卷三《貢賦志》包括《田賦》（附《新舊額則》）、《户口》、

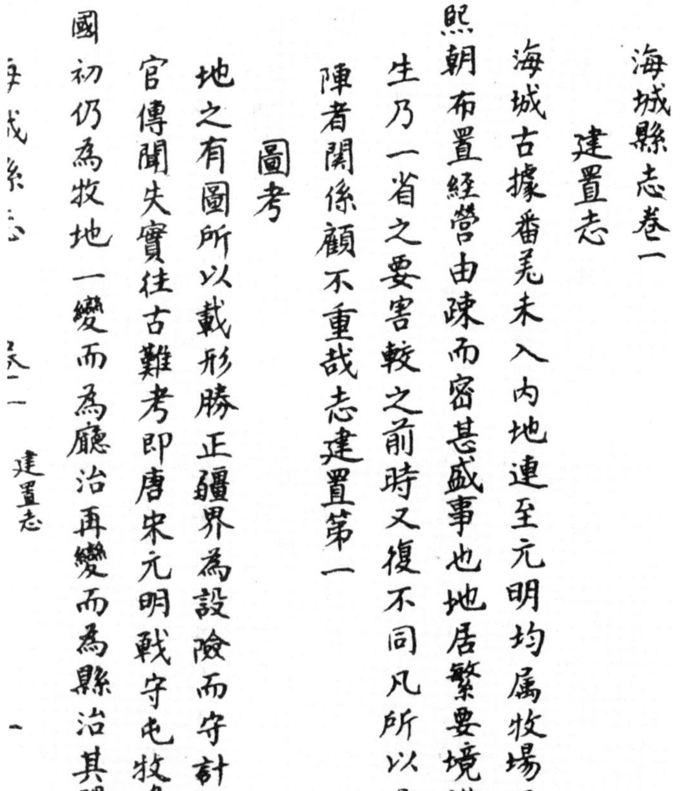
海城縣志卷一
建置志
海城古據番羌未入内地連至元明均屬牧場設廳改縣肇自
熙朝布置經營由疎而密甚盛事也地居繁要境雜漢回事故迭
生乃一省之要害較之前時又復不同凡所以興教化而資保
障者關係顧不重哉志建置第一
圖考
地之有圖所以載形勝正疆界為設險而守計也海城向無正
官傳聞失實往古難考即唐宋元明戰守屯牧邊城亦未分析
國初仍為牧地一變而為廳治再變而為縣治其間裁割歸併又
海城縣志　卷一　建置志　一

《種類》、《回教》、《倉儲》（附《社倉》）、《鹽法》（附《新舊額則》）、《茶馬》、《釐税》、《度支》（附《文武俸餉》）、《蠲恤》十目。本卷中《户口》《種類》《回教》等子目所載内容有很重要的研究價值。卷四《學校志》包括《學額》《義學》《學堂》三目。卷五《兵防志》包括《營制》（附《防軍》）、《驛遞》、《巡警》三目。卷六《古迹志》包括《古迹》《墳墓》兩目。卷七《風俗志》包括《漢俗》《回俗》《漢回同俗》《祥異》《方言》《物産》《實業》七目。卷八《職官志》包括《文武》（附《新舊各職》）、《名宦》、《封爵》、《選舉》（附《文武科目》）四目。卷九《人物志》包括《人物》、《忠節》、《孝義》、《隱逸》、《流寓》、《仙釋方技》、《列女》（附《節孝烈義》）七目。縣志這兩卷内容較廳志有了很多的增加，對於研究鹽茶廳、海城縣都是非常難得的資料，海城縣社會各階層人物基本上都有入傳者。卷十《藝文志》包括《藝文》（包括『各體』）、《金石》、《雜記》（包括《叛事紀略》《宦民死事紀略》《戰事紀略》《重修澇池記》《重修隍廟記》《争訟説》《漢回同學議》《義犬》）三目。本卷載詩共六十三首，載文兩篇，《金石》載碑八通。《雜記》八篇均爲楊金庚作。

《海城縣志》是海原縣歷史上第二部傳世的志書，也是内容最豐富的一部。總體來看，《海城縣志》編修還是中規中矩的，衹有個别類目的歸屬、部分内容的輯録編排有不當之處，志書中個别地方加入評論性話語，也不太合適。從縣志實際内容看，取材時多以《廳志備遺》爲基本史料，又據實際變化補充新的資料入志。《縣志》部分考證内容較《廳志》更加精細，比《廳志》記載更具體、更精確，其文獻價值體現在多個方面。首先，《縣志》是不可多得的海原縣縣情研究資料。本《縣志》上續《鹽茶廳志備遺》，自乾隆十四年至光緒三十四年（1749—1908）間與鹽茶廳、海原縣有關的歷史、地理、人文、官制、藝文等方面的内容，志書輯録得非常豐富，有些資料是自史書中承襲，有些資料則據當時一手的檔案、碑石等文獻輯録，史料可信度較高，是研究今海原縣不可多得的資料。其次，《縣志》爲民族問題研究提供了重要資料。在寧夏舊志中，《海城縣志》是第一部真正意義上立專目記載回族宗教、風俗、人物的志書。鑒於海城縣回漢雜處、回多漢少的特殊民族人口構成情況，《縣志》的編修也充分反映出這樣的特點，類目中多處記載與回族有關的情況，還設《回教》《回俗》等子目，專門記載回族之事。《縣志》中記載的與同治年間回民反清鬥争有關的資料非常豐富，儘管其叙述的政治立場是要批判的，但客觀上爲研究回民反清鬥争提供了難得的資料。

《海城縣志》在《隴右録》《聯合目録》《寧夏目録》《甘肅目録》《總目提要》等方志書目都有著録。筱心、劉華、楊孝峰等撰文研究過該志，劉華、胡玉冰等有該志的整理成果。上海古籍出版社二〇一八年出版的胡玉冰、穆旋校注《［光緒］海城縣志》，以清光緒三十四年（1908）抄本爲底本，以《中國方志叢書》影印本等爲參校本。

（胡玉冰　穆旋）

［光緒］新修打拉池縣丞志

《［光緒］新修打拉池縣丞志》不分卷，清廖丙文修，清陳希魁等纂。廖丙文，巴陵（今湖南省岳陽市岳陽縣）人。清光緒三十一年（1905）任打拉池縣丞，生平不詳。《打拉池志》修成於光緒三十四年（1908），是唯一一部傳世的打拉池專志。該志修成後未有刻本，至少有三種手抄版本傳世，包括甘肅省圖書館、蘭州師范大學圖書館藏本（簡稱甘圖本），趙敦甫藏本，張維校輯本。甘圖本更接近稿本，係趙世暹即琴城趙二藏書，也是張校本之底本。張校本版框高十九點二厘米，寬十二點五厘米。每半頁十行，行二十至二十五字。

《打拉池志》編修緣由同《海城縣志》一樣，也是要爲重修《甘肅通志》即《宣統甘志》提供資料。由於打拉池人文不興，文獻無徵，所以修成的志書在内容上還有很多欠缺，但這是客觀原因造成的，祇能提供這樣一個内容簡單的文本。從所載内容及編修體例看，無論是甘圖本還是張校本，都不是《打拉池志》的定稿。兩本都存在明顯的草稿特徵，如前後内容重出、類目設目隨意性强、内容次序混亂。由於其傳世版本的特殊性，利用時一定要把甘圖本和張校本結合起來看。這兩個版本在内容上有一定的互補性，特別是後者，在文本内容質量上較前者更勝一籌。

甘圖本共二十八目，包括《建置》《疆域》《山川》《關梁》《水利》《鹽法》《物産》《貢賦》《祀典》《職官》《塚墓》《風俗》《貤封》《恩蔭》《選舉》《節婦》《星現星殞日月食》《恤典》《方言》《户口》《倉儲》《度支》《釐税》《農商》《礦産》《巡警》《學堂》《忠烈》。《學堂》之後，《物産》《疆域》《山川》標目又重出，但在内容上是對前面三類内容的補充、細叙或修正。

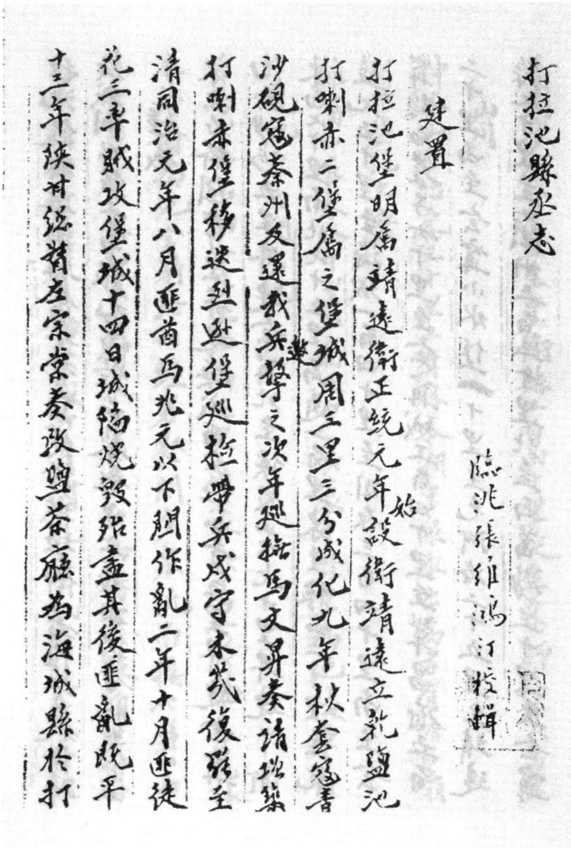
打拉池縣丞志
臨洮張維鴻汀校輯
建置
打拉池堡明屬靖遠衛正統元年始設衛靖遠立乾鹽池
打喇赤二堡屬之堡城周三里三分成化九年秋套寇晉
沙硯寇秦州及還我兵邀擊之次年巡撫馬文昇奏請增築
打喇赤堡移建五延堡巡撫帶兵戍守永裁復移至
清同治元年八月匪酋馬兆元以下關作亂二年十月匪徒
花三年賊攻堡城十四日城陷燒毁殆盡其後匪亂既平
十三年陝甘總督左宗棠奏改鹽茶廳為海城縣於打

張校本共二十七目，前五目同甘圖本，其他類目爲《廟宇》《塚墓》《物産》《風俗》《農商》《户口》《方言》《職官》《貢賦》《倉儲》《度支》《釐税》《巡警》《學校》《災異》《振恤》《選舉》《恩蔭》《人物》《節婦》《星現星殞日月食》《碑記》。

單從兩志類目名稱看，甘圖本的《鹽法》《祀典》《貤封》《節婦》《恤典》《學堂》《忠烈》七目是張校本所没有的，而張校本的《廟宇》《學校》《災異》《振恤》《人物》《碑記》六目是甘圖本所没有的。

實際上，除張校本《人物》《碑記》確實爲甘圖本所無外，兩本其他相異的類目衹是名稱不同罷了，内容基本一致。如《學堂》與《學校》，《恤典》與《振恤》等。另外，兩者内容的編排上有一定的差異，故類目名稱也有一定的變化。

《打拉池志》所載内容，地理、經濟、職官等類目資料爲舊志所常見，需要引起重視的是張校本《碑記》中王進寶家族墓地碑文。甘圖本《打拉池志·塚墓》記載了王進寶夫妻墓及其三代祖墓墓地遺留物，總共有十通碑，甘圖本失載碑文，但有七篇輯録在了張校本中，碑文内容基本完整，對於王進寶及其三代家人的姓名、籍貫、譜系、履歷、生卒年、入葬時間及地點等生平事迹記載得非常詳細，是研究清代人物王進寶及其家族的重要的一手資料。

《打拉池志》在《聯合目録》《總目提要》《甘肅目録》等方志目録有著録。楊孝峰撰文提及過該志，劉華、胡玉冰等有該志的整理成果。上海古籍出版社二〇一八年出版的胡玉冰、魏舒婧校注《［光緒］新修打拉池縣丞志》，以清光緒三十四年（1908）抄本爲底本，以張維校輯本、《［康熙］重纂靖遠衛志》《［乾隆］續增靖遠縣志》《［道光］靖遠縣志》等爲參校本。

（胡玉冰　魏舒婧）

［民國］支那省別全志·甘肅省附新疆省

二十世紀初，日本政府御用的東亞同文會爲適應日本軍國主義的侵略擴張政策，於民國七年（1918）編纂出版了《［民國］支那省別全志》。該志是中國方志史上由外國（日本）人編纂、在外國（日本）公開出版發行的、外國語（日語）中國方志史書，志書的基本資料全由上海東亞同文館的日本教授及學生通過『中國大調查旅行』獲得。但歷史證明，日本人對中國

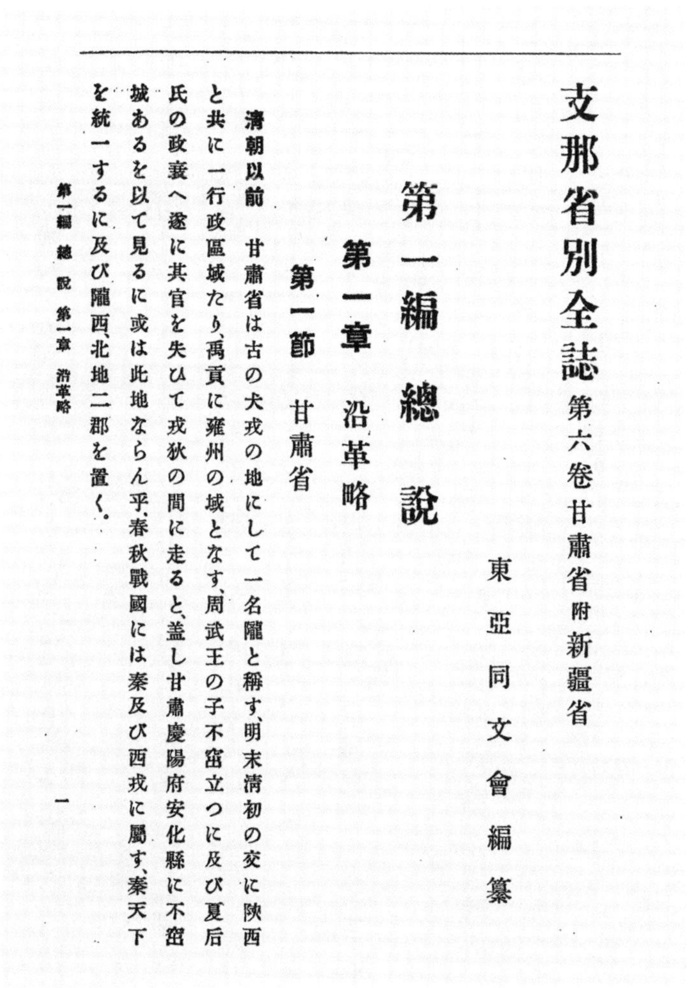

支那省別全誌 第六卷甘肅省附新疆省

東亞同文會編纂

第一編 總說

第一章 沿革略

第一節 甘肅省

清朝以前 甘肅省は古の犬戎の地にして一名隴と稱す、明末清初の交に陝西と共に一行政區域たり、禹貢に雍州の域となす、周武王の子不窋立つに及び夏后氏の政衰へ遂に其官を失ひて戎狄の間に走ると、蓋し甘肅慶陽府安化縣に不窋城あるを以て見るに或は此地ならん乎、春秋戰國には秦及び西戎に屬す、秦天下を統一するに及び隴西、北地二郡を置く。

第一編 總說 第一章 沿革略 一

開展的實地調查，并非出於什麽學術目的，實際上是瞭解、掌握中國國情，爲其對華侵略擴張做準備的有計劃、有目的的情報搜集行爲。

《省别全志》共十八卷，有關寧夏的内容主要包括歷史沿革、地理、氣象、水文、灾荒、城市、民族與文化、財政、金融、度量衡、金融機構、農産資源、畜産資源、林産資源、水産資源、藥材、礦産資源、工業、商業貿易、動植物、陸路交通、鐵路交通、郵政、電政及旅行日記等。《省别全志》編纂期間，寧夏尚屬甘肅省管轄，未獨立成省，故與寧夏有關的内容主要見載於其第六卷《甘肅省附新疆省》，共十四編一百三十六章，所用資料主要根據一九一〇年第八期甘肅鄂爾多斯班和一九一三年第十一期甘肅四川班學生的實地調查報告所撰寫。其中正文共九百一十頁，附二百萬分之一比例的《甘肅省地圖》、彩色《蘭州市地圖》各一張，其他插圖和照片共八十五張。第一編《總説》包括《沿革略》《面積和人口及種族》《地勢及河川》《交通》《氣候》《新疆省軍隊の編制》《回々教及教徒の叛亂》《邊境擾亂及其征服》《外國關係》等共九章。第二編《都會》包括甘肅（含今寧夏）及新疆各縣府，幾乎每縣、府各一章，共二十八章。第三編《生活程度及物價》包括《生活程度》《甘肅省的物價》等兩章。第四編《交通及運輸機關》包括《陸路》《隴秦豫海鐵道（海蘭鐵道）》《甘肅黄河的水運》《各地間陸運及水運》《新疆省内交通路》等五章。第五編《郵便及電信》包括《郵便》《電信》兩章。第六編《農業及農産物》包括《概説》《地味》《耕地及田賦》《水利》《甘肅省的棉花》《藥材》《茶》《桑》《鹽》《阿片》《主要各地區的農業狀態》等共十一章。第七編《畜牧及畜産品》包括《概説》《畜牧及牧地》《羊及羊毛》《牛馬豚》《各地畜類價格及課税》《畜牧業者的收益》《各地畜牧狀況》等七章。第八編《礦業及林業》包括《甘肅省的礦産》《新疆省的礦産和林業》三章。第九編《工業及製品》包括《概説》《寧夏的工業》《平凉附近的工業》《蘭州的工業》《阿干鎮的陶器》《鞏昌附近的工業》《成縣附近的工業》及《石嘴子的山羊毛布》等共八章。第十編《内外輸入品》包括涇州、平凉、瓦亭、隆德、静寧縣城、高家堡、青家堡、會寧、西鞏驛、蘭州府城及安定縣城、沙泥縣城及狄道縣城、鞏昌府、渭源縣、寧遠縣城、禮縣、西和縣、成縣城及甘肅省的統捐等共九章。第十一編《商賈及資本家》包括《商賈》和《資本家》兩章。第十二編《商業機關及商業慣習》包括《會館》《羊毛商慣習》《羊牙行》《内地通過手續》《羊毛關税及諸費》《甘肅市》等共六章。第十三編《貨幣及金融機關》用二十一章的篇幅，分别介紹了二十一個州縣的貨幣和金融機關。第十四編《度量衡》用二十三章的篇幅，分别介紹了各地度量衡以及中國政府所製定的度量衡標準。①

《省别全志》的編修主要是要爲日本軍國主義侵略中國服務，但該志所載的資料對研究近代中國地方文史還是提供了不少較有價值的資料。受近代實證科學調查方法之影響、指導，《省别全志》在内容上以社會、經濟、文化等爲主要調查内容，形式上又以編、章、節來劃分具體内容，所記載的許多寧夏圖表資料、照片、科學測繪地圖等在寧夏方志中還從未出現過。在地方志類型的文獻中，成於民國時期的寧夏通志祇有《民國朔志》，而《省别全志》所載資料主要是宣統二年至民國二年（1910—1913）調查所得，相當多

① 本段有關《支那省别全志》各編、各章的内容據高啓安撰《日本人編撰的中國地方志：〈支那省别全志〉和〈新修支那省别全志〉——以甘肅卷爲主》（《圖書與情報》二〇一〇年第六期）一文内容改編。

的資料都是《民國朔志》所不載的，所以就民國時期寧夏資料而言，該志具有較高的研究利用價值。

國内方志專科目録没有著録《省别全志》者，研究者也寥寥。和龑、任德山、李巖峰、孫建軍等將《省别全志》第六卷《甘肅省附新疆省》和《新修支那省别全志》第七卷《甘肅省·寧夏省》中的寧夏史料輯譯出來，出版了《〈新修支那省别全志〉寧夏史料輯譯》一書，爲研究日本人編纂的這兩種中國志書提供了便於利用的文本。

（胡玉冰）

[民國] 新修支那省別全志・甘肅寧夏省

二十世紀四十年代，東亞同文會爲適應日本軍國主義的侵略擴張政策，於民國三十二年（1943）出版了《新修支那省別全志》。

《新修全志》始編於民國三十年（1941），其第七卷爲《甘肅省・寧夏省》，共八編二十四章。第一編《自然環境》，第二編《人文》，第三編《都市》，第四編《産業資源》，第五編《工業及商業貿易》，第六編《財政、

第一編 自然環境

第一章 甘肅・寧夏兩省の地理的特相

第一節 概觀

第一款 位置及境界

甘肅・寧夏兩省は舊支那本部の西北端に位置し、古代は屢々夷狄の侵入を蒙り、近代に至りても蘇聯邦の脅威に曝され、ために邊陲防備の必要上、陝西省と共に行政區劃の離合改訂が幾度か行はれて、今なほ不安定の形狀に置かれてゐる。

即ち支那大陸全域の中心をなす青海省の北と東の周邊を圍みて凡そ不整形の勾玉狀に曲在し、東部は陝西省及び蒙疆地區のオルドスに隣接し、南部は四川省へ、西南は青海省へ接壤し、西方は新疆省へ、北方は外蒙古即ち蒙古人民共和國と相隣り、支那本部と邊疆諸地方との接觸地帶をなしてゐる。これがため甘・寧兩省は常に新疆・外蒙古方面より蘇聯の壓迫を受け、前清時代既に肅州をロシアに開放して通商を許し、最近に至り東部寧夏

金融及度量衡》，第七編《交通（附郵政、電政、航空）》、第八編《歷史及名勝古迹》。最後附《甘肅寧夏兩省編纂參考資料目録》。本志還隨文附録了二百三十萬分之一比例尺的彩色《甘肅及寧夏省》地圖、五百二十萬分之一比例尺的《甘肅寧夏兩省重要礦産分布圖》。彩色《甘肅寧夏地質圖》，正文有《隆德縣城》《寧夏市街圖》《石嘴子圖》《寧夏省灌溉水利略圖》《甘肅及寧夏省公路圖》五幅插圖，《寧夏市街》《北塔》《中衛外港新墩》《黄河水車》《惠農渠》《羊皮筏子》《寧夏省黄河河畔正在行駛的汽車》《岳忠武碑》八張照片。與寧夏有關的歷史沿革一般都從先秦開始梳理，另將寧夏歷史沿革中比較重要的時期如西夏時期設專節《西夏的興亡》梳理。因寧夏獨立爲省級行政區域時間較晚，故又有《清及民國》專節來梳理寧夏歷史特别是民國時期的沿革史。因甘肅與寧夏特殊的歷史及地緣關係，所以設《甘肅、寧夏兩省的特殊關係》專節來記述。寧夏地理主要記述其在中國所處位置、土地面積及土地構成等。地質、地形、氣象、水文、人口等資料主要提供了許多數位資料，某些記載很細化。如水文資料，細化記載了一九三五年水利委員會測得的黄河流域甘肅段和寧夏段的水位、流量、含沙量。灾荒部分，針對甘寧多地的地震灾害的特點，重點記載了兩省地震次數，同時附震灾年表，記載自周幽王二年（前780）至光緒十四年（1888）間甘寧兩省發生的重大地震及所造成的損失。記載的寧夏城市包括了省城寧夏和重要城市如寧朔、中衛、中寧、平羅、磴口、靈武、金積、鹽池、豫旺、陶樂、紫湖、居延、化平、隆德、固原、海原等。省城資料記載最詳細，包括其位置及沿革、市街及人口、官署衙門及各種設施、生活及民俗、氣候、交通（陸路、水路、空路）、郵運電信電話、産業貿易、名勝古迹等共九方面的内容。其他城市一般包括位置及變遷、市街及人口、交通、産業、名勝古迹等五個方面。個别城市還附有其重要的鄉鎮堡等，如平羅附石嘴子，靈武附吴忠堡。城市的記述中尤其關注交通與産業情況。如省城交通中陸路交通方面，分市内、市外來調查，市外交通又分舊便道、公路兩種，對於公路主綫詳細記載其始發站、重要經停站及終點站，公路里程數，從起點到終點所需要時間，主要運輸物資等。另外用圖表的形式對各地主要物産交易情況進行統計。如固原産業情況，統計交易品名稱、交易單位、價格（最高價、最低價）、上市季節、年交易數量、出售地等。財政、金融、度量衡、金融機構等調查資料主要選自政府公布的資料。農産資源、畜産資源、林産資源、水産資源、藥材、礦産資源、工業、商業貿易、動植物、陸路交通、鐵路交通、郵政、電政等資料，顯然都與中國國計民生關係密切。

《新修全志》第七卷除彙編了大量的第一手調查資料外，同時參考了《甘肅省政府公報》《寧夏省政府行政報告》等官方公報，又有學者調查著述如《徐旭生西游日記》（1930）、《寧夏省考察記》（傅作霖、吴秉常，1935），還有若干西北專題雜志如《開發西北》《甘肅省建設季刊》等。而《中國地名大辭典》（劉鈞仁編修，國立北平研究院一九三〇年）、《中華民國郵政輿圖》（1935）則是《新修全志》第三編《都市》標注中國地名最主要的參考文獻。在記述某些專門問題，如回族問題時還引用金吉堂《中國回教史研究》之類的學術著述。有些資料的真實性、權威性是值得懷疑的。如甘肅、寧夏兩省土地面積，引用了日本參謀本部陸地測量局、北平地質調查所、亞新地學社地圖等提供的三組資料，甚至還提到陝甘寧邊區政府公布的調查資料，而這些資料都有一定的出入，没有任何一組資料是完全相同的，資料較爲混亂。

《新修全志》編修的動機是爲日本軍國主義侵略中國服務，但其所載的資料對研究中國地方文史還是提供了不少較有價值的資料。受實證科學調查方法之影響、指導，該志内容上以社會、經濟、文化等爲主要調查内容，形式上又以編、章、節來劃分具體内容，所記載的許多寧夏圖表資料、照片、科學測繪地圖等，在寧夏方志中還從未出現過，所以就民國時期寧夏資料而言，它具有較高的研究利用價值。

（胡玉冰）

歷代人物著述編

西晋

鍼灸甲乙經

《鍼灸甲乙經》十二卷，西晋皇甫謐撰。

皇甫謐（215—282），字士安，幼名静，自號玄晏先生，安定朝那（今寧夏回族自治區固原市彭陽縣）人。《晉書》卷五十一有傳。其高祖皇甫節、從高祖皇甫規、曾祖皇甫嵩都曾居高官。高祖皇甫節爲雁門太守，從高祖皇甫規爲度遼將軍，曾祖皇甫嵩曾爲太尉，《後漢書》卷六十五有傳。至其父輩，家道已没落，史書不載。皇甫謐年少時過繼給叔父，徙居新安（今河南洛陽市西部）。少不好學，二十歲之後，在叔母任氏的規勸下始發奮讀書。帶經而農，博覽群書。又沉静寡慾，有高尚之志，終顯名於世。魏甘露年間（256—260），得風痺疾，又兼耳聾，仍手不輟卷，撰成《鍼灸甲乙經》。朝廷和地方官多次征召他做官，都被推托，終身不仕。爲左思《三都賦》作序，使該書一時洛陽紙貴。弟子摯虞、張軌、牛綜、席純等皆爲晋名臣。皇甫謐勤於著述，有《鍼灸甲乙經》《帝王世紀》《年曆》《高士傳》《列女傳》《逸士傳》《玄晏春秋》《皇甫謐集》等。

《鍼灸甲乙經》主要有中國國家圖書館藏明萬曆二十九年（1601）吳勉學刻《古今醫統正脈全書》本，每半頁十二行，行二十字，四周單邊，白口，單黑魚尾。

《鍼灸甲乙經》共十二卷一百二十八篇，無總目，各卷卷首有卷目。正文前有高保衡、孫奇、林億等《新校正黃帝鍼灸甲乙經序》、皇甫謐撰《黃帝三部鍼灸甲乙經序》和《序例》。《序例》後有『晉玄晏先生皇甫謐士安集』，與高保衡、孫奇、林億三人銜名，以及『明新安吳勉學校』等落款。

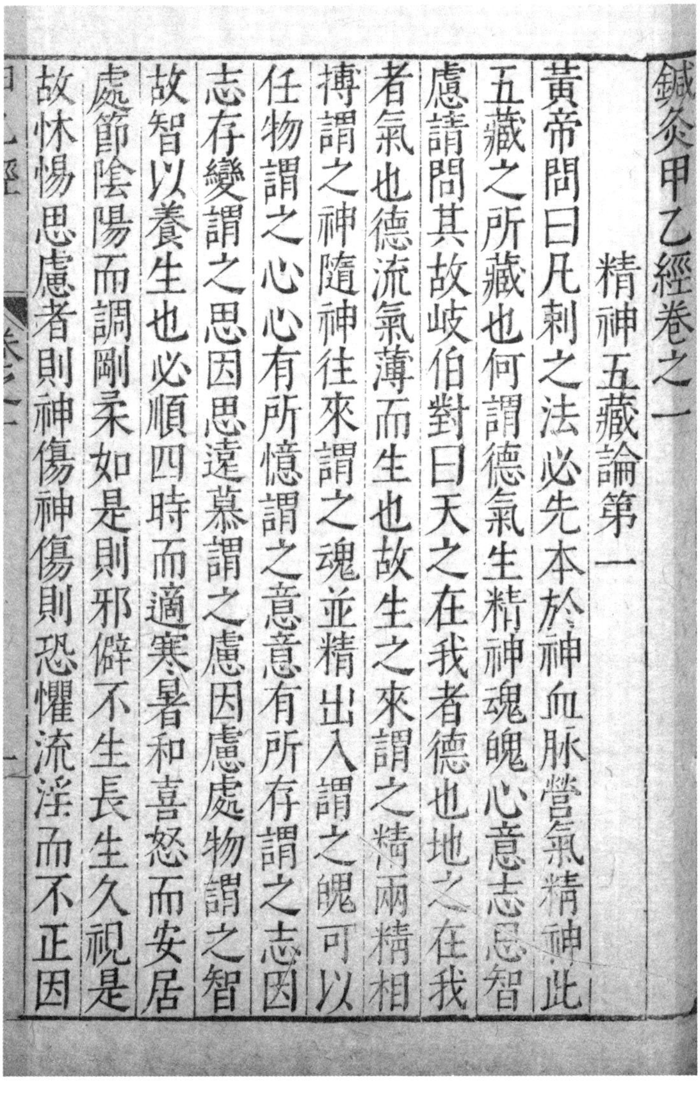
鍼灸甲乙經卷之一
精神五藏論第一
黃帝問曰凡刺之法必先本於神血脉營氣精神此五藏之所藏也何謂德氣生精神魂魄心意志思智慮請問其故岐伯對曰天之在我者德也地之在我者氣也德流氣薄而生也故生之來謂之精兩精相搏謂之神隨神往來謂之魂並精出入謂之魄可以任物謂之心心有所憶謂之意意有所存謂之志因志存變謂之思因思遠慕謂之慮因慮處物謂之智故智以養生也必順四時而適寒暑和喜怒而安居處節陰陽而調剛柔如是則邪僻不生長生久視是故怵惕思慮者則神傷神傷則恐懼流淫而不正因
甲乙經　卷之一　一

卷一包括《精神五藏論》《五藏變腧論》《五藏六府陰陽表裏論》等十六目。卷二包括《十二經脉絡脉支别》《奇經八脉》《脉度》等七目。卷三記録總計六百六十四穴，包括單四十八穴，雙三百零八穴，共包括三十五目。卷四包括《經脉》《病形脉診》《三部九候》等三目。卷五包括《鍼灸禁忌》《九鍼九變十二節五刺五邪》《繆刺》等七目。卷六包括《八正八虚八風大論》《逆順病本末方宜形志大論》《五藏六府虚實大論》等十二目。卷七包括《六經受病發傷寒熱病》《足陽明脉病發熱狂走》《陰衰發熱厥陽衰發寒厥》等五目。卷八包括《五藏傳病發寒熱》《經絡發病入腸胃五藏積發伏梁息賁肥氣痞氣賁肫》《五藏六府脹》等五目。卷九包括《大寒内薄骨髓陽逆發頭痛》《寒氣客於五藏六府發卒心痛胸痹心疝三蟲》《邪在肺五藏六府受病發欬逆上氣》等十二目。卷十包括《陰受病發痹》《陽受病發風》《八虚受病發拘攣》等六目。卷十一包括《胸中寒發脉代》《陽厥大驚發狂癎》《陽脉下墜陰脉上争發尸厥》等九目。卷十二包括《欠噦唏振寒噫嚏嚲泣出太息涎下耳鳴嚙舌善忘善饑》《寒氣客於厭發瘖不能言》《目不得眠不得視及多卧不安不得偃卧肉苛諸息有音及喘》等十一目。

魏高貴鄉公甘露年間（256—260），皇甫謐得風痺疾兼耳聾，此間仍手不釋卷，百日之内，依據《素問》《鍼經》《明堂》的記載，以事類爲序編排，撰成《鍼灸甲乙經》十二卷，主要論述以鍼灸爲主，突出鍼道。《鍼灸甲乙經》是由皇甫謐集《素問》《鍼經》《明堂》三部而成，保存了古醫籍的重要文獻，形成了鍼灸學的經典性著作，是我國現存最早的一部鍼灸學專書。其學術價值較高，對後世的影響也較大。不僅對我國鍼灸醫學的發展有卓越的貢獻，在國際上對傳播中醫學術也有深遠的影響，至今仍具有較高的臨床實用價值。

《隋書》卷三十四《經籍三·子》、《舊唐書》卷四十七《經籍下》、《新唐書》卷五十九《藝文三》、《宋史》卷二百零七《藝文六》、《通志·藝文略第七·醫方類》、《遂初堂書目·醫書類》、《四庫全書總目》卷一百零三《子部十三·醫家類一》、《書目答問》卷三《子部》等都對《鍼灸甲乙經》有著録。張燦玾、徐國仟、田代華、甘石、霍升平、張勝春、鮑良紅、黄龍祥、姜燕等撰文研究該書，張燦玾、徐國仟、黄龍祥、李鼎等有該書整理成果，姜燕、宋曉溪、張勝春、徐彦龍、徐三翰等有研究該書的學位論文。

（安正發）

帝王世紀輯注

《帝王世紀輯注》八卷，西晋皇甫謐撰，清張澍輯注，葉景葵校理。

皇甫謐生平參見本書前文《鍼灸甲乙經》提要。

張澍（1776—1847），字百瀹，號介侯，凉州府武威縣（今甘肅省武威市）人。《清史稿》卷四百八十六、《清史列傳》卷七十三有傳。清嘉慶四年（1799）己未科進士，選翰林院庶吉士。兩年後出任貴州玉屏縣知縣。其先後代理遵義縣知縣、廣順州知州、屏山縣知縣等。張澍一生著述甚豐，著有《西夏姓氏録》《續黔書》《蜀典》《大足縣志》《二酉堂叢書》《諸葛忠武侯文集》《凉州府志備考》《帝王世紀輯注》《養素堂文集》《養素堂詩集》等。

葉景葵（1874—1949），字揆初，號卷盦，別署存晦居士，仁和（今浙江省杭州市）人，清光緒二十九年（1903）癸卯科進士。光緒二十四年（1898）赴北京，入通藝學堂讀英文、算學，醉心於新學。後任東三省盛京將軍趙爾巽文案，歷任財政總局會辦。三十三年（1907）夏離職，移居上海。同年冬，任四川轉運局駐滬總辦。三十四年（1908）參與創辦浙江興業銀行，任經理。清宣統三年（1911）任天津造幣廠監督，次年任漢冶萍公司經理、浙江商辦鐵路股款清算處主任。葉氏先世即有藏書，濡染家學，弱冠即始藏書。年逾五十始致力於珍本古籍之搜集，尤側重於手稿本和批校本的收藏。以收得吴昌綬出售的四十部古籍爲其收藏善本之始。總藏書二千八百餘部，三萬多册。民國二十八年（1939）與張元濟等創辦上海合衆圖書館，捐出自己的藏書。著有《葉景葵雜著》《卷盦書跋》

等。《民國人物碑傳集》《浙江人物簡志》等有傳。

上海圖書館藏《帝王世紀輯注》，稿本。每半頁十行，行二十字，四周雙邊，白口，單黑魚尾。該書曾爲葉景葵收藏，并做校理，後將稿本捐獻給自己參與創辦的合衆圖書館。書中有十八處『景葵校理』印章。另有『武林葉氏藏書記』『合衆圖書館藏書印』等印章。

《帝王世紀輯注》正文前有張澍《帝王世紀序》和《帝王世紀考證》，文字與《養素堂文集》所收稍有不同，文集是經過修改的。正文每卷卷端題『晉孝廉方正皇甫謐纂　武威介侯張澍編輯』。卷一包括《皇古》、《三皇紀》之庖犧氏帝女媧氏、少昊金天氏、炎帝神農氏、黄帝有熊氏六目。卷二包括《五帝紀》之《顓頊高陽氏》《帝嚳高辛氏》《帝摯》三目。卷三包括《帝堯陶唐氏》《帝舜有虞氏》兩目。卷四包括《夏代夏禹》《帝啓》《太康》《仲康》《帝相》《有窮後羿》《寒浞》《少康》《帝杼》《帝芬》《帝芒》《帝泄》《帝不降》《帝扃》《帝廑》《帝孔甲》《帝皋》《帝發》《帝桀》十九目。卷五包括《商代成湯》《帝外丙》《帝仲壬》《帝太甲》《帝沃丁》《太戊》《仲丁》《外壬》《河亶甲》《祖乙》《祖辛》《沃甲》《祖丁》《南庚》《陽甲》《盤庚》《小辛》《小乙》《武丁》《祖庚》《祖甲》《馮辛》《庚丁》《武乙》《文丁》《帝乙》《帝辛》二十七目。卷六包括《周之后稷》《文王》《武王》《成王》《康王》《昭王》《穆王》《共王》《康王》《懿王》《孝

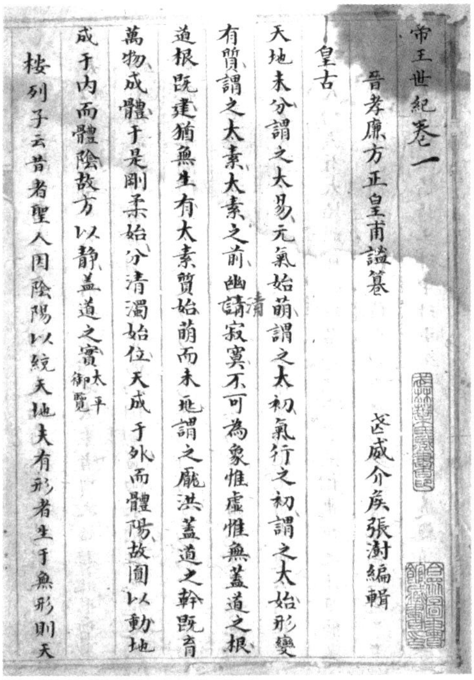
帝王世紀卷一
晉孝廉方正皇甫謐纂
武威介侯張澍編輯
皇古
天地未分謂之太易元氣始萌謂之太初氣行之初謂之太始形變有質謂之太素太素之前幽清寂寞不可為象惟虛惟無蓋道之根道根既建猶無生有太素質始萌而未兆謂之龎洪蓋道之幹既育萬物成體于是剛柔始分清濁始位天成于外而體陽故圓以動地成于內而體陰故方以靜蓋道之實太平御覽
按列子云昔者聖人因陰陽以統天地夫有形者生于無形則天

王》《夷王》《厲王》十三目，卷七包括《周之宣王》《幽王》《平王》《桓王》《莊王》《僖王》《惠王》《襄王》《頃王》《匡王》《定王》《簡王》《靈王》《景王》《悼王》《敬王》《元王》《貞定王》《哀王》《思王》《考哲王》《威烈王》《安王》《烈王》《顯王》《慎靚王》《赧王》二十七目。卷八包括《秦、漢之惠帝》《武帝》《光武帝》《孺子嬰》《更始》《孝和帝》《獻帝》《文帝》，《魏》及《分野、田制、户口》十一目。

張澍以皇甫謐《帝王世紀》亡佚不傳，而斷章殘句詩見於他書，遂裒而輯之，而復注之，且必以士安以前之所有書。若年代、地理，古書有不見者，不得已以後世之書證之。并對所輯文字注明來源，注文也標明所引書名，對書中一些觀點也加以斷語。葉景葵收藏後對此書進行了校正和補充。

本書是《帝王世紀》輯本中唯一進行過注釋的，搜輯較爲完備，考證亦詳盡。注釋、考證的文字數約爲所輯《帝王世紀》原文的兩倍。輯注者參考多種引文校對，指出文字的異同或正誤，并以相關的文獻來做注。該書不僅指出所輯文字的出處，且對皇甫謐所輯本來源也予以指明。還對與皇甫謐觀點相左的資料予以徵引，加按語説明，并做評判，如『誤』『未確』等。尤其引讖緯文獻來注解，揭示了《帝王世紀》某些史料的來源和脉絡。該書不足之處是引文出處衹注明書名，未標明具體卷次或篇名。

《古佚書輯本目録·史部·别史類》對張澍《帝王世紀輯注》有著録，此本乃上海圖書館藏稿本，從未進行整理出版，故流傳、研究不廣。王重民、安正發等對此書有過研究。

（安正發）

帝王世紀集校

《帝王世紀集校》十卷，《附録》一卷，《補遺》一卷，西晋皇甫謐撰，清宋翔鳳集校，清錢保塘續補。皇甫謐生平參見本書前文《鍼灸甲乙經》提要。

宋翔鳳（1776—1860），字虞庭，一字于庭，長洲（今江蘇省蘇州市）人。清嘉慶五年（1800）中舉，歷官江蘇泰州學正，安徽旌德訓導，湖南新寧、耒陽等縣知縣。宋翔鳳博覽群籍，尤長於治經，其學出於舅氏、常州學派代表人物莊述祖（1750—1816）。述祖曾言諸甥中『劉甥（劉逢禄）可師，宋甥（宋翔鳳）可友』，蓋自其少時，學已有成，故被賞識。後又入皖派大師段玉裁之門，兼治東漢許、鄭之學。著有《論語説義》《論語鄭注》《孟子趙注補正》《小爾雅訓纂》《過庭録》等。《清史稿》卷四百八十二《儒林三》有傳。

錢保塘（1833—1897），字鐵江，號蘭伯，浙江海寧人。清咸豐九年（1859）舉人，困於吏部試者十餘年，遂留京授徒，且教且學。清同治七年（1868）以教習得知縣簽，四川大府重其名，聘主尊經書院。光緒後，歷知清遠縣、定遠縣、大足縣等。在任期内治理有方，盗風漸息。後因成都教案牽扯撤職還鄉。錢氏學問淹博，著述等身，有《歷代名人生卒録》《春秋疑年録》《夏氏考古録》《清風室文集》《清風室詩集》等著述凡二十餘種傳世。《清朝續文獻通考》卷二百五十九《經籍考三》、《清文海》第九十三册有傳。

《帝王世紀集校》傳世版本主要有清光緒刻《訓纂堂叢書》本。每半頁十一行，行二十三字，左右雙邊，白口，單黑魚尾。書口有『訓纂堂叢書貴築楊氏刊』字樣。後附有錢保塘《帝王世紀續補》《帝王世紀考異》各一卷。

《帝王世紀集校》共包括《序》、正文十卷，《附録》《補遺》各一卷。每卷卷端署『晉徵士皇甫謐撰 長洲宋翔鳳集校』。正文包括卷一《自開闢至三皇》、卷二《五帝》、卷三《夏》、卷四《商》、卷五《周》、卷六《秦》、卷七《前漢》、卷八《後漢》、卷九《魏》、卷十《星野、歷代墾田、户口數》。錢保塘《帝王世紀續補》輯録宋氏《集校》遺漏的内容，采書十六種，共得續補八十六條。《帝王世紀考異》則是對宋翔鳳《集校》的文字校對、衍文删汰、脱文補苴和重複引用等問題的考訂。

帝王世紀第一 自開闢至三皇

晉徵士皇甫謐譔 長洲宋翔鳳集校

天地未分謂之太易元氣始萌謂之太初氣形之始謂之太始形變有質謂之太素太素之前幽清寂寞不可爲象惟虛惟無蓋道之根道根既建由無生有（由一作猶 通由）太素質始萌萌而未兆謂之龐洪蓋道之榦既育萬物成體於是剛柔始分清濁始位（位一作立 古通）天成於外而體陽故圓以動蓋道之實質形已具謂之太極（御覽一 按太易太初太始太素之説見列子天瑞篇易乾鑿度又易稽覽圖推易天地人之元衍云先置天元太初癸巳元年一百九十萬八千八百五十三歲乃始太初元年已來載數其言天元太初者謂元氣始萌之太初也言太初元年者謂漢之太初也蓋自元氣之萌而已有可推之數御覽又引禮斗威儀曰二十九萬一千八百四十歲而反太素禮含文嘉曰推之以上元爲始起十一月甲子朔旦夜半冬至日月五星俱起牽牛之）

帝王世紀一　訓纂堂叢書

宋翔鳳《帝王世紀集校》是其長期搜輯并加以校勘考證的成果，

搜輯遺文，用力較多。錢保塘《續補》《考異》是對《集校》的補充完善，對宋氏所引諸書，復加補輯，續得數十條。原書所引，間有歧異，亦有非《世紀》而誤入者，亦悉爲别出之。仿盧氏文弨校補《尚書大傳》之例，分編於後。

宋翔鳳《帝王世紀集校》是最早輯録刊刻《帝王世紀》較爲完備的輯本，依據《隋志》的記載分卷，體例或更接近於原貌。宋翔鳳認爲《帝王世紀》旁推毖緯，鈎探九流，其義博而正。其紀都邑，明帝王之興廢，在德匪險，紀墾田民數，明盛衰之故，關乎聚散。田治則民聚，年凶而不饑。田荒則民散，國危而難立。謀治國者，當考求於兹。宋翔鳳充分認識到該書補闕正史有益治世的史料價值，因其已散亡，故輯録以有助於治國施政。主要是校勘文字、對相關史實加以考證或辨誤、對不同文字的差别有綴補并注明來源，删汰時也注明依據。錢氏《帝王世紀考異》則是對宋翔鳳《集校》的文字校對、衍文删汰、脱文補苴和重複引用等問題的考訂。對於原本舛誤，而宋氏《集校》本無誤者也予以指出，主要是文字校對、衍文脱文、查驗重複輯録等。

《販書偶記》卷五《史部·雜史類》、《中國叢書綜録·史部·别史類》、《古佚書輯本目録·史部·别史類》等書對《帝王世紀集校》有著録，郭偉、余方平、安正發、王文娟、杜諄、王光有等撰文研究該書，劉曉東、陸吉等有該書整理成果。

（安正發）

帝王世紀

《帝王世紀》不分卷，西晉皇甫謐撰，清顧觀光輯。

皇甫謐生平參見本書前文《鍼灸甲乙經》提要。

顧觀光（1799—1862），字賓王，號尚之，别號武陵山人，江蘇金山縣錢家圩（今屬上海）人。數學家、天文學家、醫學家。《清史稿》卷五百零七有傳。顧觀光出身於行醫世家，自幼聰敏穎悟，勤奮好學，家裏藏書讀完後，還常到藏書豐富的同鄉錢熙祚家去借讀。嘉慶二十四年（1819）開始，以貢生資格三次參加考試都名落孫山。從此絶意仕進，而以行醫爲業。他醫術精湛、醫德高尚，治病時不尚貴重藥品，唯重對症下藥，往往

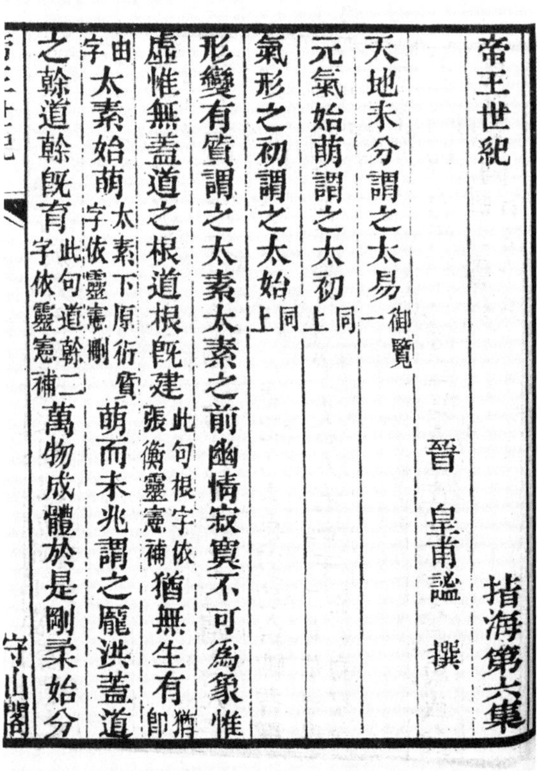

帝王世紀　　指海第六集

晉　皇甫謐　撰

天地未分謂之太易御覽一

元氣始萌謂之太初同上

氣形之初謂之太始同上

形變有質謂之太素太素之前幽情寂寞不可爲象惟

虛惟無蓋道之根道根既建此句根字依張衡靈憲補猶無生有猶字依郎

由字太素始萌太素下原衍質字依靈憲刪萌而未兆謂之龐洪蓋道

之榦道榦既育此句道榦二字依靈憲補萬物成體於是剛柔始分

守山閣

用一味藥就能奏效，有『一味靈』之稱。也不以診金有無爲意，甚至爲貧窮病人送醫送藥。顧觀光在學醫行醫的同時，致力於古籍的整理和研究，有《古韵》《國策編年考》《七國地理考》等，還輯録了已散失的《神農本草》《七律拾遺》《桓子新論》《帝王世紀》等書。

《帝王世紀》傳世版本主要有民國二十四年（1935）上海大東書局影印清道光錢氏刻《指海》本，爲《指海》第六集，《叢書集成初編》又據《指海》本排印。每半頁九行，行二十一字，左右雙邊，白口，單黑魚尾。首頁書口印有『守山閣』三字。

顧觀光輯《帝王世紀》一卷，題名下有『指海第六集』，次行署『晋皇甫謐撰』。正文前有錢熙祚《帝王世紀序》，正文依時間先後的次序輯録，文尾署『皇清道光二十年歲次庚子金山錢熙祚錫之甫校梓』。

顧觀光於道光十四年（1834）協助錢熙祚校勘《守山閣叢書・指海》，對一些古籍進行整理，《帝王世紀》即其輯録的成果之一。顧觀光嘗以諸書所引，依時代先後整齊排比，凡三易稿，書成請錢熙祚作序，并納入錢熙祚《指海》叢書刊印。

本書輯録與他本不同，引文詳注出處，包含書名、篇名和卷次。對不同文獻引用相同或相似的文字加以綴合，并有校補，且注明來源。對不同文獻所引之異文有校對，并根據上下文有删補，使文字順暢，文意更趨完整。

《中國叢書綜録・史部・傳記類》《古佚書輯本目録・史部・傳記類》等對顧觀光輯《帝王世紀》有著録。郭偉、余方平、安正發、王文娟、杜諄、王光有等有研究論文。

（安正發）

高士傳

《高士傳》三卷，西晉皇甫謐撰。皇甫謐生平參見本書前文《鍼灸甲乙經》提要。《高士傳》主要版本有中國國家圖書館藏明嘉靖三十一年（1552）黄省曾刻《漢唐三傳》本。每半頁十二行，行二十字，左右雙邊，白口，單魚尾。每卷首行的題名卷次後，次兩行分列『玄晏先生皇 五嶽山人黄省曾頌』。

《高士傳》記録自上古被衣到魏時焦先等歸隱高士共九十六人的事迹，顯揚高士的處世態度和風操

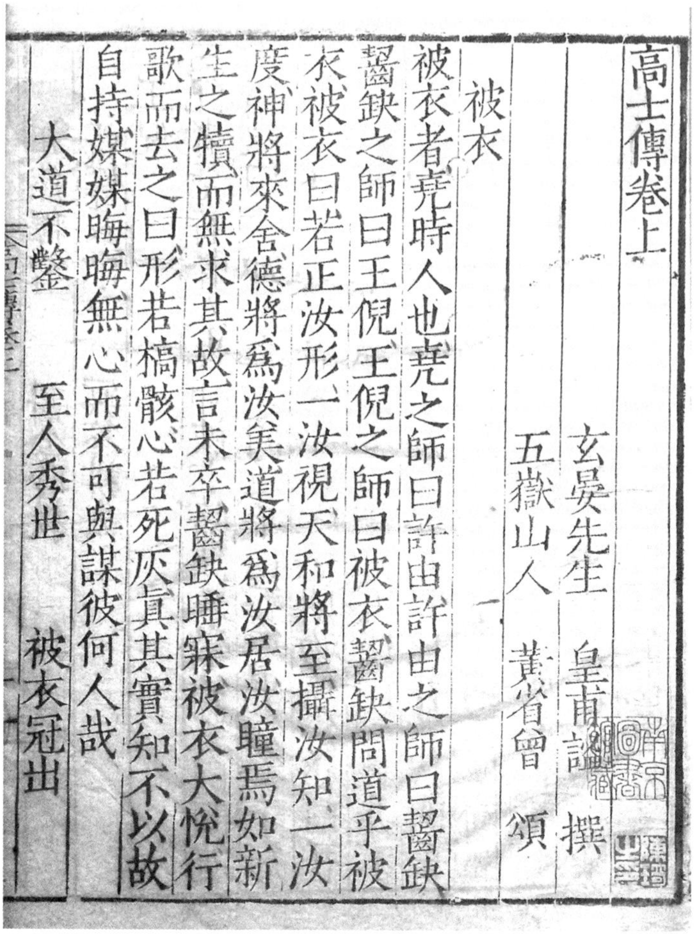

高士傳卷上

玄晏先生　皇甫謐　撰

五嶽山人　黄省曾　頌

被衣

被衣者堯時人也堯之師曰許由許由之師曰齧缺齧缺之師曰王倪王倪之師曰被衣齧缺問道乎被衣被衣曰若正汝形一汝視天和將至攝汝知一汝度神將來舍德將爲汝美道將爲汝居汝瞳焉如新生之犢而無求其故言未卒齧缺睡寐被衣大悦行歌而去之曰形若槁骸心若死灰真其實知不以故自持媒媒晦晦無心而不可與謀彼何人哉

大道不鑿　至人秀世　被衣冠出

節概。到明代，黄省曾又爲這些高士作頌，對他們高潔的人品和處世態度予以表彰。具體來看，《高士傳》共三卷九十六傳。卷上包括被衣、王倪、齧缺、巢父、許由、善卷、子州支父、壤父、石户之農、蒲衣子、披裘公、江上丈人、小臣稷、弦高、商容、老子李耳、庚桑楚、老萊子、林類、榮啓期、荷蕢、長沮桀溺、石門守、荷篠丈人、陸通、曾參、顔回、原憲二十八目二十九傳。卷中包括漢陰丈人、壺丘子林、老商氏、列禦寇、莊周、段幹木、東郭順子、公儀潛、王斗、顔斶、黔婁先生、陳仲子、漁父、安期生、河上丈人、樂臣公、蓋公、四皓、黄石公、魯二徵士、田何、王生、摯峻、韓福、成公、安丘望之、宋勝之、張仲蔚、嚴遵、彭城老父、韓順、鄭樸、李弘、向長、閔貢三十五目三十九傳。卷下包括王霸、嚴光、牛牢、東海隱者、梁鴻、高恢、台佟、韓康、丘訢、矯慎、任棠、贄恂、法真、漢濱老父、徐穉、夏馥、郭太、申屠蟠、袁閎、姜肱、管寧、鄭玄、任安、龐公、姜岐、荀靖、胡昭、焦先等二十八傳。

皇甫謐選取自堯至魏身不屈於王公、名不耗於終始的高士九十六人，這些不事王侯的高士都薄視富貴，崇尚節義，喜言恬退，不尚進取。因此《高士傳》具有針砭現實，建樹道德新風尚的積極作用，對後世的世風有一定的影響。

《晋書》卷五十一《皇甫謐傳》、《隋書》卷三十三《經籍志二・史》、《舊唐書》卷四十六《經籍志上》、《新唐書》卷五十八《藝文志二》、《宋史》卷二百零三《藝文志二》、《通志・藝文略第三・史類第五》、《崇文總目》卷二《正史類》、《郡齋讀書志》卷八《傳記類》、《直齋書録解題》卷七《傳記類》、《四庫全書總目》卷五十七《史部十三·傳記類一》、《善本書室藏書志》卷九《史部七》、《八千卷樓書目》卷五《史部·傳記類》、《皕宋樓藏書志》卷二十七《傳記類二》、《販書偶記》卷六《史部·傳記類·總録之屬》、《藏园群書經眼録》卷四《史部二·傳記類》等對《高士傳》有著録。劉曉東、劉曉藝等有《高士傳》整理本，魏明安、蒲秋徵、彭忠德、魏耕原、姜朝暉、雷恩海、霍建波、安正發、馬振方、卞東波、胡旭東等有研究論文，丁紅旗、黄銀姝有學位論文研究《高士傳》。

（安正發）

年曆

《年曆》不分卷，西晋皇甫謐撰。

皇甫謐生平參見本書前文《鍼灸甲乙經》提要。

《年曆》傳世版本主要有中國國家圖書館藏清同治十年（1871）皇華館書局刻《玉函山房輯佚書》本、清光緒十年（1844）楚南湘遠堂刻《玉函山房輯佚書》本等。每半頁九行，行二十字，四周雙邊，白口，

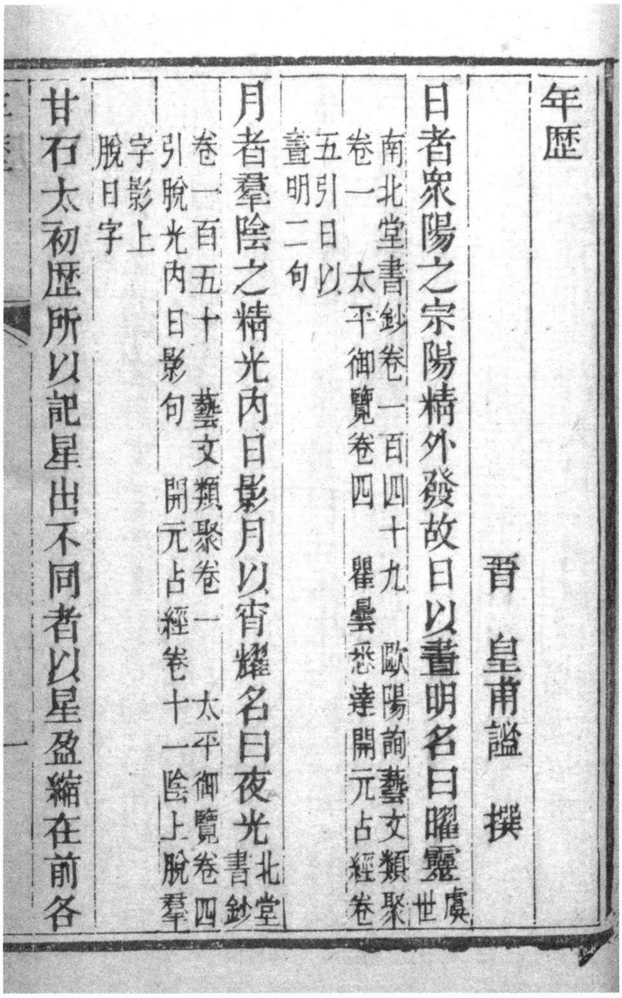

單黑魚尾。

晋正始初，皇甫謐以漢紀殘缺，博案經傳，旁觀百家，著《帝王世紀》并《年曆》，合十二篇，起太昊帝，訖漢獻帝。《年曆》原書亡佚，《玉函山房輯佚書》輯一卷，録文十九條，主要從《開元占經》《北堂書鈔》《藝文類聚》《太平御覽》中輯録。

《晋書》卷五十一《皇甫謐傳》、《舊唐書》卷四十六《經籍志上》、《新唐書》卷五十八《藝文志二》、《通志·藝文略第三·史類第五》等對《年曆》都有著録。目前未見專門研究《年曆》者。

（安正發）

列女傳

《列女傳》不分卷，西晉皇甫謐撰。

皇甫謐生平參見本書前文《鍼灸甲乙經》提要。

《列女傳》傳世本主要有中國國家圖書館藏清順治間李際期宛委山堂刻《説郛》本、清黄奭輯《漢學堂知足齋叢書·子史鈎沉》本等。每半頁九行，行二十字，左右雙邊，白口，無魚尾。

《列女傳》是皇甫謐爲具有智慧膽略的婦女作傳，她們與帝王、高士、逸士等一起，構成皇

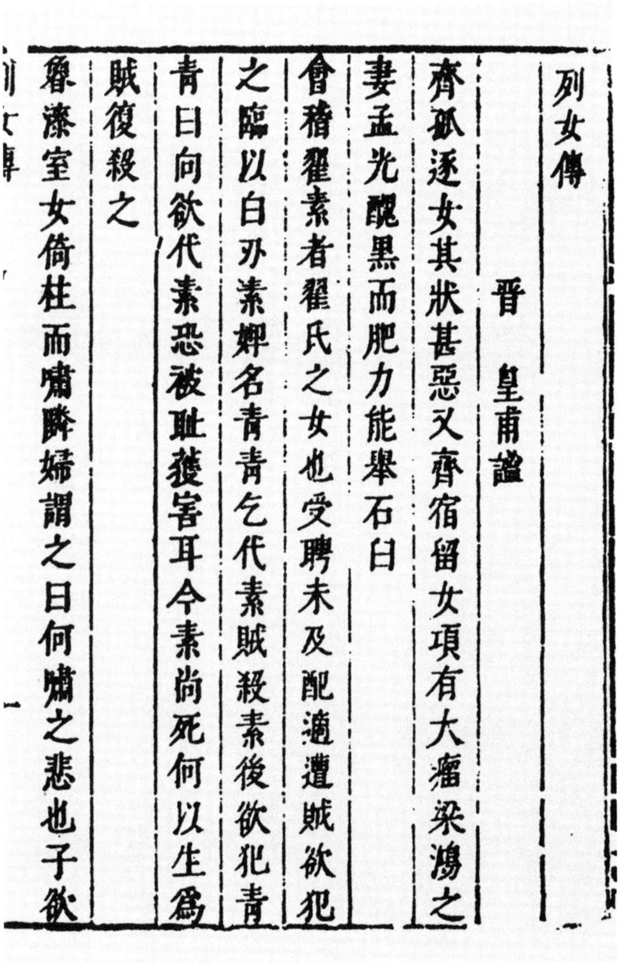
列女傳

晉　皇甫謐

齊孤逐女其狀甚惡又齊宿留女項有大瘤梁鴻之妻孟光醜黑而肥力能舉石臼

會稽翟素者翟氏之女也受聘未及配適遭賊欲犯之臨以白刃素婢名青青乞代素賊殺素後欲犯青青曰向欲代素恐被耻獲害耳今素尚死何以生爲賊復殺之

魯漆室女倚柱而嘯隣婦謂之曰何嘯之悲也子欲

列女傳　一

甫謐完整的史學思想體係的重要内容。本書的撰寫受到了劉向《列女傳》的影響和啓發。《列女傳》原書亡佚，清黄奭從《太平御覽》等書中輯録，包括齊孤逐女、梁鴻妻、翟素、魯漆室女、湯妃、有虞二妃、杞梁妻、江乙母、黔婁妻、汝歸妻、孟軻母等十一目。

《晋書》卷五十一《皇甫謐傳》、《隋書》卷三十三《經籍志二·史》、《舊唐書》卷四十六《經籍志上》、《新唐書》卷五十八《藝文志二》、《通志·藝文略第三·史類第五》等對《列女傳》都有著録。魏明安、邵寧寧、王晶波等對《列女傳》有研究。

（安正發）

龐娥親傳*

《龐娥親傳》一卷，西晋皇甫謐撰。

皇甫謐生平參見本書前文《鍼灸甲乙經》提要。中國國家圖書館藏明末刻《緑窗女史一百九十四種》本。每半頁九行，行二十字。四周單邊，白口，單魚尾。《龐娥親傳》見於《三國志》卷十八《魏書・龐淯傳》裴松之注引皇甫謐《列女傳》，裴注共引《列女傳》裏夏侯文寧之女、趙昂妻、龐娥親、姜叙母等四傳。

《龐娥親傳》記載酒泉列女龐娥親爲父復仇事。龐娥親爲龐子夏之妻，趙君安之女，龐淯之母。龐娥親在其父爲同縣凶豪李壽所殺，三個弟弟報仇未果又遭災疫皆死的情形下，毅然肩負起替父報仇的重任，最終手刃仇人，并遇赦免於處罰。傳記將不畏豪强、仇讎必報的女子的英烈之氣抒發得淋漓盡致。文筆簡潔明快，情節曲折起伏，驚心動魄，具有很高的文學價值。

皇甫謐《列女傳》在《晋書》卷五十一《皇甫謐傳》、《隋書》卷三十三《經籍志二》、《舊唐書》卷四十六《經籍志上》、《新唐書》卷五十八《藝文二》、《中國叢書綜録》等都有著録。《隋書・經籍志》《舊唐書・經籍志》《新唐書・藝文志》并記載卷數爲六卷。原書已佚，後世有多種輯本，《緑窗女史・節俠部節烈》、《説郛》卷五十八（宛委山堂本）、《五朝小説・魏晋小説雜傳家》、《五朝小説大觀・魏晋小説雜傳家》、黄奭輯《漢學堂知足齋叢書·子史鉤沉》、潘介祉輯《玄晏遺書》、吴曾祺編《舊小説甲集》等都曾輯録《列女傳》。孫啓治、陳建華在《古佚書輯本目録》中指出：『《晋書》本傳謂謐撰《列女傳》，《隋》《唐志》并載六卷。《説郛》本凡十節；《舊小説》本僅兩節，不出《説郛》本之外。《玄晏遺書》本所輯采自《御覽》《三國志》注，凡四十人之事迹，且多爲《説郛》本所無，頗詳。』

《龐娥親傳》在明刻本《緑窗女史一百九十四種》、明陳繼儒輯《古文品外録》，升允、長庚纂修《［宣統］甘肅新通志》卷八十九《藝文志》，今人喬象鍾、徐公持、吕薇芬選編《古典文學傳記》等都有收録，但前二者所收内容没有文末『玄晏先生以爲』一段文字。

《龐娥親傳》正文有『故黄門侍郎安定梁寬追述娥親爲其作傳』的叙述，故其書作者存有不

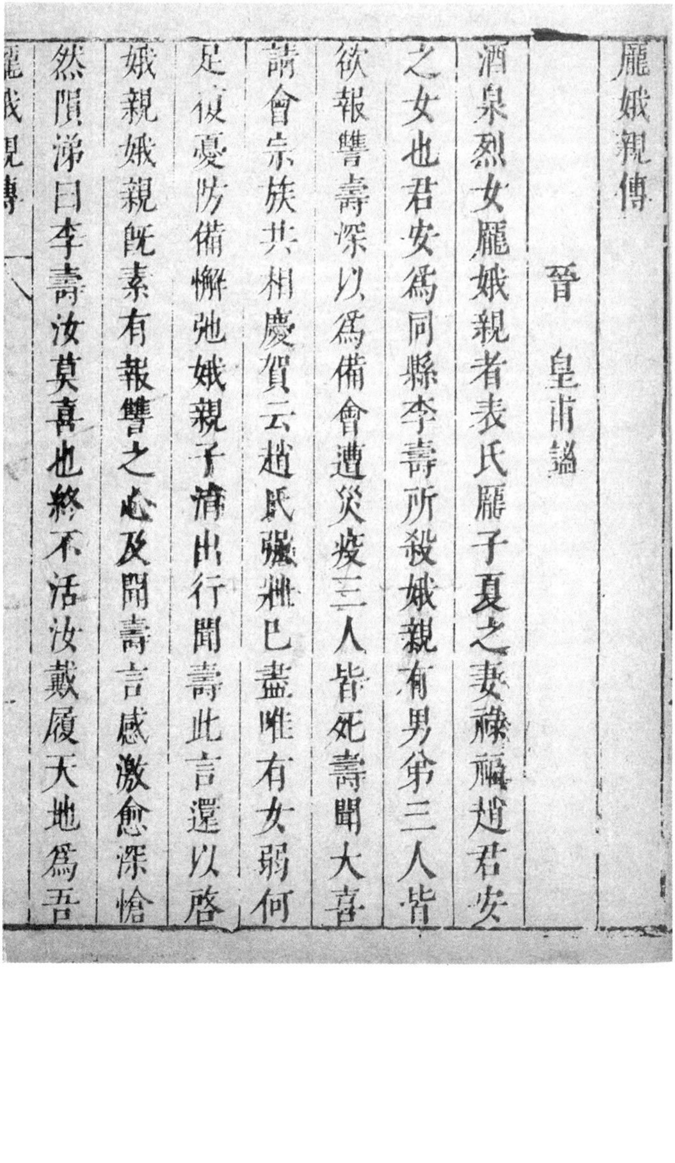

龐娥親傳

晋 皇甫謐

酒泉烈女龐娥親者表氏龐子夏之妻禄福趙君安之女也君安爲同縣李壽所殺娥親有男弟三人皆欲報讐壽深以爲備會遭災疫三人皆死壽聞大喜請會宗族共相慶賀云趙氏彊壯已盡唯有女弱何足復憂防備懈弛娥親子淯出行聞壽此言還以啓娥親娥親既素有報讐之心及聞壽言感激愈深愴然隕涕曰李壽汝莫喜也終不活汝戴履天地爲吾

龐娥親傳

同認識。清代顧懷三《補後漢書藝文志》卷八著録《龐娥親傳》，署黄門侍郎安定梁寬撰，并注：『事見《後漢書・列女傳》。』按：《後漢書・列女傳》有龐淯母趙娥。今人朱東潤《傳叙文學底自覺》中對於『三國時代的傳叙文學，確有作者可指出的如此』，其後列有『梁寬《龐娥親傳》（見《魏志・龐淯傳》注引皇甫謐《列女傳》）』，但朱東潤《八代傳叙文學述論》一書的附録第十四却署皇甫謐《龐娥親傳》，并附全文。前後主張不盡一致。趙以武認爲，《龐娥親傳》首先是由梁寬作傳的，皇甫謐引用其文，或許有所加工潤色，并於傳文之末加了一段評語。故《龐娥親傳》的作者是梁寬，或者説是梁寬作傳、皇甫謐評論。中國臺灣學者衣若蘭則認爲，梁寬曾爲龐娥親作傳，皇甫謐又在《列女傳》中爲之立傳贊揚。其意似指該傳爲皇甫謐作，梁寬所傳或另有其文。有關《龐娥親傳》的專題研究成果較爲少見。

（安正發）

玄晏先生集*

《玄晏先生集》二卷，《附録》一卷，西晉皇甫謐撰，清潘介祉輯。因避諱，傳世輯本名曰《元晏先生集》，爲潘介祉輯録的《玄晏先生遺書》之一種。中國國家圖書館藏清末抄本，每半頁九行，行二十字，左右雙邊，白口，單黑魚尾。

皇甫謐生平參見本書前文《鍼灸甲乙經》提要。《玄晏先生集》原書亡佚，潘介祉從《晉書》、《太平御覽》、《藝文類聚》、《初學記》、《後漢志》注、《文選》及其李善注、《世説新語》注、

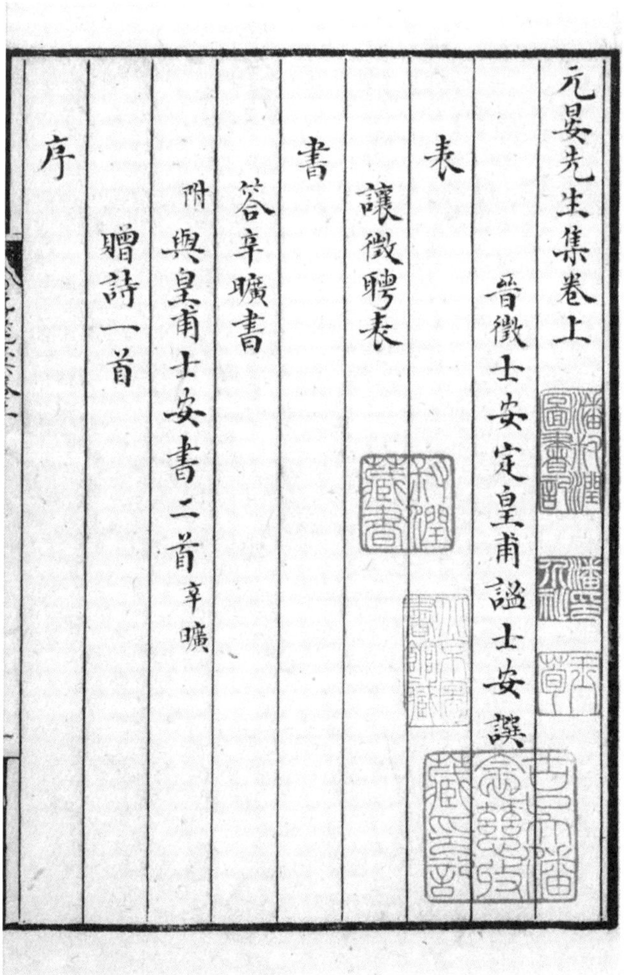
元晏先生集卷上
晉徵士安定皇甫謐士安譔
表
讓徵聘表
書
答辛曠書
附與皇甫士安書二首辛曠
贈詩一首
序

《全唐詩》、《玉海》、《鍼灸甲乙經》、《中華古今注》、《巢氏諸病源候論》、《北堂書鈔》等書中輯録。卷上内容包括《表》（《讓徵聘表》）、《書》（《答辛曠書》）、《序》（《帝王世紀序》《三都賦序》《高士傳序》《黄帝三部鍼灸甲乙經序》《序例》）共七篇文。卷下内容包括《論》（《玄守論》《釋勸論》《篤終論》）、《問》（《問鳳》）、《説》（《解服散説》）、《詩》（《女怨詩》）及《附録》十則。

《玄晏先生集》主要是對皇甫謐著述的介紹及個人立身處世見解的記載，爲深入瞭解皇甫謐成長經歷提供了重要的參考，具有較高的學術價值。

《玄晏先生集》，歷代記載多稱《皇甫謐集》，《晋書》卷五十一《皇甫謐傳》、《隋書》卷三十五《經籍志四》、《舊唐書》卷四十七《經籍志下》、《新唐書》卷六十《藝文四》及《中國叢書綜録》等文獻中對《玄晏先生集》都有著録。上海古籍出版社二〇二二年出版的安正發校注《玄晏先生集》，以潘介祉藏清末抄本爲底本，校以其他歷史文獻。

（安正發）

玄晏春秋

《玄晏春秋》不分卷，西晋皇甫謐撰，清潘介祉輯。

皇甫謐生平參見本書前文《鍼灸甲乙經》提要。《玄晏春秋》原書亡佚，潘介祉輯佚。因避諱，輯本改名曰《元晏春秋》，爲潘介祉輯録的《玄晏先生遺書》之一種。中國國家圖書館藏清末抄本，每半頁九行，行二十字，左右雙邊，白口，單黑魚尾。

潘介祉從《太平御覽》《藝文類聚》《初學記》《三國志注》等輯録出九條佚文，正文前有《玄晏春秋序》，輯録自《文選·三都賦序注》。正文後有《篇目考》，是《隋書·經籍志》《舊唐書·經籍志》《新唐書·藝文志》

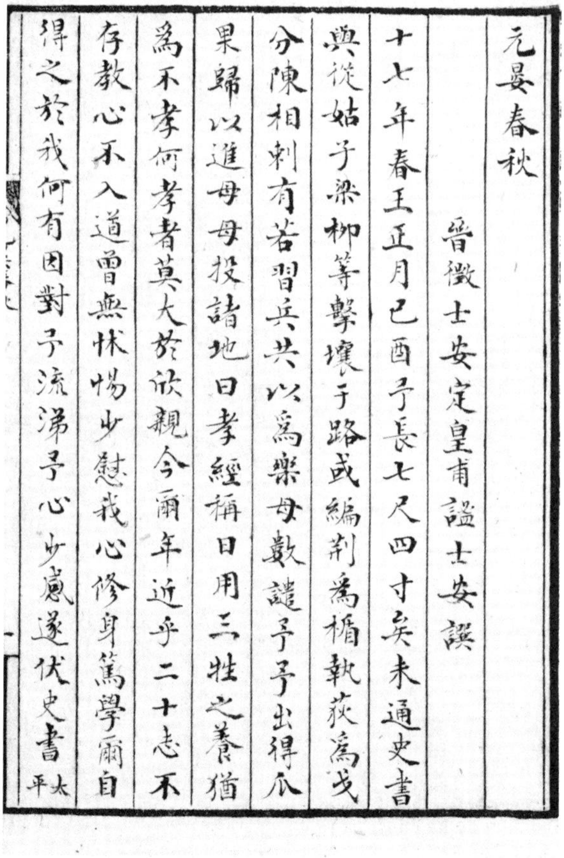
元晏春秋
晋徵士安定皇甫謐士安譔
十七年春王正月己酉予長七尺四寸矣未通史書
與從姑子梁柳等擊壤于路或編荊爲楯執荻爲戈
分陳相刺有若習兵共以爲樂母數譴予予出得瓜
果歸以進母母投諸地曰孝經稱日用三牲之養猶
爲不孝何孝者莫大於欲親今爾年近乎二十志不
存教心不入道曾無休惕少慰我心修身篤學爾自
得之於我何有因對予流涕予心少感遂伏史書 太平

《通志·藝文略》《焦氏經籍志》對《玄晏春秋》卷數的記載，其中兩《唐志》載其爲二卷，其餘均爲三卷。

《玄晏春秋》主要是皇甫謐成長中一些經歷的記載，具有自傳的性質，是《晋書·皇甫謐傳》的重要補充，爲深入瞭解皇甫謐成長經歷提供了第一手的文獻，具有較高的學術價值。

《晋書》卷五十一《皇甫謐傳》、《隋書》卷三十三《經籍志二·史》、《舊唐書》卷四十六《經籍志上》、《新唐書》卷五十八《藝文志二》、《通志·藝文略第三·史類第五》等對《玄晏春秋》都有著録。目前未見專題研究《玄晏春秋》者。

（安正發）

傅子

《傅子》四卷，西晋傅玄撰，清嚴可均輯。

傅玄(217—278)，字休奕，北地靈州(今寧夏回族自治區靈武市)人。傅幹之子。《晋書》卷四十七有傳。傅玄少孤貧，博學善屬文，解鐘律，性格剛勁亮直，不容人之短。咸熙元年(264)，封鶉觚男，次年司馬炎爲晋王，以傅玄爲散騎常侍。司馬炎受禪立晋(265)，封玄子爵，加附馬都尉。不久，因屢進諫言，直切時政，對農業、官制等多有良策，官拜侍中。泰始四年(268)，傅玄又被起用爲御史中丞，次年遷太僕。時連年饑荒，加之羌胡擾邊，衆公卿受詔會議，傅玄應對所問，陳事切直，尋轉爲司隸校尉。咸寧四年(278)，坐罪免官，尋卒於家，謚號剛，朝廷追封清泉侯。傅玄著有《傅鶉觚集》(亦名《傅玄集》)、《傅子》、《周官論評》等。《舊唐書》卷四十六、《新唐書》卷五十七、《通志》卷六十四等皆載傅玄曾著有《周官論評》十二卷，惜已佚。其所著《傅鶉觚集》《傅子》傳世。

嚴可均(1762—1843)，字景文，號鐵橋，烏程(今浙江省湖州市吴興區)人。著名文獻學家、藏書家。著述甚豐，撰有《説文長編》《説文翼説》《説文聲類》《説文校義》等，又輯《四録堂類集》《全上古三代秦漢三國六朝文》《鐵橋漫稿》等數種。

上海圖書館藏《傅子》，清抄本，每頁十三行，行二十四字。

《傅子》嚴可均輯本正文前有《傅子重輯本叙》一篇，正文共四卷。卷一包括《治體》《官人》《舉賢》《授職》《校工》《檢商賈》《仁論》《義信》《禮樂》《法刑》《重爵禄》十一篇。卷二包括《平役賦》《貴教》《戒言》《正心》《通志》《曲制》《安民》《問政》《問刑》《假言》《釋法》《信直》《矯違》《大本》《鏡總叙》共十五篇。卷三、卷四分别爲《補遺》之上、下，所録内容多爲殘篇。

《晋書》卷四十七《傅玄傳》載，傅玄『撰論經國九流及三史故事，評斷得失，各爲區例，名爲《傅子》，爲内、外、中篇，凡有四部、六録，合一百四十首，數十萬言』。《隋書》卷三十四、《舊唐書》卷四十七、《新唐書》卷五十九等均載《傅子》一百二十卷。至宋代，僅餘五卷殘卷。乾隆間，四庫館臣於《永樂大典》中輯出二十三篇，又從魏徵《群書治要》抄出殘句數十條，合爲一卷，是爲《傅

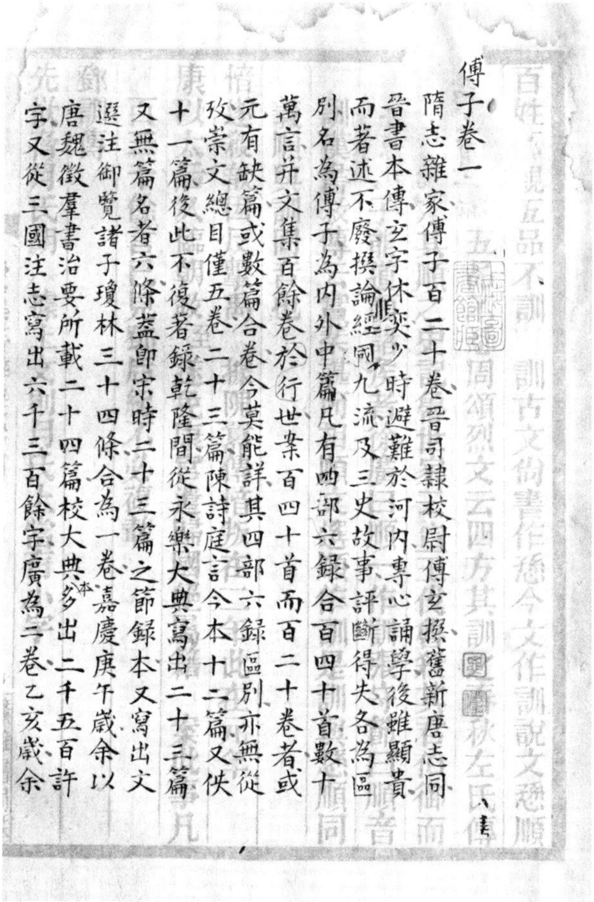

子》最早之輯本，即《永樂大典》本。嘉慶十五年（1810），嚴可均以唐魏徵《群書治要》所引《傅子》爲主，又校以《永樂大典》本，增補《永樂大典》本兩千五百多字，復增《藝文類聚》与《北堂書鈔》所引之《釋法》《大本》，計得二十八篇。又於裴注《三國志》中輯出六千餘字，將《永樂大典》本廣爲二卷。嘉慶二十年（1815），嚴可均發現《意林》所引《傅子》與楊泉《物理論》相互混雜，又逐一進行釐正。後復遍搜各書所引，輯得數百條，合爲補遺兩卷，與前所定兩卷合爲四卷。後收入《全晉文》卷四十七至五十。前兩卷二十八篇署有篇目，後兩卷爲輯補佚文。

《傅子》集中體現了儒家思想。《群書治要》大量徵引《傅子》，爲唐太宗治國之鑒。《四庫全書總目》也評價《傅子》『皆關切治道，闡啓儒風，精意名言』。此書爲研究西晉儒學發展的軌迹，魏晉文學、哲學、經濟、教育等問題提供了珍貴的資料，具有極高的文獻價值。

明清時期，嚴可均、錢熙祚、錢保塘、傅以禮、葉德輝等人輯佚《傅子》。二十世紀中葉開始，侯外廬、陳見微、魏明安、趙以武等人對《傅子》的版本、思想、内容等進行探究。二十一世紀以來，又有不少學者研究《傅子》，其中有對《傅子》的整理校對，有對《傅子》哲學、政治、經濟、教育等思想的挖掘，有對其文本内容與藝術進行概括的，也有梳理《傅子》研究成果的，成果甚豐。

（楊學娟）

傅子

《傅子》五卷，西晉傅玄撰，清傅以禮輯。

傅玄生平參見本書前文嚴可均輯《傅子》提要。

傅以禮（1827—1898），山陰（今浙江省紹興市）人，原名傅以豫，字戊臣，號小石，後改名以禮，字節子，號節庵學人。著名目録學家、藏書家、史學家。清咸豐間捐資官縣丞，分福建任長吏，署福州府事，加鹽運使。清同治十三年（1874），傅以禮任臺灣府海防兼南路理番同知。博學廣識，擅治明史，又嗜藏書，一生筆耕不輟，著作等身。撰有《殘明大統曆》《華延年室題跋》《殘明宰輔年表》，又輯《長恩閣叢書》《忠烈紀實》《楚之梼杌》《莊氏史案本末》等，編《長恩閣書目》三册、《七林書屋宋元板書跋》一卷、《四庫未收書目提要》五卷等。

上海圖書館藏《傅子》，清稿本，每半頁十行，行二十一字。

《傅子》傅以禮輯本正文前有孫星華序言、例言、叙録各一篇，正文後有傅以禮跋。正文共五卷。卷一包括《治體》《官人》《舉賢》《授職》《校工》《檢商賈》《仁論》《義信》《禮樂》《法刑》《重爵祿》。卷二包括《平役賦》《貴教》《戒言》《正心》《通志》《曲制》《安民》《問政》《問刑》《釋法》《信直》《矯違》《假言》《鏡總叙》《大本》，其中《安民》《矯違》後各有附録一條。卷三、卷四均題爲《闕題》，所録内容皆爲殘句，其中卷三録一百三十七條，卷四録五十五條。卷五收傳記八篇，分別爲《馬先生傳》《焦先傳》《朱生傳》《何曾荀顗傳論》《傅燮傳》《傅巽傳》《傅嘏傳》《自叙》，其中《馬先生傳》較爲完整，餘則皆爲殘篇。

清代有《永樂大典》本《傅子》。嘉慶間，嚴可均又重輯此書爲四卷，收入《全上古三代秦漢三國六朝文》中。光緒初年，錢保塘輯《永樂傅子》兩卷，收入其《清鳳室叢書》。嗣後，傅以禮得嚴可均手抄《傅子》本，與錢保塘輯本，經比較，以嚴本爲底本，又依《崇文總目》校補而成《傅子》五

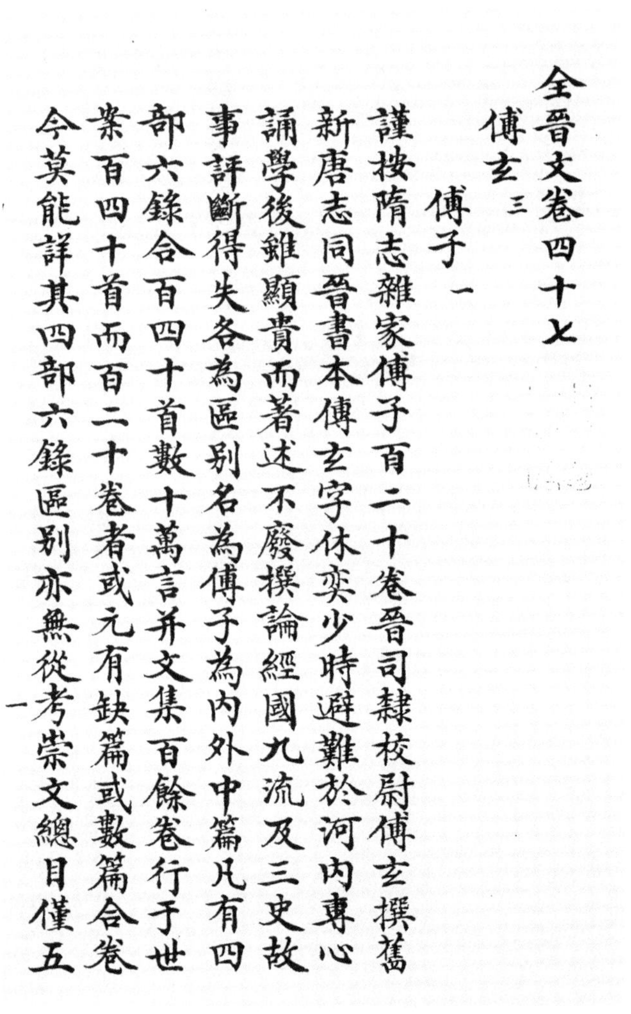
全晉文卷四十七
傅玄三
傅子一
謹按隋志雜家傅子百二十卷晉司隸校尉傅玄撰舊新唐志同晉書本傳玄字休奕少時避難於河内專心誦學後雖顯貴而著述不廢撰論經國九流及三史故事評斷得失各為區別名為傅子為内外中篇凡有四部六録合百四十首數十萬言并文集百餘卷行于世案百四十首而百二十卷者或元有缺篇或數篇合卷今莫能詳其四部六録區別亦無從考崇文總目僅五

卷，交於孫星華校勘，録入《傅氏家書》中。依傅以禮所云，其所輯《傅子》較嚴本又增五百餘字，然細核之，傅本所增者，或爲《永樂大典》本已有，而嚴氏未輯；或在嚴本中爲校記，而傅本則改爲正文。由是，傅本實增八條四百餘字。除此，傅本還對嚴本進行了再校勘，勘正其誤，添增注釋，又將嚴本之《補遺》改爲《闕題》。

《傅子》文獻價值、整理研究成果參見本書前文嚴可均輯《傅子》提要。

（楊學娟）

唐代

梁補闕集

《梁補闕集》二卷，唐梁肅撰。

梁肅（753—793），字寬中，一字敬之，郡望追溯爲漢代安定郡，文末常自題『安定梁肅』。唐大曆十三年（778），梁肅應詔入京，東觀修史，後辭歸。唐建中元年（780）春及第，中文辭清麗科。唐貞元二年至貞元九年（786—793）間，入杜亞幕府，從殿中侍御史内供奉、掌書記、監察御史遷至右補闕、翰林學士、東宫侍讀、史館修撰。貞元九年（793）病逝，詔贈禮部郎中。《新唐書》卷二百零二有傳，崔元翰撰《右補闕翰林學士梁君墓誌》、權德輿撰《祭梁補闕文》記其事甚詳。所撰《删定止觀》《梁補闕集》、編著獨孤及撰《毘陵集》均傳世。梁肅文章多散見在《唐文粹》《文苑英華》《全唐文》等總集之中，《梁補闕集》是其唯一傳世的别集。

《梁補闕集》在北宋時有寫本、刻本傳世。據南宋嘉熙元年（1237）僧宗鑒所著《釋門正統》卷二《梁肅傳》，至晚在南宋嘉熙時期，梁肅文集的刻本就亡佚了。其寫本在北宋到南宋期間一直流傳，至少在南宋寧宗之時還未消亡。海源閣藏《梁補闕集》清小雲谷抄本。小雲谷爲趙坦的室名，趙坦（1765—1828），字寬夫，號石侣，仁和（今浙江省杭州市）人，曾受業於阮元之詁經精舍。據《宋存書室宋元秘本書目》著録并考察海源閣書籍散佚史及此本藏書印等可知，此本當是在清同治八年（1869）後流入海源閣，疑在一九二七年後又自海源閣散出，在一九六五年之前流入美國，現藏於哈佛大學哈佛燕京圖書館。哈佛大學藏本每半頁十一行，行二十一字。左右雙邊，上下單邊，白口，雙黑對魚尾。版心有『小雲谷鈔書』的字樣。鈐蓋有『楊氏海源閣藏』『茶院子孫』『隨意收書不計貧』『瀛海僊班』『東郡楊紹和彦和珍藏』『宋存書室』『楊紹和讀過』『東郡楊氏鑒藏金石書畫印』等印。

《梁補闕集》分上下兩卷，無序跋，有《目録》。共録文九十九篇，卷上録《受命寶賦并序》《西伯受命稱王議》《爲太常答蘇端駁楊綰謚議》等五十四篇，卷下録《吴縣令

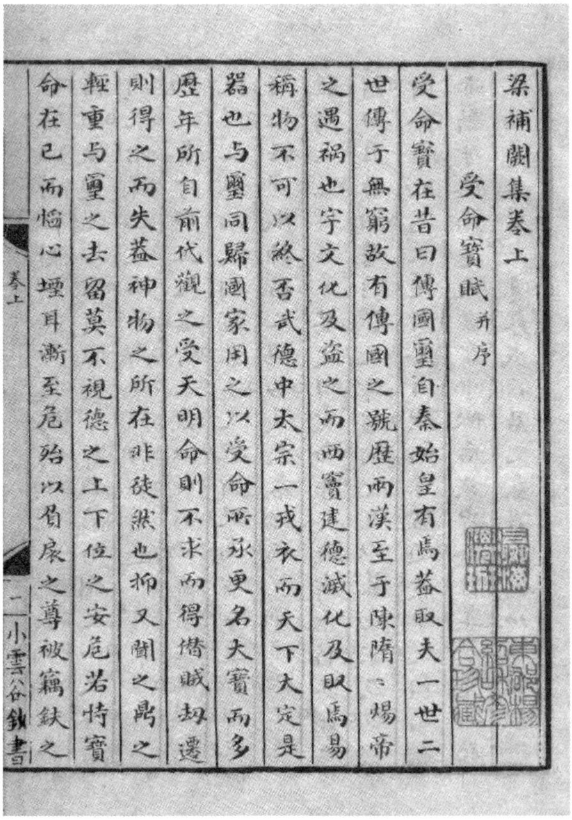
梁補闕集卷上
受命寶賦 并序
受命寶在昔曰傳國璽自秦始皇有焉蓋取夫一世二世傳于無窮故有傳國之號歷兩漢至于陳隋、煬帝之遇禍也宇文化及盗之而西竇建德滅化及取焉易稱物不可以終否武德中太宗一戎衣而天下大定是器也与璽同歸國家用之以受命所承更名大寶而多歷年所自前代觀之受天明命則不求而得僭賊刼遷則得之而失蓋神物之所在非徒然也抑又聞之歸之輕重与璽之去留莫不視德之上下位之安危若恃寶命在己而惱心墮耳漸至危殆以負扆之尊被竊鈇之
卷上　二　小雲谷鈔書

廳壁記》《河南府倉曹參軍廳壁記》《鄭縣尉廳壁記》等四十五篇。按賦、議、論、贊、銘、序、記、碑、墓誌、行狀、祭文等文體分類編纂。

梁肅文章的文學性以及在中唐古文演變與發展中的意義，學界已多有論述，茲不贅言。從中古史料的發現與重新整理來看，《梁補闕集》與其他唐人文集一樣，保存了大量中唐時期社會與士人形態的具體史料，可補正史之闕。主要分爲以下三類：

第一類，關於唐代某些事件的記載。部分爲正史中雖有記載，但《梁補闕集》的記叙呈現出了更多的歷史細節。如《爲太常答蘇端駁楊綰謚議》一文，《通典》卷一百四十載，大曆十三年（778）太常謚贈司徒楊綰曰『文貞』，比部郎中蘇端有駁議，因『元載與司徒友敬殊深，推爲長者』，逐條駁斥謚法條例，并曰『不慈不惠，何以謂之文；有隱有毒，何以謂之真矣』。《舊唐書》卷一百九十九《楊綰傳》亦有載。梁肅此文，乃代太常駁斥蘇端之文而作，所論内容，皆據蘇端之議論而逐條批駁。兩文如對應而看，可知梁肅此文撰寫緣由，更可知楊綰謚號改定一事之歷史形態。

而另一部分是在正史中難覓蹤迹，《梁補闕集》的記叙可補正史之闕。如《冠軍大將軍檢校左衛將軍開國男安定梁公墓誌銘并序》記載了隋末唐初梁師都『雄據朔方』的史實，《新唐書》卷一百三十五《哥舒翰傳》載：『先是，有客梁愼初遺翰書，請壁勿戰以屈賊，翰善之，奏爲左武衛胄曹參軍，留幕府。及翰與國忠貳，愼初曰：「難將作矣。」乃遁去。』在《梁補闕集》中同樣記叙了該事，『已而天寶末，函夏寇亂，西平王哥舒翰之守潼關也，公上書論兵勢，且勸深壁不戰，以挫賊鋒。西平異之，命居戲下，表授左武衛胄曹，四遷至左衛郎將。時賊臣當國而與幕府不協，公曰：「難將至矣。」』。《新唐書》用『乃遁去』寥寥三字模糊了梁慎初的去處，在《梁補闕集》中却詳細記叙了梁慎初的去向是『遂間行而南。無何，西平潰敗。』以及記叙了梁慎初的仕履經歷，這些都是歷代正史所闕載的部分。

該部分還體現在人物生平事迹的記載方面，可補正史人物列傳之闕。《梁補闕集》記叙的人物主要分爲兩類，一類是當時以及後世稱道的名士，如《唐丞相鄴侯李泌文集序》中的李泌、《毘陵集後序》中記叙的獨孤及、《補闕李君前集序》中記叙的李翰（李華之子）等，這一類名士的數量還是較爲有限的。《梁補闕集》中更多的是記叙了一批與梁肅交往密切的普通文士，在當時一般文士能得以在正史中立傳的可能性是較小的，很多文士的名諱祇能零星地保存於正史中，這樣一批容易湮滅却是當時社會知識階層的主體群體，藉助《梁補闕集》而得以留下了較爲詳細的社會活動痕迹。

第二類，史料呈現的是中唐一般文士階層社會活動。在《梁補闕集》中，我們能看見如梁肅等一批文士們，相比擔心政權的混亂，更憂慮動蕩不安的帝國環境下，殘喘生存的民衆的日常生活。他們切身觀察到一般民衆在社會秩序混亂之下的人心浮躁和一系列道德敗壞的事件，故而他們積極地尋求拯救社會、人心，使之回歸正常社會生活的方法。如《陪獨孤常州觀講論語序》中記叙的是梁肅與二三友人前往常州晋陵郡，聽獨孤及講授《魯論》二十篇。值得注意的是，以講授儒家五經的方式來積極主動的教化地方社會，并非僅僅祇是李華、獨孤及等中上層文士的一種『號召』或『過於理想』的行爲，梁肅的另一篇《昆山縣學記》記載了中唐一般地方士人們也在實踐這樣的行爲，底層的士人們依然選擇用儒家經典去教化與浸潤人心和風俗。

第三類，中唐一般文士階層生活、信仰等方面的思想性史料。我們發現，在《梁補闕集》中收有一些梁肅書寫的墓誌銘。面對生命短促的一批士人們，梁肅不僅表達了對其生命消亡的哀歎，更執着於追問『天命』對於個體的影響。面對兵亂四起、皇權旁落的現實，身邊友人們的依次離世，對於『命』這種不可言説力量對個體生命的掌控，讓梁肅陷入了長久的困惑和悲觀之中。這種困境，不獨梁肅。在《梁補闕集》中，我們可以看見中唐的一般文士們爲瞭解脱這樣的困境，所回應的各種生命姿態：有些人選擇沉迷道教煉丹之術，以尋長壽永生，從技術上抗拒『命』的控制；有些人則選擇背道而馳，完全放弃生命主觀意識，拒絶任何藥石的補救，任由疾病侵害，直至生命的消亡……梁肅自身常年遭受憂思疾病之困擾，但他堅持認識宇宙的規律，在認識的過程中，他試圖一次次解釋『天命』有所爲和有所不爲的内在原因。在思想深處，梁肅最終還是放弃了對生死的執着，某種意義上來説，他超脱了『命』的陰影和桎梏。

《新唐書·藝文志》《宋史·藝文志》《崇文總目》《遂初堂書目》《直齋書録解題》《通志》《文獻通考》《國史經籍志》《宋存書室宋元秘本書目》等書目對《梁補闕集》有著録。日本神田喜一郎及中國蔣寅、胡大浚等撰文研究過梁肅生平、年譜及其文集。胡大浚、張春雯、韓中慧有梁肅文集的整理成果。上海古籍出版社二〇二二年出版的韓中慧校注《梁補闕集》，以美國哈佛大學哈佛燕京圖書館藏清小雲谷抄本爲底本，以《文苑英華》和中國國家圖書館藏傅增湘校周叔弢藏影宋抄《文苑英華・校勘記》本、南宋紹興九年（1139）臨安府刻《唐文粹》本中所收録的梁肅文章爲參校本，以《毘陵集》（《四部叢刊》影印清趙懷玉亦有生齋刻本）、宋及明清舊志、宗教文獻如《佛祖統紀》《佛祖歷代通載》等，以及《全唐文》等文學總集和存世碑志等爲部分篇章的對校材料。部分成果參考彭叔夏《文苑英華辨證》、岑仲勉《唐集質疑》和胡大浚、張春雯點校《梁肅文集》。

（韓中慧）

删定止觀

《删定止觀》三卷，唐梁肅撰。

梁肅生平參見本書前文《梁補闕集》提要。《删定止觀》是梁肅爲《摩訶止觀》所編定的節本。隋開皇十四年（594），智顗在荆州玉泉寺講法，弟子灌頂録成《摩訶止觀》一書，其初本二十卷，次本十卷，第三本即現行本十卷。《摩訶止觀》爲『救世明道』之書，但『未光大於時也』，梁肅希望通過整理該書，寄寓其『拯救人心』的志願。《删定止觀》不僅僅是對《摩訶止觀》的節録，更是梁肅根據自身學識和對天台宗教義的領悟修改成更適合普通民衆日常心性提升的一部書。

《删定止觀》原編輯六卷本，已佚，今傳世本爲清宣統三年（1911）鉛印本（三卷本）和民國十一年（1922）北京刻經處鉛印本（六卷本），皆源自於日本《續藏經》草山元政校本，而日本本所據底本可追溯至南宋吴克己重刊三卷本。宣統三年本每半頁十三行，行三十字，四周雙邊，黑口，單魚尾。北京刻經處本每半頁十行，行二十字，左右雙邊，細黑口。中國國家圖書館藏本有墨筆圈點，另在版面空白處存在大量佛法感悟性質的批語，具有一定的學術研究價值。

日本《續藏經》收《删定止觀》草山元政校本的三卷内容，分别是卷上爲『一大意』『二釋名』『三體相』『四攝法』『五偏圓』『六方便』，卷中是『七正觀十境』中的『一陰乘十境』，卷下包含『正觀十境』中的『二煩惱』『三病患』『四業相』『五魔事』『六禪定』『七諸見』『八上慢』『九二乘』『十菩薩』，另附有『八果報』『九起教』『十指歸』。北京刻經處印成六卷，是據草山元政校語將三卷内容析爲六卷，『大意第一』爲卷一，『釋名第二』至『方便第六』爲卷二，『正觀第七』爲卷三，『觀陰入界境』爲卷四，『觀煩惱境』至『觀魔事境』爲卷五，『觀禪定境』至『指歸第十』爲卷六。將草山元政校本原本卷末附録的《梁肅傳》和案語移置吴克己撰《重刊序》前，卷末後附《天台智者大師傳論》《天台止觀統例》。

梁肅從唐德宗興元元年甲子（784）開始編修《删定止觀》，歷時三年，貞元二年（786）功畢，原編輯本为六卷。它是十九世紀末二十世紀初日本反傳佛教典籍潮流中的一例。六卷本今已不傳，傳世版本均源出於南宋吴克己的重刊三卷本，重刊三卷本東傳至

天台止觀統例

唐翰林學士守右補闕　安定　梁肅　述

夫止觀何爲也（一作者）導萬法之理而復於實際者也實際者何也性之本也物之所以不能復者昏與動使之然也照昏者謂之明駐動者謂之靜明與靜止觀之體也在因謂之止觀在果謂之智定因謂之行果謂之成行者行此者也成者證此者也原夫聖人有以見惑足以喪志動足以失方於是乎止而觀之靜而明之使其動而能靜靜而能明因相待以成法卽絶待以照本立大車以御正乘大事而總權消息乎不二之場鼓舞於說三之域至微以盡性至賾以體神語其近則一毫之善可通也語其遠則重玄之門可闢也用至圓以圓之物無偏也用至實以實之物無妄也聖人舉其言所以示也廣其目所以告也優而柔之使自求之擬而議之使自至之此止觀所由作也夫三諦者何也一之謂也空假中者何也一之目也空假者相對之義中道者得一之名此思議之說非至一之旨也至一卽三至三卽一非相合而然也非相生而然也非數

删定止觀　一一

日本，在寛文元年即清順治十八年（1661），草山元政據此本，將《摩訶止觀》與《删定止觀》的相同内容作簡單對校後，對異文出校勘記，其後該本一直在日本流傳。光緒三十一（1905），日本藏經書院編訂《靖國紀念大日本續藏經》（又稱《卍續藏經》《續藏經》），其天台宗著述部收録了草山元政校本，中國則於宣統三年（1911）首次出現了《删定止觀》鉛印本，該書卷末最後一頁印有『宣統三年五月重印』，其下注有雙行小字：『此書中土失傳，此由日本《續藏經》中録出。』可見國内《删定止觀》的版本失傳許久，藉由《續藏經》的出版而得以重新流傳。民國十一年（1922），北京刻經處在草山元政校本的基礎上，爲恢復傳統原六卷面貌，而重新劃分卷目内容，雖名爲『六卷』，然實據底本仍爲三卷本。

《删定止觀》是《摩訶止觀》的節本，版本内容之間的關係既密切又有所不同。將兩部書進行内容的比較，梁肅删定修改之處恰恰可以看出梁肅對於天台宗法理的理解和問題，『援佛入儒』抑或是『援儒入佛』，這些都是值得學界對梁肅思想進行深入研究的角度。另外，梳理《删定止觀》的成書、刊印和流傳，以及關注天台宗僧侣和居士們對其書的觀點和態度，對其撰寫《删定止觀》在天台宗中的接受史具有重要價值。

《福州温州台州求得經律論疏記外書等目録》《天台宗章疏》《新編諸宗教藏總録》《東域傳燈目録》《續修四庫全書總目》《扶桑藏外現存目録》《增訂群書舉要》《中華大藏經總目》《北京師範大學圖書館中文古籍書目》《中國古籍總目》等書目對《删定止觀》有著録。日本佐藤泰雄等撰文研究過該書。其餘學者或有涉及梁肅天台宗思想的研究成果，但未有對《删定止觀》的專書研究。二〇〇六年十二月，CBETA中華電子佛典協會開始對『中國撰述的大小乘釋經、律、論等電子版資料』進行整理，二〇〇八年二月發行《大藏卍新纂續藏經》佛典集成的光碟與網絡版，其中以《續藏經》所收草山元政校本爲底本整理《删定止觀》，整理形式以基本句讀爲主，不涉及標點和校勘。韓中慧校注《删定止觀》，以新文豐出版公司影印卍續藏經會編印《卍續藏經·中國撰述·天台宗著述部》（第九十九册）所收草山元政校本爲底本，其中草山元政校語以小五號字照本過録，部分篇目以哈佛大學哈佛燕京圖書館藏清小雲谷抄本《梁補闕集》《佛祖統紀》《佛祖歷代通載》等爲對校材料。注釋部分包含引文經文，如《妙法蓮華經》《摩訶般若波羅蜜經》《維摩詰所説經》《大智度論》等，人名、干支紀年等内容，部分成果參考 CBETA 中華電子佛典協會整理《删定止觀》和《摩訶止觀》等。

（韓中慧）

二皇甫詩集

《二皇甫詩集》八卷，包括《皇甫冉詩集》七卷，《皇甫曾詩集》一卷，唐皇甫冉、皇甫曾撰。

皇甫冉、皇甫曾兄弟均爲西晋安定郡朝那縣（今寧夏回族自治區固原市彭陽縣）皇甫謐的後人。皇甫冉，字茂政，潤州丹陽（今屬江蘇省鎮江市）人。唐天寶十五年（756）進士，曾官無錫尉，大曆初入河南節度使王縉幕，終左拾遺、右補闕。皇甫曾，字孝常。天寶十二年（753）進士，官至監察御史。後坐事貶舒州司馬，謫陽翟令以終。皇甫兄弟生平參見《新唐書》卷六十六、卷二百零二，《唐才子傳》卷三，《［至順］鎮江志》卷十八《人材》，《［嘉定］鎮江志》卷十七《人物》等。

《二皇甫詩集》傳世本主要有鐵琴銅劍樓藏明正德十三年（1518）劉成德刻本，《四部叢刊三編》即據此本影印，張元濟校。劉成德刻本，版框高十七厘米，寬二十厘米。每半頁十行，行十六字，小字雙行同，四周單邊，白口，白對魚尾。版心題卷次及頁次。

《二皇甫詩集》卷首有獨孤及撰《左補闕安定皇甫冉集序》，另附皇甫冉小傳。《四部叢刊》本詩集後有張元濟《跋》及《校勘記》。八卷本《二皇甫詩集》共收詩二百七十四首，張元濟補十五首。其中《皇甫冉詩集》收詩二百三十三首，按詩體分類分卷：卷一爲四言古詩、五言古詩；卷二爲七言古詩；卷三爲五言律詩；卷四爲五言排律；卷五爲七言律詩；卷六爲五言絶句、六言絶句；卷七爲七言絶句。《皇甫曾詩集》收詩四十一首，按詩體分爲五言古詩、五言律詩、五言排律、七言律詩、五言絶句、七言絶句。張元濟又補皇甫冉詩七首，皇甫曾詩八首。詩歌題材以唱寄贈答、寫景咏物爲主。

《四部叢刊》本《二皇甫詩集》是張元濟在劉成德刻本基礎上校勘增補而成。張元濟《跋》云：『是本刊刻，殆在有明正、嘉之際，其同時刊行者，余見有活字本、黄貫曾刊本、徐獻忠刊本、袁翼覆宋刊本、又席氏《唐百家》本，皆取而校之，文字略有歧異，别録校記。又從席氏本補冉詩二首，活字本補曾詩一首，《全唐詩》補冉詩四首，曾詩七首，均編列附後。』張元濟廣搜衆本，取而校之。校之他本，校勘詳備。

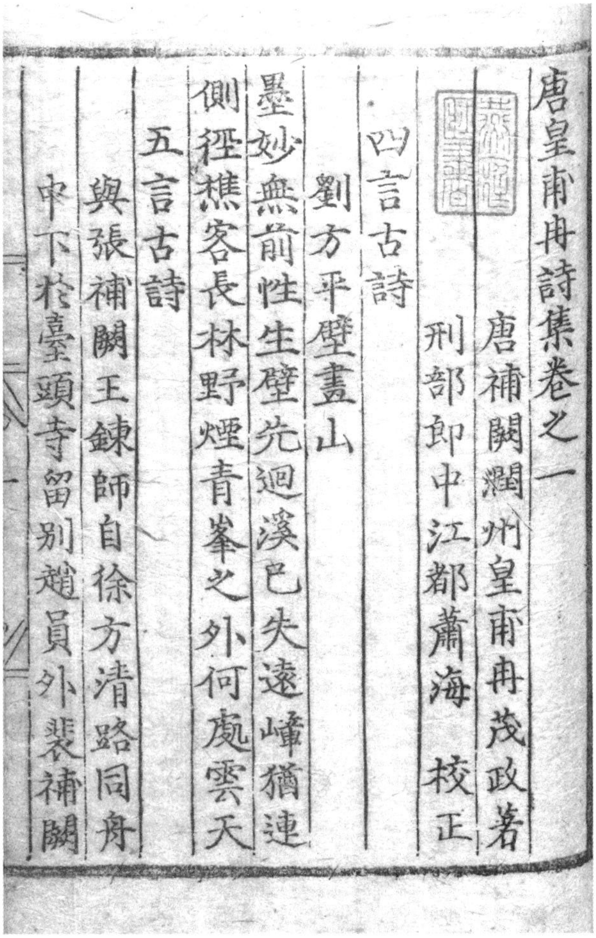
唐皇甫冉詩集卷之一
唐補闕潤州皇甫冉茂政著
刑部郎中江都蕭海　校正
四言古詩
劉方平壁畫山
墨妙無前性生壁先迴溪已失遠峰猶連側徑樵客長林野煙青峯之外何處雲天
五言古詩
與張補闕王鍊師自徐方清路同舟中下於臺頭寺留别趙員外裴補闕

《二皇甫詩集》是皇甫冉、皇甫曾兄弟唯一傳世的詩歌集。其詩作記録詩人的交游、事迹等，從多個角度表達了人生感受和身世際遇，揭示了詩人在當時社會動蕩和世事變遷中的特殊心態。對二皇甫詩集進行研究，有助於對唐代大曆時期詩歌創作背景及創作内容的深入瞭解，把握大曆時期地方詩人的心態和創作觀，加强對唐代詩歌發展脉絡的研究。同時，二皇甫爲安定皇甫氏家族在唐代的主要代表人物，其詩歌對研究和豐富安定朝那皇甫氏家族創作和寧夏古代詩人創作具有一定意義。

《新唐書》卷六十《藝文志》、《宋史》卷二百零八《藝文志》、《郡齋讀書志》卷十七、《直齋書録解題》卷十九、《文獻通考》卷二百四十二、《徐氏家藏書目》卷六、《澹生堂藏書目》、《天一閣書目》、《四庫全書總目》卷一百八十六《集部·總集》、《楹書隅録》卷四、《鐵琴銅劍樓藏書目録》卷十九、《孫氏祠堂書目》卷四、《善本書室藏書志》卷二十四、《藏園訂補郘亭知見傳本書目》卷二十等對《二皇甫詩集》版本有著録。《御覽詩》《中興間氣集》《極玄集》《文苑英華》《唐百家詩選》《唐五家詩》《唐百家詩》《唐詩百名家全集》《唐人詩》《唐詩二十六家》《唐四十四家

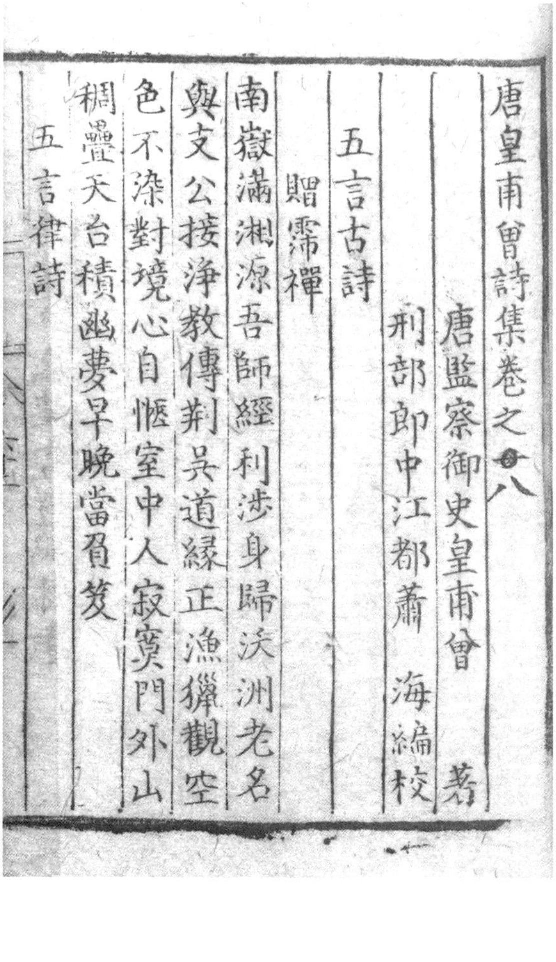
唐皇甫曾詩集卷之八
唐監察御史皇甫曾　著
刑部郎中江都蕭　海　編校
五言古詩
贈霈禪
南嶽滿湘源吾師經利涉身歸決洲老名
與支公接淨教傳荆吳道緣正漁獵觀空
色不染對境心自愜室中人寂寞門外山
稠疊天台積幽夢早晚當負笈
五言律詩

詩》《唐五十家詩集》《全唐詩》卷二百四十九、《四庫全書》等收録皇甫冉、皇甫曾詩歌。傅璇琮、儲仲君、黄橋喜、王超等對《二皇甫詩集》的相關問題進行過研究。韓立新、王超撰寫學位論文分别對皇甫冉、皇甫曾詩作進行校注。何娟亮校注《二皇甫詩集》，以上海商務印書館一九三六年版《四部叢刊三編》影印鐵琴銅劍樓藏明正德十三年（1518）劉成德刻本爲底本，以楊紹和宋刻本、明刻《唐人詩》本、明《唐五十家詩集》木活字本、明正德十四年（1519）吴郡陸元大《唐五家詩》刻本、明嘉靖十九年（1540）朱警刻《唐百家詩》本、明嘉靖三十三年（1554）黄貫曾刻《唐詩二十六家》刻本、明抄《唐四十四家詩》本、清康熙四十七年（1708）東山席氏琴川書屋《唐詩百名家全集》仿宋本等爲參校本，以《全唐詩》《文苑英華》等爲對校材料。部分成果參考佟培基《全唐詩重出誤收考》、陶敏《全唐詩人名考證》、陳貽焮《增訂注釋全唐詩》、王浩遠《瑯琊山石刻》等。

（何娟亮）

元代

清閟閣遺稿

《清閟閣遺稿》，元倪瓚撰。

倪瓚（1301—1374），初名珽，字元鎮，號雲林居士，别號荆蠻民、雲林子、朱陽館主等，江蘇無錫人。元末明初著名畫家，與黄公望、王蒙、吴鎮合稱『元四家』。《明史》卷二百九十八有傳，《大清一統志》卷六十一、《江南通志》卷一百六十八、《畫史會要》卷三等亦載其事迹。

《清閟閣遺稿》傳世主要有十四卷本和十五卷本。十四卷本，明萬曆二十八年（1600）瓚八世孫倪珵刊。每半頁九行，行二十字，四周單邊，白口，單黑魚尾。卷端題『清閟閣遺稿卷某』，次行署『雲林倪瓚元鎮父著』，再次行署『八世孫珵梓』，中國國家圖書館有藏。十五卷本，所附《雲林世系圖》，明倪桌撰。《中國古籍總目》著録有明萬曆三十九年（1611）倪錦刻本，上海圖書館藏。

十四卷本《清閟閣遺稿》，卷一爲四言，卷二爲五言古詩，卷三爲五言律詩，卷四爲五言絶句，卷五爲六言絶句，卷六爲七言古詩，卷七爲七言律詩，卷八爲七言絶句，卷九爲樂府，卷十爲贊，卷十一爲題跋，卷十二爲序、引、疏、記、辭，卷十三爲書牘，卷十四爲高逸、詩畫、潔癖、游寓、飲食。卷十四非倪瓚詩文，而是他人所撰與倪瓚有關之詩文。

上海圖書館藏十五卷本筆者未見，南京圖書館亦藏十五卷本，然無萬曆三十九年（1611）倪錦刊刻相關信息。南圖藏本是在十四卷本基礎上重修而成的，卷中倪瓚之詩校諸十四卷本略有增益，新增卷十五《雲林先生銘志像贊并采諸家題咏》，正文前附十一世孫倪桌撰《雲林世系圖》。南圖藏本《雲林世系圖》避諱至『玄』，正文凡遇『蠻夷』『虜』等字之頁，皆重刻并鏟削相關文字。至於該本重修於清代，還是明清遞修，尚不能遽斷。

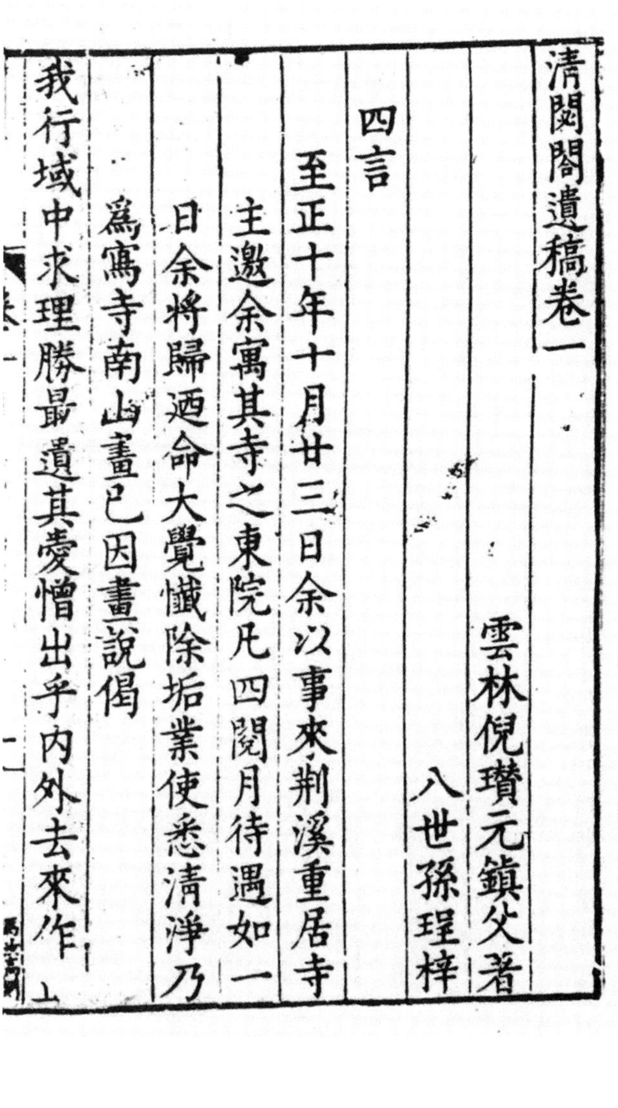
清閟閣遺稿卷一
雲林倪瓚元鎮父著
八世孫珵梓
四言
至正十年十月廿三日余以事來荆溪重居寺主邀余寓其寺之東院凡四閲月待遇如一日余將歸迺命大覺懺除垢業使悉清淨乃爲寓寺南山畫已因畫說偈
我行域中求理勝最遺其愛憎出乎内外去來作

倪瓚畫名甚高，故詩名爲之所掩，毛晉曰：『語云「米顛之後，復有倪迂」，即殘箋斷素，珍之不啻吉光片羽。至其詩文輒存而不論，何貴目而賤心也。』（《倪雲林遺事》）《清閟閣遺稿》是倪瓚詩文集的重要版本，是研究倪瓚詩文的基礎文獻。

《北京圖書館古籍珍本叢刊》影印出版明萬曆二十八年（1600）刻本。楊柳、朱艷娜、谷紅巖等對《清閟閣遺稿》均有較爲詳細的考證。朱艷娜研究認爲，倪瓚詩文集的版本流變可分爲三個系列，一是《倪雲林先生詩集》系列，二是《清閟閣遺稿》系列，三是俞憲刻《倪隱君集》本。蔡淑梅、郭婉瑩、王婧哲、楊思雨校注《清閟閣遺稿》，以中國國家圖書館藏明萬曆二十八年（1600）刻本爲底本，以《四部叢刊》、民國八年（1919）影印天順本《倪雲林先生詩集》、《欽定四庫全書薈要》本與《元代珍本文集彙刊》影印清康熙五十二年（1713）曹培廉刻《清閟閣全集》本爲主要參校本，部分整理成果參考西泠印社出版社二〇一〇年出版的江興祐點校《清閟閣集》。

（韓超）

青陽先生文集

《青陽先生文集》九卷，《附録》二卷，元余闕撰，明郭奎、張毅輯。

余闕（1303—1358），字廷心，一字天心，唐兀氏（即西夏人），先世居河西武威（今甘肅武威市），其父沙剌臧卜遷居廬州爲官，遂爲廬州（今安徽省合肥市）人。元元統元年（1333）進士及第，授泗州同知，又授翰林應奉，轉中書刑部主事，後又入翰林爲修撰，修遼、金、宋三史，歷監察御史、中書禮部員外郎、湖廣行省左右司郎中，又遷翰林待制，出僉浙東道廉訪司事。元至正十二年（1352）任淮西宣慰副使，分兵守安慶，又升都元帥。十七年（1357）秋，任淮南行省左丞，十月，陳友諒大軍入侵，余闕據城苦戰數月。十八年（1358）正月城陷，余闕舉刀自刭，其妻兒均殉節而亡。後闕以忠節聞，追封豳國公，謚忠宣。明洪武元年（1368），明太祖朱元璋感余闕之忠義，詔廟祀於安慶。其生平資料參見《元史》卷一百四十三《余闕傳》，《宋學士全集》卷十一《余左丞傳》，《新安文獻志》卷四十九《余左丞》，《［康熙］安慶府志》卷九《名宦》，《歷代名臣傳》卷三十五《余闕》等。著有《青陽先生文集》《五經傳注》《易説》等，除《青陽先生文集》外，其餘著作均散佚。

《青陽先生文集》傳世版本主要有明弘治三年（1490）徐傑刻本、明嘉靖十七年（1538）鄭錫麒刻本等。每半頁十二行，行二十二字。四周雙邊，黑口，黑魚尾。《附録》每半頁十二行，行二十二字，黑口，雙黑順魚尾。版心題卷次、頁次。中國國家圖書館、上海圖書館等藏。

《青陽先生文集》有高穀、王汝玉、程國儒、李祁撰《序》和程文撰《青陽山房記》，前八卷爲郭奎輯，卷九爲張穀輯。前八卷按文體分類，卷一詩八十三首，卷二碑三篇，卷三記八篇，卷四序十四篇，卷五書十篇，卷六銘四篇，卷七墓表兩篇，卷八雜著二十篇。卷九爲張穀輯録的佚文，有詩十五首，文七篇，其中《龍丘萇吟贈程子正》一詩重出，《送余廷心赴大學》爲程廷珪而非余闕所作。《附録》兩卷亦爲張穀輯，爲後世所撰有關余闕生平事迹以及悼念性的詩文，共有文九篇，詩詞一百八十首，其中署名『青城山人題』的文

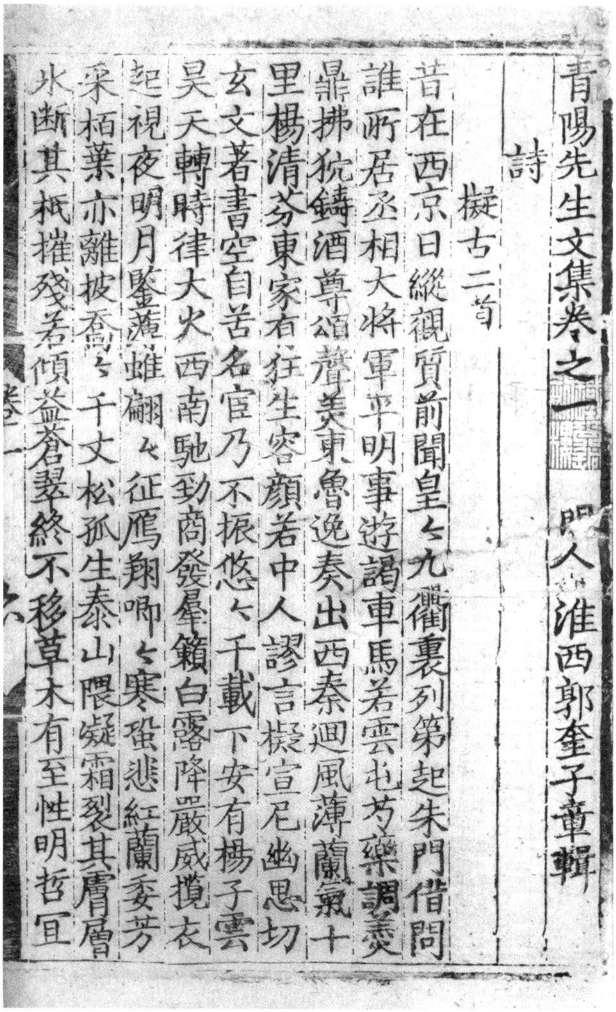
青陽先生文集卷之一　門人淮西郭奎子章輯
詩
擬古二首
昔在西京日縱觀質前聞皇々九衢裏列第起朱門借問
誰所居丞相大將軍平明事遊謁車馬若雲屯笙樂調炙
鼎沸貌鑄酒尊縮聲美東魯逸奏出西秦迴風薄蘭氣十
里揚清芬東家有狂生容顔若中人謬言擬宣尼幽思切
玄文著書空自苦名宦乃不振悠々千載下安有楊子雲
昊天轉時律大火西南馳勁商發羣籟白露降嚴威攬衣
起視夜明月鑒蕭帷翩々征鴈翔啁々寒蛩悲紅蘭委芳
采梧葉亦離披喬々千丈松孤生泰山隈凝霜裂其膚層
冰斷其柢摧殘若傾欹蒼翠終不移草木有至性明哲宜

章爲重出。

元至正十八年（1358），余闕『其稿煨燼無遺，獨賴門人郭奎掇拾於學者記録之餘，得數十篇以傳』，此正集先刊行於世。建文元年（1399）前後，『吴陵張君彦剛（即張毅）好古尚賢，當裒輯公之遺文，鏤板以傳』。正統十年（1445），『沅陵縣丞誠蓋聞彦剛之風而興起者，臨民稍暇，復取忠宣公文集，譌者正之，僞者去之，損者補之，遺者益之』。弘治三年（1490），徐傑重刊此本，同時『搜羅其有關於忠宣公之大義者，采輯而類别之，厘爲二卷，繡梓以行』，此本即爲目前傳世最早之本，藏於上海圖書館；中國國家圖書館藏本無附録，且有彭韶所作識語，爲上海圖書館藏本的翻刻本。

作爲余闕唯一傳世著作，本文集對研究余闕生平及元代文學發展有重要的參考價值。主要表現在：第一，余闕爲西域党項羌人，西夏遺民，其詩文集對於研究西夏遺民文獻，及余闕交游活動提供了資料。第二，元代文學發展較其他朝代相對單一，余闕《青陽先生文集》中有涉及文論思想的叙述，豐富了元代詩文研究資源。第三，余闕以忠節著稱，對後世影響頗深，元、明、清三代均有悼念之作傳世，且涉及作者不乏當朝著名人物，對於這一現象的研究有利於分析中國古代傳統思想中對『忠節』定義的理解。

《菉竹堂書目》卷三《子雜》、《萬卷堂書目》卷四《别集・元》、《晁氏寶文堂書目》卷上《文集》、《世善堂藏書目録》卷下《集類》、《内閣藏書目録》卷三《集部》、《四庫全書總目》卷一百六十七《集部二十・别集類二十》、《也是園書目》卷七《集部》、《鐵琴銅劍樓藏書目録》卷二十二《集部四・别集四》、《皕宋樓藏書志》卷一百零三《集部·别集類三十七》等書目對《青陽先生文集》有著録。翟平、孔慶利、魏嘉媛、周春江等撰文研究過該集。

上海古籍出版社二〇二二年出版的付明易校注《青陽先生文集》，以中國國家圖書館藏明嘉靖十七年（1538）鄭錫麒刻本爲底本，以上海圖書館藏明弘治三年（1490）徐傑刻本、中國國家圖書館藏明弘治三年（1490）徐傑刻本、臺北故宫博物院藏明嘉靖間張毅刻《青陽先生忠節附録》二卷本爲參校本，以部分元明文人文集，如陳旅《燕石集》、賴良《大雅集》等作爲對校材料，部分成果參考鳳凰出版社二〇〇四年出版的《全元文》、中華書局二〇一三年出版的《全元詩》等。

（付明易）

友石山人遺稿

《友石山人遺稿》一卷，元王翰撰，其子王偁輯。

王翰（1333—1378），字用文，號友石山人。其先西夏人，原籍靈武，因曾祖鎮撫廬州（今安徽合肥市），遂家焉。歷官江西福建行省郎中、潮州路總管等。元亡，隱居福建永福縣觀獵山。明太祖召之，不就，自刎死。

明弘治八年（1495）袁文紀刻本《友石山人遺稿》，有《附録》一卷，每半頁九行，行十六字，四周雙邊，黑口，單黑魚尾。又明刻本一種，無《附録》，每半頁十一行，行二十一字，四周雙邊，黑口，雙黑對魚尾。此兩種明刻，均藏南京圖書館。別有

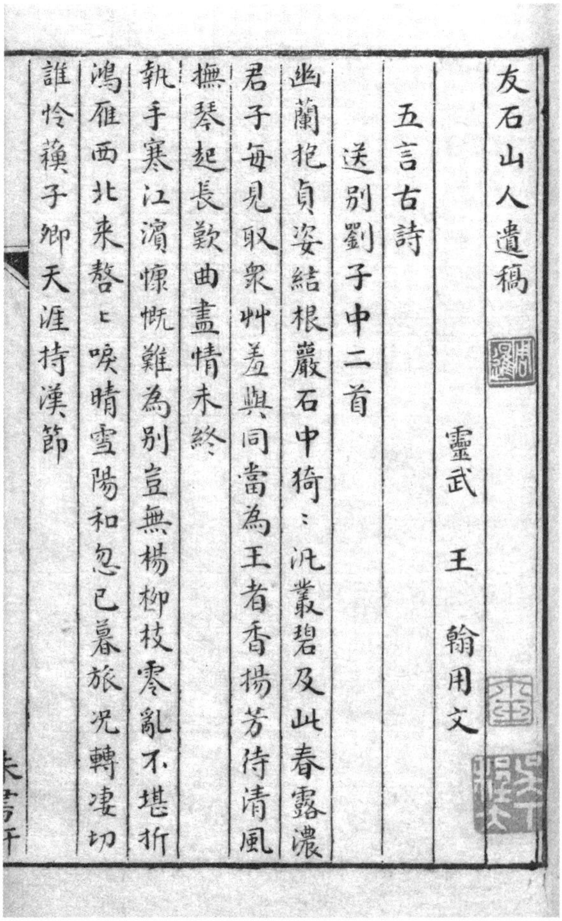

明王焯抄本、清鮑氏知不足齋抄本、清味書軒抄本等，多從弘治本出。《四庫全書》收汪啓淑家藏本，無《附録》，有陳仲述序。《四庫全書總目》本《友石山人遺稿》書前提要云：『此本乃其子偁所輯，凡諸體詩八十四首，前有陳仲述序，後附誌銘、哀詞等七篇，皆吴海所作，已别載海所作《聞過齋集》，兹不具録。』則四庫底本原有《附録》，因皆見於吴海《聞過齋集》而删之。一九一九年劉承幹刻《嘉業堂叢書》收入此書。

弘治八年刻本《友石山人遺稿》一卷、《附録》一卷，正文前有陳仲述以《友石山人遺稿叙》、吴海《友石山人墓誌銘》，正文有五言絶句十首、五言律詩廿四首、五言古詩十九首、七言絶句十六首、七言律詩十八首、七言古詩三首。《附録》一卷，收王偁《自述誄》、諸公挽王偁詩、《手澤聚芳集》。書後載張佶跋，叙此書編纂經過。今傳《友石山人遺稿》以弘治八年刻本收詩最多，内容最豐富。

王翰詩最早由其子王偁輯，《友石山人遺稿》後有偁跋曰：『比自有知以來，始於耆老故舊之間掇拾遺篇，粗得以上若干首，類成卷帙，用敢示之子孫。』然王偁似未刊刻，今存明刻本於此跋後有『玄孫焯謹録』五字，則或刻於焯手。弘治八年，時任衢州府學訓導的王焯將此書進呈浙江按察司僉事張佶，張佶爲之名曰『忠節流芳集』，并命龍游縣尹袁文紀刊版印行，此即弘治刻本。

《友石山人遺稿》是目前研究王翰詩歌及生平的較完整、豐富的資料，編纂又成於其子之手，較爲可信。作爲西夏遺民之後，王翰最終却效忠元朝而死，這一現象也是研究西夏遺民在元代的思想、政治的重要對象。

《千頃堂書目》卷二十九、《四庫全書總目》卷一百八十六、《善本書室藏書志》卷三十四有著録。又《善本書室藏書志》卷三十九著録弘治刻本，題名爲《忠節流芳集》二卷。馬明達、李佩倫、殷曉燕、王忠閣在考述王翰生平及其詩歌時均利用此書。上海古籍出版社二〇二二年出版的曹曉文、于薇校注《友石山人遺稿》本，以南京圖書館藏明弘治八年（1495）袁文紀刻本爲底本，以南京圖書館藏明刻本爲通校本，參以清味書軒抄本、吴興劉氏嘉業堂叢書本。

（韓超）

述善集*

《述善集》三卷，元唐兀崇喜等編。

唐兀崇喜（1300？—1372？），又名『楊崇喜』『唐兀忠顯』，字象賢，元末儒士。其族本唐兀氏（西夏遺裔），世居賀蘭。曾祖唐兀臺隨元朝皇嗣忽必烈南征金國和南宋。祖父唐兀閭馬解甲河南澶淵（今濮陽），遂爲開州人，至崇喜已四世矣。曾讀於國子監，爲上舍生。元至正四年（1344），以父喪而歸鄉，襲任百夫長，授敦武校尉。元末紅巾軍亂，避難大都（今北京）十有餘年，至明洪武五年（1372）返鄉，游歷金陵（今南京），不久即辭世。崇喜服膺儒學，辦崇義書院，建孔子大成廟，訂《龍祠鄉社義約》，著《述善集》。事迹見於《［正統］大名府志》卷六、《［嘉靖］開州志》卷六、《［光緒］開州志》卷六、《大元贈敦武校尉軍民萬户府百夫長唐兀公碑》等。

《述善集》發現於一九八五年，係河南濮陽楊十八郎村楊存藻家藏，現存手抄本二件，保存基本完好。抄本均爲四周雙邊，黑口，雙黑魚尾。每半頁九行，行十八字。未見有刻本行世。

《述善集》『紀唐兀象賢氏世德行事之實』，内收記、序、碑銘、詩賦、題贊、雜著、碑銘、箴志、符文、疏傳等各類體裁文章七十五篇，編輯分隸《善俗》《育材》《行實》三卷。《善俗》主題是《龍祠鄉社義約》，

《育材》主題是崇義書院興辦，《行實》則是家族嘉言懿行。書末附録《伯顔宗道傳》和尾題詩一首。《伯顔宗道傳》采自正德十六年（1521）《大名府志》，尾題詩係抄自《述善集·目録》之末題詩，後題落款『順治十六年七月十五□□□□□濆沐浴』。

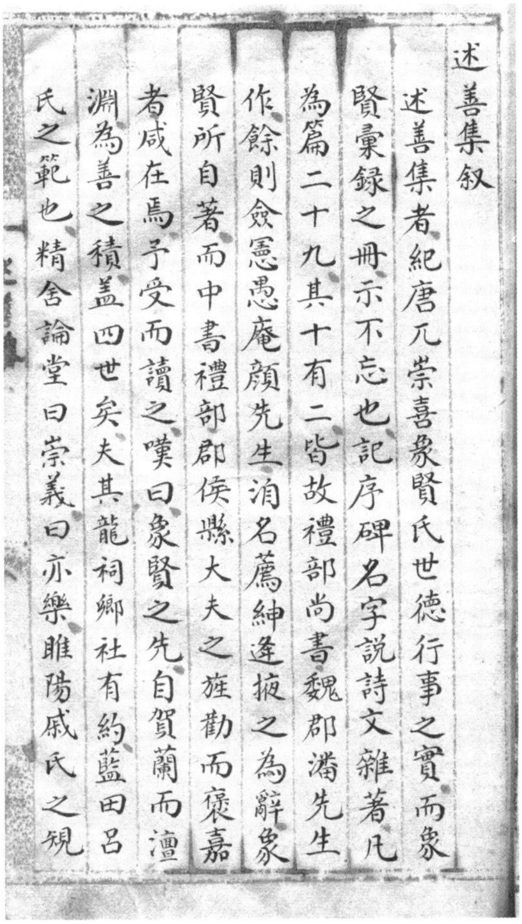
述善集叙
述善集者紀唐兀崇喜象賢氏世德行事之實而象
賢彙録之冊示不忘也記序碑名字説詩文雜著凡
為篇二十九其十有二皆故禮部尚書魏郡潘先生
作餘則僉憲愚庵顔先生洎名薦紳逢掖之為辭象
賢所自著而中書禮部郎侯縣大夫之旌勸而褒嘉
者咸在焉予受而讀之嘆曰象賢之先自賀蘭而澶
淵為善之積蓋四世矣夫其龍祠鄉社有約藍田呂
氏之範也精舍論堂曰崇義曰亦樂睢陽戚氏之規

據明張以寧《述善集叙》及劉新宫『讀《述善集》十首』可知，《述善集》初稿『記、序、碑銘、字説、詩文、雜著，凡爲篇廿九』，由崇喜始編於至正十八年（1358），至正二十四年（1364）前後成書。之後經歷多次多人補編和續編，始成今本模樣。書中文章，最早的唐兀象賢《龍祠鄉社義約》寫於至正元年（1341），陶凱的《送楊公象賢歸澶淵序》寫於明洪武五年（1372），王崇慶的《序楊氏遺集》寫於嘉靖十六年（1537），無名氏的尾題詩抄寫於順治十六年（1659），跨越元明清三個朝代，時間長達三百一十八年。《述善集》中所收《龍祠鄉社義約》是訖今所見我國最爲古老的少數民族鄉約，反映了理學對西夏遺民的深刻影響；唐兀崇喜撰寫的《祖遺契券志》是罕見的元代整理家藏契約譽檔案的珍貴記録；《伯顔宗道傳》更是詳盡記録了元代哈剌魯人伯顔宗道的生平，同時也反映了元末農民起義在河南濮陽一帶的活動情況。

《述善集》對於研究元代和明初的政治、經濟、軍事、文化、教育、民俗和民族關係等都有重要價值。第一，弘揚以善爲本的傳統美德。崇喜自言『恐不廣其聞，故繕寫爲圖，以傳諸世，使人人聞之，警以自勉，皆感發而進於善矣』。第二，保存了西夏遺民濮陽唐兀氏和突厥族遺民哈剌魯氏族融入中原漢族文化的完整資料，對於研究中華民族的形成與發展具有典型意義。第三，全面記録了濮陽西夏遺民創建崇義書院的過程，是研究元代教育，尤其是西夏遺民教育不可多得的寶貴資料。第四，保存了大量元末明初的佚詩、佚文，多數是元明之際的社會名流所撰，且所收之詩文在後世保留的涉及諸位作者的文集中均未見收録。

《述善集》其名最早見之於唐兀崇喜之師友筆端，如明張以寧《翠屏集》中有《述善集叙》一篇。其後則爲崇喜家族後人譜諜中略有提及。今人《全元文》《全元文補編》收録有《述善集》所載文章多篇。何廣博、焦進文、楊富學等有《述善集》整理研究成果。

（楊富學　楊浣）

明代

虛舟集

《虛舟集》五卷，明王偁撰。

王偁（1370—1415），字孟揚，號密齋，一號虛舟，永福（今福建省福州市）人。王翰子。王偁祖籍山東東阿，先祖出征西夏被俘，遂爲西夏人氏，後世居靈武。明洪武二十三年（1390）舉人，

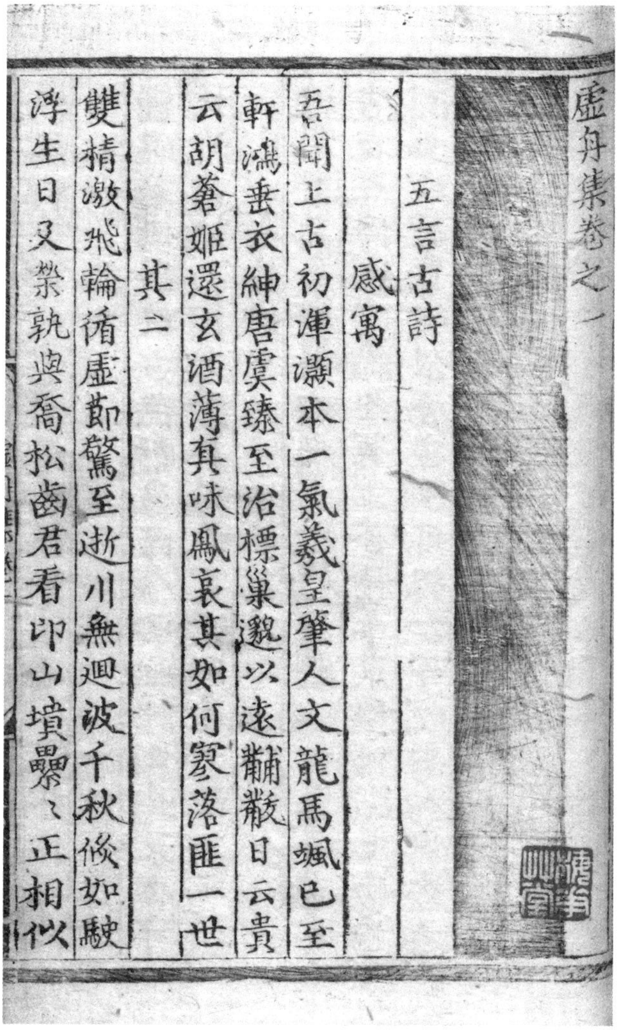
虛舟集卷之一
五言古詩
感寓
吾聞上古初渾灝本一氣羲皇肇人文龍馬颯已至
軒鴻垂衣紳唐虞臻至治標巢邈以遠黼黻日云貴
云胡蒼姬還玄酒薄真味鳳哀其如何寥落匪一世
其二
雙精激飛輪循虛節驚至逝川無迴波千秋倏如駛
浮生日又榮孰與喬松齒君看邙山墳纍纍正相似

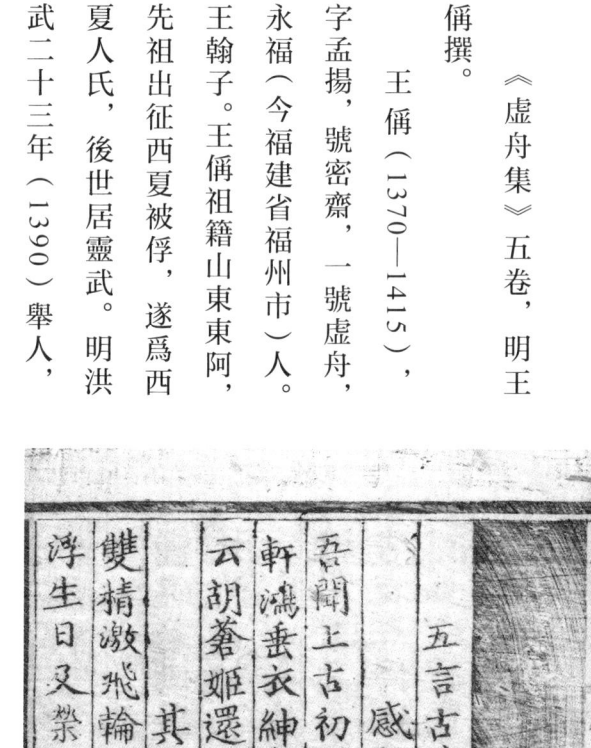

明成祖即位，充《永樂大典》副總裁。後坐解縉黨，下獄死。《明史》卷二百八十六有傳。

《虛舟集》傳世刻本僅中國國家圖書館藏明弘治六年（1493）王俊刻嘉靖元年（1522）鄭銘、陳暹重修本一種，每半頁十一行，行二十字，黑口，雙黑魚尾，四周雙邊。抄本有中國國家圖書館藏明抄本、《四庫全書》本、廣東省立中山圖書館藏清藍格抄本及南京圖書館藏清抄本。另《盛明百家詩》《閩中十子詩集》等收録王偁詩。

《虛舟集》是王偁唯一傳世的詩文集，共五卷，正文前有桑悦《重刊虛舟集序》、解縉《虛舟集叙》、王汝玉《虛舟集序》、解縉《孟陽文集叙》。卷一爲五言古詩，卷二爲五言古詩、七言古詩，卷三爲五言古詩，卷四爲五言排律、五言律詩、五言絶句，卷五爲七言律詩、七言排律、七言絶句。卷五後附《續書評》《自述誄》兩文。據王汝玉、解縉《序》可知，此書在永樂間或已成書，然未有刻本流傳。弘治六年（1493），三山人王俊因仰王偁爲鄉先達，故重刻此書。嘉靖元年（1522），王俊刻本之版已缺損，陳墀遂重加修訂後再次刊印。

王偁爲《永樂大典》的副總裁，又與解縉相友善，在明初年文名卓勝，爲『閩中十子』之一，也是明代重要的臺閣體詩人。《虛舟集》不僅對研究王偁的生平思想、詩歌藝術等具有重要的文獻價值，同時也可豐富明代臺閣體詩歌和閩中詩派的相關研究。

《千頃堂書目》卷十七、《四庫全書總目》卷一百七十有著録。林美雲、殷曉燕考述了王偁家世，并利用《虛舟集》討論了王偁的文學創作成就。《四庫全書總目》認爲王偁文集已失傳，黄偉、張曉芝對此提出異議，認爲王偁作文數量較少，并無文集。上海古籍出版社二〇二二年出版的邵敏、林光釗、張倩校注《虚舟集》，以明弘治六年（1493）王俊刻嘉靖元年（1522）鄭銘、陳遲重修本爲底本，以中國國家圖書館藏明萬曆刻《閩中十子詩・王檢討詩集》本、明抄本等爲參校本。

（邵敏　林光釗）

使西日記*

《使西日記》二卷，明都穆撰。

都穆（1459—1525），字玄敬，自號虎丘山人、虎丘老樵，吴縣（今江蘇省蘇州市）人，因其家住縣南濠里，故郡人稱其爲『南濠先生』。明弘治十二年（1499）進士。弘治十七年（1504），拜工部都水司主事，階承德郎。明正德元年（1506）冬，改南京兵部武庫司。六年（1511），復官工部，升虞衡司署員外郎。七年（1512）九月，官禮部，職主客諸夷入貢使者，充館公。八年（1513），奉使至秦川。九年（1514），加太僕寺少卿致仕。現存著述有《壬午功臣爵賞録》一卷、《壬午功賞别録》一卷、《練川圖記》二卷、《游名山記》四卷、《吴下冢墓遺文》三卷、《金薤琳琅》二十卷、《南濠居士文跋》四卷、《玉壺冰》一卷、《聽雨紀談》一卷、《都公譚纂》二卷、《寓意編》一卷、《鐵網珊瑚》二十卷、《南濠詩話》一卷等。

中國國家圖書館藏《使西日記》明刻本，每半頁九行，行十七字，左右雙邊，白口，單黑魚尾，魚尾下方題『使西記』三字，并標注序、上卷和下卷。版心下方標頁次。

《使西日記》爲都穆於正德八年（1513）奉命作爲副使前往寧夏册封壽陽王妃所作的紀行體日記，正文共兩卷，正文前有紹寶撰《使西日記序》一篇。上卷記事始自正德八年四月十九日，『穆以禮部郎中與崇信伯費公被命册封慶府壽陽王妃』，至『二十九日，發閿鄉』止。下卷記事始自『六月一日，聶、張二君携酒送予，出潼關西五里』，至七月『四日，與崇信持節起程』止。都穆西行前往寧夏册封壽陽王妃歷時有兩月餘，行程共計三千八百五十餘里，從北京出發，經今河北、河南、陝西、寧夏四地。《使西日記》記述沿途風土人情和歷史掌故，爲研究明中期歷史、地理、官員交往提供史料支持。有學者考證中國國家圖書館藏《使西日記》爲正德九年至十四年（1514—1519）間刻本，或爲現存最早的刻本日記。

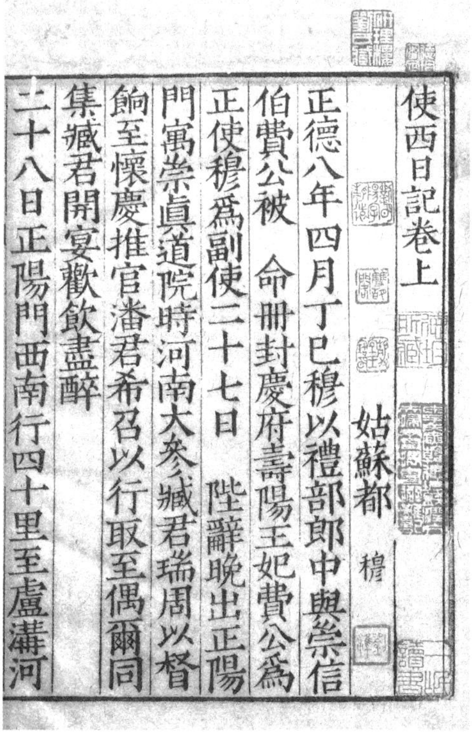
使西日記卷上
姑蘇都　穆
正德八年四月丁巳穆以禮部郎中與崇信
伯費公被　命册封慶府壽陽王妃費公爲
正使穆爲副使二十七日　陛辭晚出正陽
門寓崇眞道院時河南大參臧君瑞周以督
餉至懷慶推官潘君希召以行取至偶爾同
集臧君開宴歡飲盡醉
二十八日正陽門西南行四十里至盧溝河

《使西日記》爲都穆前往寧夏途中的記録見聞，有獨特的利用價值。第一，德才兼備，可觀都穆其人的個性及學識。第二，著録豐富，以充金石文獻之實。第三，一手資料，可補明代慶藩史料之闕。第四，清晰的西行路綫，爲研究明代中西部地區交通史和歷史地理提供可考資料。

《百川書志》《晁氏寶文堂書目》《千頃堂書目》《欽定續文獻通考》《江南通志》《四庫全書總目》《新天一閣》《西北提要》《中國西北文獻叢書·目録卷》《歷代日記叢鈔》《四庫存目標注》等書對《使西日記》有著録。付明易、司文静等撰文研究過該日記。上海古籍出版社二〇二二年出版的司文静校注《使西日記》，以中國國家圖書館藏明刻本爲底本。

（司文静）

文章類選

《文章類選》四十卷，明朱㮵輯。

朱㮵生平參見本書前文《［正統］寧夏志》提要。中國國家圖書館藏《文章類選》有四種刻本，均爲同一種版本的不同時期印刷本。其中最完整的是分裝四函二十四册的綫裝本。該刻本具有明初刻本特點，是朱㮵在洪武年間的原刻本，即洪武三十一年（1398）慶府刻本。書前序言一篇，每半頁九行，行十五字。正文每半頁十四行，行二十字。版式寬展，疏朗，四周雙欄。版框高二十四點九厘米，寬十八點八厘米，細黑口，雙魚

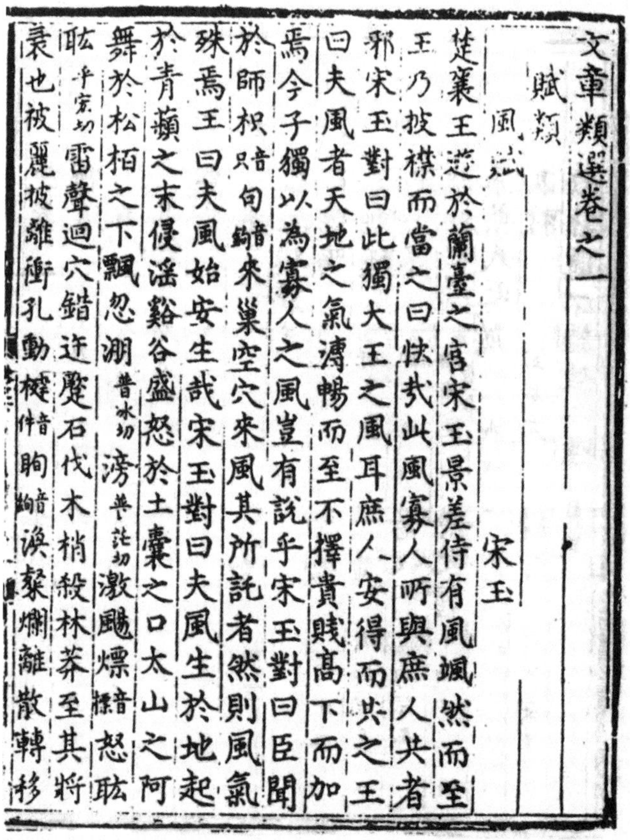
文章類選卷之一
賦類
風賦　宋玉
楚襄王遊於蘭臺之宮宋玉景差侍有風颯然而至
王乃披襟而當之曰快哉此風寡人所與庶人共者
邪宋玉對曰此獨大王之風耳庶人安得而共之王
曰夫風者天地之氣溥暢而至不擇貴賤高下而加
焉今子獨以為寡人之風豈有說乎宋玉對曰臣聞
於師枳（音只）句（音鉤）來巢空穴來風其所託者然則風氣
殊焉王曰夫風始安生哉宋玉對曰夫風生於地起
於青蘋之末侵淫谿谷盛怒於土囊之口太山之阿
舞於松栢之下飄忽淜（普冰切）滂（普郎切）激颺熛（音標）怒耾
耾（乎宏切）雷聲迴穴錯迕蹷石伐木梢殺林莽至其將
衰也被麗披離衝孔動楗（音件）眴（音絢）渙粲爛離散轉移

尾，刻有卷次及頁碼。其他三種刻本分裝二十四册、二十六册和四十册。此書還曾有過二十一册刻本（《弘治寧志》著録），二十册抄本，（《楝亭書目》著録），十六册刻本（《四庫采進書目》著録）等，均已散佚。

《文章類選》四十卷，書前《序》一篇，明洪武三十一年（1398）朱㮵作，序後鈐蓋『慶府圖書』『凝真』『天民逸者』等印。正文分五十八類，共録春秋訖元各家各類文獻一千一百二十九篇。其中卷一至卷二賦類五十二篇。卷三至卷四記類七十篇。卷五至卷六序類七十篇，所收既有贈序，亦有序跋之序，稍顯駁雜。卷七傳類二十一篇。卷八騷類十三篇，辭類兩篇，文類十九篇。卷九説類三十三篇。卷十至卷十一兩卷及卷十二的部分論類八十一篇，卷十二還辯類九篇，議類二十一篇。卷十三謚議類十篇。卷十四至卷十五書類七十二篇。卷十六頌類十二篇。卷十七贊類三十七篇。卷十八銘類三十五篇，箴類二十八篇。卷十九解類六篇，原類七篇。卷二十論諫類十八篇。卷二十一封事類七篇，疏類十五篇。卷二十二策類十九篇。卷二十三檄文類五篇，狀類十九篇。卷二十四詔類二十一篇。卷二十五制類十六篇，口宣類四篇。卷二十六符命類三篇，册文類十一篇，赦類六篇，奏類三篇，教類兩篇。卷二十七表類三十篇，箋類八篇。卷二十八啓類十篇。卷二十九碑類二十篇。卷三十行狀類九篇，神道碑十一篇。卷三十一墓誌類二十九篇。卷三十二墓表類五篇，誄類八篇，哀册十五篇，謚册文四篇。卷三十三祭文類二十九篇，哀辭類五篇。卷三十四彈事類三篇，札類六篇。卷三十五序事類十五篇。卷三十六判類十四篇。卷三十七問對類四篇，規類六篇，言語類七篇，曲操類二十二篇，樂章類六十三篇，露布類兩篇。卷三十八題跋類二十五篇。卷三十九至卷四十雜著類共三十二篇。

《文章類選》文章主要選自《昭明文選》《唐文粹》《宋文鑑》《文苑英華》《翰墨全書》《事文類聚》。選文繼承了唐代以來『文以載道』的思想，其對文章『載道』的關注遠大於對文章文學性的關注。但也存在標目冗雜、選文歸類不當、選編失次等瑕疵。

《文章類選》是流傳至今的較少的明初刻本之一，對於今天的研究者而言，具有多方面的價值。第一，從版本上看，它爲研究明代版刻史提供了一件不可多得的實物。第二，《文章類選》是慶藩唯一一部傳世的刻本，作爲藩府刻書這一特殊群體中的一員，能够將之與其他藩府刻書進行比較，從而能更加全面、系統地認識藩府刻書在明代刻書史上的意義。第三，爲研究明代文章學的發展提供了資料。第四，是研究朱㮵學術的重要文獻。第五，將『口宣』自立一類，是對文體學的一大貢獻。第六，作爲人文不興地區的寧夏的第一部文選類著作，它對普及傳播優秀傳統文化，爲寧夏士子著文提供了法式。

《明史》卷九十九《藝文志》、《續通志》卷一百六十三《藝文略》、《續文獻通考》卷一百九十七《經籍考》、《千頃堂書目》卷三十一《總集類》、《四庫全書總目》卷一百九十一《集部四十四·總集類存目一》等均對《文章類選》有著録。徐莊、伏俊璉、刁俊、魏舒婧等撰文研究過《文章類選》，饒福婷撰文研究過《文章類選》的賦類選文。上海古籍出版社二〇二三年出版的胡玉冰等校注《文章類選》，以明洪武三十一年（1398）慶府刻本爲底本，校以諸家别集。

（魏舒婧）

集句閨情百咏*

《集句閨情百咏》二卷，明朱㮵輯。

朱㮵生平事迹參見本書前文《[正統]寧夏志》提要。《集句閨情百咏》明刻本傳入日本後爲荷田信鄉所藏，書肆額田正三郎於日本安永九年（1780）重刻此本。該和刻本原爲江户時代林衡所主持的湯島林氏家塾的舊藏，寛政九年（1797）歸於昌平坂學問所，明治初藏於淺草文庫，現藏於日本國立國會圖書館。該本封面題『集句閨情百咏』，爲後人手書。版框高十六點四厘米，寬十點九厘米。每半頁九行，行十八至二十一字，四周雙邊，白口，無魚尾。書口題書名『集句閨情百咏』。版心標頁次。序、正文及附録单獨編頁。書内有『林氏藏書』『述齋衡新之章』『昌平坂學問所』『聽雨堂圖書記』『日本政府圖書』『淺草文庫』等鈐印。

《集句閨情百咏》正文前有序兩篇，其一爲日本安永八年（1779）伏水龍公美撰《集句閨情百咏叙》，其二爲明洪熙元年（1425）朱㮵所作《集句閨情叙》。該書分兩部分内容，即《集句閨情百咏》《附録舊編集句閨情百咏》，各有集句七言詩一百首，共兩百首。詩歌内容多爲感嘆時光流逝、離愁别緒、閨怨閑愁等。書末有日本安永九年（1780）荷田信鄉《跋》。

據朱㮵《序》知，該《集句閨情百咏》成非一時，是分前後兩次集成。初次集詩一百首，在永樂年間傳世。

朱栴有感於前集不精，後又於韋州精摘唐宋名人詩詞復集一百首詩，於洪熙元年（1425）作序并付梓。《集句閨情百咏》詩句大多取自選集如《唐詩鼓吹》《江湖小集》《分門纂類唐宋時賢千家詩選》等，或采自諸人別集。該書采摘名家詩詞集句成詩，句後注作者名，但人名頗多訛誤，且著録體例不一，或爲字號，或爲別稱。

《集句閨情百咏》作爲明代慶王朱栴的集句之作，具有獨特的研究價值。第一，該書是朱栴爲數不多的傳世著述，且最早由慶藩刊刻流傳，成爲研究朱栴其人其學和明代藩府刻書的難得史料，并進一步爲研究明代寧夏文學、明代宗室文學提供資料。第二，該書集句詩數量多，質量高，爲明代集句詩研究提供了範本。第三，該書集百餘位詩人的詩句，部分詩句與通行本有異文，部分詩句不見於他書，這讓詩句具有一定的校勘、輯佚價值。第四，深入研究《集句閨情百咏》東傳日本的情況，也可爲研究

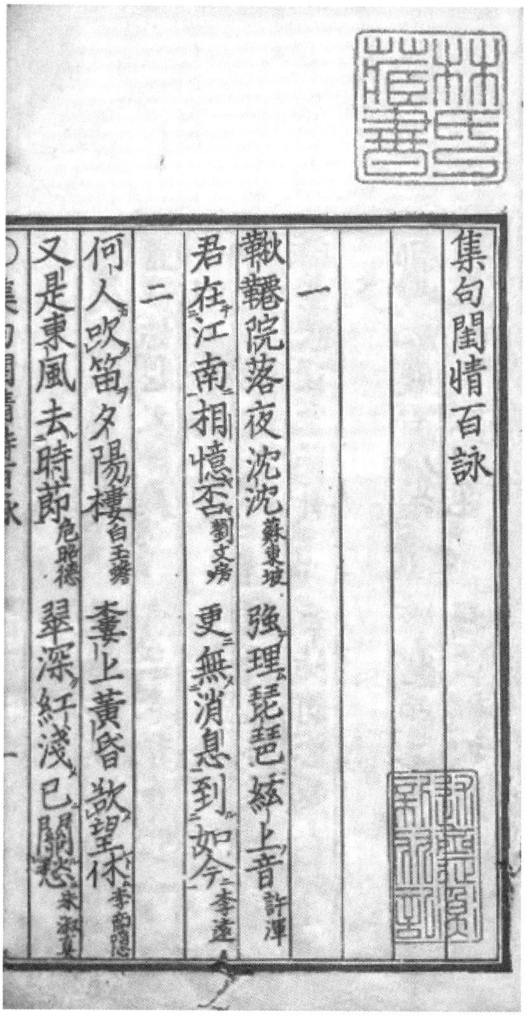
集句閨情百詠
一
鞦韆院落夜沈沈 蘇東坡 強理琵琶絃上音 許渾
君在江南相憶否 劉文房 更無消息到如今 李遠
二
何人吹笛夕陽樓 白玉蟾 畫上黃昏欲望休 李商隱
又是東風去時節 危德 翠深紅淺已關愁

明漢籍東傳提供一手材料。

《集句閨情百咏》最早著録於《弘治寧志》卷二《人物・宗室文學》之『慶靖王』條下，載『《集句閨情》一卷』，同書卷二《經籍》載『《集句閨情》一册，有板俱在慶府内』，後該書不再見諸記載。部分學者在對朱㮵、明代慶藩以及寧夏文學進行研究時，提及朱㮵《集句閨情百咏》一書時均援引《弘治寧志》中記載，且都認爲該書已佚。

二〇〇四年，黄仁生著《日本現藏稀見元明文集考證與提要》，最早披露日本藏安永九年（1780）和刻本《集句閨情百咏》相关信息。該書在《佚名撰〈集句閨情百咏二卷〉》一文中，詳細介紹了藏於日本内閣文庫的《集句閨情百咏》，對其版式和在日本流傳的情况做了考證，但誤認爲《集句閨情百咏》非明末作家所作。二〇一二年，張明華、李曉黎著《集句詩文獻研究》，對《集句閨情百咏》做了進一步研究，認爲《集句閨情百咏》的作者是朱㮵。上海古籍出版社二〇二三年出版的李正梅、王海英校注《集句閨情百咏》，以日藏安永九年（1780）和刻本爲底本，以《唐詩鼓吹》《江湖小集》《分門纂類唐宋時賢千家詩選》、諸家别集爲參校本。

（李正梅　王海英）

西征集*

《西征集》十卷，明梅國楨撰。

梅國楨（1542—1605），字客生[1]，號衡湘，湖北麻城人。明萬曆十一年（1583）進士。萬曆二十年（1592）之前歷官順天府固安縣令、河南道試御史、浙江道御史。萬曆二十年四月二十一日，梅國楨奉旨任監察御史，前往寧夏平定哱拜之亂。回京後歷升太僕寺少卿、都察院右僉都御史、兵部右侍郎。萬曆二十九年（1601）丁父憂，歸鄉服喪。萬曆三十三年（1605）五月十五日，卒於家，時年六十四歲，追贈都察院右都御史。著有《西征集》《西征奏議》《燕台遺稿》等。其生平資料主要見於《明史》卷二百二十八《梅國楨傳》、《麻城梅氏族譜》、《梅國楨集》等。

日本内閣文庫藏《西征集》明崇禎十一年（1638）刻本，按春、夏、秋、冬排序分册，原藏於紅葉山文庫，應於一六五七年傳入日本。另有中國國家圖書館藏殘本，缺秋、冬兩册，版本與内閣文庫本同。該書每半頁九行，行二十字，白口，無魚尾，四周單邊，天頭偶有眉批。正文有吴應箕撰《梅衡湘先生〈西征集〉序》、

① 其字一作『克生』。

王都俞崇禎十一年（1638）中秋前三日撰《叙》兩篇，以及萬曆二十年（1592）《敕監察御史梅國楨》敕文一道。書後有李贄撰《後語》、茅元儀撰《書梅客生少司馬〈西征集〉後》兩篇跋。茅元儀跋後鈐蓋有『元儀』『茅止生』『后民』三方印。《西征集》爲梅國楨之子梅之熉編輯整理，王都俞批閱。行文中抬頭形式嚴格，眉批語言犀利。卷五文意未完，似有缺頁。

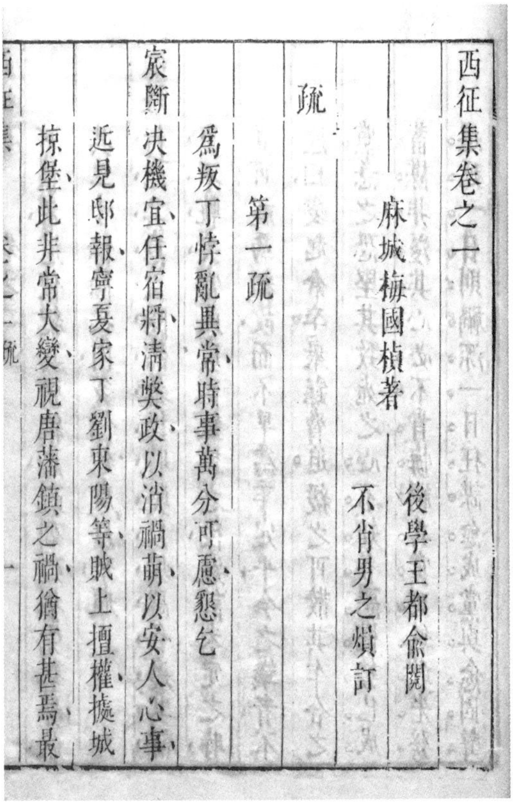
西征集卷之一
麻城梅國楨著　後學王都俞閲
不肖男之熉訂
疏
第一疏
爲叛丁悖亂異常時事萬分可慮懇乞
宸斷決機宜任宿將清奬政以消禍萌以安人心事
近見邸報寧夏家丁劉東陽等戕上擅權據城
掠堡此非常大變視唐藩鎮之禍猶有甚焉最

《西征集》正文十卷，卷一至卷二爲梅國楨所上奏疏十七篇。卷三至卷五爲梅國楨與魏學曾自萬曆二十年（1592）五月二十五日始至十月二十四日往來書札一百零九篇。卷六至卷七爲梅國楨與葉夢熊自萬曆二十年（1592）六月初七日始至九月二十六日往來書札八十三篇。卷八爲梅國楨與其他官員自萬曆二十年（1592）六月初始所作書札四十七篇。卷九爲梅國楨所作諭帖、告示、條約及榜文十八篇。卷十爲詩歌十一首。皆爲梅國楨於寧夏之役期間所作或與寧夏之役相關，按時間順序排列。

《西征集》作爲專門輯梅國楨在哱拜之亂中所作文章的典籍，具有重要的歷史價值與文獻價值。第一，書中所記哱拜之亂可與其他文獻中的記載相互佐證，也可糾正其他文獻記載的訛誤，豐富了有關哱拜之亂的歷史細節。第二，豐富了對梅國楨生平研究的文獻資料。第三，王都俞在眉批中的批語以及吴應箕、茅元儀二人所作序也可看出明末的文人士子對哱拜之亂一事以及崇禎年間政局的態度。第四，書中記載了平叛期間主要作戰官員的往來書信，是不可多得的明代私人書札，爲研究明代軍士作戰過程以及哱拜之亂期間主要官員的關係提供了重要的文獻資料。

《西征集》藏於日本内閣文庫，公布影印本時間較晚，國内僅藏殘本，且内容大多爲《西征奏議》中所載奏疏，因而目前并没有專門的整理成果。學界對梅國楨的研究較少，大多數情況下因論及他人纔對梅國楨加以關注①，而專門研究梅國楨其人的專著僅有凌禮潮箋校的《梅國楨集》一部，書中不僅輯録了大部分梅國楨的奏議、詩文、書札，還對梅國楨的生平進行了詳細的考證，修成《梅國楨年譜》附於書後，爲研究梅國楨生平提供了極大的便利。另有吴櫻撰《梅國楨與哱拜之亂》、盧永竹撰《晚明豪傑士人研究——以梅國楨爲例》、吴福秀撰《『荊楚二梅』對晚明禪風的推動》三篇論文分别從功績、思想等方面對梅國楨進行研究，但對於梅國楨撰《西征集》的專題研究尚屬空白。上海古籍出版社二〇二三年出版的王婧哲校注《西征集》，以明崇禎十一年（1638）刻本爲底本，校以《寧夏鎮哱拜哱承恩》《兩朝平攘録》《萬曆三大征考》等歷史文獻。

（王婧哲）

① 如于愛華《〈焚書〉中與李贄交游的麻城人物初探》，許震《魏學曾研究》，侯曉玉《梅之焕與〈梅中丞遺稿〉研究》三篇論文便是在探究李贄、魏學曾與梅之焕時對梅國楨略有提及。

芸莊雜録備遺

《芸莊雜録備遺》十六卷，明管律撰。

管律生平參見本書前文《［嘉靖］寧夏新志》提要。南京圖書館藏《芸莊雜録備遺》明嘉靖十六年（1537）稿本，四周雙邊，白口，雙對白魚尾，無版心。綫裝，共十册。此書原爲鳴野山房所藏，後經善本書室、八千卷樓入藏江蘇第一圖書館（即今南京圖書館）。

管律家學淵源深厚，幼時父親管珣便教育他以左思作《三都賦》的精神爲榜樣，勤於將所學、所想記録下來，學習筆記積纍了『數千餘紙』。寘鐇叛亂，管家受到影響，管律日積月纍的筆記一度散失。對此，他非常心痛。『翻思泣下，徒增慨憤。』便重新開始記録，很快寫成十二卷，題爲《芸

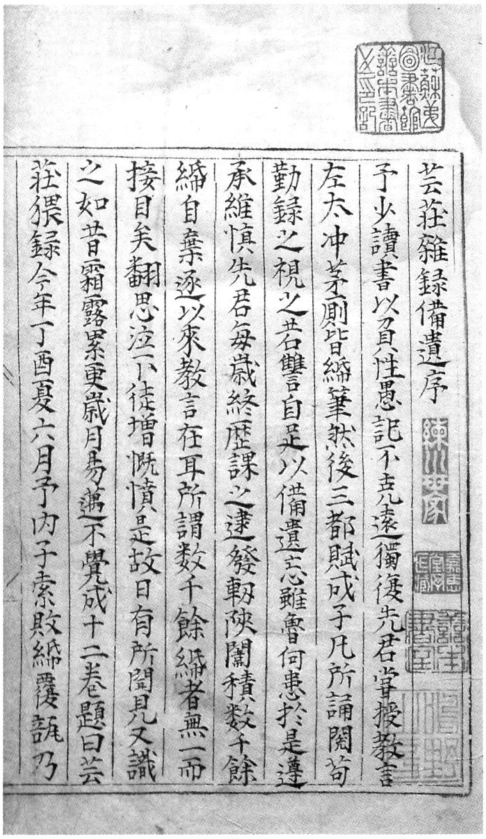

莊備録》。嘉靖十六年（1537），管律的妻子從竹筐中找到了該書原稿，但因保存不善已有所散失或破損，管律倍加珍惜，遂將書稿謄抄下來，最終成爲了現在所見的十六卷本《芸莊雜録備遺》。

《芸莊雜録備遺》内容豐富，涉及政治、歷史、天文、地理、文化、藝術等諸多方面。由於寫作時間跨度比較大，全書呈現前後不同的體例。前七卷内容未按時序或事類編排，即雜録。主要有以下兩類：一是對人物事迹的記載，如吴伯清論元英宗寫《浮圖經》、范仲淹諫皇帝天安殿受朝，王文正公不求恩澤、趙文惠見李簡易、帝祝天使王審琦能飲、蔡謨不肯書《温成皇后碑》、郭欽孔休不仕王莽等。另一類爲社會生活常識記録，包括稱謂、典章制度、禮儀等。卷八、卷九記載歷代政權更替。卷十至卷十六仿照正史的類傳，内容相對集中、系統，按時間順序編排記録了名相、備位之相、奸相、循吏、忠義、孝友、卓行、儒林、文藝、酷吏、清秀隱逸、方技等。

《芸莊雜録備遺》的文獻價值主要表現在，第一，《芸莊雜録備遺》是珍貴的寧夏地方文獻。作者管律是寧夏本地人，在明代寧夏社會具有一定的影響。該書爲研究明代寧夏歷史人物著述提供了難得的研究文本，

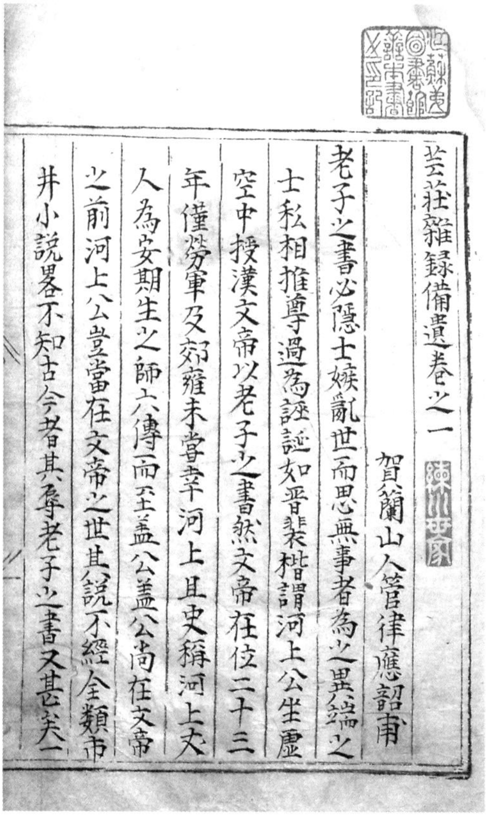
芸莊雜録備遺卷之一
賀蘭山人管律應韶甫
老子之書必隱士嫉亂世而思無事者爲之異端之士私相推尊過爲誣誕如晋裴楷謂河上公坐虚空中授漢文帝以老子之書然文帝在位二十三年僅勞軍及郊雍未嘗幸河上且史稱河上丈人爲安期生之師六傳而至蓋公蓋公尚在文帝之前河上公豈當在文帝之世其説不經全類市井小説畧不知古今者其尊老子之書又甚矣一

爲研究管律的生平及思想認識提供了難得的一手資料。第二，《芸莊雜録備遺》是典型的明代筆記，内容豐富，所記并非一時一地，以所參考的《黄氏日抄》《宋史》等文獻爲依據又不局限於其中。第三，《芸莊雜録備遺》寫作帶有一定的批判現實意義。以古鑒今，表現了管律對現實問題的思考與認識。第四，《芸莊雜録備遺》成書於嘉靖十六年（1537），管律新編之《嘉靖寧志》於嘉靖十九年（1540）完稿，據此，《芸莊雜録備遺》可以爲研究《嘉靖寧志》的編纂提供一定的參考。如《芸莊雜録備遺》中有大量篇幅對宋代史實及范仲淹事迹的記載，《嘉靖寧志》卷五、卷六也記載了大量相關内容，兩者之間的關係并非偶然。

對管律及其著述的記載，明代業已有之，高樹楡、胡玉冰等撰寫過解題，何兆吉、王琨等亦撰文研究管律及其著述。徐遠超碩士學位論文《管律及其著述研究》是目前涉及内容最爲全面的研究成果。上海古籍出版社二〇二二年出版的徐遠超校注《芸莊雜録備遺》，以南京圖書館藏明嘉靖十六年（1537）稿本爲底本，以《黄氏日抄》《資治通鑑》《漢書》《宋史》等爲對校材料。

（徐遠超）

馬端肅公奏議

《馬端肅公奏議》十六卷，明馬文升撰。

馬文升（1426—1510），字負圖，號三峰居士，鈞州（今河南省禹州市）人。《明史》卷一百八十二有傳，其生平亦詳見河南禹州市城北馬墳出土韓文撰《明故少師兼太子太師吏部尚書贈特進光禄大夫左柱國太師謚端肅馬公墓誌銘》，另有李遜學撰《明故少師兼太子太師吏部尚書贈特進光禄大夫柱國太傅謚端肅今皇上加左柱國太師馬公行略》。《明英宗睿皇帝實録》《明代宗景皇帝實録》《明憲宗純皇帝實録》《明孝宗敬皇帝實録》《明武宗毅皇帝實録》散見其生平資料。明景泰二年（1451）進士。

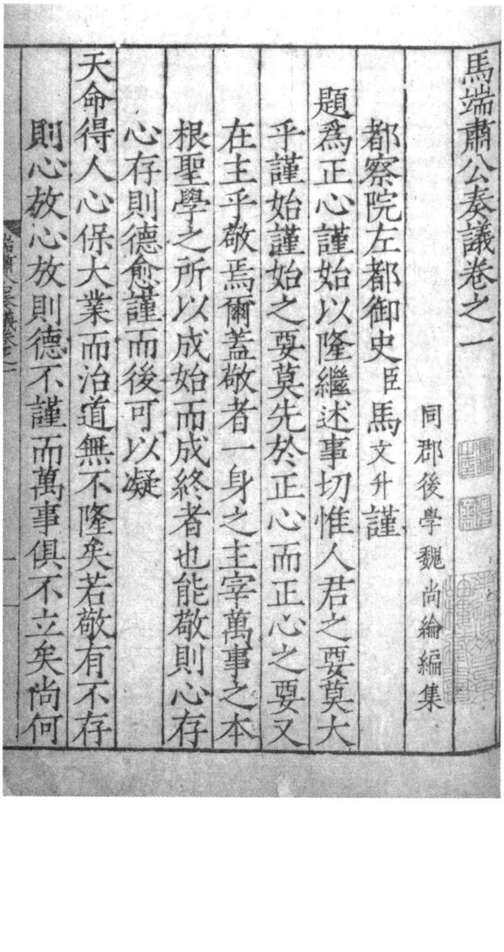
馬端肅公奏議卷之一

同郡後學魏尚綸編集

都察院左都御史臣馬文升謹

題爲正心謹始以隆繼述事切惟人君之要莫大乎謹始謹始之要莫先於正心而正心之要又在主乎敬焉爾蓋敬者一身之主宰萬事之本根聖學之所以成始而成終者也能敬則心存心存則德愈謹而後可以凝

天命得人心保大業而治道無不隆矣若敬有不存則心放心放則德不謹而萬事俱不立矣尚何

天順七年（1463）出任福建按察使。成化元年（1465）被召爲南京大理寺卿，四年（1468），以右副督御史巡撫陝西并協助總督項忠處理固原『滿四事件』。十一年（1475），提督甘、涼、寧夏三鎮軍務。十二年（1476），以兵部右侍郎整飭遼東軍務。巡撫遼東期間，被誣告下『詔獄』并謫戍重慶衛。二十年（1484），被再次起用巡撫遼東。二十一年（1485）冬，爲兵部尚書。不久又遭到誣陷，降職爲南京兵部參贊機務。弘治元年（1488），爲左都御史。二年（1489），爲兵部尚書兼提督京營軍務。八年（1495），興復哈密，使其重歸明管轄。十四年（1501），任吏部尚書。正德二年（1507），宦官劉瑾亂政，馬文升連上二十一道奏章彈劾，被劉瑾誣糾結『朋黨』而罷官。五年（1510），去世，終年八十八歲。劉瑾伏誅後，馬文升被追贈特進光禄大夫、太傅，謚端肅。嘉靖初年，又加爲左柱國、太師。馬文升歷仕五朝，爲官清正，尤重名節，多次爲朝廷解决邊患和變亂。文才武略兼備，盡心邊務，於屯田、馬政、邊備、守御等多有建策，傳世著述有《馬端肅公奏議》《馬端肅公詩集》《西征石城記》《撫安東夷記》《興復哈密國王記》等。

《馬端肅公奏議》主要有無錫市圖書館、南京圖書館藏明嘉靖二十六年（1547）葛洞邗江書館刻十六卷本，中國國家圖書館藏明嘉靖二十六年（1547）葛洞邗江書館刻十六卷本（存卷一至二、卷九至十），南京圖書館藏清初刻十六卷本（首一卷），中國國家圖書館藏清刻《四庫全書》十四卷本（缺卷十三至十四），浙江圖書館藏清刻十四卷本（附《恩命録》一卷）、《四庫全書》本《端肅奏議》（十二卷）。其中，葛洞邗江書館刻本，每半頁十行，行二十字。左右雙邊，白口，單魚尾。《四庫全書》本每半頁八行，行二十一字，四周雙邊，白口，單魚尾。正文前有紀昀等撰提要。

嘉靖二十六年（1547），馬文升之孫馬天祐將馬文升遺稿交於時任揚州知府魏尚綸，經魏尚綸編次後，由時任巡按直隸監察御史謝應徵作序，由國子生葛洞刊刻於邗江書館。《馬端肅公奏議》十六卷，共收録馬文升奏議六十五篇。其中卷一録五篇，卷二録一篇，卷三録四篇，卷四録兩篇，卷五録六篇，卷六録五篇，卷七録四篇，卷八録四篇，卷九録一篇，卷十録五篇，卷十一録五篇，卷十二録兩篇，卷十三録兩篇，卷十四録四篇，卷十五録五篇，卷十六録十篇。明陳子龍編《皇明經世文編》卷六十二至卷六十四《馬端肅公奏疏》共收録馬文升奏議二十六篇。乾隆時期，在《四庫全書》編修過程中，經四庫館臣删改後，《馬端肅公奏議》改名《端肅奏議》并編入《四庫全書》史部詔令奏議類。文淵閣《四庫全書》本《端肅奏議》（十二卷）收録馬文升奏議五十五篇。《端肅奏議》內容涉及屯田、馬政、邊備、守御等各個方面，

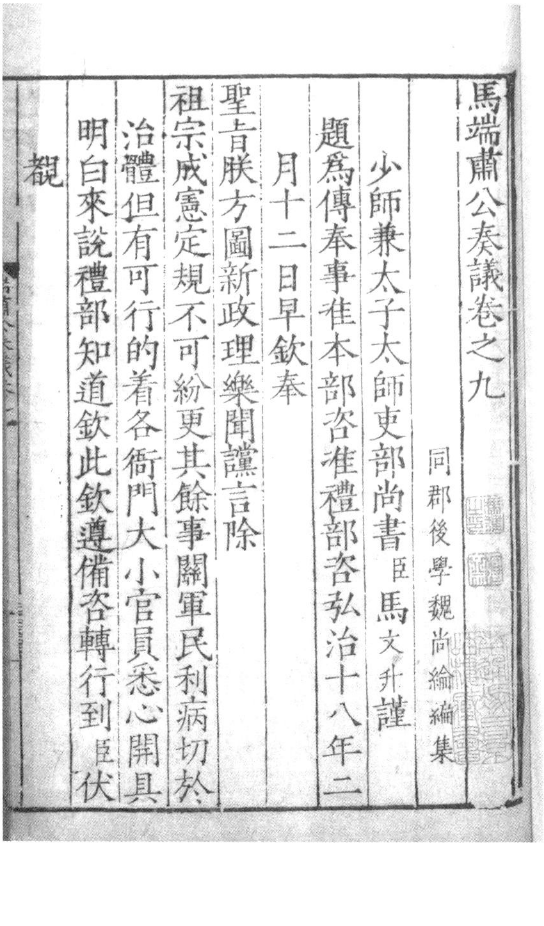
馬端肅公奏議卷之九
同郡後學魏尚綸編集
少師兼太子太師吏部尚書臣馬文升謹
題爲傳奉事准本部咨准禮部咨弘治十八年二
月十二日早欽奉
聖旨朕方圖新政理樂聞讜言除
祖宗成憲定規不可紛更其餘事關軍民利病切於
治體但有可行的着各衙門大小官員悉心開具
明白來說禮部知道欽此欽遵備咨轉行到臣伏
覩

是研究馬文升仕宦經歷的重要資料，也是研究明代治理邊疆政策及處理民族事務等的重要史料。

臺灣商務印書館、上海古籍出版社影印出版了文淵閣《四庫全書》本《端肅奏議》，《回族典藏全書》又據上海古籍出版社影印本影印。廣陵書社影印了無錫圖書館藏明嘉靖二十六年（1547）葛洞邗江書館刻本。國家圖書館出版社影印了中國國家圖書館藏明嘉靖二十六年（1547）葛洞邗江書館刻本，編入《朔方文庫》。馬建民對《四庫全書》本《端肅奏議》進行了標點整理，編入《回族文獻叢刊》。馬建民對明嘉靖二十六年（1547）葛洞邗江書館刻本《馬端肅公奏議》進行了標點整理，編入《馬文升詩文集》。汪緯、馬建民、崔存嶺、王屹東、石新聞等人撰文研究過馬文升及其《端肅奏議》。

（馬建民）

西征石城記

《西征石城記》，明馬文升撰。

馬文升生平參見本書前文《馬端肅公奏議》提要。

《西征石城記》爲《馬端肅公三記》之一，另外二記是《撫安東夷記》《興復哈密記》。馬文升三記分别有單行本，明嘉靖時期袁褧嘉趣堂《金聲玉振集》、沈節甫編《紀録彙編》、嘉靖時期顧元慶編輯《廣四十家小説》、明李栻輯《歷代小史》、明高鳴鳳輯《今獻彙言》、明鄧士龍輯《國朝典故》、明陶珽《説郛（重編本）》、乾隆時期《四庫全書》等叢書原將三記合編爲《馬端肅公三記》。因《馬端肅公三記》涉及明對東北女真民族的用兵等政策，《四庫全書》中將《馬端肅公三記》禁毁，《四庫全書總目》保留有《〈馬端肅公三記〉提要》。

《金聲玉振集》本《馬端肅公三記》版框高二十五點四厘米，寬十七點七厘米。每半頁十行，行十八字，左右雙邊，白口。書口有書題和頁次。

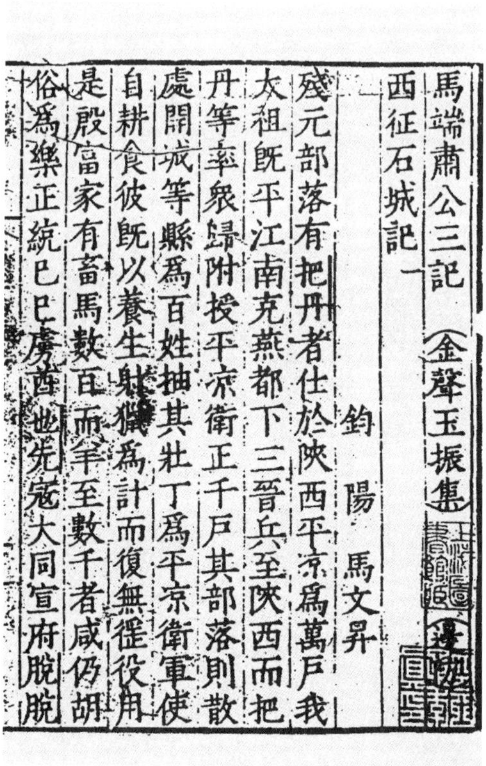
馬端肅公三記（金聲玉振集）
西征石城記
鈞陽　馬文昇
殘元部落有把丹者仕於陝西平凉爲萬戶我
太祖既平江南克燕都下三晉兵至陝西而把
丹等率衆歸附授平凉衛正千戶其部落則散
處開城等縣爲百姓抽其壯丁爲平凉衛軍使
自耕食彼既以養生射獵爲計而復無徭役用
是殷富家有畜馬數百而至數千者咸仍胡
俗爲樂正統巳巳虜酋也先寇大同宣府脫脫

首頁注明『金聲玉振』『邊防』字樣。《紀録彙編》本《馬端肅公三記》版框高二十四點四厘米，寬十五點九厘米。每半頁十行，行二十字，四周單邊，白口。正文前注明所依據的版本，卷末注明校正者和對讀者。

《西征石城記》撰寫於弘治十六年（1503），主要記述了成化四年（1468）馬文升巡撫陝西時，與總督項忠等人一起平定固原石城滿四事件的前後經過。根據書中記載，自正統年間，殘元部落屢次寇犯明大同、宣府、遼東、陝西、固原、寧夏等地，成化二年（1466），土達李俊又率部大舉入寇，得到固原土達張把腰等人的協助，擄掠鳴沙州以南地區衆多牛馬。成化三年（1467），爲逃避官軍捉拿，張把腰逃至滿四堡居住，縣府派里長前往追捕，滿四等人殺害里長，與李俊、張把腰共謀發起叛亂，占據地勢險要的石城與官軍對抗。成化四年（1468），馬文升巡撫陝西，協助總督項忠等平定滿四事件。該書還記載，事件平定後，馬文升等在固原地區采取措施完善軍事建制，加强邊備，安撫百姓。

許大齡、王天有點校了《國朝典故》本《馬端肅公三記》，王雄點校了《紀録彙編》本《西征石城記》《撫安東夷記》。《中國西北文獻叢書》《叢書集成初編》《續修四庫全書》《回族典藏全書》《朔方文庫》影印出版了《金聲玉振集》本《馬端肅公三記》。《四庫全書存目叢書補編》影印了《紀録彙編》本《馬端肅公三記》。汪煒、馬建民、崔存嶺、康繼亞、李小娟等撰文對《馬端肅公三記》進行過研究。上海古籍出版社二〇二二年出版的馬建民校注《西征石城記》，以《金聲玉振集》本爲底本，以《紀録彙編》本爲參校本，以《國朝典故》本、《明實録》《明史》等資料爲對校材料。部分成果參考了許大齡、王天有點校《國朝典故》本《西征石城記》及王雄點校《紀録彙編》本《西征石城記》。

（馬建民）

馬端肅公詩集

《馬端肅公詩集》不分卷，明馬文升撰。

馬文升生平參見本書前文《馬端肅公奏議》提要。詩集編輯徐衍祚，生卒年不詳，鈞州（今河南省禹州市）人。

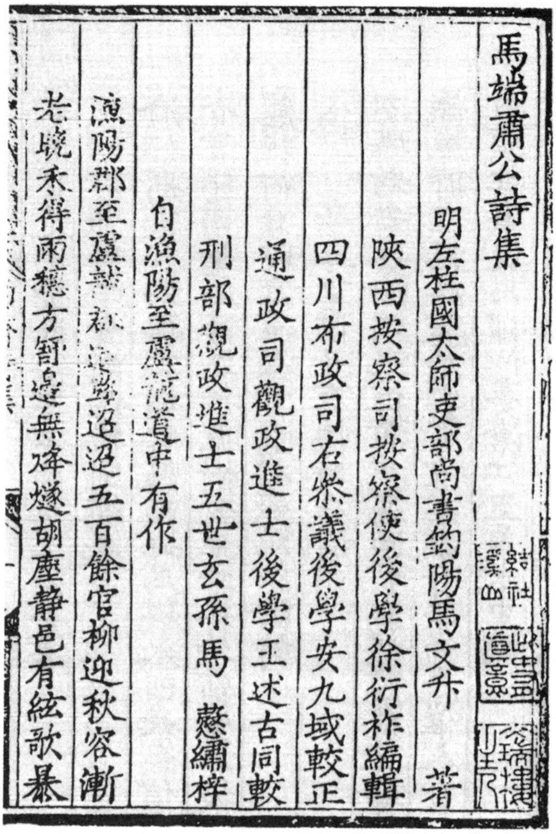
馬端肅公詩集
明左柱國太師吏部尚書鈞陽馬文升 著
陝西按察司按察使後學徐衍祚編輯
四川布政司右參議後學安九域較正
通政司觀政進士後學王述古同較
刑部觀政進士五世玄孫馬 懋繡梓
自漁陽至盧龍道中有作
漁陽郡至盧龍縣，驛路逶迤五百餘官柳迎秋容漸
老曉禾得雨穗方舒邊無烽燧胡塵靜邑有絃歌暴

明嘉靖二十六年（1547）進士，曾任陝西按察使。詩集校正者安九域，生卒年不詳，河南鈞州人。明隆慶五年（1571）進士，曾任四川布政司右參議、福建巡按御史等職。校正者王述古，生卒年不詳，河南鈞州人。明萬曆十七年（1589）進士，曾任通政司觀政進士、陽和兵備等職。刊刻者馬懋，生卒年不詳，河南鈞州人，馬文升五世孫。曾任刑部

觀政進士。詩集序作者毛在，生卒年不詳，字君明，太倉人。萬曆二年（1574）進士，先後任建昌府推官、雲南道監察御史、河南監察御史、大理寺右丞等職。詩集跋作者何淳之，生卒年不詳，字仲雅，號太吴，江寧人。萬曆十四年（1586）進士，官至御史。

南京圖書館藏《馬端肅公詩集》由陝西按察司按察使徐衍祚編輯，四川布政司右參議安九域和通政司觀政進士王述古校正，馬文升五世孫馬懃於萬曆十八年（1590）刊刻。版框高二十三點三厘米，寬十五點九厘米，每半頁九行，行二十二字。四周雙邊，黑口，雙黑魚尾。版心刻書名、卷次及頁次。

毛在撰《太師馬端肅公詩集序》載，《馬端肅公詩集》收録馬文升詩詞共三百四十五首，包括七言律詩二百六十四首，七言絶句三十首，六言絶句一首，五言律詩二十九首，五言絶句二首，七言古風三篇，五言古風十篇，詞一闕。南京圖書館藏本共一百零五頁，其中序言五頁，目録一頁，正文九十八頁，跋三頁。第三十二頁右面至第六十九頁左面殘缺。附有何淳之撰《跋》一篇。李維楨曾撰寫《馬端肅公詩序》，收入李維楨撰《大泌山房集》卷十九，南京圖書館藏《馬端肅公詩集》未收録此文。清代著名藏書家丁丙曾爲《馬端肅公詩集》作《跋》。

馬文升歷仕五朝，先後巡撫陝西、遼東等地，曾任三邊總制及兵部尚書、吏部尚書等職，又曾被謫戍重慶。本書收録馬文升各個時期的詩詞作品，是研究其仕宦經歷的重要資料。馬文升在不同時期的詩詞，不僅反映了其個人的遭遇及心境，還記載了不同地方風物，爲後人留下了寶貴的資料。如馬文升在寧夏、固原期間曾寫下《登靈武臺》《固原駐節偶書》《巡邊經西安州古戰場》等詩，在慶陽、平涼期間曾寫下《慶陽駐兵閑中觀覽山川》《壬辰除日立春遇雪時寓慶陽》《登平涼崆峒山》等詩。這些都是研究寧夏古代史特别是古代文學的重要資料。

《回族典藏全書》《朔方文庫》影印了南京圖書館藏《馬端肅公詩集》。武宇林對南京圖書館藏《馬端肅公詩集》進行了標點整理，編入《回族文獻叢刊》。馬紅軍編注有《馬文升詩二百首》。馬建民對南京圖書館藏明萬曆十八年（1590）刻本《馬端肅公詩集》進行了標點整理，并從明清陝西、甘肅方志等文獻中輯録出《馬端肅公詩集》未收録的馬文升詩歌十八首。馬建民、楊學娟、梁祖萍、焦寶等撰文對馬文升詩歌進行過研究。

（馬建民）

新編楊一清集

《新編楊一清集》，明楊一清撰。包括《楊一清文集》《關中奏議全集》《西征日録》《制府雜録》《吏部獻納稿》《宸翰録》《閣諭録》《密諭録》《督府稿》《石淙詩稿》十種。

楊一清（1454—1530），字應寧，號邃庵，别號石淙，原籍安寧（今雲南安寧縣），後徙居京口（今江蘇鎮江市京口區）。《明憲宗實録》《明孝宗實録》《明武宗實録》《明世宗實録》《明神宗實録》有楊一清生平資料。明雷躍龍撰有《石淙楊文襄公傳》。《明史》卷一百九十八有《楊

文　集　　雲南叢書集部之八十六
安甯楊文襄公著　　後學李根源鈔輯
謝總督三邊表畧
人非三代何敢希方召之謀猷業本書生亦勉効范韓之
經畧但世平易玩法久漸隳政習因循人安偷惰不大改
紘轍無以作新士氣不力任忠艮無以奮起事功又恐襲
樽俎之談或罔念邊疆之苦持文墨之論不暇謀兵革之
難任耳易至於傳訛浮言每與於所忌
謝賜御製聽經筵官講大學衍義古詩表并恭和詩
竊惟大學有衍義之書乃宋儒眞德秀所撰綱目燦然巨
細畢舉帝王修齊治平之道盡在目前古今興亡治亂之
楊文襄文集　一

一清傳》。其十九歲中成化八年（1472）進士，先後任中書舍人、山西按察僉事、陝西按察司提學副使、太常寺卿、南京太常寺卿等官職。明弘治十五年（1502），經兵部尚書劉大夏推薦，以都察院副都御史銜督理陝西馬政。十七年（1504），蒙古入侵花馬池，楊一清受命巡撫陝西，仍兼理馬政。十八年（1505），蒙古自花馬池、清水營深入隆德、會寧、静寧等地搶掠。楊一清上疏自劾，請求派大臣經略。劉大夏上疏朝廷，請命楊一清總制三邊軍務，後升右都御史。楊一清充實軍務，部署兵力，加强防禦，但很快被劉瑾排擠去職。劉瑾誣陷楊一清侵吞軍餉，并將其下獄。經李東陽、王鏊等人營救，楊一清出獄并致仕返回京口。

西征日錄　雲南叢書二編[illegible]部之

明石淙楊一清應寧著

予在寧夏時嘗默憶被召以來道里月日聞見之槩筆錄之以備遺忘事定復將所處置興革撮要舉凡附錄其中而交際答問之微亦漫及之事體所關庶他日有足徵者耳旣而敕召還京此紙藏之巾笥未嘗以出諸人比部事稍閒偶取而覩曰是不可棄乃略加證正併以北還途中事續焉以識本末通謂之西征日錄云

正德五年五月初一日兵部差錦衣舍人王詰馳驛齎

西征日錄　一

明正德五年（1510），寧夏鎮兵首領何錦擁立安化王朱寘鐇發動兵變。朝廷命楊一清總制軍務，神英爲總兵官，太監張永爲監軍，前往寧夏平叛。時張永與劉瑾争寵，矛盾很深，楊一清利用他們之間的矛盾，建議張永立即回京，揭露劉瑾罪狀。張永回朝後，如法而行，劉瑾很快伏誅。同年，在張永引薦下，楊一清任户部尚書。後因平叛有功，晋太子少保，不久改任吏部尚書。時大學士楊廷和奔父喪去職，楊一清兼武英殿大學士入閣參贊機務。後因乾清宫火灾和江彬、錢寧用事，楊一清上疏批評武宗出無定期，止無常所，并上疏自劾，亟陳時政。因受到江彬、錢寧等人誣告，楊一清憤而辭職，返回京口。

世宗即位後，廷臣交薦楊一清可大用。明嘉靖三年（1524），楊一清以少傅、太子太傅、兵部尚書兼左都御史總制陝西三邊軍務。五年（1526），楊一清還京，以吏部尚書兼武英殿大學士銜入閣。後内閣首輔費宏被張璁等排擠出朝，楊一清出任首輔。後因張璁等人誣告，楊一清去職，不久病卒，年七十七歲。

制府雜録　　雲南叢書二編[redacted]部之[redacted]
明石淙楊一清應寧
初予致政家居强長史晟書云先生之在位也不患於難進而患於難退今既得謝不患於無復起之日而患其有復起之機比起廢西征過西安見之曰某不幸復起奈何晟曰朝廷以戎事起公安得不出但功成之後宜早退以全晚節耳强汝南人予提學時爲貞寧訓導以文學見知前所言非道義不及此顧予西事甫定旋被召命屢辭不獲媿負忠言
寧夏有沃饒之利故稱樂土自撫馭非人横徵暴斂紛

楊一清先後三次總制陝西三邊，兩次入閣，還擔任過户部尚書、吏部尚書，是明代中期著名的政治家。《明史》卷一百九十八《楊一清傳》評價『其才一時無兩』『比之姚崇』。

《關中奏議全集》十八卷，録文一百九十八篇，分爲馬政類、茶馬類、巡撫類、總制類、提督類五大類。卷一、卷二爲馬政類，共二十一篇；卷三爲茶馬類，共五篇；卷四至卷六爲巡撫類，共三十六篇；卷七至卷九爲總制類，共二十七篇；卷十爲後總制類，共二十九篇；卷十一至卷十八爲提督類，共一百零九篇。本奏議依次爲楊一清督理陝西馬政、巡撫陝西、三任三邊總制時所上奏疏，所載不僅有楊一清奏議原稿，凡當時部臣復疏、諭旨批答，乃至下級文武臣僚的呈請，守哨夜不收的軍情稟報，皆按時間順序編入其中。《關中奏議全集》既是楊一清有關三邊奏議的彙編，也是有關陝西三邊檔案資料纂輯，資料價值極高。該書主要版本有：《關中題奏稿》十卷，嘉靖刻本，原本藏臺灣，中國國家圖書館藏有縮微膠卷；《四庫全書》本《關中奏議》十八卷；《雲南叢書》本《關中奏議》十八卷，其中

吏部獻納稿
太子少保吏部尚書臣楊　等謹
題為地方緊急賊情事文選清吏司案呈奉本部送節
該兵部題前事該巡按江西監察御史曹俶參稱右
參政董朴僉事張昊既不遵期進勦又不嚴謹預防
致賊偷營失機殺死官軍難逃重罪及稱各賊倚山
立營窮兇極惡若不撲滅必成大患等因到部送司
除吏易巡撫添設總制俱荷
聖明俯從題
請外其參政董朴僉事張昊仰荷
聖恩曲垂寬宥都着戴罪殺賊待巡按御史查勘至日奏

前十卷的子目、款式，與《關中題奏稿》一致，後八卷提督類，爲嘉靖初年楊一清提督三邊時所上奏議；《關中奏議》十二卷，清嘉慶時雲南刻本，爲十八卷之删節本。此外，據《雲南叢書》本《關中奏議》所載嘉靖二十九年（1550）楊博、韓邦奇、劉侖三人所撰《關中奏議全集序》及唐龍於嘉靖五年（1526）撰寫的《督府奏議序》，可知《關中奏議》之明刻本，除《關中題奏稿》外，還有《督府奏議》及嘉靖二十九年（1550）刻的《關中奏議全集》兩種，可惜後兩種今不見傳世。

《西征日録》一卷，是楊一清在正德時期從京口赴三邊總制期間的日記。《制府雜録》一卷，是楊一清第二次任三邊總制時的隨筆札記，所記載内容涉及何錦兵變的起因、經過，火器的製作、應用，營陣的演習，戰馬的選用等。《吏部獻納稿》，不分卷，共十五篇。起於正德六年（1511）二月，止於正德十年（1515）正月，是楊一清任吏部尚書期間的奏疏。

《宸翰録》《閣諭録》《密諭録》爲楊一清嘉靖年間第二次任職内閣期間的奏疏彙編。其中，《宸翰録》四卷，收録詩、疏、表、敕諭共十八首（篇）。《閣諭録》四卷，卷一至卷三爲奏對，卷四爲奏議。《密諭録》七卷，卷一爲學諭，卷二至卷四爲禮諭，卷五至卷七爲政諭，共九十三篇。《密諭録》收録之『奏對』『奏疏』起於嘉靖六年（1527），止於嘉靖八年（1529）。《督府稿》兩卷，爲楊一清嘉靖年間第三次總制三邊期間所作。卷一收録詩、祭文、墓誌銘等；卷二爲柬札類，共收録信件五十三封。

《石淙詩稿》十九卷，明李夢陽評點。《四庫全書存目叢書·集部·别集類》收録有天津圖書館藏明嘉靖刻本《石淙詩稿》二十卷，且附《四庫全書總目·石淙詩稿》十九卷本提要。天津圖書館藏明嘉靖刻本，卷一《鳳池類》，卷二《省墓類》，卷三《禫後類》，卷四《西巡類》，卷五《北行類》，卷六《容臺類》，卷七《行臺類》，卷八《歸田前類》，卷九《自訟類》，卷十《制府類》，卷十一《吏部類》，卷十二《玉堂類》，卷十三至卷十六《歸田後類》，卷十七《督府類》，後有《督府稿》卷之二《柬札類》，卷十八、卷十九《玉堂後類》。楊一清及其著述整理研究成果較爲豐富。

（馬建民）

晋溪本兵敷奏

《晋溪本兵敷奏》（又名《晋溪奏議》）十四卷，明王瓊撰。

王瓊（1459—1532），字德華，世稱晋溪先生，自號雙溪老人，山西太原人。明憲宗成化二十年（1484）甲辰科進士。明嘉靖七年（1528），以兵部尚書兼右副都御史總制陝西三邊軍務，十年（1531）卸任，繼任者爲《固原州志序》的作者唐龍。十一年（1532）秋，卒，官贈太師，謚曰恭襄。《明史》卷一百九十八有傳，《山西通志》卷一百零七、《嘉靖陝志》卷五十一、《乾隆甘志》卷三十、《嘉靖寧志》卷二、《嘉靖固志》卷一等亦都有王瓊的

專傳。著有《漕河圖志》八卷、《户部奏議》四卷、《掾曹名臣録》一卷《續集》一卷、《晋溪本兵敷奏》十四卷、《雙溪雜記》二卷、《北虜事迹》一卷、《西番事迹》一卷等。《嘉靖固志》録其《設險守邊大省勞費奏議》《設重險以固封守奏議》《甘露降固原奏》三篇奏議，并録《偕寇中丞登固原鼓樓次韵》《嘉靖己丑夏五月兵過預望城》詩二首。

《晋溪本兵敷奏》爲王瓊任兵部尚書時所上奏疏，成書於正德十四年（1519）。中國國家圖書館藏明嘉靖二十三年（1544）廖希顔、江濬刻本傳世最早、内容最全，最爲通行。版框高十九點四厘米，寬二十八點八厘米。每半頁十行，行二十字，四周雙邊，白口，單黑魚尾，版心上題書名、卷次，下題頁次。

《晋溪本兵敷奏》書前有嘉靖二十三年（1544）廖希顔、正德十四年（1519）楊廷儀所撰序，後附總目，卷一至卷十二以當時行政區劃爲類，分爲京畿、薊州、遼東、宣府大同、山西、陝西延寧、甘肅、山東、河南、四川、南畿、浙江、湖廣、福建、南贛、江西、兩廣、雲貴十八類，各類之中先叙述本地用兵形勢，再附相關奏議，皆有詳細上奏日期與詔答。卷十三至卷十四分爲清軍、驛傳、馬政、雜行四類，分述具體軍政。卷末有嘉靖二十三年（1544）潘高所撰跋語。

《晋溪本兵敷奏》於正德十四年（1519）七月前或已成書，『庫部郎中陶君心彙集成帙，名曰《本兵敷奏録》。予以己卯年七月入兵曹，獲覩全書』（楊廷儀《序》）。後此書曾由有司再次刻印，有四卷未成，潘高於嘉靖十九年（1540）『將刊補以成全帙而遄歸未果』，嘉靖二十三年（1544）廖希顔『取京版以歸，又取四卷者，得高外舅内泉翁所校本，托太守山泉江公以其俸刻之』（潘高《跋》）。

《晋溪本兵敷奏》所收奏疏條分縷析、論述詳盡，對正德末年各地軍政形勢有較爲充分的分析和概括，具有較高的史料價值，可補正史之不足。該書卷四至卷七多涉及西北地區邊防軍事，寧夏作爲明代抵禦北方少數民族襲擾的邊防重鎮，在防邊策略中處於不可忽視的地位，王瓊在此書中多有論及，并且可與其成書於嘉靖十年（1531）前後的《北虜事迹》參看，以考守邊之得失。

《千頃堂書目》卷三十《制誥類》、《明史》卷九十九《藝文四》、《萬卷堂書目》卷二《奏議》、《四庫全書總目》卷五十六《詔令奏議類存目》、《續文獻通考》卷一百六十二《經籍考·史·詔令奏議》等書目對《晋溪本兵敷奏》有著録。莫德惠、張愛江等撰文研究過該書，張志江有該書的整理成果。

（付明易）

北虜事迹

《北虜事迹》一卷，明王瓊撰。

王瓊生平參見本書前文《晋溪本兵敷奏》提要。

《北虜事迹》於明嘉靖十年（1531）前後刊行。哈佛大學哈佛燕京圖書館藏明嘉靖二十九年至三十年（1550—1551）修成的《金聲玉振集》本《北虜事迹》傳世最早、内容最全，最爲通行。此本每半頁十行，行二十字，左右雙邊，白口，單白魚尾。

《北虜事迹》仅一卷内容，常被輯於叢書之中。《金聲玉振集》本《北虜事迹》包括正文、《設險守邊圖説》《修邊凡例》和馬汝驥所撰《定邊營墻塹碑》。正文輯録明代陝西、寧夏、甘肅等地有關蒙古等北方民族的相關資料，以時間爲綫索，評述歷代守邊之得失。《設險守邊圖説》對甘肅、寧夏一帶所設守邊塹、墻以輿圖的形式繪製出來，直觀清晰。《修邊凡例》主要介紹了寧夏花馬池至平虜城一帶，大壩口至固原鄉石溝一帶塹、墻的具體形制。《定邊營墻塹碑》對定邊營一帶守邊得失進行了概括。

元朝滅亡後，元室蒙古貴族退居北疆，聯合當地的蒙古游牧部落建立了北元政權，與明朝相抗衡。因治邊所需，相關邊政史籍的編纂和刊刻之風也由此興起。嘉靖七年（1528），王瓊總制三邊軍務，嘉靖九年至十年（1530—1531）間，撰《北虜事迹》《西番事迹》各一卷，十一年（1532）時，《北虜事迹》刊行。

《北虜事迹》從《詩經》溯源，多引正史文獻，對歷代邊境問題和少數民族侵擾等情況作了較爲清晰的闡釋，具有一定的史料價值。主要表現在，第一，對於研究王瓊生平及其著述具有重要意義；第二，爲正確評價王瓊的歷史地位提供了文獻資料；第三，豐富了寧夏地方文獻著述種類。

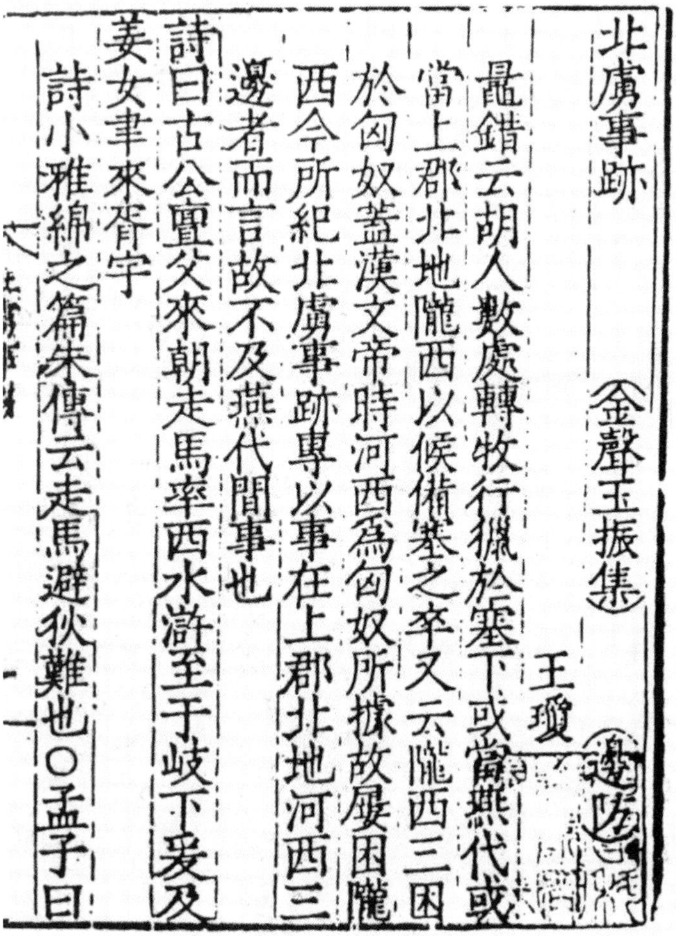
北虜事跡　金聲玉振集
王瓊
鼂錯云胡人數處轉牧行獵於塞下或當燕代或
當上郡北地隴西以候備塞之卒又云隴西三困
於匈奴蓋漢文帝時河西爲匈奴所據故屢困隴
西今所紀北虜事跡專以事在上郡北地河西三
邊者而言故不及燕代間事也
詩曰古公亶父來朝走馬率西水滸至于岐下爰及
姜女聿來胥宇
詩小雅綿之篇朱傳云走馬避狄難也○孟子曰

《四庫全書總目》卷一百《子部・兵家類存目》、《海日樓書目題跋五種・第二十一號書箱》、《藏園群書經眼録》卷五《史部三》、《天一閣被劫書目》、《新編天一閣書目·天一閣明抄本聞見録·雜史類》等書目對《北虜事迹》有著録。莫德惠、王仁芳、張瑞芳等撰文研究過該書，單錦珩有該書的整理成果。上海古籍出版社二〇二二年出版的付明易校注《北虜事迹》，以哈佛大學哈佛燕京圖書館藏明嘉靖二十九年至三十年（1550—1551）刻《金聲玉振集·北虜事迹》本爲底本，以《史記》《漢書》《後漢書》《北史》《資治通鑑》等爲對校材料，部分成果參考山西人民出版社一九九一年出版的單錦珩輯校《王瓊集》。

（付明易）

新編胡蒙谿詩文集

《新編胡蒙谿詩文集》二十二卷，明胡侍撰。

胡侍（1492—1554），字承之，號蒙谿，又號蒙谿山人、蒙谿胡子、蒙谿子，寧夏卫（今寧夏回族自治區銀川市）人。明正德十二年（1517）丁丑科進士。次年，授刑部雲南司主事。十六年（1521），升刑部廣東司員外郎。嘉靖元年（1522），升鴻臚寺右少卿。後因在『議大禮』事件中支持守舊派而獲罪。三年（1524），上疏彈劾張璁、桂萼等越經背禮，被謫山西潞州同知。四年（1525）八月至五年（1526）八月，受誣告入獄，被勒爲民，返回咸寧生活，直至去世。著有《胡蒙

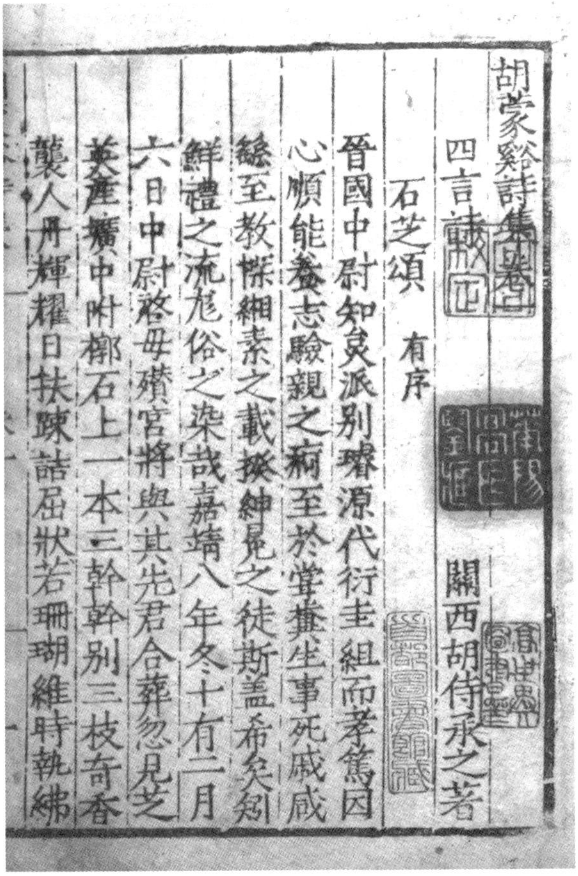

谿詩集》《胡蒙谿文集》《胡蒙谿續集》《墅談》《真珠船》《清凉經》《关資》《大禮奏議》，後三種不傳，其餘五種均有傳世。其生平參見許宗魯撰《明故奉政大夫鴻臚寺右少卿蒙谿胡公墓誌銘》以及《明史》卷一百九十一《薛蕙傳》附胡侍小傳、《明史列傳》卷六十六《胡侍》、《皇明詞林人物考》卷六《胡承之》、《列朝詩集》丙集《胡判官侍》、《［康熙］咸寧縣志》卷六等。

《新編胡蒙谿詩文集》二十二卷，包括《胡蒙谿詩集》十一卷，《胡蒙谿文集》四卷，傳世本均爲明嘉靖二十五年（1546）朱氏刻本；《胡蒙谿續集》六卷、《附録》一卷，明嘉靖刻本。每半頁十行，行二十字，四周單邊，白口，無魚尾。首都圖書館等藏。《胡蒙谿詩集》首頁鈐『華陽高士藏書』『尚同經眼』『蒼茫齋收藏精本』等印。卷一卷端鈐蓋『尚同校定』『高世異圖書印』『華陽高氏鑒藏』等印。《胡蒙谿文集》卷一卷端鈐蓋『尚同經眼』『華陽』等印，卷四卷尾有『蒼茫齋高氏藏書記』印。《胡蒙谿續集》卷一卷端鈐

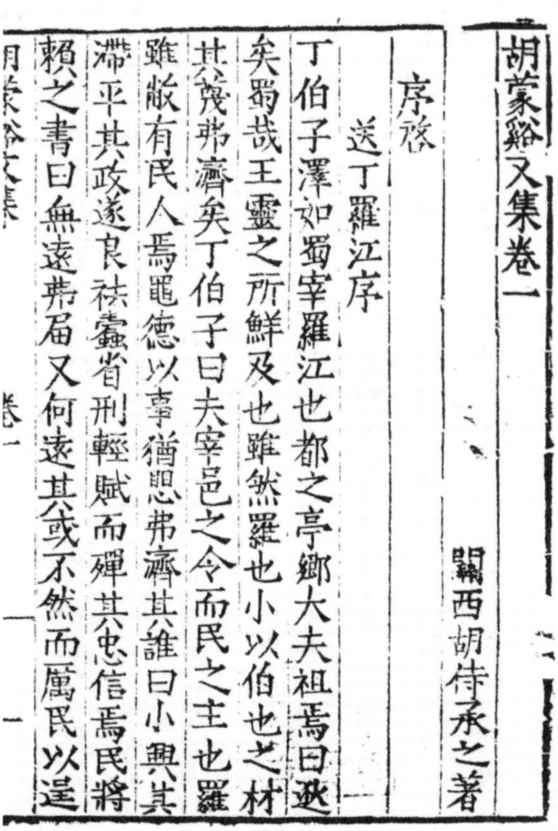
胡蒙谿文集卷一
關西胡侍承之著
序

送丁羅江序

丁伯子澤知蜀宰羅江也都之亭鄉大夫祖焉曰逖矣蜀哉王靈之所鮮及也雖然羅也小以伯也之材其殆弗濟矣丁伯子曰夫宰邑之令而民之主也羅雖敝有民人焉毗德以幸猶恩弗濟其誰曰小與其滯乎其政遂良袪蠹省刑輕賦而殫其忠信焉民將賴之書曰無遠弗屆又何遠其或不然而厲民以逞

蓋『華陽高氏鑒藏』印，卷六卷尾鈐蓋『品藻詩文』『渤海侯冑』等印。

《新編胡蒙谿詩文集》有序四篇，包括吴孟祺撰《刻胡蒙谿詩文集序》、張才撰《胡蒙谿集序》、孔天胤撰《胡蒙谿續集序》、張鐸撰《刻胡蒙谿先生續集序》，收胡侍各體詩歌五百四十六首，按體裁收入《胡蒙谿詩集》及《胡蒙谿續集》卷一、卷六。收胡侍各體文章六十八篇，分别收入《胡蒙谿文集》及《胡蒙谿續集》卷二至卷五。

《胡蒙谿詩集》《胡蒙谿文集》成書於嘉靖二十四年（1545），刊刻版行於嘉靖二十五年（1546）。《胡蒙谿續集》前五卷初成於嘉靖三十一年（1552）七月前，孔天胤、張鐸應胡侍之邀作叙。胡侍去世前，將作於嘉靖三十一年（1552）七月後至三十二年（1553）閏三月十五日前的詩文補入《胡蒙谿續集》前五卷，刊刻版行。胡侍在嘉靖三十二年（1553）四月至去世前所創作的詩歌及散見或遺落的作品由其後人統一收集整理，形成一卷，名《胡蒙谿續稿》，編爲『卷六』，刊刻於嘉靖三十二年（1553）十二月至嘉靖三十三年（1554）十二月之間。

胡侍作爲明代寧夏著名的文學家，其詩文集具有重要的文獻價值。第一，豐富了寧夏地方文人著述；第二，爲研究寧夏文化與歷史提供了重要的參考資料；第三，有利於促進明代文學研究的發展。

《晁氏寶文堂書目》卷上、《萬卷堂書目》卷四《别集》、《國史經籍志》卷五《集類》、《千頃堂書目・别集類》、《傳是樓書目・集部補》、《天一閣書目》卷四之一《集部一》、《中國善本書提要・集部・别集類》等對《胡蒙谿詩集》《胡蒙谿文集》《胡蒙谿續集》有著録。張世宏、田富軍、蘇麗華、耿李元等撰文研究過胡侍及其著述。上海古籍出版社二〇二二年出版的田富軍、李星校注《胡蒙谿集》，其中《胡蒙谿詩集》以首都圖書館藏明嘉靖二十五年（1546）朱氏刻本爲底本，以北京大學圖書館藏明嘉靖二十五（1546）年朱氏刻本爲參校本，參以李攀龍《古今詩删》《嘉靖寧志》《萬曆朔志》《明詩綜》《列朝詩集·丙集》《陝西通志》《御選宋金元明四朝詩·御選明詩》等文獻。《胡蒙谿文集》以首都圖書館藏明嘉靖二十五年（1546）刻本爲底本，以中國科學院文獻情報中心藏明嘉靖二十五年（1546）刻本爲參校本，參以《滑耀編》《御定淵鑑類函》等書。《胡蒙谿續集》以首都圖書館藏明嘉靖刻本爲底本，以中國科學院文獻情報中心藏明嘉靖刻本爲參校本，并參考《明史》等文獻中與胡侍有關的史料。

（李星　田富軍）

真珠船

《真珠船》八卷，明胡侍撰。

胡侍生平參見本書前文《新編胡蒙谿詩文集》提要。《真珠船》是胡侍的雜文集，取『觀書每得一義，如得一真珠船』之義而起名。中國國家圖書館藏明嘉靖二十七年（1548）刻本。每半頁十行，行二十字，四周單邊，白口，無魚尾。目録頁鈐蓋『北京圖書館藏』『鄭氏注韓居珍藏記』『鄭傑之印』『慈竹居秘笈』『鄭藩』等印，卷首頁鈐蓋『黄曾樾印』印。

《真珠船》共收文一百九十三篇。

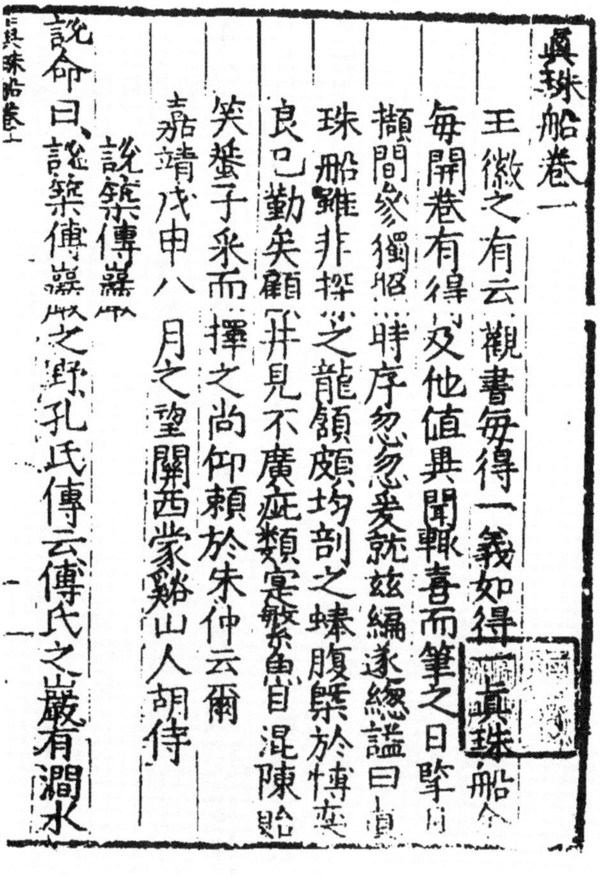
真珠船卷一
王徽之有云觀書每得一義如得一真珠船今
每開卷有得及他値異聞輒書而筆之日𦒿月
擷間參獨照時序忽忽爰就兹編遂總謚曰真
珠船雖非採之能領頗均剖之蜯腹鮮於博奕
良已勤矣顧并見不廣疵類寔繁魚目混陳貽
笑蚤子采而擇之尚仰賴於朱仲云爾
嘉靖戊申八月之望關西蒙谿山人胡侍
說築傅巖
說命曰說築傅巖之野孔氏傳云傅氏之巖有澗水
真珠船卷上

胡侍撰《自序》簡要介紹本書内容，『每開卷有得，及他值異聞，輒喜而筆之』。是書内容豐富，題材廣泛，包括考據類、雜感類、異聞類。考據類是胡侍對於自然界的事物和日常生活中事物的考訂之作，題材廣泛，旁徵博引，考訂詳實，具有很强的知識性。如《歹另》篇考訂文字，《西瓜》篇探究西瓜來源。雜感類是胡侍對日常生活、讀書的所感所思，頗具深意，引人深思。如《地理》篇引衆多前人的論述來闡明親人墓葬時間和地點的選擇與家人的富貴昌運没有關係，以此批評墓葬挑時日和地點的陋俗。異聞類是胡侍對於鬼怪靈異、奇聞異事、秘聞野史的記載，此類文章一般較爲短小，少有深意，僅作記録。如《女化男》僅摘引衆多書籍中對此異象的記載，未作任何評述及考辨。

胡侍的雜文徵引廣泛，具有很高的史料價值，可用來校訂他書，補他書之缺。如《趙高之詐》考證趙高『指鹿爲馬』及『束蒲爲脯』之事，補《史記》衹記載趙高『指鹿爲馬』一事，而未提另一事之憾。雜文中還多有關於寧夏地區之作，可以豐富寧夏的歷史、地理、文化等方面的史料，對於明清時期寧夏地區相關問題的研究大有裨益。如《懷遠鎮》考證認爲，隋朝人柳彧徙配地『朔方懷遠鎮』在遼東，與寧夏無關，而傳世的《嘉靖寧志》《嘉靖陝志》《萬曆朔志》《乾隆甘志》《乾隆寧志》等均誤以爲柳彧流放在今寧夏故地，故載柳彧爲寧夏流寓者。胡侍考證結論，可糾陝西、甘肅、寧夏各舊志之誤。《削城角》載寧夏城缺東北角之事，《宋僉事女》記寧夏宋儒之女能作詩之事。胡侍的雜文中亦有一些知識性的考辨，可豐富學識，增長見聞。如《有又》篇，是對『有』『又』二字的辨析，有助於分清此二字的用法。

《萬卷堂書目・小説家》、《趙定宇書目・稗統目録》、《笠澤堂書目・子部・小説家》、《千頃堂書目・小說類》、《傳是樓書目·子部·小說家》、《四庫全書總目》卷一百二十七、《天一閣書目》卷三之一《子部一》，以及《中國叢書綜録·子部·雜學類·雜說之屬》《中國古籍善本書目·子部·雜家類》《四庫全書存目叢書·子部》等對《真珠船》有著録。張世宏、蘇麗華、田富軍等撰文研究過胡侍生平與著述，及《真珠船》。上海古籍出版社二〇二二年出版的田富軍、李星校注《真珠船》，以明嘉靖二十七年（1548）刻本爲底本，以《寶顔堂秘笈》明萬曆刻本和民國石印本、《叢書集成初編》本、《關中叢書》本爲參校本。參以二十五史及《十三經注疏》《容齋隨筆》《夢溪筆談》《西陽雜俎》《西漢文紀》《花當閣叢談》《說郛》《說略》《格致鏡原》《歷代詩話》等文獻。

（李星　田富軍）

墅談

《墅談》六卷，明胡侍撰。

胡侍生平參見本書前文《新編胡蒙谿詩文集》提要。《墅談》是胡侍雜文集，因胡侍居舍名『墅堂』而起名。『雜文』之説，乃胡侍自稱（參見《胡蒙谿續集》卷四《奉答趙王啓》），意即龐雜，故事性的篇什、議論性的雜感、純考證性的短章都可包括在内。中國國家圖書館藏明嘉靖二十五年（1546）朱氏刻本，每半頁十

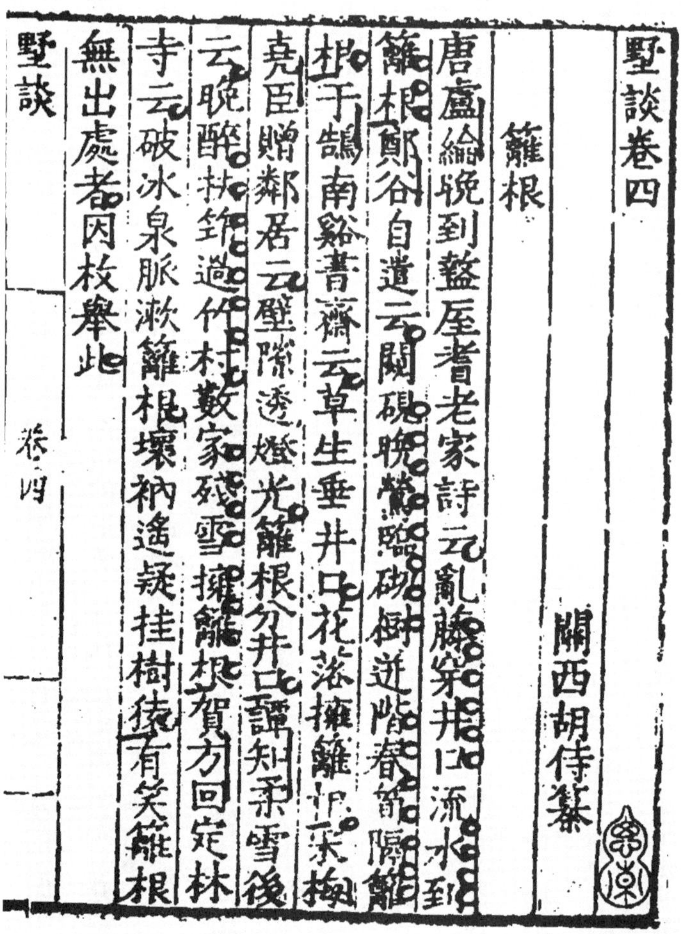
墅談卷四

關西胡侍纂

籬根

唐盧綸晚到盩厔耆老家詩云亂藤穿井口流水到籬根。鄭谷自遣云闕硯晚鷄鳴砌樹迸階春筍隔籬根。于鵠南谿書齋云草生垂井口花落擁籬根。宋梅堯臣贈鄰居云壁隙透燈光籬根分井口。譚知柔雪後云晚醉扶筇過竹村數家殘雪擁籬根。賀方回定林寺云破冰泉脈漱籬根壞衲遙疑挂樹猿。有笑籬根無出處者因枚舉此

墅談　卷四

行，行二十字，四周單邊，白口，無魚尾。卷四首頁鈐蓋『思常』朱文葫蘆形印一枚。

該書收文一百七十一篇。喬世寧撰《墅談序》言明《墅談》編修體例，并對胡侍的雜文給予了高度評價。內容大體分爲考據類、雜感類、異聞類。如《荔支》考證了有關荔枝的形態、種植及相關記載，介紹了漢武帝、漢和帝以及楊玉環不顧民生疾苦而好吃荔枝的歷史。《麻搗》記趙王、韓王治第，用麻搗土，和以石灰泥，以增其堅固性，僅此費錢一千三百餘貫。作者對此深表厭憎，并進一步揭示當權者的鋪張浪費之舉，表達了作者的所思所感。《凶宅》寫幾處住宅因冤氣而鬧鬼，《許賽》寫没有兑現給鬼一頭牛的承諾，鬼就作祟讓人生病，皆異聞怪事。

胡侍的雜文內容豐富，徵引衆多，尤其是其中考證類的文章多考據詳實，搜羅完備，具有一定的學術價值，如《唐明皇幸驪山》篇，《遯齋閑覽》言唐明皇於六月幸驪山、食荔枝之事與史實不相符，胡侍則徵引史書、子部雜説以及詩詞來證明此事的可靠性。《墅談》亦多關於寧夏的內容，如《田州城》篇記載寧夏舊城遺迹，《關中物産》篇詳列寧夏特産鹽杭、瓜梨、林檎、萵苣、胡麻、茄蓮、鮎魚、黄羊等，《喻墨莊謔詩》記寧夏人喻賢以詩戲謔駱用卿之事，《塔影》篇記載寧夏承天寺塔塔影之怪。這些雜文是研究寧夏的歷史、地理、文化、生活習俗等方面的重要史料。

《萬卷堂書目·小説家》、《絳雲樓書目·雜記》、《千頃堂書目·小説類》、《傳是樓書目·子部·小說家》、《明史·藝文志》、《四庫全書總目》卷一百二十七、《天一閣書目·子部二》、《中國叢書綜録·子部·雜學類·雜論之屬》、《中國善本書提要·子部·雜家類》、《四庫全書存目叢書·子部》、《日藏漢籍善本書録·子部·雜家類》等對《墅談》都有著録。張世宏、蘇麗華、田富軍等撰文研究過胡侍生平與著述，述及《墅談》。上海古籍出版社二〇二二年出版的田富軍、李星校注《墅談》以明嘉靖二十五年（1546）朱氏刻本爲底本，以《百陵學山》本、抄本爲參校本。

（李星　田富軍）

蓉川集

《蓉川集》四卷，明齊之鸞撰。

齊之鸞（1483—1534），字瑞卿，號蓉川，直隸桐城人。《明史》卷二百零八有傳。明正德六年（1511）辛未科進士，授翰林院庶吉士，後歷任刑、吏、兵科給事中。嘉靖元年（1522）七月貶謫爲嘉興府崇德丞，後轉任長興知縣、青州同知等職。嘉靖八年（1529）五月，擢升陝西等處提刑按察司寧夏官糧提督慶陽等七衛屯種兵備鹽法道僉事。十年（1531）二月，升任陝西兵備鹽法道副使。十一年（1532），除河南按察司副使。

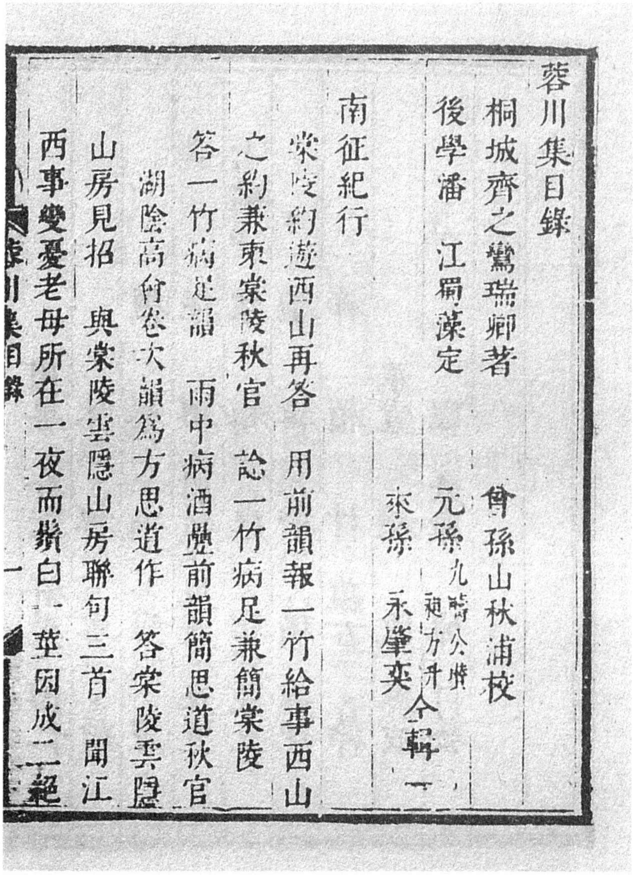
蓉川集目録
桐城齊之鸞瑞卿著　曾孫山秋浦校
後學潘　江蜀藻定　元孫九疇公佚 廸方升仝輯　來孫　永肇奕
南征紀行
棠陵約遊西山再答　用前韻報一竹給事西山
之約兼柬棠陵秋官　訖一竹病足兼簡棠陵
答一竹病足韻　雨中病酒疊前韻簡思道秋官
湖陰高僉卷次韻爲方思道作　答棠陵雲隱
山房見招　與棠陵雲隱山房聯句三首　聞江
西事變憂老母所在一夜而鬢白一莖因成二絶
蓉川集目録　一

十二年（1533），改調山東臨清兵備道副使。十三年（1534）二月，升任河南按察司按察使，冒暑莅事，卒於任上。除存世著作《蓉川集》四卷、《入夏録》三卷外，有北京海淀區門頭村出土的收録於《北京圖書館藏中國歷代石刻拓本彙編》第五十四册的《明故神宫監太監李公墓誌銘》，有嘉靖初年刻印的宋王讜撰《唐語林》三卷，共十八門。亡佚文集有正德五年（1510）作於南雍的《三昧録》。

《四庫全書總目・存目》記載《蓉川集》爲七卷，《入夏録》析出另作三卷。《蓉川集》存世最早的版本爲清康熙二十年（1681）齊山悠然亭刻本，此外有清光緒二十三年（1897）桐城徐宗亮重刻本，民國六年（1917）鉛印本等，中國國家圖書館、北京大學圖書館、清華大學圖書館、山西大學圖書館、山東大學圖書館等有藏。《入夏録》的存世版本僅有康熙二十年（1681）齊山悠然亭刻本，記載齊之鸞任官寧夏期間的有關事迹。

綜考《蓉川集》版本，以齊魯書社一九九七年影印山西大學圖書館藏清康熙二十年（1681）齊山悠然亭刻本爲善，共有《蓉川集》四卷，《入夏録》三卷，《贈言》一卷，《附録》一卷，附《年譜》一卷。每半頁十一行，行二十一、十九、十八字不等，小字雙行二十一字，四周雙邊，粗黑口，雙黑魚尾。版心題寫書名、卷次及頁次。

《蓉川集》正文前有潘江撰於康熙二十年（1681）的《重刻蓉川集序》，何永紹所撰的《蓉川集序》，明周京撰於嘉靖七年（1528）的《蓉川先生小傳》，汪居安所撰的《廉憲蓉川齊公行狀》。序後有齊之鸞之孫齊祖名撰述的《蓉川公年譜》一卷。此外有潘江的《蓉川集目録》一篇。四卷本的《蓉川集》包括《南征紀行》《悠然亭雜詩》《開堰集》《歷官疏草》，而七卷本則包括三卷《入夏録》。正文分爲五部分。

《南征紀行》，初名《南征紀》，一卷，共輯録雜詩六十九首，後附賦一首。爲正德十四年（1519）從軍記録南征江西寧王朱宸濠時所作，始於《棠陵約游西山再答》，終於《回鑾賦》。

《悠然亭雜詩》一卷，共輯録雜詩八十四首，後附記序三首，爲嘉靖七年（1528）居官南雍時所作。

《開堰集》一卷，共輯録詩十九首，爲途經安慶府時所作。

《歷官疏草》，又名《歷官諫草》，皆其奏議彙總，康熙悠然亭刻本記録爲一卷，《桐城耆舊傳》記録爲兩卷，《重刻蓉川集序》記録爲若干卷，具體卷數未確。依據康熙本，起於正德九年八月初三日起，訖於嘉靖十年十二月十三日，每種爲一卷，共奏疏二十七篇。

《入夏録》正文析爲上、中、下三卷，上、中二卷爲詩，下卷爲雜文，分别以汪玄錫等贈言附於末，三卷皆有目録一卷。目録前有寧夏居士張嘉謨於嘉靖九年（1530）七月所撰的《蓉川入夏録前序》。上卷録詩一百四十五首，記載齊之鸞由南京出發赴任寧夏的旅途事迹；中卷録詩七十九首，記載齊之鸞於寧夏境内參與修築邊塹及處理民衆日常事務等有關事項；下卷録雜文八篇，主要作於南京和寧夏等地，記載約起於嘉靖八年（1529），訖於嘉靖十一年（1532）的事件。

《入夏録》後有寧夏文人管律作於嘉靖九年（1530）秋七月的《蓉川入夏録後序》。《贈言》一卷，包括嘉靖九年（1530）七月漢延王官的《讀入夏録序跋後》；正德十六年（1521）新安汪玄錫的《送蓉川齊公之崇德序》；正德十六年秋貴溪夏言的《送蓉川之崇德詩》；吕柟的《送陝西按察使齊蓉川序》；萬曆十九年（1591）春翰林院國史編修吴應賓的《廉訪蓉川齊公像贊》；陝西等處提刑按察司官糧兼兵備鹽法僉事滇南張橋的《夏鎮祠碑文》。

《贈言附録》九篇，包括：嘉靖九年（1530）七月初一日《巡撫寧夏右僉都御使翟鵬疏》，嘉靖九年七月初一日《總制陝西三邊軍務太子太保兵部尚書王瓊疏》，嘉靖九年十一月二十日《巡按陝西監察御史宋□書》，嘉靖十年（1531）正月□日《總制陝西三邊軍務太子太保兵部尚書王瓊疏》，嘉靖十年三月十一日《巡按陝西監察御史方疏》，嘉靖十年九月十六日《巡撫寧夏右僉都御使胡東臯疏》，嘉靖十年十月初六日《總制陝西三邊軍務太子太保兵部尚書王瓊疏》，嘉靖十年十月十二日《巡撫寧夏右僉都御使胡東臯疏》，嘉靖十一年（1532）八月十四日《巡按河南監察御史王疏》。

齊之鸞的著述并非一次性刊刻出版。據張嘉謨的《蓉川入夏録前序》記載，齊之鸞從南京到寧夏一路上撰著了諸多律詩、古風、絶句、排律、長篇等，擬題爲《入夏録》。該文集内容進行多次修改，在嘉靖九年（1530）秋七月管律所撰《蓉川入夏録後序》中提及通判任芸庵將齊之鸞書稿付梓，但信息有限，以至於有無刻本傳世，亦未可知。在漢延王官的《讀入夏録序跋後》中提到其『曾讀蓉川之文章於書肆』，則嘉靖九年齊之鸞的文章已經付梓，且齊之鸞奏議多半藏於官署，亦爲他人所閲讀。康熙年間，潘江於齊山將文集鏤板前已經能够搜集到齊之鸞的《南征紀行》及《入夏録》，此爲齊之鸞文集有過刊刻的佐證。

以上所提及的刻本均無版本傳世。

至康熙二十年（1681），齊山將齊之鸞的散佚文稿勤加搜討，募工繕寫付梓，請潘江代爲寫序。付梓文集内容及排序與張嘉謨、管律等人所提及頗爲不同，應是對齊之鸞嘉靖間付梓文集内容順序的調整，此爲康熙二十年（1681）齊山悠然亭刻本，即現今存世最早的版本。

齊之鸞存世著述後世研究甚少。《蓉川集》較爲完整地保存了齊之鸞於嘉靖八年（1529）以前完成的詩文，通過與友人的詩文往來，尤其是《歷官疏草》的奏疏，詳實地反映了明正德、嘉靖年間朝廷的政治生態、士人命运以及社會發展狀態，有關西進途中所見所聞，疏御邊彌盜，深切時務。齊之鸞擢僉寧夏，單騎走塞上，《入夏録》全面系統地記載其任官寧夏期間所開展的相關政務，爲寧夏的生産發展所做出的具體貢獻，包括倡議并主持修築邊塹、開渠築堤鑿泉等，如修築花馬池、小鹽池、毛不剌、榆林等處城垣，讓不毛之地的寧夏得以儲糧得固、沙磧得治、版築彌堅，爲研究嘉靖年間寧夏的政治、軍事、水利灾害以及民事風物等提供了切實可靠的材料。

齊之鸞及其著述整理研究成果較少。《明實録》《明史》《國榷》《嘉靖寧志》《萬曆朔志》《四庫全書總目》等文獻詳略不一地記載了齊之鸞的生平事迹及著述。此外，近代以來學者著述中論及齊之鸞情况的有楊殿珣主編的《中國歷代年譜總録》，楊家駱主編的《僞書考五種——清代禁書知見録》，丁成泉輯注的《中國山水田園詩集成》第三卷（元明），徐復等主編的《四庫家藏》，淡泊所著《中華萬姓譜》（上）等等，《中國古籍總目》記録著述的分合情況，杜澤遜所編著的《四庫存目標注》詳細記載了齊之鸞著述的版本信息，楊家駱主編的《中國文學家大辭典》（下），蔣元卿編輯的《皖人書録》，安徽省圖書館編寫的《安徽省館藏皖人書目》《安徽文獻書目》等書籍，也簡略介紹了齊之鸞的相關信息。上海古籍出版社二〇二二年出版的劉紅校點齊之鸞著述，《蓉川集》以山西大學圖書館所藏清康熙二十年（1681）齊山悠然亭刻本爲底本，以北京大學圖書館藏清光緒二十三年（1897）桐城徐宗亮重刻本、山東大學圖書館藏民國六年（1917）鉛印本爲參校本，以各種收録齊之鸞詩文的地方志爲參校本。《入夏録》則以清康熙二十年（1681）齊山悠然亭刻本爲底本，參以《明實録》《明史》《嘉靖寧志》《明詩綜》等文獻。

（劉紅）

新編毛襄懋詩文集

《新編毛襄懋詩文集》五十七卷，包括《毛襄懋先生文集》八卷，《東塘集》十卷，《毛襄懋先生奏議》二十卷，《别集》十卷，《附録》九卷，明毛伯温撰。

毛伯温（1482—1545），字汝厲，名伯温，謚號襄懋，吉水人，以名行，因其居住地有曰，東塘者，學者稱其爲東塘先生。《明史》卷一百九十八有傳。祖籍浙江三衢，先祖於宋初來守吉州，因家龍城。毛氏性資明粹，學識宏深。明嘉靖六年（1527）升督察院右僉都御史領敕巡撫寧夏，訓練兵馬，整飭邊務，撫恤軍士，防禦賊寇，整理器械，修築

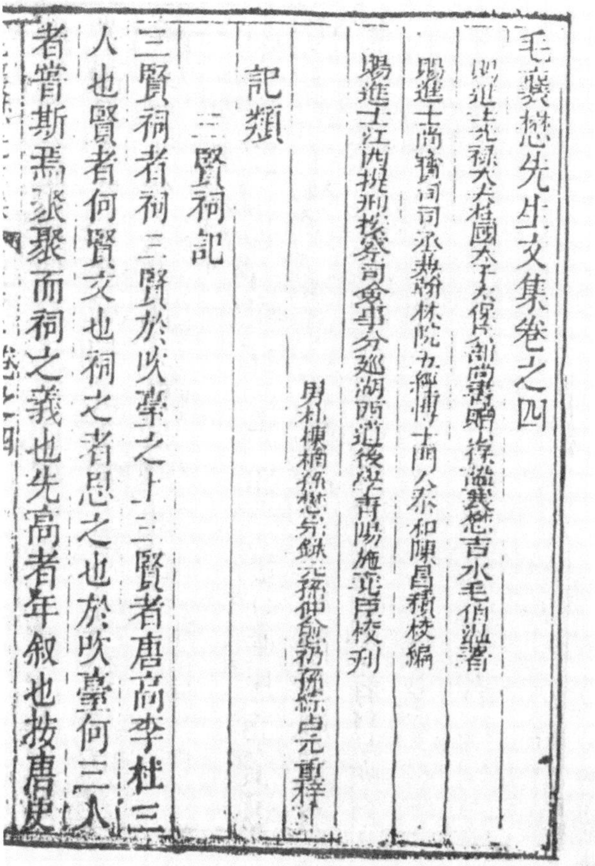
毛襄懋先生文集卷之四
明進士光禄大夫柱國太子太保兵部尚書贈少保謚襄懋吉水毛伯温著
賜進士尚寶司司丞兼翰林院五經博士西山人泰和陳昌積校編
賜進士江西提刑按察司僉事分巡湖西道後學青陽施堯臣校刊
男朴棟楠孫懋宗鉽元孫伯龢孫紹先重梓
記類
三賢祠記
三賢祠者祠三賢於吹臺之上三賢者唐高李杜三人也賢者何賢文也祠之者思之也於吹臺何三人者嘗斯焉張聚而祠之義也先高者年叙也按唐史

城池。毛氏初任浙江紹興府推官，二任河南道試監察御史，三任河南道監察御史，四任大理寺右寺丞，五任大理寺左寺丞，六任督察院右僉都御史，七任督察院右副都御史，八任督察院右都御史，九任工部尚書，十任督察院右副都御史，十一任督察院右都御史，十二任工部尚書，十三任兵部尚書兼督察院右都御史，十四任太子賓客兵部尚書兼督察院右都御史，十五任太子少保兵部尚書兼督察院右都御史，十六任太子太保兵部尚書兼督察院右都御史，十七任光禄大夫柱國。南征安南是其偉績，生平資料參見《明實録》之《明武宗皇帝實録》《明世宗皇帝實録》《明穆宗皇帝實録》，《明經世文編》《河南通志》《福建通志》《浙江通志》《湖廣通志》《嘉靖寧志》《［嘉靖］山西通志》等志書具載其事迹。

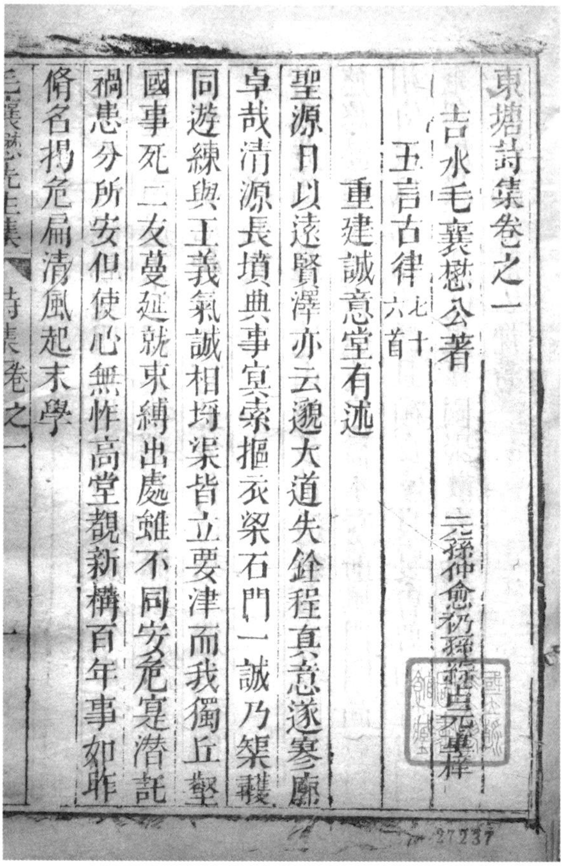
東塘詩集卷之一
吉水毛襄懋公著　六世孫仲愈礽孫經占元重梓
五言古律七十六首
重建誠意堂有述
聖源日以遠賢澤亦云邈大道失銓程真意遂寥廓
卓哉清源長墳典事窮索摳衣粲石門一誠乃榘矱
同遊練與王義氣誠相埒渠皆立要津而我獨丘壑
國事死二友蔓延就束縛出處雖不同安危寔潛託
禍患分所安但使心無怍高堂覩新構百年事如昨
脩名揭危扁清風起末學
毛襄懋先生集　詩集卷之一　一

清華大學圖書館藏清乾隆三十七年（1772）吉水毛仲愈等刻本爲其足本，包括《毛襄懋先生文集》八卷，《别集》十卷，附《年譜》一卷，《御書世彙》三卷，《榮哀録》一卷，《幽光集》二卷，附《書》

一卷，《行狀》一卷，《墓誌銘》一卷。每半頁十行，行二十字，四周雙邊，白口，單黑魚尾。魚尾上刻篇名，下刻卷次及頁次。前五篇序行款及字體不一。《跋》缺第二頁左半頁。中國國家圖書館藏明嘉靖十九年（1540）王儀吴郡刻《東塘集》本十卷。清華大學圖書館藏本割去詩集十卷，以《東塘集》補充，與王儀刻之《東塘集》本内容不完全相同。

《毛襄懋先生集》正文前包括五篇《序》，《年譜》一卷，《御書世彙目録》一卷，《御書世彙》三卷，《榮哀録》一卷，《幽光録》二卷，附《書》一卷，《行狀》一卷，《墓誌銘》一卷，後有朱廷立《東塘先生文集序》一篇，附《襄懋先生文集目録》。

《毛襄懋先生文集》共八卷，卷一至卷三爲序類，卷四爲記類，卷五爲書類，卷六爲墓誌類，卷七爲行狀類、神道碑類、傳類和祭文類，卷八爲雜著。具體而言，卷一序類十五篇，含《贈歐崇道序》《贈屠直齋擢大僕卿序》《贈南滇張君序》《郡守屠竹墟考績序》《送鹿厓胡侯應召序》等；卷二序類二十篇，含《送吴侯蓀塘應召序》《贈楊子坦庵序》《西泉序》《贈白峰考績序》《送楊益甫序》等；卷三序類二十六篇，含《送周永豐考績序》《螺川周氏族譜序》《易齋吴公六十壽序》《冷齋先生八十壽序》《龍母九十壽序》等；卷四記類二十八篇，含《三賢祠記》《極高明樓記》《平斷藤峽記》《河南道御史題名記》《重修梧學記》等；卷五書類十二篇，含《謝夏桂洲閣老啓》《寄羅雙泉太守書》《寄曾方伯梅臺書》《寄宫詹羅念庵書》《寄大司成王中川書》等；卷六墓誌類二十篇，含《封徵仕郎中書舍人史公墓誌銘》《知府陳君合葬墓誌銘》《明故保寧府學教授李公墓誌銘》《西安府同知李君墓誌銘》《甘公士美墓誌銘》等；卷七行狀類三篇、神道碑類兩篇、傳類兩篇、祭文類十七篇；卷八雜著二十三篇，含《敬題御書世匯後》《敬書菊庵集後》《敬書志哀録後》《同年唱和詩序》《跋松皋卷後》等。

毛氏之文集前後五次刊刻，首刻於嘉靖十九年（1540）潁川杜公之所。《毛襄懋先生詩文集》初名爲《東塘全集》，由毛伯温長子棟、仲子楠輯録整理，嘉靖三十四年（1555）將手稿交予開州端溪王崇慶付梓刊刻。後棟、楠與毛伯温孫懋宗又記載毛氏一生事迹編纂成書十五卷、又集詩文集十八卷、奏議二十卷，總共成書五十三卷，嘉靖四十年（1561）春二月付梓。隆慶二年（1568）毛氏子棟、楠及孫宗懋搜輯毛氏遺文數百篇就正於兩湖陳昌積、青陽施堯臣，爲雜著八卷、奏議二十卷、詩歌十卷，總題名爲《東塘先生全集》。文章效仿『謨雅左穀』者亦收録其中，付梓刊刻。後經歷年歲，張氏校勘本遺失，所有藏板爲兵燹所毁。至雍正年間，同族人將所收藏的毛氏全集送至郡祠付梓刊行。後又於乾隆三十五年（1770）仲夏至三十七（1772）秋，毛氏文集刊刻完成，此爲乾隆三十七年刻本。

《新編毛襄懋先生詩文集》是毛伯温詩文的總匯。作爲正德、嘉靖兩朝名臣，毛氏『撫西夏』『鎮三邊、平交趾、議禮制度，輔聖天子中興』等行實均體現在其詩文中。全面系統地研究《毛襄懋先生詩文集》，毛氏的文治武功躍然紙上，也有利於全面認識毛伯温的交游事迹、理政方針、參與決策的功績，以及明正德、嘉靖兩朝的政治動態、權力鬥争，各級文武大臣對國家發展的態度。毛氏於嘉靖六年（1527）五月至十二月鎮撫寧夏，積極組織士兵修建漢壩、唐壩，引水灌溉民田，修建北邊防禦工事、公正斷獄等，受到寧夏軍民的尊敬。研究其書寫有關寧夏事件的詩文，豐富了嘉靖年間寧夏的史地資料，保存了寧夏某些歷史人物的活動事迹，可以使後人對寧夏的政治、軍事等情況有更深入的瞭解。

目前學界尚没有學者對《毛襄懋先生文集》展開全面系統的研究。由於毛伯温最大的功績是嘉靖十九年（1540）兵不刃血平定安南，所以對毛襄懋的研究文獻主要圍繞其征討安南事件展開，或者就其詩文集中某些篇章進行分析論述。齊魯書社一九九七年版《四庫全書存目叢書·集部》據清華大學圖書館藏清乾隆三十七年（1772）吉水毛仲愈等刻本影印出版。

（劉紅）

毅庵總督陝西奏議

《毅庵總督陝西奏議》十三卷，明石茂華撰。

石茂華（1552—1583），字君采，號毅庵，山東益都人。明嘉靖二十三年（1544）進士，歷任河南浚縣知縣，山西按察副使，河南副使，陝西參政、陝西按察使等職。嘉靖四十五年（1566）巡撫甘肅，平定甘肅兵變，擊敗蒙古部衆的入犯。隆慶四年（1570）任山西巡撫。萬曆元年（1573），總督陝西三邊軍務，妥善處理與河套蒙古諸部的通貢互市，又使境外番人七十一族受撫聽命。萬曆五年（1577），石茂華升兵部尚書，

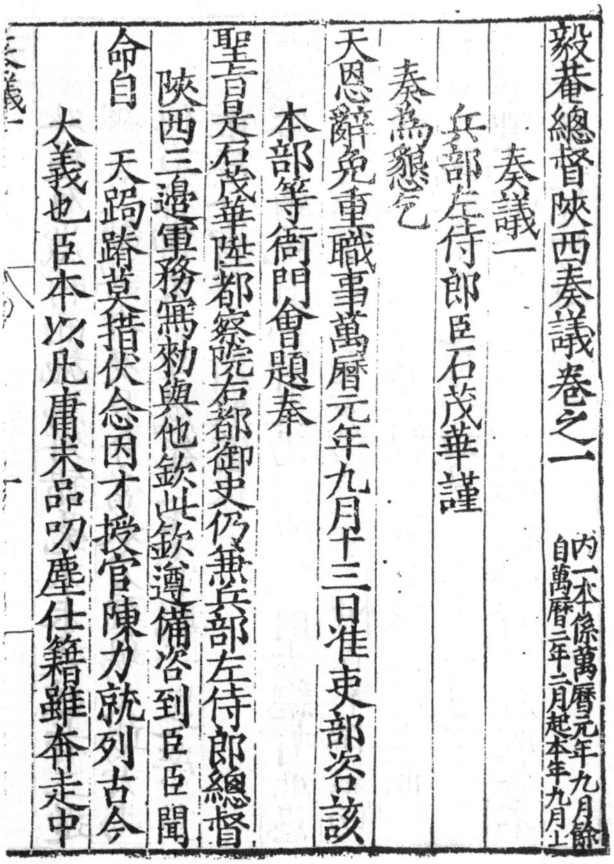
毅菴總督陝西奏議卷之一　內一本係萬曆元年九月餘自萬曆二年二月起本年九月止
奏議一
兵部左侍郎臣石茂華謹
奏為懇乞
天恩辭免重職事萬曆元年九月十三日准吏部咨該
本部等衙門會題奉
聖旨是石茂華陞都察院右都御史仍兼兵部左侍郎總督
陝西三邊軍務寫勑與他欽此欽遵備咨到臣臣聞
命自　天跼蹐莫措伏念因才授官陳力就列古今
大義也臣本以凡庸末品叨塵仕籍雖奔走中
奏議一

仍總督陝西三邊。同年，石茂華入掌南京都察院事。因母親年老，石茂華上疏請求致仕，回鄉奉養母親。萬曆十年（1582），陝西、甘肅一帶大旱，石茂華被重新啓用爲三邊總督，組織救灾。後因積勞成疾，卒於任所。朝廷贈太子少保，謚恭襄。其生平資料散見於《明世宗實録》《明穆宗實録》《明神宗實録》。《萬曆固志》上卷《官師志》、《［光緒］益都縣圖志》卷三十五均有《石茂華傳》。《明史》卷二百二十八《魏學曾傳》載有石茂華曾提拔寧夏叛將哱拜事宜，《明史》卷三百三十《西域傳二》載有石茂華率軍擊敗青海邊遠少數民族事。《萬曆固志》録有石茂華撰《固原州儒學建尊經閣記略》《軍門平羌碑記略》等文。

中國國家圖書館藏《毅庵總督陝西奏議》明萬曆刻本。每半頁十行，行二十至二十三字不等，四周單邊，白口。

《毅庵總督陝西奏議》收録石茂華萬曆二年至四年總督陝西三邊時所上奏議，共一百二十九篇。該奏議刻於明萬曆四年（1576）。卷前有萬曆四年（1576）劉伯燮撰《毅庵石先生總督陝西奏議序》、萬曆五年（1577）李維楨撰《毅庵石公總督陝西奏議序》各一篇。該書對研究明代陝西地區邊政、地方防務及對蒙古等民族關係有重要價值。特别是石茂華在固原期間所上奏摺，涉及平定寧夏地區兵變，發展地方文化教育，加强地方邊備、整修固原城墻等事宜，對於研究寧夏地方史具有非常重要的價值。王桂雲、董晨等人有相關研究論文發表。《毅庵總督陝西奏議》尚未有專題整理研究成果。

（馬建民）

撫夏奏議*

《撫夏奏議》六卷，明黃嘉善撰。

黃嘉善（1549—1624），字維尚，號梓山，萊州府膠州（今山東省即墨市）人。明萬曆五年（1577）進士及第，授河南葉縣知縣，九年（1581）十月升蘇州府同知，二十年（1592）八月升大同知府，二十七年（1599）正月升陝西參政、按察使，二十九年（1601）六月升都察院右僉都御史，巡撫寧夏等地方。黃嘉善巡撫寧夏十年，休養生息，烽火不驚。三十八年（1610），以都察院右都

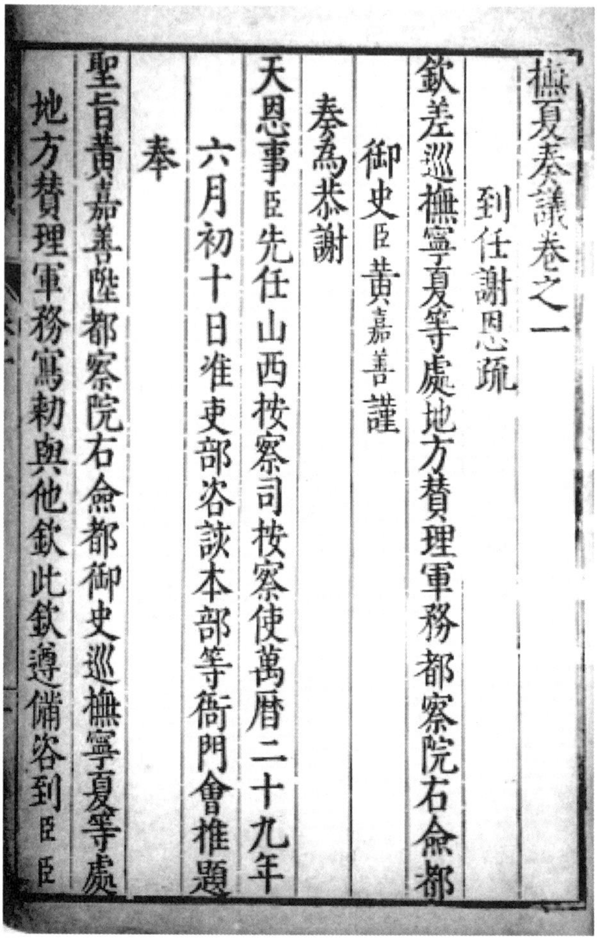

撫夏奏議卷之一

到任謝恩疏

欽差巡撫寧夏等處地方賛理軍務都察院右僉都
御史臣黃嘉善謹
奏為恭謝
天恩事臣先任山西按察司按察使萬曆二十九年
六月初十日准吏部咨該本部等衙門會推題
奉
聖旨黃嘉善陞都察院右僉都御史巡撫寧夏等處
地方賛理軍務寫勅與他欽此欽遵備咨到臣臣

御史兼兵部左侍郎，總督陝西三邊。明天啓四年（1624）病逝，寧夏人立祠祀之。其生平參見《明神宗實録》卷三百六十、《萬曆朔志》卷二、《乾隆寧志》卷十二，《［同治］即墨縣志》卷七及卷九等。

中國國家圖書館藏《撫夏奏議》明刻本爲其初刻本，後又有清抄本十二卷本傳世。明刻本六卷，每卷一册，

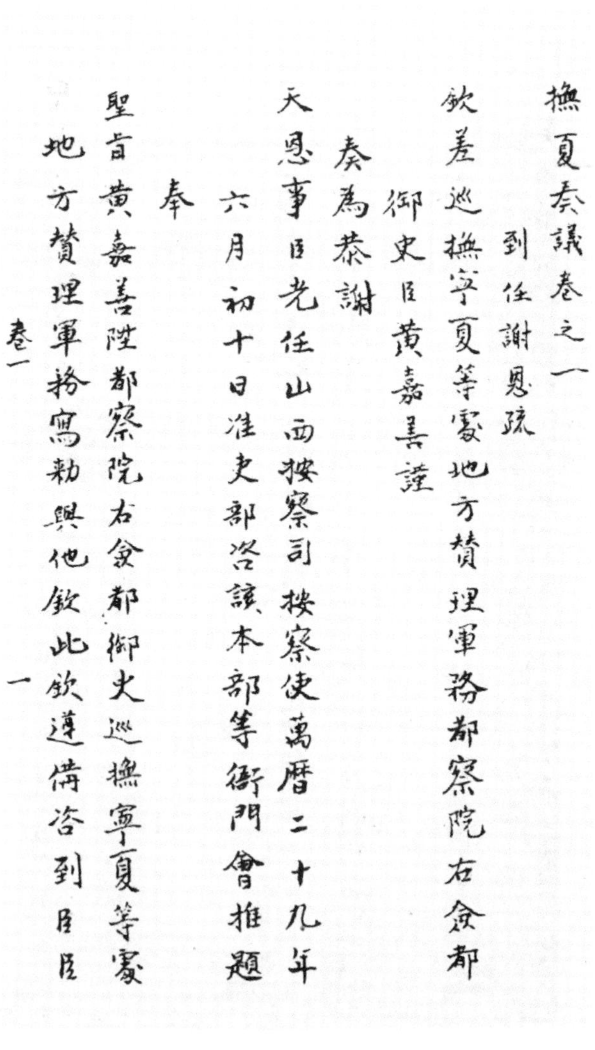
撫夏奏議卷之一
到任謝恩疏
欽差巡撫寧夏等處地方贊理軍務都察院右僉都
御史臣黄嘉善謹
奏爲恭謝
天恩事臣先任山西按察司按察使萬曆二十九年
六月初十日准吏部咨該本部等衙門會推題
奉
聖旨黄嘉善陞都察院右僉都御史巡撫寧夏等處
地方贊理軍務寫勅與他欽此欽遵備咨到臣臣
卷一　一

分『禮』『樂』『射』『御』『書』『數』六册。每半頁十行，行二十字，四周單邊，白口，單黑魚尾。版心鐫『撫夏奏議』及卷次、頁次。每卷卷首有目録，卷末有『撫夏奏議卷之×終』字樣，刊刻精良，是明代刻本中的精品。清抄本藏於首都圖書館、北京大學圖書館等，此本將内容析爲十二卷，行款同明刻本。二卷本藏於首都圖書館、南京圖書館、山東大學圖書館、吉林大學圖書館、中山大學圖書館等，僅收奏議十篇。

《撫夏奏議》是黄嘉善於萬曆二十九年至三十八年（1601—1610）巡撫寧夏的十年間，圍繞寧夏

的政治、經濟、軍事、民族關係等問題上呈皇帝的一百一十四篇奏議彙編。正文前有明神宗萬曆二十九年（1601）六月的敕諭一篇。卷一録《到任謝恩疏》《議套虜乞款疏》《條議復款善後疏》等十四篇，卷二録《繳報買完征播馬匹文册疏》《催補河東道疏》《查參貪肆將領疏》等二十篇，卷三録《秋防薦舉監司疏》《甄别練兵官員疏》《年終議薦將材疏》等十八篇，卷四録《議復衛所官員職級疏》《請補兵備官員疏》《報鹽分數併議查覈疏》等十九篇，卷五録《議覆邊務疏》《叙參營堡各官經理馬匹樁朋疏》等十三篇，卷六録《守備患病併議就近推補疏》《查參馬匹樁朋疏》《請補兵備官員疏》等三十篇。奏議内容包括安邊、鹽政、經濟互市、馬政、官員選派、灾異等方面，對明代整治軍隊、邊關防禦、治理國家等都有積極的意義，同時也是研究明代寧夏經濟、政治、軍事、職官制度的原始資料。

《撫夏奏議》有較爲獨特的學術價值。第一，一定程度上彌補了寧夏萬曆二十九年至三十八年史料的不足，對研究這十年間寧夏邊防穩固、官員增補、經濟建設、古建維修等問題提供了重要史料。第二，對研究黄嘉善其人其事提供了一手文獻。第三，其傳世的明刻本具有較高的版本價值，代表了明代刻本的較高水平。

《撫夏奏議》明刻本流傳不廣，文獻所載黄嘉善史料亦較少，故黄嘉善及其《撫夏奏議》的研究成果較少。因黄嘉善家族在明代爲山東望族，有學者對其家族及所作詩歌等進行過較爲全面的研究，其中部分内容涉及黄嘉善其人其書。上海古籍出版社二〇二二年出版的胡玉冰、姚玉婷校注《撫夏奏議》，以明刻本爲底本，以清抄本爲參校本。

（姚玉婷）

寧夏鎮哱拜哱承恩

《寧夏鎮哱拜哱承恩》，收於《萬曆武功録》（瞿九思撰）卷一。中國國家圖書館藏題名顧炎武編《皇明修文備史》亦收，當全抄自《萬曆武功録》。

瞿九思（1546—1617），字睿夫，黄梅人（今湖北黄岡市黄梅縣）。明嘉靖三十二年（1553）進士。歷官廣平知府。《明史》卷二百八十八有傳。

寧夏鎮哱拜之亂爲明『萬曆三大征』之一，是一次重要的軍事事件，對明代的經濟、軍事、政治、民族等有較爲重要的影響。明萬曆二十年（1592），蒙古降將、寧夏鎮致仕副總兵哱拜與鎮兵劉東暘殺寧夏巡撫党馨、兵備副使石繼芳，據寧夏城，發動兵變。明廷歷時九月，兩易總督，最終平定此次兵變。

《寧夏鎮哱拜哱承恩》運用人物傳記的傳

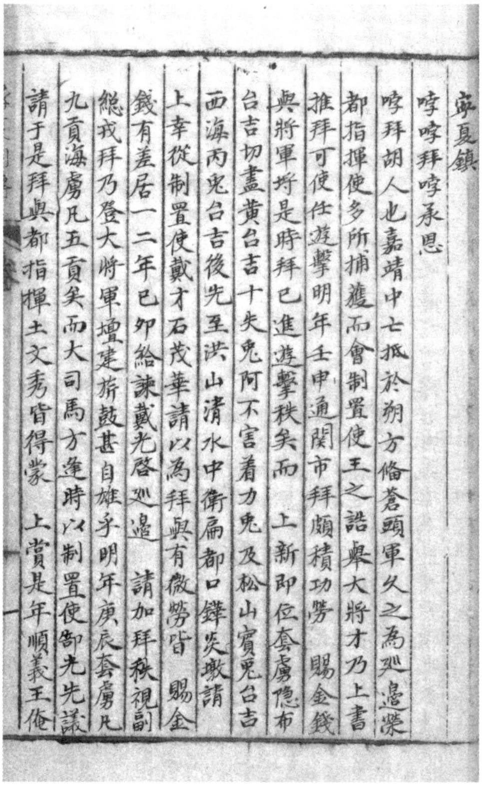
寧夏鎮
哱拜 哱承恩
哱拜胡人也嘉靖中亡抵於朔方倫蒼頭軍久之爲巡邊欒
都指揮使多所捕獲而會制置使王之誥舉大將才乃上書
推拜可使任遊擊明年壬申通關市拜頗積功勞 賜金錢
與將軍將是時拜已進遊擊秩矣而 上新即位套虜隱布
台吉切盡黄台吉十失兔阿不害着力兔及松山賓兔台吉
西海丙兔台吉後先至洪山清水中衛扁都口肆焱敢請
上幸從制置使戴才石茂華請以爲拜與有微勞皆 賜金
錢有差居一二年己卯給諫戴光啓巡邊 請加拜秩視副
總戎拜乃登大將軍壇建旂鼓甚自雄矣明年庚辰套虜凡
九貢海虜凡五貢矣而大司馬方逢時以制置使御先先議
請于是拜與都指揮土文秀皆得蒙 上賞是年順義王俺

統史學書寫方式，對此次事件進行了較爲詳細的叙述。《萬曆武功録》史料多源自實録、邸報，且瞿九思作此書時距寧夏兵變爲時不遠，當時人記當時事，具有獨特的史料價值。此書可與《兩朝平攘録》《萬曆三大征考》等參看，對於其中的細節能有互補。

一九六二年中華書局據天津市人民圖書館藏明萬曆四十年（1612）刻本影印《萬曆武功録》。王雄、路虹、吴櫻、魯宏立等均利用《寧夏鎮哱拜哱承恩》對『哱拜之亂』相關問題進行過研究，尚無對《寧夏鎮哱拜哱承恩》的專門研究。上海古籍出版社二〇二三年出版韓超校注的《寧夏鎮哱拜哱承恩》，以《萬曆武功録》本爲底本，參以《皇明修文備史》清抄本。

（韓超）

杏苑生春*

《杏苑生春》八卷，明芮經彙集，明紀夢德編次，明龔廷賢校正，明徐文元發刻，金陵書坊蔣氏石渠閣梓。

芮經（1522—1598），字汝治，號活溪，又號明軒。據《明誥封武略將軍明軒芮老先生墓誌銘》載，其生於明嘉靖壬午（1522）九月廿六日，卒於明萬曆戊戌（1598）正月初二日，壽享七旬有七。其先乃直隸鎮江丹陽（今江蘇省丹陽市）人。洪武季，祖芮誠以小旗戍寧夏，遂爲寧夏人，故芮經爲軍户。迫於户役，以醫爲業。因藥論甚精，治病輒愈，爲權貴軍中所倚重，得以職晋千兵，誥封武略將軍。子嗣襲職承蔭。芮經之業醫與升遷，均在

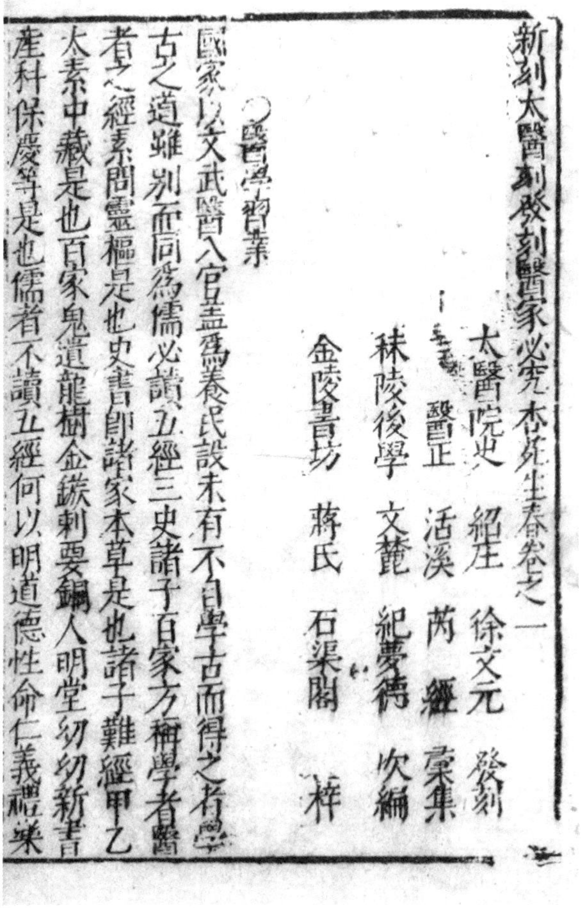
新刻太醫院校刻醫家必究杏苑生春卷之一
太醫院吏 紹崖 徐文元 發刻
醫正 活溪 芮經 彙集
秣陵後學 文麓 紀夢德 次編
金陵書坊 蔣氏 石渠閣 梓
醫學習業
國家以文武醫入官蓋爲養民設未有不自學古而得之者學古之道雖別而同爲儒必讀五經三史諸子百家方稱學者醫者之經素問靈樞是也史書即諸家本草是也諸子難經甲乙太素中藏是也百家鬼遺龍樹金鏃刺要鍼人明堂幼幼新書產科保慶等是也儒者不讀五經何以明道德性命仁義禮樂

明代衛所體制内。《萬曆朔志》載，芮經『通脉理，修治丸散尤精，往往有奇效，一時重之』。

《杏苑生春》約成書於萬曆年間，現存明金陵書坊蔣氏石渠閣刻本，係孤本，藏於南京中醫藥大學圖書館。該本版式不一，多爲四周雙邊，同時雜有四周單邊等情況。每半頁十二行，行二十四字，白口，單黑魚尾，版心標有卷次和頁次。書口有『杏苑生春』四字。文中有版刻小圓圈作句讀，另有毛筆圈畫句讀與閱讀修改痕迹。

《杏苑生春》八卷，每卷卷端均作『新刻太醫院刻發刻醫家必究杏苑生春卷之×』字樣，原書稿存於金壇王肯堂之家，經由金陵書坊蔣氏石渠閣梓行，其刊刻當在芮經卒後。全書由叙、目録、字辯釋音和正文四部分組成。『字辯釋音』一改夾注形式，專門將近千醫學疑難字集中摘録注釋并彙集成編，是爲醫學專科字詞典的早期雛形，也是對明代大型醫書有集中彙編醫學疑難字詞，以幫助閱讀特點的具體反映。正文的卷一至卷二爲醫論，共二百餘篇，較爲全面地涵蓋了從開始習醫至診斷處方的各類基礎醫藥學知識與理論。卷三至卷八爲臨證各科，其中，卷三爲六氣病證與外感、内傷等病證，卷四至卷五爲内科病證，卷六爲五官科與兒科病證，卷七爲内科雜證與外科病證，卷八爲外科病證與婦女科病證。後六卷以病名爲綱，以理法方藥爲目，略者存綱目，詳者辯證論治；述製方大法，用藥加減，煎服宜忌；論脉證之表象，臟腑之虚實，邪正之進退，皆以經旨前賢爲宗，深入淺出，無晦澀難通之慮。

《杏苑生春》是一部類編性質的醫書，其内容源自明代及以前的多種醫書。在文字編排上，既有整篇的摘録，也有句段的引用，不注明引文出處，其早期形態應是芮經所作的醫學資料彙編，具有較强的醫學實用目的。在内容上，具有取法丹溪、綜納百家、重視四診、强調脉證與治養兼備等特點。經由紀夢德編次與龔廷賢校正的《杏苑生春》，在醫學思想上，還呈現出醫儒同道、博學廣識和由博返約的特點。王肯堂稱贊《杏苑生春》爲『醫學指南』『醫家定鉢』。

《杏苑生春》具有重要的文獻學價值。又因其資料彙編性質，該書在内容上保留了大量明代及以前的醫書内容，可有助於其他醫書的點校與輯佚工作。《杏苑生春》作爲一部内容宏富的明代醫學全書，兼具重要的中醫學價值。其所具有的明代太醫院官方醫學色彩與醫學思想的時代性，必將有助於中國醫學史的多種研究。

施仲安撰《孤本〈杏苑生春〉簡介》最早介紹了南京中醫學院（今南京中醫藥大學）藏《杏苑生春》的版本和内容情况。王琨撰《明代醫家芮經墓誌銘考釋》《明代醫家芮經及其〈杏苑生春〉考略》二文，據出土文獻對芮經生平資料進行了增補。南京中醫學院供内部參考使用的鉛印本及之後中醫古籍出版社的影印與發行，促進了學界對《杏苑生春》的研究。二〇一五年中國中醫藥出版社出版的曹瑛等校注《杏苑生春》，曹瑛撰《類編型古醫籍的他校方法探討——以〈杏苑生春〉爲例》論述了《杏苑生春》在醫籍點校中的文獻學價值。上海古籍出版社即將出版的《杏苑生春》校注本，以明金陵書坊蔣氏石渠閣刻本爲底本，以其他中醫古籍爲參校本。

（張園園）

醯雞吟 *

《醯雞吟》十三卷，明李廷訓撰，其黄雲詩社社友熊嘉瑞、石鼎玉訂，門人孔聲振、馬一元、魏繼徵及子李夢鶴校。

李廷訓（1559—？）字孔教，號士昂，固原人。明神宗萬曆十三年（1585）乙酉科舉人，萬曆二十三年（1595）乙未科進士。纍官至河南清軍道、驛傳道僉事。其生平資料參見清宣統元年（1909）刻本《固原州志》卷四《人物志一》、《萬曆乙未科進士同年序齒録》卷一、《嘉靖陝志》、《乾隆甘志》、《［乾隆］西安府志》、《［乾隆］三原縣志》、《［雍正］河南通志》等。

美國國會圖書館藏《醯雞吟》明天啓三年（1623）刻本，孤本。該本無書

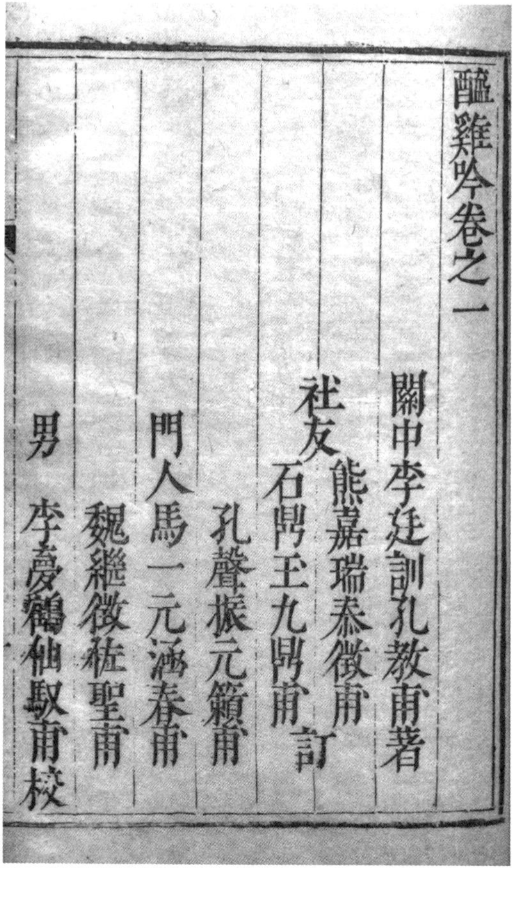
醯雞吟卷之一
關中李廷訓孔教甫著
社友熊嘉瑞泰徵甫
石門王九門甫訂
孔聲振元籟甫
門人馬一元涵春甫
魏繼徵祉聖甫
男　李夢鶴仙馭甫校

名頁，每半頁八行，行十七字，四周雙邊，單黑魚尾。版本保存較好，版面整潔，字迹清朗，墨色明顯，字迹較少漫漶。

《醯雞吟》主要包括《醯雞吟自叙》《醯雞吟紀年》《醯雞吟小引》和正文十三卷。詩歌按照年份編排，除卷二外，一卷衹録一年的詩歌，共收録李廷訓萬曆二十九年至天啓三年（1601—1623）二十二年間創作的詩歌共七百零六首。總目稱爲『醯雞吟紀年』，僅有干支紀年，却無卷次，與正文的既有卷次、又有紀年有所不同。而且，總目是先標出干支，然後排列詩題，正文是先標出卷次，却將干支以小字標在本年詩作的最後一首之末。

具體來看，卷一收『戊申』（萬曆三十五年，1607）詩八首。卷二收『辛丑』（萬曆二十九年，1601）、『丙午』（萬曆三十四年，1606）至『壬子』（萬曆四十年，1612）詩十三首。卷三收『癸丑』（萬曆四十一年，1613）詩二十四首。卷四收『甲寅』（萬曆四十二年，1614）詩一百零七首。卷五收『乙卯』（萬曆四十三年，1615）詩三十二首。卷六收『丙辰』（萬曆四十四年，1616）詩三十一首。卷七收『丁巳』（萬曆四十五年，1617）詩二十四首。卷八收『戊午』（萬曆四十六年，1618）詩二十三首。卷九收『己未』（萬曆四十七年，1619）詩五十二首。卷十收詩數量最多，收『庚申』（泰昌元年，1620）詩一百五十三首。卷十一收『辛酉』（天啓元年，1621）詩一百零五首。卷十二收『壬戌』（天啓二年，1622）詩八十五首。卷十三收『癸亥』（天啓三年，1623）詩四十九首。詩歌所涉及的題材内容較爲豐富，有懷古咏言詩、題畫詩、生活感懷詩、酬唱贈答詩、咏物詩、社會時事詩、鄉村田園詩等。在藝術特色方面，有以下幾點。首先，詩歌體裁完備，形式多樣，有古體、近體及歌行體、樂府體等，不落窠臼，自出機杼；其次，傳承陶潛『隱逸』之志，語言樸素自然，清新凝練，務去艱澀；再次，情感真摯，沉鬱頓挫，詩學少陵『現實』之書；最後，善於用典，取用合宜。

對此書進行整理與研究的意義如下：第一，在文學方面，可豐富明代寧夏文學的研究，如題畫詩組詩共六十首，舉凡歷史人物、戲曲表演、游藝雜技、民間娛樂等，無不攝於筆下，具有很高的文化藝術研究價值。第二，詩歌所涉關中地區的歷史人物較多，如皇甫謐、傅昭等，可豐富明寧夏歷史人物的研究。第三，該詩集按照時間排序的編排體例頗具特色，由於史籍中有關李廷訓的生平資料甚少，通過詩集中所記載便可以瞭解李廷訓的生平事迹及心態的轉變，爲研究其生平提供珍貴的文獻資料。

李廷訓及其《醯雞吟》整理研究成果較少。劉璇點校本《醯雞吟》，編入賈三強主編《陝西古代文獻集成》第十輯中。上海古籍出版社二〇二三年出版的丁卓源校注《醯雞吟》，以美國國會圖書館藏明天啓三年（1623）刻本爲底本，部分成果參考劉璇點校本《醯雞吟》及《古代咏史集叙録稿》等文獻。

（丁卓源）

海北聰禪師語録*

《海北聰禪師語録》五卷，明末清初海北聰禪師撰，清雲、照璽等記録。

海北聰又名海北性聰，明萬曆至清雍正年間人，俗姓李，具體籍貫不詳，或爲今陝西西部至甘肅東部一帶人。師承獨懶和尚，是明清時期寧夏至甘肅一帶有名的高僧。海北聰最初於吴山（今陝西寶雞市西北）拜獨懶和尚爲師，後又於青海湟中地區的寺廟中修习佛法，并形成了一定的影響力。清康熙二十一年（1682）至康熙二十六年（1687）間，海北聰雲游各地，廣弘佛説，其間往返於寧夏、青海、甘肅等地的禪院寺廟。康熙二十一年（1682）、

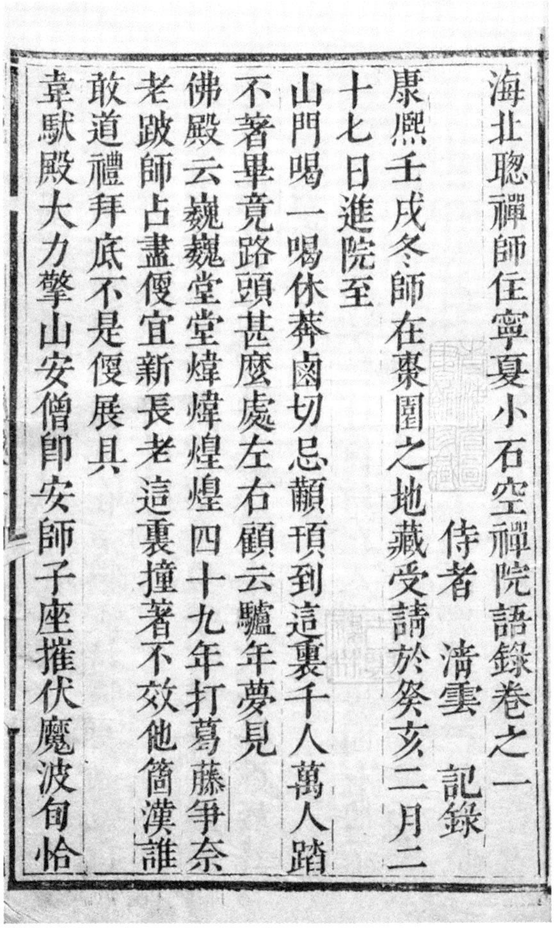

海北聰禪師住寧夏小石空禪院語録卷之一
侍者　清雲　記録
康熙壬戌冬師在棗園之地藏受請於癸亥二月二
十七日進院至
山門喝一喝休莽鹵切忌顢頇到這裏千人萬人踏
不著畢竟路頭甚麼處左右顧云驢年夢見
佛殿云巍巍堂堂煒煒煌煌四十九年打葛藤爭奈
老趺師占盡便宜新長老這裏撞著不效他箇漢誰
敢道禮拜底不是便展具
韋馱殿大力擎山安僧即安師子座摧伏魔波旬恰

康熙二十六年（1687）分别在寧夏小石空禪院和朔方大石禪院住錫説法，受到當地信衆的推崇，并與寧夏著名高僧潤光有深厚的交往。

《海北聰禪師語録》未見有單行刻本傳世，僅見收於《徑山藏續藏》。每半頁十行，行二十字，四周雙邊，白口。書口上方鎸刻『支那選述』，正文版心上鎸書名簡稱『海北語録』四字，以及卷數，下刻頁碼。

《海北聰禪師語録》正文前有陳聞道撰《海北聰禪師録語序》一篇。前四卷主要記録了康熙二十一年（1682）至康熙二十六年（1687）海北聰開堂説法，與衆弟子論道參禪的言教。卷一卷端題名爲『海北聰禪師住寧夏小石空禪院語録』，由侍者清雲記録。卷二卷端題名爲『海北聰禪師住永昌白衣禪院語録』，由侍者照璽記録。卷三卷端題名爲『海北聰禪師住湟中金仙禪院語録』，由侍者淳然記録。卷四卷端題名『海北聰禪師住朔方大石禪院語録』，由侍者寂圓記録。從内容看，前四卷與傳統的禪宗語録一樣，主要探究佛門教義，討論禪宗公案，參透禪宗話頭。

《海北聰禪師語録》卷五主要收録了海北聰撰寫的詩文，内容豐富，體裁多變。陳聞道在序言中評價其『古風近體，俱宗乘隨口道出』。本卷收詩共計一百九十一首，包括五言古詩十三首，七言古詩八首，五言律詩十五首，七言律詩十五首，五言絶句十六首，六言絶句三首，七言絶句四十四首，偈詩七十七首。從題材看，其詩可以分爲以下幾種：其一，寫景抒情，如組詩《咏牛首·附十景》對牛首山（位於今寧夏回族自治區青銅峽市）一帶十處著名景物進行吟咏，這類詩歌占比最多。其二，抒發哲理，以禪宗佛理爲主，如《六八秃郎自簡》等。其三，贈友懷人，如《答張堯典》等。本卷收文共計二十四篇，包括往來書信二十三篇，募糧疏一篇。這些詩文不僅僅是研究海北聰生平的重要資料，也是研究寧夏高僧和寧夏佛教史的重要參考文獻。

海北聰禪師還曾撰寫《壽福碑記》一篇，但《海北聰禪師語録》未收。原碑不存。該記是海北聰在其師父獨懶和尚圓寂之後，於康熙二十九年（1690）爲其撰寫的碑文，主要記録了獨懶的生平及其與海北聰交往事宜。

《海北聰禪師語録》具有一定的史料價值。主要表現在以下三點：其一，爲研究明末清初高僧著述，研究明末清初高僧海北聰禪師的生平及思想提供了基础史料，其二，爲研究清代陝、甘、寧、青等地佛教思想和文化的交流提供了基础史料。其三，爲研究清代寧夏文學創作提供了基础文獻。上海古籍出版社即將出版的胡玉冰等校注《海北聰禪師語録》，以《徑山藏續藏》本爲底本，校以其他歷史文獻。

（李俊易）

清代

正覺潤光澤禪師澡雪集*

《正覺潤光澤禪師澡雪集》（簡稱《澡雪集》）一卷，清潤光澤禪師撰，清照水和尚重編。

《澡雪集》曾有二卷本傳世，由潤光弟子收集整理彙編而成，刊行於清康熙二十一年至二十三年（1682—1684），疑已亡佚。現傳本爲一卷本，由照水重編而成，刊行於康熙三十九年（1700）。一卷本現存兩種，其一見故宫博物院嘉興《大藏經》『又續藏』第四十二函。方册綫裝，黄花緞書衣，黄綾包角，黄丝綫穿釘，褐黄綾書簽，黄地彩錦函套。該本卷端題『正覺潤光澤禪師澡雪集卷一』，次行題『香巖照水重編』。每半頁十行，行二十字，四周雙邊，外粗裏細，白口。上書口處鎸『支那撰述』四字，其下刻書名、卷次及頁次。其二見臺北『國家圖書館』嘉興《大藏經》，與故宫博物院藏本相比，其書口未鎸『支那撰述』四字，其餘版式内容全同。

潤光（1611—1682），又稱潤光澤、潤光老人，明末清初寧夏（今寧夏回族自治區銀川市興慶區）人。

俗姓陳，其父陳玉軒，母朱氏。幼時被父母舍之太平寺，十五歲還家，與王氏成婚。四十九歲時妻、子皆亡，遂决意再次出家，到牛首山寺（今寧夏回族自治區青銅峽市）披剃於廣東和尚。廣東和尚名慧光，著有《泡影集》。潤光後爲正覺臺（故址疑在今銀川市興慶區南熏門外）住持。其生平詳見《澡雪集·自狀》，《乾隆寧志》卷十六《人物·仙釋》、《民國朔志》卷二十二《人物志·釋道》有簡單介紹。潤光是有道高僧，不僅在當地百姓、居士中很有威信，也頗得慧光禪師的大乘真傳，與很多禪師、高僧廣有交流，在寧夏及周邊地區很有影響。他也深受佛門弟子崇敬，求其點化者衆，其中香巖洗心水禪師爲典型代表。他披剃於潤光和尚，曾駐錫香巖寺，多受潤光點撥，著有《香巖洗心水禪師語録》二卷，收入《大藏經》。

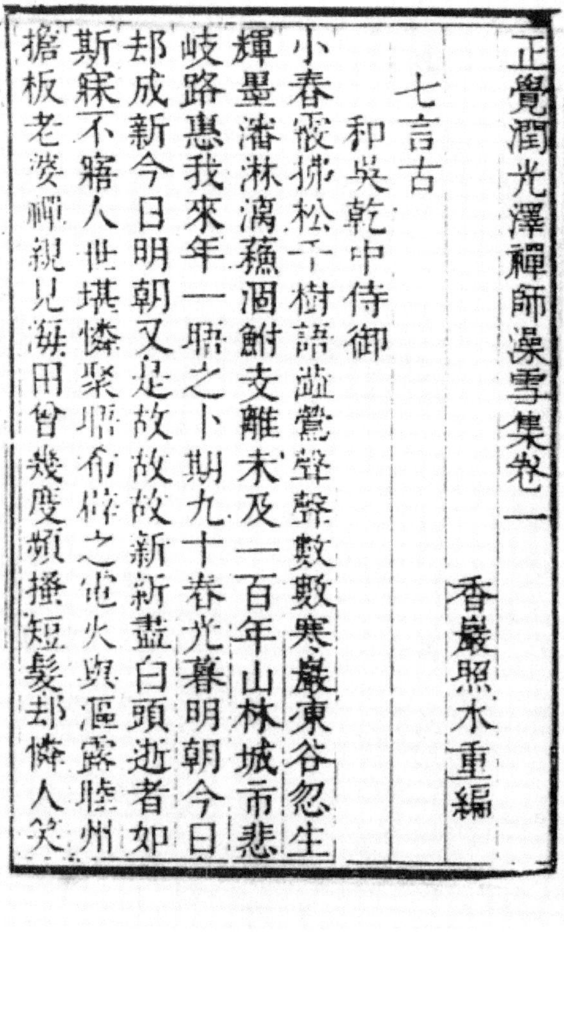
正覺潤光澤禪師澡雪集卷一

香巖照水重編

七言古

和吳乾中侍御

小春霞拂松千樹語溢鶯聲聲數數寒巖東谷忽生輝墨瀋淋漓藴涸鮒支離未及一百年山林城市悲岐路惠我來年一晤之卜期九十春光暮明朝今日却成新今日明朝又是故故新新盡白頭逝者如斯寐不寤人世堪憐聚晤希粹之电火與漏露脞州掐板老婆禪親見海田曾幾度頻搔短髮却憐人笑

除精通佛理外，潤光亦工於詩文。《澡雪集》正文前有《正覺潤光澤禪師澡雪集序》《正覺潤光澤禪師澡雪集目録》，正文包括七言古、七言律、五言律、七言絶及《口皷子歌》《示徒》《書問》《雜著》《廣東和尚泡影集序》《自狀》。共録詩三十八首，《乾隆寧志》卷二十一《藝文・詩》録其中《和陳二猷游山》《游賀蘭山絶句》二首。共録文十二篇，包括警示勸誡文兩篇，書信六篇，雜著兩篇，序一篇，自狀一篇。集末是一篇簡短的《辭世偈》，落款爲『照水謹述』。

《澡雪集》作爲一部寧夏高僧創作的詩文集，具有一定的史料、校勘等價值。其一，爲研究清代寧夏歷史人物著述，研究清代寧夏高僧潤光禪師詩文創作提供了重要史料。其二，《澡雪集》也是研究寧夏佛教發展的重要史料。寧夏佛教歷史悠久，但文獻記載簡略。通過對潤光《澡雪集》研究，可以進一步瞭解寧夏佛教的發展與傳揚。其三，《澡雪集》對校勘《廣東和尚泡影集》等具有一定的校勘價值。

《乾隆寧志》《民國朔志》《中國古籍總目》《宫内廳書陵部藏舶載書目》等對《澡雪集》有著録。新文豐出版公司一九八七年出版的《明版嘉興大藏經》，北京圖書館出版社二〇〇四年出版的《禪宗全書》，民族出版社二〇〇八年出版的《嘉興藏》，國家圖書館出版社二〇一六年出版的《徑山藏》，均影印了《澡雪集》。仇王軍、郭婉瑩等有該書研究成果。上海古籍出版社即將出版的郭婉瑩校注《正覺潤光澤禪師澡雪集》，以《禪宗全書》清康熙三十七年（1698）刻本爲底本，以臺北『國家圖書館』藏清刻本爲通校本，部分成果參考《乾隆寧志》等。

（郭婉瑩）

洗心水禪師語録*

《洗心水禪師語録》二卷，清洗心禪師撰，清實雪等編。

洗心禪師(1654—?)，俗姓劉，禪號洗心，人稱洗心水禪師，祖籍江蘇南京，其祖父因做官遷移到了陝西，明清之際又遷居寧夏鎮城（今寧夏回族自治區銀川市興慶區）。祖父去世後，洗心禪師舉家移居到寧夏鎮任春堡，此

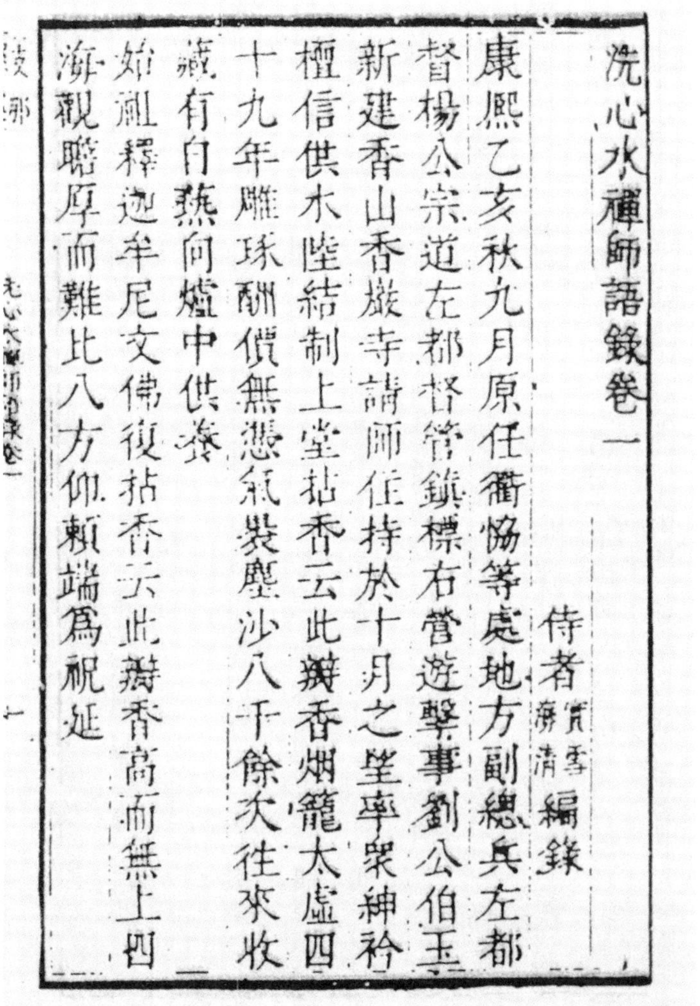
洗心水禪師語録卷一
侍者實雪寂清編録
康熙乙亥秋九月原任衛協等處地方副總兵左都督楊公宗道左都督管鎮標右營遊擊事劉公伯玉新建香山香巖寺請師住持於十月之望率衆紳衿檀信供木陞結制上堂拈香云此瓣香烟籠太虛四十九年雕琢酬價無憑氣裝壓沙八千餘次往來收藏有自爇向爐中供養
如覩釋迦牟尼文佛復拈香云此瓣香高而無上四海觀瞻厚而難比八方仰賴端爲祝延
洗心水禪師語録卷一　一

後便一直定居於寧夏。洗心於二十四歲出家，拜寧夏高僧正覺潤光禪師爲師。後出寧夏，遍歷諸方參禪，先後受到多位高僧指點。清康熙三十一年（1692），他重回寧夏，在寧夏各地升堂講經。康熙三十四年（1695）寧夏縉紳建香山香巖禪寺，邀洗心永遠住持。

《語録》是洗心生平唯一傳世的著作，由其侍者、參學門人記録成册并流傳下來，兩卷分别由不同人編録，卷一由侍者實雪、海清編録，卷二由參學門人實雲、實慧編録。《語録》由寧夏人文止刊刻於康熙三十七年（1698）。康熙三十九年（1700），板存浙江嘉興府楞嚴寺大藏經坊。今見於《嘉興藏》『又續藏』第四十二函中，每半頁十行，行二十字，四周雙邊，白口。上書口處鐫『支那撰述』四字，版心中段鐫書名『洗心水禪師語録』，其下刻卷次及頁次。

《語録》正文前有康熙二十五年（1686）王吉相撰《洗心水禪師語録序》、康熙二十六年（1687）趙運熙撰《洗心水禪師語録序》兩篇序和《洗心水禪師語録目録》。卷一由《上堂》、《小參》、《示衆》、《拈古》（録詩十一首）、《頌古》（録詩三十首）、《法派》、《偈》（録詩二十一首）、《次普明禪師牧牛頌》（録詩十首）、《山居》等篇目組成，卷二由《雜咏》（録詩三十一首）、《贊》（録詩三首）、《自贊》、《機緣》、《佛事》（録六件事）、《書問》（録文三篇）、《行實》、康熙二十三年（1684）趙運熙撰《創修瑞巖洞碑記》、康熙三十年（1691）韓岍撰《初晤洗心禪師訪記》構成。本卷末附康熙三十七年（1698）文止所撰《後跋》。

《語録》主要記録了洗心禪師生平事迹及其佛法經驗，作爲洗心唯一傳世的著述，有其獨特的研究價值。

主要表現在，其一，爲研究清代寧夏地方佛教發展傳播過程，研究代表性高僧的人生經歷及其佛學思想，提供了重要資料；其二，爲研究清代寧夏高僧詩文創作提供了重要資料。

目前學界對洗心禪師及其《語録》的整理研究成果較少。新文豐出版公司一九八七年出版的《明版嘉興大藏經》，北京圖書館出版社二〇〇四年出版的《禪宗全書》，民族出版社二〇〇八年出版的《嘉興藏》，國家圖書館出版社二〇一六年出版的《徑山藏》，均影印了《語録》。仇王軍《清代寧夏高僧考述》和《中衛市香巖寺碑刻考釋》兩文涉及洗心生平及其《語録》。上海古籍出版社即將出版的李曉芳校注《洗心水禪師語録》，以《禪宗全書》清康熙三十七年（1698）刻本爲底本，以臺北『國家圖書館』藏清刻本爲通校本，部分成果參考《乾隆寧志》等。

（胡玉冰　李曉芳）

林我禪師語録*

《林我禪師語録》四卷，清林我禪師撰。卷一由海鑫編、海兹録，卷二由海金編、海潤録，卷三、卷四由海金編録。

林我禪師（1612—1679），名鑒，明末清初閬州（今四川省閬中市）人。俗姓侯，母親蘇氏。生於明萬曆四十年（1612）初八日子時，幼時多病，好讀書，但不幸父喪，殯葬後仍抱病上學，病久弃書，立志出家，到萬緣寺披剃於禮大慈師。十四歲母親去世，十六歲參學於桂谿莊，受戒於寶池和尚，後又向昭覺惟一和尚、聖塔離旨和尚、大雲靈筏和尚、蠶司無漏和尚、大庵鑑隋和尚、鹿池嶽川和尚、學門含璞和尚等多位禪師學習。後因崇禎十七年（1644）蜀中大亂，林我禪師出川入秦（今陝西），在南安、貴清、天水、終南山一帶山居十餘年。清康熙七年（1668）夏，林我禪師到大興善寺聽風穴雲峨禪師説法。同年秋，林我禪師嗣法於易庵老人。易庵老人，爲破山法子傳臨濟正宗師。此後，林我禪師相繼去南陽岞峪法海寺、涇陽鐵佛崇文塔寺等地説法。康熙八年（1669）十月二十六日，至寧夏海寶塔寺弘揚佛法，圓寂於康熙十八年（1679）二月初六未時。其生平詳見《林我禪師語録·行實》《林我禪師語録·林我禪師塔銘》及《五燈全書》等。

《林我禪師語録》刊行於康熙三十年（1691），現存兩種，其一見收於故宮博物院嘉興《大藏經》，每半頁十行，行二十字，四周雙邊，白口。上書口處鎸『支那撰述』四字，其下刻書名、卷次及頁次。其二見收於臺北『國家圖書館』嘉興《大藏經》，與故宮博物院藏本相比，其書口未鎸『支那撰述』四字，其餘版式内容全同，但『支那撰述』的位置有剔除痕迹，應爲同一版本。

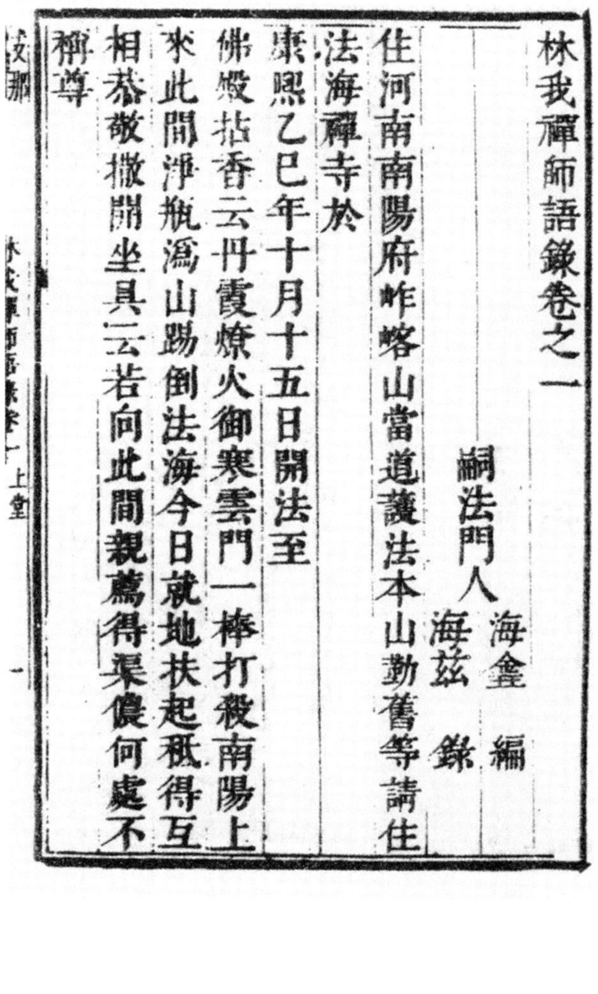
林我禪師語錄卷之一
嗣法門人 海鑫 編
海茲 錄
住河南南陽府岞㟧山當道護法本山勳舊等請住
法海禪寺於
康熙乙巳年十月十五日開法至
佛殿拈香云丹霞燎火御寒雲門一棒打殺南陽上
來此間淨瓶瀉山踢倒法海今日就地扶起秖得互
相恭敬撤開坐具云若向此間親薦得渠儂何處不
稱尊
支那
林我禪師語錄卷一 上堂 一

《林我禪師語録》正文前有一篇關中髮頭陀所作《序》及《林我禪師語録目次》。卷一收《住河南南陽府岞峪山法海寺語録》《住陝西西安府文塔鐵佛禪寺》。卷二收《住長安大興善禪寺》《住秦中寧夏海寶禪寺》。卷三收《小參》《晚參》《示衆》《入室機緣》《拈古》《頌古》《聯芳偈》《題贊》。卷四收《住鳳翔府清涼禪寺警語》《示偈》《佛事》《行實》《塔銘》。

《林我禪師語録》具有一定的史料價值。其一，爲研究明末清初高僧著述、研究明末清初高僧林我禪師的生平及思想提供了基础史料。其二，爲研究清代寧夏佛教思想的交流提供了基础史料。林我禪師到寧夏海寶禪寺談禪説法，推動了寧夏禪學的發展，也促進了寧夏與其他地區佛教思想的文化交流。

《中國古籍總目》《湖南省古籍善本書目》《湖南圖書館古籍綫裝書目録》等對《林我禪師語録》有著録。新文豐出版公司一九八七年出版的《明版嘉興大藏經》，北京圖書館出版社二〇〇四年出版的《禪宗全書》，民族出版社二〇〇八年出版的《嘉興藏》，國家圖書館出版社二〇一六年出版的《徑山藏》，均影印了《林我禪師語録》。

（郭婉瑩）

斌雅禪師語録*

《斌雅禪師語録》二卷，清斌雅禪師撰，上卷海岳記録，下卷源清記録。

斌雅，生卒年不詳，梓州（今四川省綿陽市三臺縣）人，俗姓章。據《斌雅禪師語録》《乾隆寧志》《民國朔志》《錦江禪燈》《五燈全書》等文獻記載，斌雅禪師嗣法於風穴雲峨禪師即行喜（1613—1676），俗姓陳，資陽人，臨濟宗三十二世傳人，著有《雲峨喜禪師語録》二卷。清順治十四年（1657），雲峨傳衣鉢於斌雅，斌雅成爲臨濟宗三十三世傳人。此後，斌雅禪師先後在淅州縣岩嶅山法海寺、臨潼交口龍華寺、渭南靈臺寺、西安封存寺、寧夏海寶禪寺、漢中西鄉洪崖寺、山西陽城開明寺等地開堂説法。斌雅禪師頗得雲峨禪師的大乘真傳，使得他在清初禪宗界有一定的影響。他不僅在當地百姓、居士中很有威信，還與一些禪師、官員有所交往。斌雅禪師於清康熙三年（1664）入院寧夏海寶禅寺，其佛法在當時頗有影響。靈芝禪師嗣法於斌雅禪師，并傳承其衣鉢。靈芝禪師，名秀，寧夏人，自斌雅禪師圓寂後，住持福寧寺。

《斌雅禪師語録》現存兩種版本，其一見收於故宫博物院嘉興《大藏經》，每半頁十行，行二十字，四周雙邊，白口。上書口處鎸『支那撰述』四字，其下刻書名、卷次及頁次。其二見收於臺北『國家圖書館』嘉興《大藏經》，與故宫博物院藏本相比，其書口未鎸『支那撰述』四字，其餘版式内容全同，但『支那撰述』

的位置有剔除痕迹，應爲同一版本。

《斌雅禪師語録》正文前依次有康熙二十四年（1685）王新命撰《福寧斌雅禪師語録序》，徐祚炳撰《序》，康熙六年（1667）栢永馥撰《序》，康熙十六年（1677）何傳撰《序》。卷上收録斌雅在淅州縣岝峪山法海寺、臨潼交口龍華寺、渭南靈臺寺、西安封存寺、寧夏海寶禪寺等地的語録。卷下不僅收録斌雅在漢中西鄉洪崖寺、山西陽城開明寺等地的語録，還包括《偈頌》《雜著》《贊》等。

《斌雅禪師語録》具有一定的史料價值。其一，爲研究清代高僧著述，研究清代高僧斌雅禪師的生平創作提供了基础史料。其二，爲研究清代寧夏佛教的傳播與發展提供了基础史料。斌雅禪師曾到寧夏海寶寺、福寧寺等地升堂説法，促進了寧夏與其他地區佛教之間的文化交流。其三，爲研究臨濟宗的法脈傳承提供了基础史料。斌雅禪師嗣法於風穴雲峨禪師，而風穴雲峨

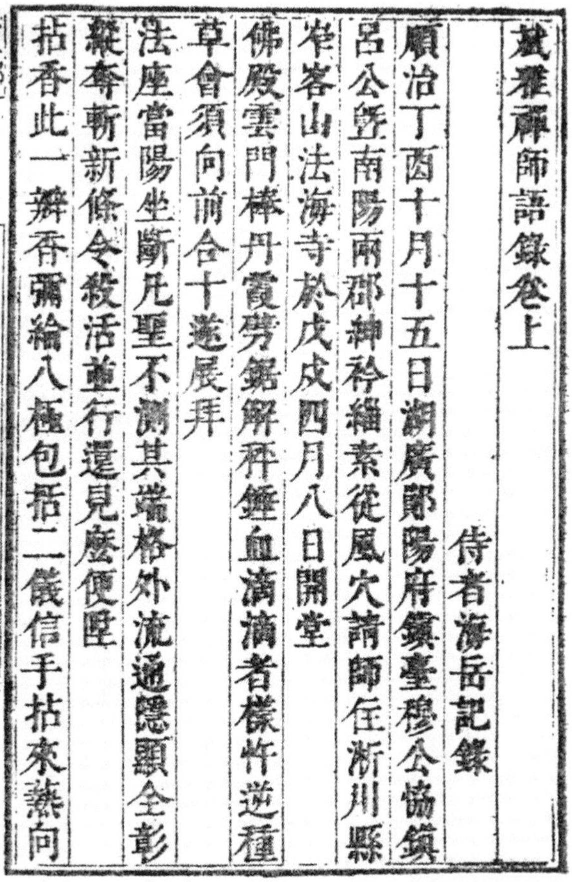
斌雅禪師語録卷上

侍者海岳記録

順治丁酉十月十五日湖廣鄖陽府鎮臺穆公協鎮呂公暨南陽兩郡紳衿緇素從風穴請師住淅川縣岑客山法海寺於戊戌四月八日開堂

佛殿雲門棒丹霞劈銘解秤錘血滴滴者㨾忤逆種草會須向前合十遂展拜

法座當陽坐斷凡聖不測其端格外流通隱顯全彰縱奪斬新條令殺活並行還見麽便陞

拈香此一辦香彌綸八極包括二儀信手拈來爇向

斌雅禪師語録卷上　二

支那

受法於密雲圓悟一系。密雲圓悟禪師爲臨濟宗第三十世傳人，斌雅禪師則爲臨濟宗第三十三世傳人，他的思想與詩文爲研究臨濟宗的法脈傳承提供了基础史料。

《重修清史藝文志》《清史稿藝文志拾遺》《販書偶記》《中國古籍總目》等對《斌雅禪師語録》有著録。新文豐出版公司一九八七年出版的《明版嘉興大藏經》，北京圖書館出版社二〇〇四年出版的《禪宗全書》，民族出版社二〇〇八年出版的《嘉興藏》，國家圖書館出版社二〇一六年出版的《徑山藏》，均影印了《斌雅禪師語録》。

（郭婉瑩）

東園詩集

《東園詩集》五卷，清黃圖安撰。

黃圖安（？—1659），字四維，號東園。明崇禎十年（1637）進士，官易州道。清順治元年（1644），率所屬降清，留任原官，因親擒河間巨盜李聊考，擢甘肅巡撫，再任寧夏巡撫，後清廷以故意規避罪將其革職。順治九年（1652），因范文程力請，以僉都御史再任寧夏巡撫。黃圖安任職寧夏期間，勵精圖治，對寧夏的政治、經濟等發展做出了重要貢獻。十二年（1655），上《條議寧夏積弊疏》，主張整頓軍餉、渠工、驛遞、軍訓等八項措施。

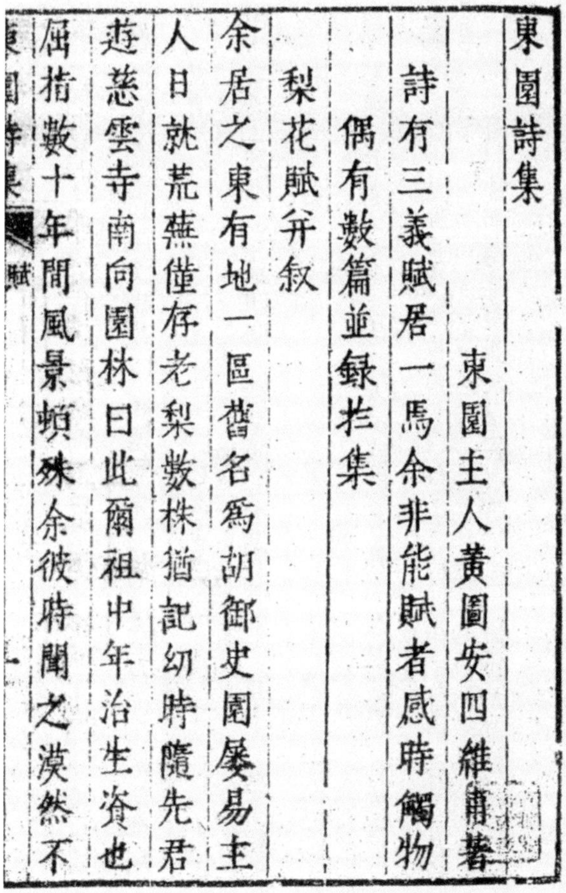

東園詩集

東園主人黃圖安四維甫著

詩有三義賦居一焉余非能賦者感時觸物

偶有數篇並録於集

梨花賦并叙

余居之東有地一區舊名爲胡御史園屢易主

人日就荒蕪僅存老梨數株猶記幼時隨先君

遊慈雲寺南向園林曰此爾祖中年治生資也

屈指數十年間風景頓殊余彼時聞之漠然不

東園詩集　卷一　賦

十三年（1656），又奏准裁汰邊軍老弱，提出廢除『無兵之用，有兵之費』的軍屯，主張『化兵爲民』『變兵爲民』。被裁汰的邊兵分得了土地的同時，又開墾了諸多荒地，大力發展了農業生産。十四年（1657）考滿，加副都御史銜。十五年（1658），黄圖安又主持疏浚唐徠渠和漢延渠，使之充分發揮灌溉作用。十六年（1659）以『舉薦非人罪』降五級，尋卒。

首都圖書館藏《東園詩集》清順治十四年(1657)刻本，一函四册，版框高二十點七厘米，寬十三點三厘米，每半頁九行，行十八字，四周單邊，白口，單黑魚尾。

《東園詩集》五卷，文前有唐德亮《序》、宋琬《東園詩序》、黄圖安《自叙》。卷一録賦四篇，分别爲《梨花賦并叙》《蓮花賦》《菊有黄花賦》《雪賦》。卷一至卷五分别收詩一百五十九首、八十八首、九十九首、一百二十六首、一百三十九首，共計六百一十一首，其中卷二録他人原韵六首，卷三附他人原韵一首，實際出於黄圖安之手的詩歌共六百零四首。《東園詩集》詩歌内容豐富，題材多樣，舉凡擬古、邊塞、咏物、山水、思鄉、贈答等均成爲其所關注和描摹的對象。其中《中秋日署中有感》《追和王覺斯登華山絶頂》《壁間石山》《雁字》等多首詩歌反復吟咏賀蘭山之巍峨、賀蘭秋景之蕭瑟。

《東園詩集》文獻價值主要體現在以下幾點。第一，集中大量詩歌表現了黄圖安降清前後的生活與情感，對研究清代貳臣的内心世界、生活狀態大有裨益；第二，此詩集是黄圖安巡撫寧夏期間所刻，其中不僅收録了諸多表現寧夏風物的作品，亦有不少叙寫与其同時期仕宦寧夏的宋琬、唐采臣、劉孝吾、羅續初等人的贈答郊游詩，諸如《贈荔裳宋年兄》《乙未暮春贈别唐采臣》《贈劉大將軍旋師歸鎮》《仲夏同劉總戎裕吾羅兵憲續初再游南郊》等，在豐富寧夏地方文獻的同時，也爲學界研究宋琬、唐采臣等人提供了珍貴的參考資料；第三，此詩集中録有大量黄圖安參與素心社活動并與詩社成員往來贈和之作，如《辛巳初冬同衆游慈雲寺約素心社社長蘇念伊首唱一律步和》《至日懷素心社中諸友》等，對研究清代詩社情況亦有重要的文獻價值。寧夏文史館二〇一七年内部出版了鄭濟洧箋注《黄圖安詩集》。上海古籍出版社二〇二三年出版的楊學娟校注《東園詩集》，以清順治十四年（1657）刻本爲底本，部分成果參考鄭濟洧箋注《黄圖安詩集》等。

（楊學娟）

唐采臣稿

《唐采臣稿》不分卷，清唐德亮撰。

唐德亮，生卒年不詳，字采臣，明末清初無錫金匱縣人。明崇禎二年（1629）入復社，十年（1637）在無錫與錢陸燦、黄家舒等人結聽社，十一年（1638）參與聲討阮大鋮的《留都防亂公揭》事。崇禎十五年（1642）中舉人。清順治九年（1652）進士，授户部主事，管京糧廳。十年（1653），以户部主事督餉寧夏，得遺文數篇，增補於《萬曆朔志》後。官至户部員外郎，卒於京邸。著有《書巢文集》《四柳集》。傳見《［乾隆］江南通志》卷一百六十六《文苑》、《［光緒］無錫金匱縣志》卷二十二《文苑》、《江蘇詩徵》卷六十六、《梁溪詩鈔》卷十七、《調運齋集》卷七等。《江南通志》卷一百九十四《藝文志》載唐德亮著有《書

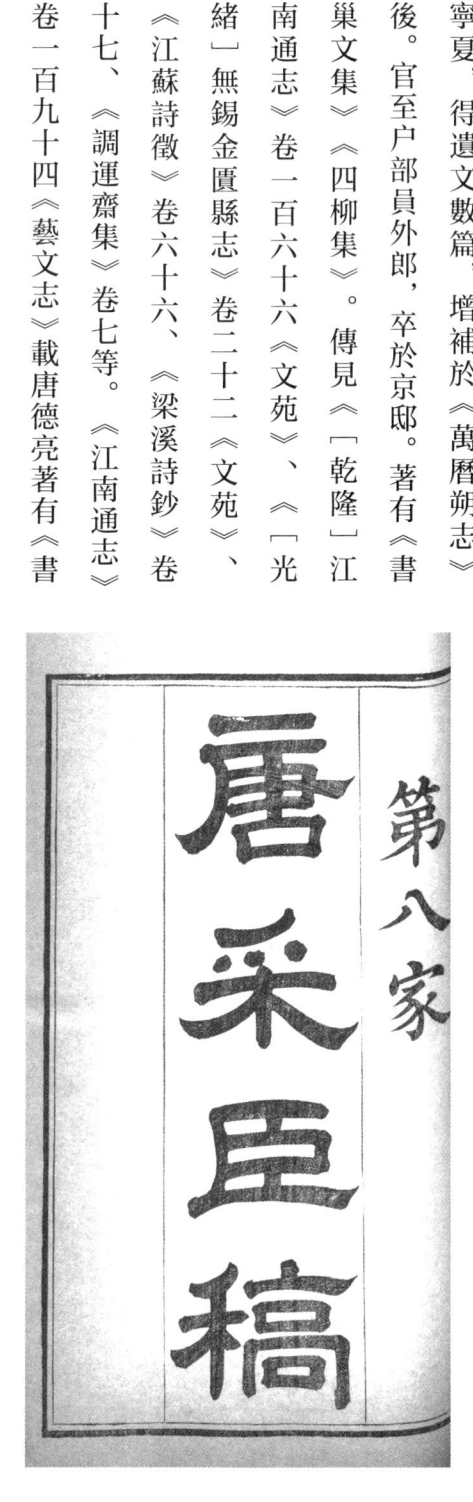

巢文集》。

《唐采臣稿》爲唐德亮所撰八股文的彙編，傳世本有清康熙三十八年（1699）刻《可儀堂一百二十名家制義》本與嘉慶江都秦巘石研齋刻《國初十六家精選》本。《唐采臣稿》爲《可儀堂一百二十名家制義》第一百零八家，該叢書爲清初制義名家俞長城編，重刻本衆多，除清康熙三十八年（1699）可儀堂刻本外，還有康熙步月樓令德堂刻本，中國國家圖書館藏；清康熙刻本，中國國家圖書館、北京大學圖書館藏；清乾隆三年（1738）文盛堂、懷德堂刻本，中國國家圖書館藏。

嘉慶江都秦巘石研齋刻《國初十六家精選》本中，《唐采臣稿》位於第八家，北京大學圖書館藏。秦巘，字玉笙，或玉生，號綺園，揚州江都人，生卒年不詳。道光六年（1826）中舉，有《詞繫》一書傳世。石研齋本書名頁題『第八家』『唐采臣稿』字樣。正文前有《唐采臣稿題辭》，共兩頁。每半頁五行，行十三字。正文每半頁九行，行二十五字，四周單邊，白口，無界行。版心處自上而下題『國初十六家精選』『上論』

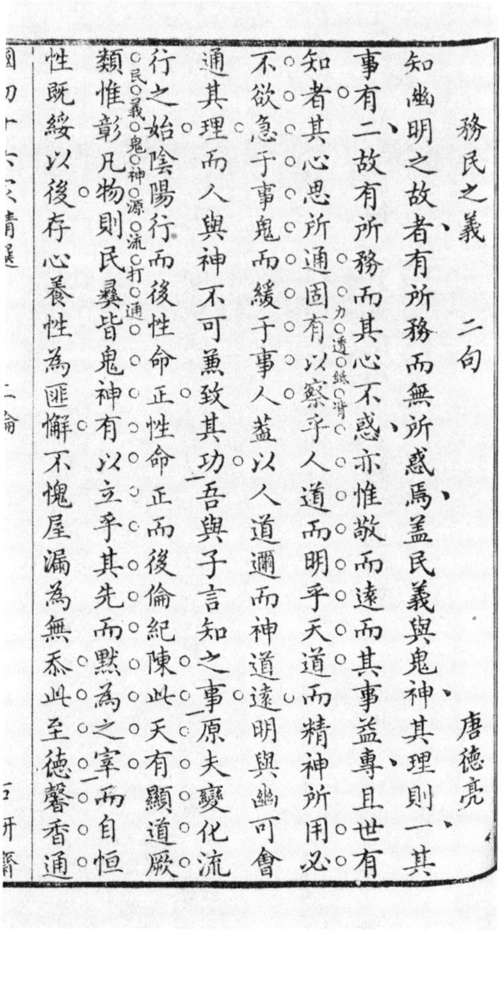
務民之義　二句　唐德亮
知幽明之故者有所務而無所惑焉蓋民義與鬼神其理則一其事有二故有所務而其心不惑亦惟敬而遠而其事益專且世有知者其心思所通固有以察乎人道而明乎天道而精神所用必不欲急于事鬼而緩于事人蓋以人道邇而神道遠明與幽可會通其理而人與神不可兼致其功吾與子言知之事原夫變化流行之始陰陽行而後性命正性命正而後倫紀陳此天有顯道厥類惟彰凡物則民彝皆鬼神有以立乎其先而默為之宰而自恒性既綏以後存心養性為匪懈不愧屋漏為無忝此至德馨香通
力透紙背
民義鬼神源流打通
國初十六家精選　上論　石研齋

或『下論』『石研齋』等字樣。

《唐采臣稿》正文前有《唐采臣稿題辭》和《目録》，正文收録唐德亮所撰之《務民之義》《禹吾無間》《與命與仁》《屢空賜不》《百姓足君》《南宫適問》《因民之所》《慮而後能得》《父作之》《敬大臣則不眩》《詩曰奏假》《乃所願則》《夫以百畝》《舜明於庶》《其自任以》《説大人則》等文，共十六篇。各篇文末附有秦玉生、沈秋園、陸園沙等人的評點文字。

唐德亮爲清初八股文名家，《唐采臣稿題辭》稱『采臣得力於蘇而探源於韓』，《唐采臣稿》爲目前所見收録唐德亮八股文篇目較多的彙編集，是研究唐德亮其人的重要資料，同時對清初時期的八股文研究亦具有重要的參考價值。

《中國古籍總目》《清人詩文集總目提要》對《唐采臣稿》有著録。《欽定四書文》卷十四收録唐德亮八股文《經正則庶民興》一篇。《民國固志》卷十《藝文志》收録唐德亮《重修東嶽廟記》一文。安正發、李拜石撰《曾畹交游考》一文涉及了唐德亮和曾畹的交游情況。上海古籍出版社二〇二三年出版的邵敏、林光釗校注《唐采臣稿》，以清嘉慶江都秦氏石研齋刻《國初十六家精選》本爲底本，校以其他歷史文獻。

（邵敏　林光釗）

重刻唐采臣先生傳稿*

《重刻唐采臣先生傳稿》不分卷，清唐德亮撰，本书爲其所撰八股文的彙編之作。唐德亮生平參見本書前文《唐采臣稿》提要。中國國家圖書館藏清康熙刻本，乃傳世孤本。版心上頁格刻『唐采臣傳稿』，版心中偏上刻《大學》《中庸》等區分制義涉及内容，版心下頁格刻『長圃』，每半頁十行，行二十六字。

該書共上、下兩册，由錢陸燦評定，另有錢氏門人朱名縉、董子位、陳鍊、唐杜、楊喬年、劉維揚六人參與編訂。上册分爲《大學》《上論》《下論》三部分，下册分爲《中庸》《上孟》《下孟》三部分。據正文首頁『唐德亮鄉墨』字樣，及馬世奇序『而今采臣以壬午雋』，可知此書最早編訂於明崇禎十五年（1642），即唐德亮中舉之年。

《重刻唐采臣先生傳稿》正文前有馬世奇《原序》一篇。馬世奇（？—1644），字君常，號素修，江蘇無錫人，崇禎四年(1631)進士。廉潔好義，官至左庶子。李自成破北京，世奇自縊，清廷賜其謚號曰『文忠』。馬世奇《序》曰：『采臣弱冠從余問字，意取孤徑取奥，不襲前人一言一句，而必出乎己。』可見他與唐德亮有師徒情誼。此序多贊采臣，如稱其筆墨之妙在『岑嘉州、韋蘇州、季孟之間』，雖不免溢贊，但也從一定程度上説明德亮制義有法。

《重刻唐采臣先生傳稿》正文爲九十八篇制義，皆爲八股文題涉四書即《大學》《論語》《中庸》《孟子》

的制義，其中題涉《大學》的制義九篇，題涉《論語》的制義三十六篇（包括《上論》制義二十一篇、《下論》制義十五篇），題涉《中庸》的制義二十篇，題涉《孟子》的制義三十三篇（包括《上孟》制義十一篇、《下孟》制義二十二篇）。作爲一部制義文集，且被後世翻刻多次，唐德亮的制義名家地位可見一斑，作为集中反映唐氏制義成就的《重刻唐采臣先生傳稿》自具一定的研究價值。另外，該書完整保留了正文的密圈、批語及評點，文末還附有錢陸燦、顧修遠、孫若士等人評點，可爲研究明末清初八股文寫作與評點提供重要的個例參考。

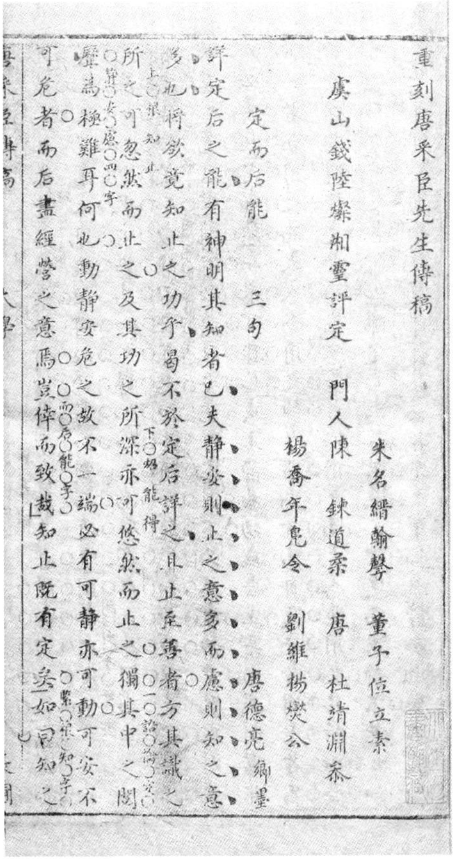
重刻唐采臣先生傳稿
虞山錢陸燦湘靈評定
定而后能　三句　唐德亮錫墨
評定后之能有神明其知者已夫靜安則止之意多而慮則知之意
多也將欲覓知止之功乎曷不於定后評之且止在善者方其識之
所之則忽然而止之及其功之所深亦可悠然而止之獨其中之閑
壁為極難耳何也動靜安危之故不一端必有可靜亦可動可安不
可危者而后盡經營之意焉豈倖而致哉知止既有定矣如曰知之

《重刻唐采臣先生傳稿》目前未見有古代目録著録。據《中國古籍總目》所載，《唐采臣稿》亦爲唐德亮所撰制義集，共有兩種版本傳世，一爲《國初十六家精選》本，收入十六篇制義，另一爲《可儀堂一百二十名家制義》本，收入十一篇制義。兩版本收的制義内容多有不同，但基本都可在《重刻唐采臣先生傳稿》找到相同原文。因此，兩種《唐采臣稿》版本可能都據《重刻唐采臣先生傳稿》傳刻，由此更見《重刻唐采臣先生傳稿》的文獻價值。

（林光剑）

奏疏存稿

《奏疏存稿》八卷，清趙良棟撰，清趙之垣校勘。

趙良棟（1621—1697），字擎之，號西華，寧夏鎮（今寧夏回族自治區銀川市）人。生於陝西延綏安邊堡（今陝西定邊縣安邊鄉），其先世居陝西。清順治三年（1646），隨英王入關中，之後任潼關守備，不久，從征秦州、鞏昌，升爲寧夏屯田水利都司，遂從定邊安邊堡遷徙寧夏，入籍寧夏。之後，趙良棟歷任高臺游擊、雲貴督標副將、雲南廣羅總兵、山西大同總兵官、天津直隸總兵官。康熙十四年（1675），寧夏兵變，提督陳

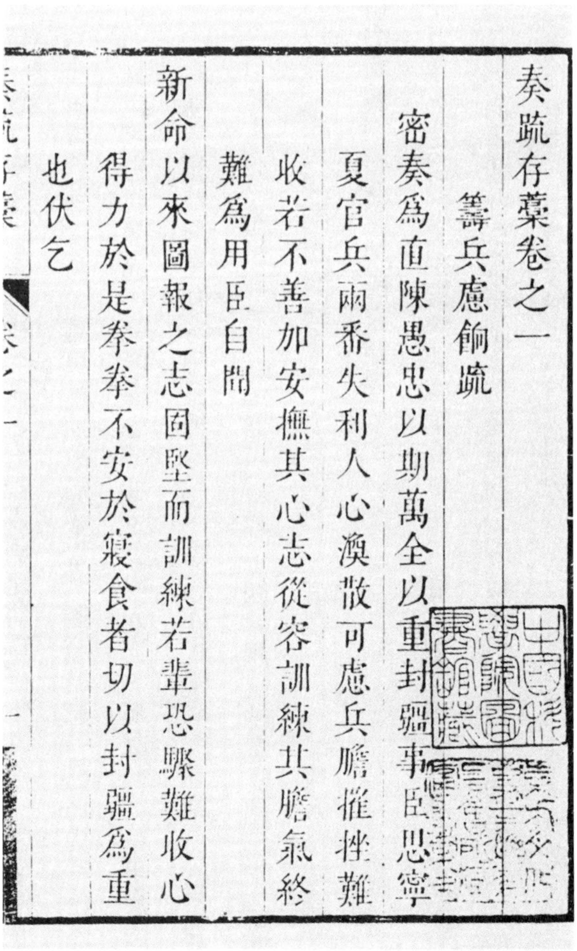
奏疏存藁卷之一
籌兵慮餉疏
密奏爲直陳愚忠以期萬全以重封疆事臣思寧夏官兵兩番失利人心渙散可慮兵膽摧挫難收若不善加安撫其心志從容訓練其膽氣終難爲用臣自開
新命以來圖報之志固堅而訓練若輩恐驟難收心得力於是拳拳不安於寢食者切以封疆爲重也伏乞
奏疏存藁　卷之一　一

福被殺。次年，康熙命趙良棟爲寧夏提督，鎮守寧夏。十八年（1679）授爲勇略將軍，十九年（1680）正月升爲雲貴總督，加兵部尚書銜。三十六年（1697）三月，趙良棟病故於寧夏，賜謚襄忠。《清史稿》卷二百五十五、《清史列傳》卷七有專傳。其生平資料參見《乾隆寧志》卷十三《人物·鄉獻》、《小倉山房文集》卷六《勇略將軍趙襄忠公傳》、《嘯亭雜録》卷九《趙良棟》、《國朝先正事略》卷十一《趙襄忠公事略》、《國朝耆獻類徵初編》卷二百七十六《趙良棟》、《碑傳集》卷十四《趙良棟墓誌銘》、《滿漢名臣傳·漢名臣傳》卷一《趙良棟列傳》、《民國朔志》卷十六《人物志一·鄉宦》、《清代人物傳稿》上編卷七《趙良棟》，以及寧夏回族自治區博物館藏《趙氏家譜》。

《奏疏存稿》最早刊刻於康熙三十五年（1696）。根據康熙四十八年（1709）刻本趙弘燦等《勇略將軍總督雲南貴州等處地方軍務兼理糧餉兵部尚書兼都察院右副都御史世襲一等精奇尼哈番襄忠公奏疏存稿後序》（簡稱《奏疏存稿後序》）載：『見有手定《奏疏存稿》六卷，剞劂於江南就醫之日。蓋亦檢點行笥，録其携存者耳。』『江南就醫之日』指良棟在揚州、江寧就醫（卷八《欽召赴京恭陳下悃疏》），時康熙三十四年（1695）。且《奏疏存稿》良棟《自叙》作於『康熙三十五年歲在丙子孟春上元前二日』，符合一般刻書規律。此本今惜不傳，但從今傳世刻本來看，都應該是在此本基礎上修補或重刻而成。

桂林圖書館藏本在陳元龍等人七篇序後、趙良棟《自叙》前多刊刻了一篇雍正七年（1729）唐執玉《趙襄忠公奏疏序》（簡稱唐序），此序每半頁九行，行二十字，文中『聖祖』均三抬。頁碼獨立於前七篇序編排，共四頁。序中凡從『真』之字如『鎮』『滇』等一般都缺最後一筆，顯係避雍正皇帝諱，但不避『弘』字諱。

依據唐序落款時間及避諱情况可以確定，桂林圖書館藏本爲清雍正七年（1729）刻本。在目前筆者所見版本中，桂林圖書館所藏雍正七年刻本内容最全，保存完整，刊刻精良，是《奏疏存稿》所見版本中最善者。該本版框高二十點五厘米，寬十三點八厘米，每半頁九行，行二十字。四周双邊，單黑魚尾。版心上鎸『襄忠公奏疏存稿』，中鎸卷數和頁碼。此外，《奏疏存稿》還有清康熙四十八年（1709）刻本、五十一年（1712）刻本（當爲四十八年刻本之修補本）、康熙末年刻本，六十年（1721）刻本（當爲趙良棟長孫趙之垣校勘），以及清抄本傳世。

總體來看，《奏疏存稿》包括六卷本和八卷本兩類：六卷本包括康熙三十五年（1696）刻本、四十八年（1709）刻本、五十一年（1712）刻本、康熙末年刻本等；八卷本包括康熙六十年（1721）刻本、雍正七年（1729）刻本等，以及清華大學圖書館藏清抄本、天津圖書館藏清抄本等，抄本均抄自或源自康熙六十年（1721）刻本。

《奏疏存稿》收録了奏疏一百二十六篇，記載了趙良棟在平定寧夏叛亂、征川、征滇二十年中的主要戰事和重大歷史事件。該書獨立成篇的祭文、碑文、總目、正文自編頁碼。第一册前收《御製祭文》《欽賜勇略將軍兵部尚書兼都察院右副都御史雲貴總督一等精奇尼哈番謚襄忠趙良棟碑文》，次爲陳元龍、李濤、徐昂發、汪份、顧嗣協、李來章、張大受、唐執玉所撰《序》及趙良棟《自叙》，序後爲《總目》和卷一至卷八正文，後爲趙弘燦和趙之垣所撰兩篇《後識》。

趙良棟唯一傳世的文集《奏疏存稿》所記大都爲清初趙良棟親自指揮或經歷過的一些戰事，史料可信度較高。主要價值有：第一，奏摺内容多爲清初戰事情況，可彌補有關史料的不足。第二，《奏疏存稿》中記載了衆多人物，爲研究提供難得的文獻。第三，《奏疏存稿》中有關於寧夏兵變的記載，爲研究寧夏古代史提供了一手資料。《乾隆寧志》卷十三《人物・鄉獻》、《民國朔志》卷三十一《志餘下・著作》、《清史稿》卷一百四十六《藝文志二・詔令奏議類》、《販書偶記・詔令奏議類》、《清華大學圖書館藏善本書目・史部・詔令奏議類》、《山東師範大學圖書館館藏古籍書目》、《中國古籍善本書目・史部・詔令奏議類》、《中國科學院圖書館藏中文古籍善本書目・史部・詔令奏議類》等都著録本書。

學界研究趙良棟，主要集中在生平事迹、家世情況和他在平定三藩之亂中的作用等問題上，對其文集《奏疏存稿》的文獻著録、版本和價值鮮有人研究，僅刁俊、田富軍、王敏撰文研究過該文集。上海古籍出版社二〇二二年出版的田富軍、王敏校注《奏疏存稿》，以桂林圖書館藏清雍正七年（1729）刻本爲底本，中國科學院文獻情報中心藏清康熙四十八年（1709）刻本、北京大學圖書館藏清康熙五十一年（1712）刻本、臺北『中央研究院』歷史語言研究所傅斯年圖書館藏清康熙六十年（1721）刻本、清華大學圖書館藏清抄本、天津圖書館藏清抄本爲參校本，參以《平定三逆方略》《聖祖仁皇帝親征平定朔漠方略》《康熙起居注》《清實録・聖祖仁皇帝實録》《十二朝東華録》等文獻完成。

（田富軍　王敏）

曾庭聞詩

《曾庭聞詩》六卷，清曾畹撰。

曾畹（1622—1677），原名傳燈，字楚田，祖籍江西寧都，後着籍寧夏，更名畹，字庭聞。明崇禎十五年（1642）副貢，曾隨父曾應遴與楊應麟等守吉安抵禦清軍，兵敗後奔走閩越關隴。早年游學吴門，師事徐汧、張溥，深得器重。因朋友户部主事唐德亮理餉寧夏，遂

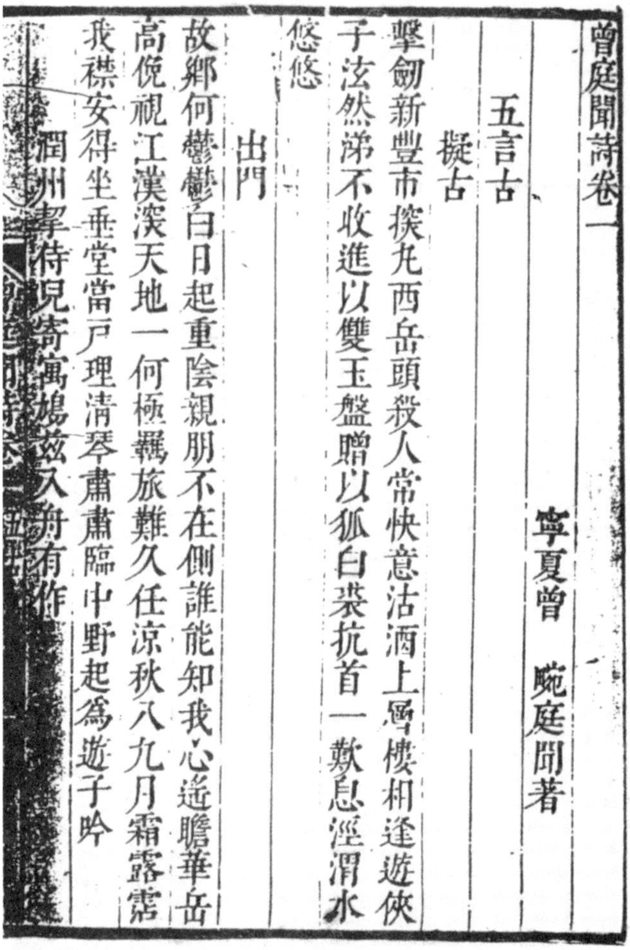

曾庭聞詩卷一

寧夏曾　畹庭聞著

五言古

擬古

擊劍新豐市挾丸西岳頭殺人常快意沽酒上高樓相逢遊俠子泫然涕不收進以雙玉盤贈以狐白裘抗首一歎息涇渭水悠悠

出門

故鄉何鬱鬱白日起重陰親朋不在側誰能知我心遥瞻華岳高俛視江漢深天地一何極覊旅難久任涼秋八九月霜露霑我襟安得坐垂堂當戸理清琴肅肅臨中野起爲遊子吟

潤州寄侍兒寄寓鳩茲入舟有作

攜妻吴姬投奔并落籍寧夏，後築室賀蘭草堂定居。吴偉業有贈詩《送贛州曾庭聞孝廉移家寧夏》。清順治十一年（1654）以寧夏籍中陝西鄉試，計偕赴京，諸名公争延致之。纍上公車不第，晚年曾出家爲僧。康熙十四年至十五年間（1675—1676），江右被寇，與弟燦省母歸故里，不久病卒。工辭章，有《曾庭聞詩集》《曾庭聞文集》。《清詩别裁集》卷五、《［雍正］江西通志》卷九十四《人物》、《［道光］寧都直隸州志》卷二十二《人物志》、《晚晴簃詩匯》卷二十七等有傳。

《曾庭聞詩》傳世本爲清康熙刻本。每半頁十二行，行二十四字。四周單邊，白口，單黑魚尾。與《曾青藜詩》八卷、《曾麗天詩》一卷附在曾燦選編的《過日集》之後。

《曾庭聞詩》共六卷。正文前有序兩篇，錢謙益序題名爲《原序》（即錢氏《有學集》卷十九所收《曾青藜詩序》）、曾燦序題名爲《金石堂詩叙》。正文每卷題名後有『寧夏曾畹庭聞著』。卷一爲五言古包括詩題三十九目，卷二爲七言古包括詩題六目，卷三爲五言律包括詩題二百二十五目，卷四爲七言律包括詩題七十九目，卷五爲五言絶包括詩題八目，卷六爲七言絶包括詩題二十五目。

《曾庭聞詩》是曾畹詩集的選本，由曾燦之子曾侃選編。附在曾燦編選的《過日集》之後，是其兄弟三人的詩作，其中曾畹《曾庭聞詩》六卷、曾燦《曾青藜詩》八卷、曾炤《曾麗天詩》一卷，共爲十五卷，合稱《寧都三曾詩》，又稱《金石堂詩》。

《曾庭聞詩》因附於《過日集》，是較爲通行的刻本，受到時人的重視和好評，也是流寓寧夏的作家中詩集保留相對完整且選編、流傳較廣的一種。《清詩别裁集》卷五、《江西詩徵》卷六十六、《國朝詩人徵略》卷四、《晚晴簃詩匯》卷二十七與卷五十二，《清人詩文集總目提要》卷七、《清代各省禁書彙考》、《清代禁書總述》等對《曾庭聞詩》都有著録。安正發、李拜石有研究論文，鄭濟洧有編注類整理成果。

（安正發）

曾庭聞詩文集

《曾庭聞詩文集》四卷，清曾畹撰。

曾畹生平參見本書前文《曾庭聞詩》提要。上海圖書館藏《曾庭聞詩文集》清康熙刻本，係孤本。每半頁十二行，行二十二字，左右雙邊，白口。書中缺一頁内容，篇名不詳。記事最晚至康熙十三年（1674）。《曾庭聞詩文集》包含詩三集、文一集。每集詩的選編者都不同，且均有序。《曾庭聞詩》第一集爲泗州施端教匪莪選，有錢謙益、唐德亮、熊文舉三篇《序》。第二集爲合肥龔士稹伯通定，有龔鼎孶、彭士望、任□□三篇《序》。第三集爲餘杭嚴沆顥亭定，有嚴沆《序》。每集内依五言古、七言古、五言律、七言律、五言絶、七言絶先後次序排列。《曾庭聞文集》正文前有宋實穎、魏禧、李明睿三篇《序》。正文有《送寧夏中丞憲評劉公序》、《慶陽詩序》、《送姚大夏南歸序》、《壽朱秀才序》、《送米紫來理刑贛州序》、《山東鹽運司使魏公蠲課序》、《代宗主五經博士募修萊蕪祖廟序》、《嘯碧堂唱和詩後序》、《梁溪高母張孺人壽序》、《江蘇佟方伯壽序》、《平西親王六秩徵詩序》（附《乞言事略》）、《劉止一詩序》、《刻修城記碑陰》、《芥園記》、《一草亭記》、《寧都曾氏記》、《欽賞銀彝記》、《蓮花山僧田碑記》、《浮藍渡三墓碑記》、《答李屺瞻書》、《答吴四書》、《答人》、《與閩縣家公望孝廉書》、

《寄豐城家如日孝廉書》、《與嚴顥亭書》、《寄田西家周野進士書》、《寄某縣令書》、《奉啚魏宰相書》（附魏宰相書）、《皇清誥封夫人張氏墓誌銘》、《祈夢告呂仙文》、《辛亥秋七月告張睢陽令公文》、《祭鄧伯勉先生文》、《祭袁茂林先生文》、《祭繼室康氏文》、《書張仲子自銘後》、《書思子亭記後》等序、記、書、祭文等三十七篇。

《曾庭聞詩文集》中的詩三集，是依時間先後排列。《曾庭聞詩》第一集爲施端教選編，收録清順治十五年（1658）之前的作品；第二集爲龔士稹選編，收順治十六年至康熙八年（1659—1669）期間的作品；第三集爲嚴沆選編，收康熙九年至十三年（1670—1674）間的作品。每集内都按照五言古、七言古、五言律、七言律、五言絶、七言絶，先後次序排列。《曾庭聞文集》編輯人員不詳，三篇《序》寫於康熙七年（1668）和八年（1669），文中記事至九年（1670）。

《曾庭聞詩文集》反映了明清易代之際曾畹的經歷和思想，曾畹從祖籍寧都到落籍寧夏，反映了在新的時代他的

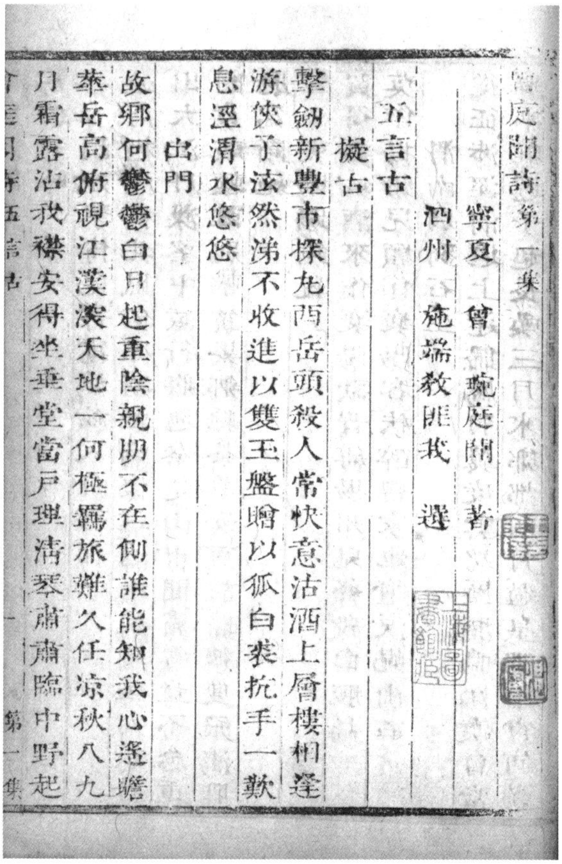
曾庭聞詩 第一集
寧夏 曾畹庭聞 著
泗州 施端教匪莪 選
五言古
擬古
擊劍新豐市，採丸西岳頭。殺人常快意，沽酒上層樓。相逢游俠子，泫然涕不收。進以雙玉盤，贈以狐白裘。抗手一歎息，涇渭水悠悠。
出門
故鄉何鬱鬱，白日起重陰。親朋不在側，誰能知我心。遥瞻華岳高，俯視江漢深。天地一何極，羈旅難久任。涼秋八九月，霜露沾衣襟。安得坐垂堂，當戶理清琴。肅肅臨中野，起
曾庭聞詩 五言古 第一集

人生際遇和在仕途上的追求，具有一定的時代特徵。其詩前後風格多變，既具有鮮明的地域文化特徵，音調悲壯；又有艷思藻句的至情之語。亦既有英雄本色，又有兒女之情。同時大量的酬贈詩作也可見當時寧夏文人與中原文壇的交往。通過文集的序、記等可以看出曾畹的交游，以及寧夏主政的官員對當地經濟和文化建設方面所作出的努力和貢獻。

《清詩别裁集》卷五、《清人詩文集總目提要》卷七、《清代各省禁書彙考》、《清代禁書總述》等對《曾庭聞集》有著録。安正發、李拜石有研究論文。上海古籍出版社二〇二三年出版的安正發、李拜石校注《曾庭聞詩文集》，以清康熙刻本爲底本，以清康熙刻本《曾庭聞詩》六卷爲參校本，以陳維崧輯《篋衍集》、沈德潛《清詩别裁集》、王士禛《感舊集》、徐世昌《晚晴簃詩匯》、鄧漢儀《詩觀初集》等爲校對材料。

（安正發）

振武將軍陝甘提督孫公思克行述

《振武將軍陝甘提督孫公思克行述》（簡稱《行述》）一卷，清俞益謨撰。俞益謨生平參見本書前文《［康熙］新修朔方廣武志》提要。《行述》是俞益謨單篇作品中篇幅最長的一篇，也是叙述最詳實、最有文采的一篇。現存抄本和鉛印本兩種版本：一爲中國國家圖書館藏清抄本，題爲《孫思克行述》，應該是後人在整理古籍時根據作品結尾所標題目確定，每半頁十行，行二十二字，前三頁缺；二爲中國國家圖書館藏鉛印本，一九一二年版《東方學會叢書·史料叢刊初編》和一九二四年版《史料叢刊初編》第九册均有收録，署羅振玉校録，題爲《振武將軍陝甘提督孫公思克行述》，當係羅振玉校録時所加，全書二十七頁，每半頁十二行，行二十三字，文前注明『前闕』。

《行述》通過記述孫思克一生的主要事迹，突出了孫思克的英勇和輝煌。文章首先總述孫思克的智勇過人；其次詳細交代了孫思克任甘肅總兵官期間先以武力征服彝民、後以文治安定地方，突出了孫思克的以民爲本、注重興教化、選人才和以誠待人的思想；再次寫王輔臣叛應吴三桂反時，孫思克以其卓越的軍事才能和愛民如子的情懷剿撫并用，以奇兵制勝，幫助大將軍圖海破平凉，并多次出戰平定叛亂；再次以康熙的嘉獎寫孫思克多次平定彝民叛亂和治理甘肅的歷史功績；再次詳細交代了孫思克不顧年邁，冒着戈壁惡劣的條件在征服噶爾丹時的功勛；再次不厭其煩地寫康熙皇帝對孫思克的恩寵和禮遇；最後寫孫思克的死及對他的歷史評價。

根據内容和作者署名來看，《行述》寫於俞益謨任大同總兵官期間，具體時間爲康熙三十九年至康熙四十二年（1700—1703）間，以孫思克卒年完成此文的可能性爲最大。與此文相對應的，俞益謨另撰有長詩《祭振武孫將軍文》，收入《青銅自考》卷十一。

振武將軍陝甘提督孫公思克行述　史料叢刊
上虞　羅　振玉　校錄
前闕
王屢嘉異之順治八年公年廿四卽授漢軍佐領兼刑部理
事官十一年補授參領仍任刑曹歷俸十有二載決讞多所
平反民無寃枉後以參領加夸蘭大出征湖南滇黔公膽略
過人英氣邁衆凡臨敵輒以身先人遇有艱險首請願往時
統兵諸大臣以公弱冠之年何其爲
國出力若是也咸嘖嘖稱羨不置口凱旋上其績授頭功牌
經考滿者四俱列高等
廷議擬以方伯外擢公以漢文未通辭康熙二年奉
命以都督僉事充鎮守陝西甘肅總兵官康熙四年移駐涼

《行述》七千餘字，是在孫思克卒後，俞益謨以『門生』身份，『知公既詳且真』而撰，較之《清史稿》所載孫思克的情況更爲豐富、具體，故史料價值很高。文章情感真摯，感人至深。善於選取典型事件生動地表現人物；襯托手法運用得好；常以細節塑造人物；句式整齊，四六并用。在質樸中顯出文采，文質達到了完美的結合。

《行述》成書後，今所見最早版本爲清抄本。民國元年（1912），經羅振玉校録，題名《振武將軍陝甘提督孫公思克行述》，收入《東方學會叢書・史料叢刊初編》中，鉛印綫裝傳世。民國十三年（1924）此書又收入《史料叢刊初編》第九册中，鉛印綫裝傳世。因此本所據底本前缺内容，故注明『前闕』，可見題目《振武將軍陝甘提督孫公思克行述》係羅振玉所加，查《四庫全書》《清史稿》《清聖祖仁皇帝實録》及其他相關史書，孫思克授甘肅提督，無授陝甘提督或陝西提督之記載。一九八一年，李新達以清抄本《孫思克行述》爲底本，進行標點整理，發表於《清史資料》第二輯。未見專題研究《行述》者。

（田富軍）

辨苗紀略*

《辨苗紀略》八卷，清俞益謨編集。

俞益謨生平參見本書前文《康熙廣武志》提要。北京大學圖書館藏《辨苗紀略》清康熙四十四年（1705）餘慶堂刻本，二函十六册，每半頁八行，行二十字，四周單邊，單黑魚尾，版心鎸書名、卷次、類目名、頁次及堂號。

《辨苗紀略》主要記録了俞益謨會同欽差席爾達、湖廣總督喻成龍、偏沅巡撫趙申喬等於康熙四十二年（1703）十一月至康熙四十三年（1704）正月間在鎮筸（今湖南鳳凰縣）鎮壓紅苗的歷史。該書由俞益謨編集，主要記録編者本人撫剿紅苗有關内容，并非此次撫剿事件全貌。全書録詩文圖計二百零五首（篇、幅），具體來説：卷一爲地形圖五幅；《苗寨圖説》一篇；交代基本情況的《苗源》《民苗起釁由》等三篇文；卷二爲采議，主要收録了一些游擊、守備對撫剿紅苗的認識，凡二十三篇；卷三爲康熙對此次撫剿紅苗的一些諭旨和席爾達、喻成龍、趙申喬以及俞益謨等人的有關此次撫剿紅苗的起程、回汛上疏，凡十五篇；卷四爲其他一些提督如李芳述等人得勝回汛的上疏和喻成龍等人有關撫剿紅苗善後事宜的上疏，凡七篇；卷五爲撫剿期間的一些來往咨移二十七篇；卷六爲咨文十四篇；卷七爲軍檄三十篇，告示四篇，要略二十七則；卷八爲此次撫剿紅苗文武官員名單、馬步戰守數目和俞益謨致他人書札共十篇，《軍行偶拈》詩歌三十九首。前有手書『序』三篇：一爲俞益謨《辦苗紀略自序》，二爲王基《序》，三爲謝瑛《辦苗紀略序》。從書前俞益謨《辦苗紀略自序》落款『皇清康熙四十三年歲在甲申三月上巳之吉』和王基《序》落款『皇清康熙四十四年歲在乙酉三月上巳之辰』可以看出，《辦苗紀略》成書於康熙四十三年（1704），刊行於康熙四十四年（1705）。

《辦苗紀略》是研究俞益謨生平的重要材料，對於研究清代苗民起義和清政府對苗民的政策等相關情況有很重要的史料價值，特別是書前所附《辰州府圖》《苗地情形圖》《苗寨全圖》《天星寨南面圖》《天星寨北面圖》《滿漢營壘圖》爲後人瞭解鎮筸一代紅苗地理情況及此次戰事官軍布防情況價值重大。書中所收作者的一些上疏、咨移和軍檄後選入《青銅自考》并補充了部分內容，《撫剿紅苗記》《苗源》《民苗起釁由》等文七篇及《軍行偶拈》

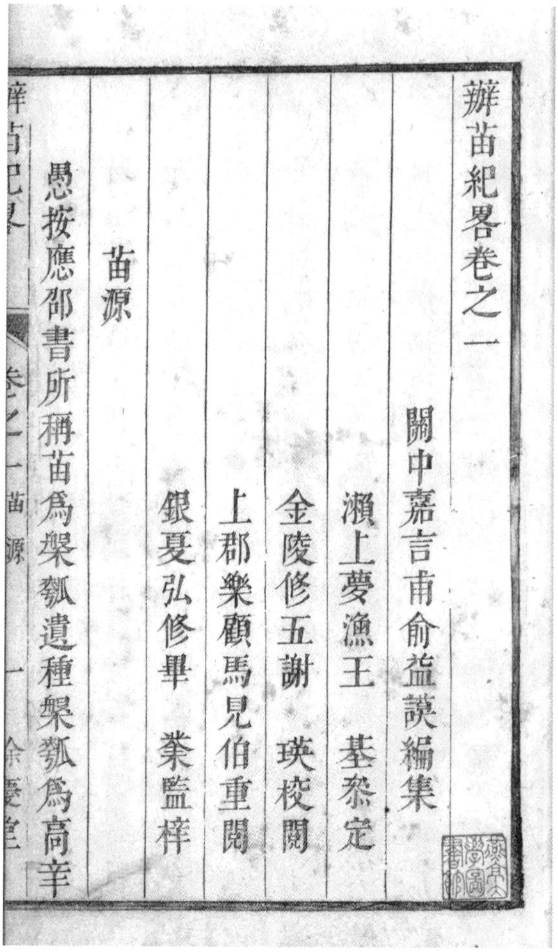

十二首詩也收入了《青銅自考》，關於行軍中的一些操作規範的《要略》部分，被輯入賀長齡、魏源等編《清經世文編》卷七十七《兵政八》中，題作《行軍策略》，可以發揮資料互見、相互校勘的作用。其《要略》部分，相當於古代部隊行軍打仗的具體行爲規範，是研究古代行軍打仗的重要資料。

最早著録本書的是清沈初等《浙江采集遺書總録》，且附有簡要題解。《四庫全書總目・史部・雜史類存目三》亦有著録題解。清嵇璜、劉墉《皇朝通志》卷九十九，光緒十一年重修《湖南通志》卷三百四十八《右邊防》，《四庫采進書目・浙江省第七次呈送書目》等均有著録，部分内容著録有誤。上海古籍出版社二〇一八年出版的楊學娟、田富軍點校《辦苗紀略》，以清康熙四十四年（1705）餘慶堂刻本爲底本，以《青銅自考》《康熙廣武志》等爲參校本，校以其他歷史文獻。

（田富軍）

青銅自考

《青銅自考》十二卷，清俞益謨撰。

俞益謨生平參見本書前文《［康熙］新修朔方廣武》提要。《青銅自考》有刻本和抄本兩種，傳世四種版本：一爲北京大學圖書館藏清康熙四十六年（1707）餘慶堂刻本（簡稱北大刻本）；二爲中國科學院文獻情報中心藏清康熙末至雍正間餘慶堂刻本（簡稱中科院刻本），版框高二十厘米，寬十三點五厘米，每半頁九行，行二十字，四周雙邊，白口，單白魚尾；三爲北京大學圖書館藏清康熙末至雍正年間抄本（簡稱北大抄本）；四爲臺北『中央研究院』歷史語言研究所傳斯年圖書館藏清康熙末至雍正年間抄本（簡稱臺灣抄本）十卷。

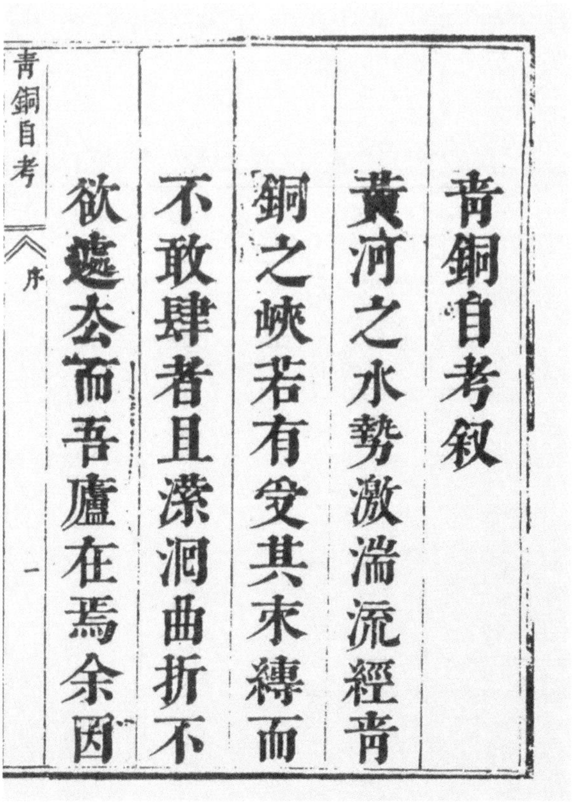
青銅自考叙
黄河之水勢激湍流經青
銅之峽若有受其束縛而
不敢肆者且瀠洄曲折不
欲遽去而吾廬在焉余因
青銅自考 《序 一

中科院刻本均爲俞氏家刻本，北大刻本是前者的修補本。康熙四十六年（1707）《青銅自考》刊行，此後，又對原版進行了修訂，補充了一些内容，再次印行。康熙四十八年（1709）後至雍正年間，在刻本基礎上，又補充收録了康熙四十六年後俞益謨在湖廣提督任上時所撰内容，以抄本形式傳世，是爲足本北大抄本。四種版本各有特點，北大刻本最早，中科院刻本最精，北大抄本最全，臺灣抄本文物價值最高。《青銅自考》於乾隆四十四年（1779）被列爲禁毁書。

《青銅自考》收録的内容絶大部分是俞益謨在康熙三十六年（1697）任山西大同總兵後至康熙四十九年（1710）休致前的作品，也包括少量其在任山西大同總兵前的作品。作者通過記録自己的經歷來抒發情感，考察自己『居恒臧否、職修勤怠』，表達自己對山林隱逸的嚮往。該書凡十二卷，一千一百六十篇（首、幅）（含北大抄本後補四十七篇），三十五萬多字（含北大抄本後補兩萬多字）：前有《青銅自考叙》一篇；卷一至卷三爲題奏條議，卷一凡二十九篇，卷二凡三十篇，卷三凡三十六篇（含北大抄本後補六篇）；卷四爲咨呈移會，四十三篇（含北大抄本後補七篇）；卷五爲檄行文告，五十五篇（含北大抄本後補三篇）；卷六至卷七爲啓集，卷六凡一百三十五篇，卷七凡一百四十四篇；卷八至卷九爲尺牘，卷八凡一百四十七篇，卷九凡一百四十二（含北大抄本後補二十篇）；卷十爲傳記引，三十篇（含北大抄本後補四篇）；卷十一爲序祝祭文，四十三篇（含北大抄本後補五篇）；卷十二爲詩詞對聯，三百二十五首（幅）（含北大抄本後補二首）。後有王基《跋》并手書。全書以文體分類排列，每類作品大體又以時間先後爲序。

《青銅自考》是研究俞益謨的最直接最重要的材料，同時對於研究清代的政治、軍事特别是研究康熙對一些歷史事件的態度等都有重要的史料價值，一些知識性的短文，比如《粵産四種藥物小引》《漢壽亭侯辯》《苗源》等都具有史料和考據的價值。本書中的文學作品水平較高：政論文語言犀利，邏輯性强，分析透闢；散文語言質樸，情真意切，感人至深；詩歌文采斐然，意境深遠，耐人咀嚼。這些文學作品在寧夏的方志中引用廣泛，諸如《康熙廣武志》《乾隆寧志》《中衛縣志》《續中衛志》等都有收録。本書在作者生前就已刊行，對於校正《康熙廣武志》等所載俞益謨事迹及詩文都很有價值。

有關清代禁毁書目對《青銅自考》多有著録，徐莊、田富軍、楊學娟等撰文研究《青銅自考》。北京出版社二〇〇一年出版的《四庫禁毁書叢刊》、上海古籍出版社二〇一〇年出版的《清代詩文集彙編》均據北大刻本影印。上海古籍出版社二〇一二年出版的田富軍、楊學娟點校《青銅自考》，以中科院刻本爲底本，以北大刻本爲參校本，參考北大抄本、臺灣抄本、《辦苗紀略》《康熙廣武志》《乾隆寧志》《［乾隆］中衛縣志》《續中衛志》等文獻完成。

（田富軍）

青銅君傳

《青銅君傳》不分卷，清黎宗周撰，清王基續筆。

黎宗周，生卒年不詳，字西音，又字今用，與俞益謨同鄉，均爲廣武（今寧夏回族自治區青銅峽市）人。比俞益謨年長，秀才。

王基，生卒年不詳，字夢漁，江蘇溧陽人。與俞益謨年紀相仿。俞益謨好友，曾爲俞益謨《辦苗紀略》《青銅自考》作序，亦曾追隨俞益謨參與過清康熙四十二年（1703）十一月至康熙四十三年（1704）正月間撫剿紅苗的戰事。

《青銅君傳》傳主俞益謨生平參見本書前文《［康熙］新修朔方廣武志》提要。内蒙古自治區圖書館藏清康熙五十二年（1713）至康熙六十一年（1722）刻本，疑爲孤本。版框高二十點二厘米，寬十三點五厘米，每半頁八行，行二十字。四周雙邊，白口，單黑魚尾。版心鎸書名、頁次。本書各部分内容行款不一。

《青銅君傳》共有三部分内容：前有時任提督江西全省學政按察司副使王綡所做《叙》，中間部分爲正文，後有張國卿康熙三十七年（1698）所作《續序》。正文先叙述俞氏祖上基本情況，接下來從俞益謨出生到考取武進士，再到借朝廷平定吴三桂之機從軍，從此大展宏圖，後歷柳樹澗守備、達州營游擊、廣西郁林參將、兩江督標中軍副將、山西大同總兵等官，記載詳明，直至康熙三十六年（1697）止，這一部分爲黎宗周所撰。後半部分寫俞益謨大同總兵任内多有建樹，官至湖＝廣提督，因與趙申喬不睦，被康熙解職，在參加康熙五十二年（1713）皇帝六十大壽時去世，文末總括傳主一生功績，對俞益謨給予極高評價，是爲王基續筆之内容。王基續筆時又對全書重新進行了編輯和修改。

黎宗周與俞益謨同鄉，關係密切，對益謨非常關注，知其事甚悉。康熙三十二年（1693），益謨榮升兩江督標中軍副將，康熙三十五年（1696）前黎宗周即已完成《青銅君傳》的前半部分，三十五年王綜作《叙》，三十七年（1698）張國卿作《續序》，期間黎宗周又對部分内容進行了修補。康熙五十二年（1713）益謨卒，王基續筆，將此傳完成，益謨昔日部下俞禮、張禎『仝梓』，此書傳世。

《青銅君傳》是重要的寧夏歷史人物著述，其文獻價值主要表現在，第一，本書作者均爲俞益謨生前好友，黎宗周更與俞益謨同鄉，所記俞益謨事迹頗爲詳細、可信，

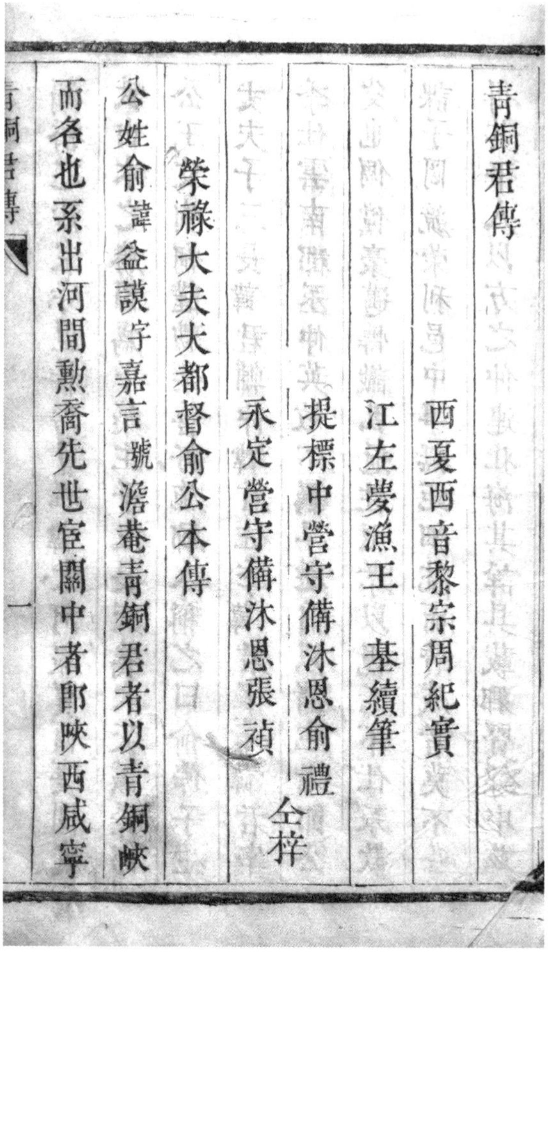
青銅君傳
西夏西音黎宗周紀實
江左夢漁王基續筆
提標中營守備沐恩俞禮
永定營守備沐恩張禎仝梓
榮祿大夫大都督俞公本傳
公姓俞諱益謨字嘉言號澹菴青銅君者以青銅峽
而名也系出河間勳裔先世宦關中者即陝西咸寧
青銅君傳　一

俞益謨在康熙三十六年之前的事迹一般史料及俞益謨撰《青銅自考》均少有提及，故而本書史料價值較高。第二，傳文詳細記載了俞益謨參與平定吴三桂叛亂、平定噶爾丹、撫剿紅苗等康熙朝重大戰事，其中的戰略分析、具體戰役過程等對於研究清代的政治、軍事等都有重要的史料價值。第三，在平定吴三桂叛亂的過程中，趙良棟、王進寶、吴丹等名將多有不睦，其原因多有不清，俞益謨全程參與了戰事，對這幾位名將各有評價，這部分資料的史學價值很高。第四，本書經過多位作者多次編修，文辭質樸，精於選材，詳略得當，曉暢生動，展現了機智善謀、富有才幹、政績突出、仁厚知禮的湖廣提督形象，反映了寧夏歷史人物著述較高的文學水平。

最早提及《青銅君傳》的是《康熙廣武志》，該志載：『門人馬見伯等紀實編次，梓有《青銅君傳》。』①查《青銅君傳》中并無任何地方提及馬見伯，《乾隆寧志》等舊志馬見伯傳也并未提及此事。學界一度認爲此書已佚。二〇〇四年，何遠景主編《内蒙古自治區綫裝古籍聯合目録》始見著録。目前《青銅君傳》未見有專題研究成果，楊學娟、田富軍有點校整理成果。

（楊學娟）

① （清）俞益謨、高嶷修，（清）俞汝欽、李品錡等纂，田富軍校注：《［康熙］新修朔方廣武志》，上海古籍出版社二〇一八年，第四百八十二頁。

愚齋反經録

《愚齋反經録》十六卷，清謝王寵撰，謝氏郇陽年侄陳倜儀、秀水後學錢受圯仝校，謝氏之子旌、豐、升、旗手受，侄實正字。

謝王寵（1671—1733），字賓于，號觀齋、愚齋，寧夏後衛（今寧夏回族自治區靈武市）人。習《易經》，清康熙壬午（1702）鄉試第三十一名，丙戌（1706）會試第一百零二名，殿試三甲一百十九名，選翰林院庶吉士，授爲檢討，歷山西雁平道臺、光禄寺少卿、翰林院侍讀學士、署國子監祭酒、順天府府尹、都察

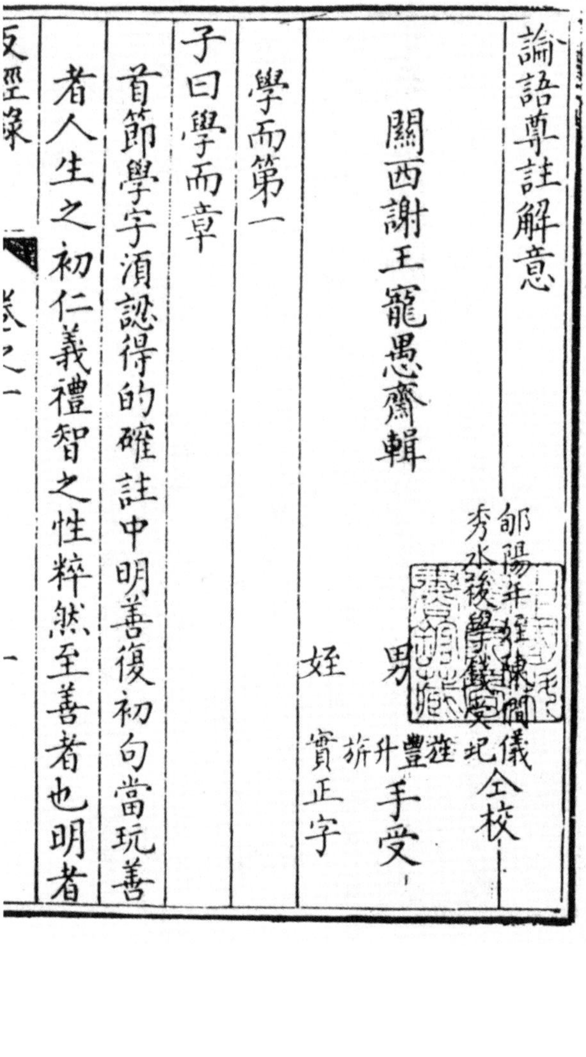
論語尊註解意
關西謝王寵愚齋輯
郇陽年姪陳倜儀
秀水後學錢受圯 仝校
男 旌豐升旂 手受
姪 實 正字
學而第一
子曰學而章
首節學字須認得的確註中明善復初句當玩善
者人生之初仁義禮智之性粹然至善者也明者
反經録 卷之一 一

院左都副御史、宗人府府丞，授通議大夫。生於康熙辛亥（1671），卒於雍正癸丑（1733），年六十三。著有《愚齋反經録》《雁平從政録》等。生平參見今寧夏靈武出土《清通議大夫謝觀齋墓誌銘》。

《愚齋反經録》傳世本爲清刻本，每半頁八行，行二十字，間有雙行小字，四周雙邊，白口，單黑魚尾。版心上鎸『自序』；正文部分版心上鎸『反經録』。中國科學院文獻情報中心與美國哈佛大學哈佛燕京圖書館有藏，兩者版本同源。中科院本一函十一册，哈佛本一函八册。兩本都有字迹漫漶之處，可參互補足。

《愚齋反經録》非成書於一時。據《清通議大夫謝觀齋墓誌銘》及《愚齋反經録》避諱用字等推斷，是書成書於康熙五十一年至雍正十一年（1712—1733）間，《明倫録》等卷應在雍正年間有過修改，全書問世應已到乾隆年間，其中《論語尊注解意》等卷再次修改。『反經』之名，據是書《總序》，一是緣『蓋因經學之失其真傳，而爲異學所亂也』，『由是大經不正，故人人得爲異説以濟其私』，經典原意遭篡改，其教化作用在各種私利雜音中沉淪。二是緣時人學習經典，祇是從實用性和現實功利性角度進行理解，對經典藴含的大意却舍弃不顧。如人們讀《易》祇從卜筮、趨利避害角度來看。讀《書》祇是誦讀其文。讀《詩》祇爲文詞名物。讀《春秋》唯重史實。讀《禮》，『高者流於放蕩而不由其道，卑者習於儀文而不知其本』。對於《四書》，將其作爲『應試本頭，以取富貴利達』。至於小學，則『弃而弗顧』。因此，爲了真正瞭解經典，必返回經典。謝氏輯録是書，主張知行兩端并行不悖，輯録内容『皆祖述孟子、朱子之言』『明簡易曉』，其目的是『開卷瞭然，得其大指，窮經讀書，路徑不差。則大經漸明，是非一定。雖有異説，不足以惑之矣』。并謙之爲『即先聖先賢之意，非予之私言也』，體現了其以家國爲己任和孜孜不倦的知識分子情懷。謝氏注重教化，在是書《論語尊注解意・顔淵篇》指出：『後世鄉學廢，而教化不明。雖讀書識字之人，不過學爲虚誕之文，以苟取利禄，尚不知尊君親上之大義，况愚民乎？』同時，對後學如何治學提出了精要之處，爲其指明了一個較爲清晰的方向。

《愚齋反經録》編纂體例多爲先列所述典籍原文或條目，其後直引一家或諸家批注，并適時添加按語。其中，卷一至卷四爲《論語尊注解意》。謝氏主要依據《四書章句集注》《四書大全》來解意，篇幅較著，約全書半壁。

卷五爲《小學指要》《大學指要》《中庸指要》《兩孟指要》。《小學指要》開篇，謝氏明確指出『聖賢千言萬語，衹是教人盡其性而已』，點明教修乎道，道率於性，性命於天，點明小學爲進階之基；《大學指要》順承小學，要『教人盡其性，盡人之性而已』；《中庸指要》立足《中庸》爲明道之書，闡明中、和、時中，點出聖學之要在於知行；《兩孟指要》重在傳道，存天理、遏人欲，萬物一體，不出仁義禮智。

卷六爲《孝經述朱》。分爲『總論』『經文卷之一』『傳十四章卷之二』三個小目。謝氏在《孝經述朱録序》中直言朱子《孝經刊誤》，分爲經傳，對各家論述和今古文之别做了調和，明陳選《孝經集注》又在朱熹的基礎上進一步發明，逮清聖祖欽定《孝經衍義》，以朱子爲尊，『衍至德要道，以及五孝之義，最爲詳盡』。由於《孝經衍義》一書浩博，童蒙不易卒讀，謝氏録成此篇，在於指引門徑，爲後學精進《孝經衍義》打下基礎。

卷七爲《忠經擇要》。謝氏在《忠經擇要序》中指出，『君親有同尊，忠孝無二致』，『仿《孝經刊誤》

經文之例，爲《忠經則要》』。

卷八爲《明倫録》。謝氏在《明倫録序》感歎，『讀者知之而不由，行之而不力』，故其『擇其明白曉易者，録成一編，以便省閱，廉於倫常』。是卷又細分爲『總論』『父子』『君臣』『兄弟』『夫婦』『朋友』六個小目。

卷九爲《理學入門》。全卷細分爲『仁説』『心説』『朱子學譜』三個小目。勾畫了理學發展的歷程及作用，指出聖人之學不被重視，流於記誦，對知識分子自身、對國家發展産生了重大掣肘，因此要尊朱子，從其著述出發，以求『折衷於大賢君子』。

卷十爲《知性録》。依託《御纂朱子全書》《性理大全書》《朱子語類》等，主要引用程、朱、張子、真德秀、黄幹等的觀點，叙述了理氣、太極、性命、性、人物之性、氣質之性、心、意志氣、道理德、仁義禮智、誠、忠信、忠恕、恭敬、道統等十五個核心概念，後著録朱熹《敬齋箴》、張栻《主一箴》、吴澄《自修銘》《和銘》、真德秀《心經贊》《夜氣箴》。

卷十一爲《尋孔顔樂處》。引程、朱、真德秀、薛瑄等説，去剖析孔顔所樂者何處、所樂何事、如何尋樂處等核心要義。

卷十二爲《易學指要》。明《易》之爲教，讀《易》之法，并明易理。

卷十三爲《善利圖説補》。對馮從吾《善利圖説》加以補充闡釋，明確舜、蹠如何養成，及相互轉化，體現了謝氏要從應事接物做起，啓發一方民智。

卷十四爲《學要録》。學聖賢大道，核心要修九容以主敬、慎九思以思誠、明五倫以明善、盡五常以復性，不能以文詞爲主，否則就是舍本逐末。

卷十五爲《治要録》。梳理四書五經的要義，執簡馭繁、守約該博，點出立足經典，從治心而治天下。細分爲『治心』『治身』『治家』『治鄉』『治國』『治天下』六個小目。

卷十六爲《荒政録》。謝氏《荒政録序》云：一是『體聖天子與民同患之心』，二是鑒於『余自壬辰歸里後，邊地連年荒歉』的實際。是卷細分爲『備荒』『救荒』兩個小目。

該書學術研究價值主要體現在以下三點：一是作爲寧夏古代鄉賢學術著述的代表，可據以梳理、評析古代寧夏學人的儒學學術思想及學術水準。二是可爲全面建構寧夏古代學術史奠定文獻基礎。三是其《善利圖説補》可與《叢書集成三編》《明儒學案》所收録的版本、中國國家圖書館館藏清光緒二十二年（1896）重修本等作對比研究。

《四庫全書總目·子部·儒家類存目四》載四庫館臣點評是書：『皆陳因之説，無所發明。』是書雖是輯録，但亦有閃光點。一是宗朱而不泥朱，如《論語·泰伯篇·子曰泰伯章》明言『看此可知主讓周説，不必泥《注》』。二是指出各家優劣，如《論語·憲問篇·南宫適問於孔子章》，謝氏指出『「躬稼」二字，時解輕看，非是。』唐荆川『「主德説」最確，且與《注》合』。三是指出舊解之誤，如《論語·公治長篇·子謂子貢章》，謝氏解釋：『故夫子既然之，又重許之，舊解輕看「知」字者，非！』

胡玉冰等撰文研究過謝王寵及其《愚齋反經録》。《四庫全書存目叢書》《朔方文庫》等書均據清刻本影印。上海古籍出版社二〇二二年出版的刁俊校注《愚齋反經録》，以中國科學院文獻情報中心藏清刻本爲底本，哈佛大學哈佛燕京圖書館藏清刻本爲參校本。以《四庫全書》《四庫全書存目叢書》所載經部、子部相關文獻爲對校材料，部分成果參考中華書局點校本《四書章句集注》。

（刁俊）

河套志

《河套志》六卷，清陳履中纂。

陳履中（1692—1759），字執夫，號雁橋，祖籍宜興，其父陳宗石年幼之時入贅於河南商丘侯方域家，故學界普遍將其定爲河南商丘人。清康熙五十年（1711）舉人，五十一年（1712）授官中書，供奉玉局。越八年，擢虞衡員外，三年後補都水郎中。清雍正三年（1725）擢御史，署給事中，後爲甘肅布政司參議，分守寧夏道。其生平參見蔣士銓撰《忠雅堂文集》卷六《陳履中墓誌銘》、李恒輯《國朝耆獻類徵初編》卷二百零九《監司五·陳履中》、開遠堂《亳里陳氏家乘》載《陳履中墓誌文》等。

《河套志》修成於清乾隆七年（1742），當年刊行。傳世抄本均據乾隆七年（1742）寓園刻本傳抄。寓園刻本由方靈皋、李巨來鑒定，儲大文參閱，邱燾、陳履平校訂。每半頁九行，行二十字，小字雙行同。四周雙邊，白口，單黑魚尾。版心有書名、卷次及頁次。

雍正三年（1725），陳履中奉命分巡寧夏，遂於涖事之暇撰成《河套志》。所據文獻或自文獻典籍中徵引事隸河套者，或輯録《秦邊紀略》者，或參考陝、甘舊志，亦有諸口傳資料及實地調查取材者。徵引文獻典籍者，有的明確注明文獻名稱，如《史記·蒙恬傳》《册府元龜》等，有的則用省稱，如《元和郡縣圖志》省稱『元和志』，有的則用書名簡稱加篇名，如《隋書》卷二十九《地理志上》作『隋志』。有的祇出現書名而不出現篇名，如《宋元資治通鑑》卷九《宋紀九》祇作『宋元通鑑』，有的則祇出現篇名而不出現書名，如《魏書》卷一百零六下《地形志》祇注作『地形志』。

《河套志》共六卷十七目，正文前有高玢、李紱、魏廷珍、儲大文、邱熹、劉青芝、陳履中等七人撰寫序和《目録》。正文卷一爲《河套建置沿革考》；卷二爲《河套内建置郡縣沿革考》；卷三爲《陝西寧夏鎮所屬沿河套南邊城堡》《山西沿河套邊營堡城口關寨》《河套内外山川》；卷四爲《河套内古迹》《河套内物産》《河套地勢興廢略》《延綏鎮》《河套》《邊防》《明陝西邊城增築》《邊市》《邊餉》《鹽法抄》十目；卷五爲《藝文一》，録奏疏二十九篇；卷六爲《藝文二》，録《表》三篇，《議》五篇，《策》三篇，《記》十篇、《賦》四篇、《書》一篇、《銘》兩篇。正文後有陳履中弟陳履平撰《跋》一篇。所涉寧夏鎮所屬沿河套南邊城堡有横城堡、紅山堡、清水營堡、花馬池等，所涉山川包括賀蘭山、石咀山、黄草山、麥垜山、石崖山、老虎山等，爲研究寧夏地區建置沿革提供了寧夏舊志之外的史料。

《河套志》從《秦邊紀略》共輯録三十九條目，其中卷三輯自《秦邊紀略》卷五的内容有横城堡、紅山堡、清水堡、清水營、黄甫川等三十七條目，卷四『延綏鎮』輯自《秦邊紀略》卷五『延綏衛』，卷四『河套』輯自《秦邊紀略》卷六『河套』。《河套志》卷四《明陝西邊城增築》參考《［嘉靖］陝西通志·河套地沿革略》有關明代的記載，卷四《河套内地勢興廢略》輯録卷末之按語。卷一《河套建置沿革考》之小序輯録《河套地廣袤略》相關内容，卷四《河套内古迹》輯録《河套古迹》三十四條内容，卷三《河套内外山川》及卷四《河套内物産》皆對其《河套山川》《河套物産》有所參考。《河套志》卷二《河套内建置郡縣沿革考・本朝》、卷三《延綏鎮所屬沿河套南邊城堡》之『花馬池城』均參考《乾隆甘志》卷四《疆域・寧夏府》編纂。

作爲河套地區第一部專區地志，《河套志》有其獨特的利用價值。第一，該志首開河套修志之先河，對於研究河套地區具有很大啓發意義。第二，提供了大量的寧夏史地資料，且有些史料爲寧夏舊志所缺，故其可與寧夏舊志相互補充，從而豐富寧夏古代史料。

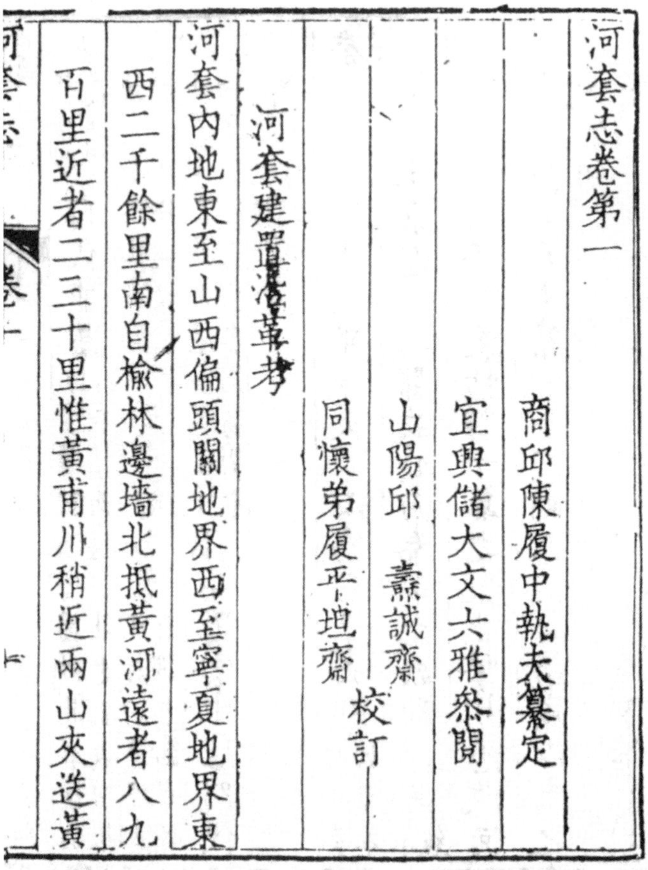
河套志卷第一

商邱陳履中執夫纂定
宜興儲大文六雅叅閲
山陽邱　𤀹誠齋
同懐弟履平坦齋　校訂

河套建置沿革考

河套内地東至山西偏頭關地界西至寧夏地界東西二千餘里南自榆林邊墻北抵黄河遠者八九百里近者二三十里惟黄甫川稍近兩山夾送黄

河套志　卷一

《持静齋書目》《羅氏藏書目録（上卷）》《聯合目録》《稀見提要》《總目提要》《浙江公立圖書館通常類圖書目録》《清史稿·藝文志》《四庫全書總目·史部·地理類存目》《翁方綱纂四庫提要稿·史部》《歸德府志》等書目對《河套志》都有著録。忒莫勒、周清澍、李毅虎等撰文研究過該志。上海古籍出版社二〇二二年出版的余曉玲校注《河套志》，以天津圖書館藏清乾隆七年（1742）寓園刻本爲底本，以上海圖書館藏傳抄本爲參校本，以陝、甘、寧相關地方舊志爲對校材料。

（余曉玲）

平山堂圖志

《平山堂圖志》十卷，卷首一卷，清趙之壁編纂。

趙之壁（？—1771？），寧夏府（今寧夏回族自治區銀川市）人。清初名將趙良棟之孫，直隸總督趙弘燮之子。趙之壁於清乾隆五年（1740）任户部郎中，『管户部坐糧廳事務』。乾隆七年（1742）任廣西思恩府知府。乾隆二十七年（1762）任兩淮鹽運使。乾隆三十三年（1768），趙之壁因卷入『兩淮鹽引案』被革職。乾隆三十五年（1770），趙之壁曾短暫擔任江西驛鹽道，後任長蘆鹽運使。乾隆三十六年（1771），趙之壁被引見，後因病返回原籍寧夏，不久病卒。《清高宗實録》散見其生平資料。《乾隆寧志》卷十三《人物》、《揚州畫舫録》、《滿漢名臣傳》卷一《趙良棟傳》、《清史列傳》卷十二《趙弘燦傳》、《國朝先正事略》卷十一《趙襄忠公事略》等文獻都附有趙之壁傳。

《平山堂圖志》成書於乾隆三十年（1765）七月，臺灣大學圖書館藏有清乾隆三十三年（1768）揚州官署原刻本，每半頁十行，行二十一字，左右雙邊，單黑魚尾。中國國家圖書館和日本早稻田大學圖書館藏有日本天保十四年（1843）《平山堂圖志》官板本。日本還有光緒九年（1883）歐陽利見重刻本、光緒二十一年（1895）六一頭陀心悟重訂本。

乾隆三十年（1765）揚州官署原刻本有趙之壁《自序》而無跋。光緒九年（1883）歐陽利見重刻本係歐陽修後裔歐陽利見對所收《平山堂圖志》重加校訂并刊刻，撰寫《跋》一篇。光緒二十一年（1895）六一頭陀心悟重訂本書衣有『光緒乙未年三月平山主裔六一頭陀心悟重訂』字樣，書簽題寫『郭慶藩署檢』『田碧堂珍訂』『星悟持贈』。日本天保十四年（1843）官板本題簽書名《官板平山堂圖志》，裝幀形式爲和裝。據卞孝萱先生《日本官板〈平山堂圖志〉跋》一文研究，日本天保十四年（1843），江户昌平翻刻《平山堂圖志》原刻本，京都大學附屬圖書館藏版。一九〇九年，松山堂書店利用六然堂藏版出版了天保十四年重刻本。

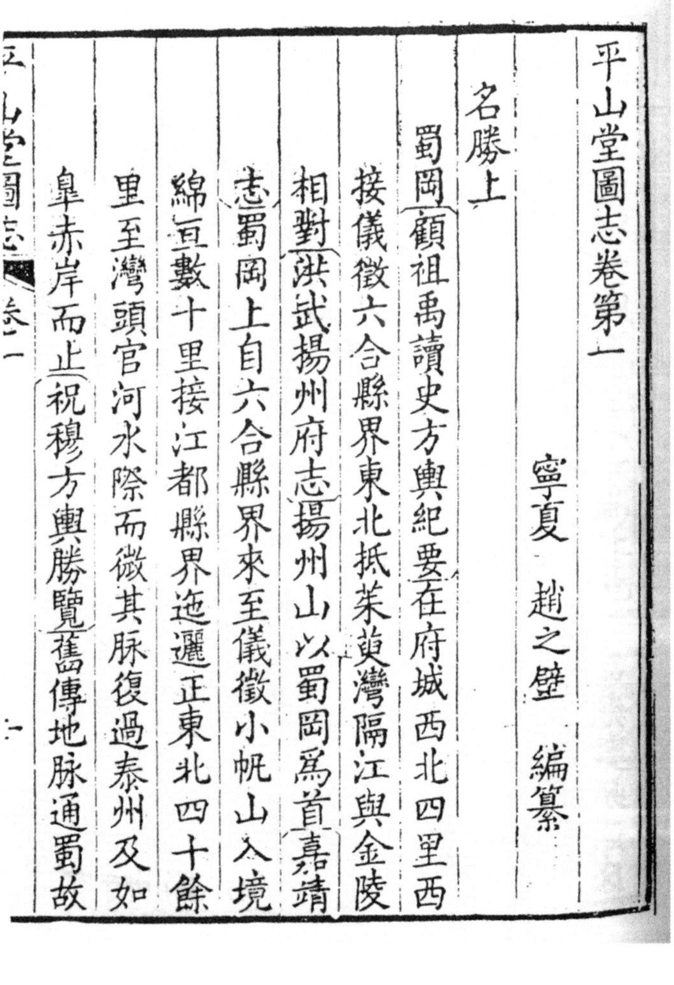
平山堂圖志卷第一

寧夏　趙之壁　編纂

名勝上

蜀岡顧祖禹讀史方輿紀要在府城西北四里西接儀徵六合縣界東北抵茱萸灣隔江與金陵相對洪武揚州府志揚州山以蜀岡爲首嘉靖志蜀岡上自六合縣界來至儀徵小帆山入境綿亘數十里接江都縣界迤邐正東北四十餘里至灣頭官河水際而微其脉復過泰州及如皋赤岸而止祝穆方輿勝覽舊傳地脉通蜀故

平山堂建於宋慶曆八年（1048），是北宋政治家歐陽修任揚州太守時所建。因爲堂建於丘陵之上，揚子江以南的山嶺可以盡收眼底，人坐在堂中視綫與衆山相平，所以稱之爲『平山堂』。經歷宋、元、明數代興廢，至清代時，平山堂爲康熙、乾隆兩帝南巡駐蹕的行宫。乾隆三十年（1765），乾隆皇帝南巡結束後，負責接駕的兩淮鹽運使趙之壁博搜群籍、網羅舊聞，仿照古人左圖右書之例修成《平山堂圖志》。

《平山堂圖志》共分《宸翰》《圖》《名勝》《藝文》《雜識》五門，析爲卷首及正文十卷。卷首爲《宸翰》，載清代諸帝對平山堂及其周邊名勝的御書、題咏、賞賜。附《圖》爲平山堂各景點，共六十六幅版畫。卷一至卷二爲《名勝》，詳細描述平山堂各處名勝景觀。卷三至卷九爲《藝文》，録歷代有關平山堂及其周邊景觀建築的賦、詩、記、序、銘等文學作品。卷十《雜識》，從歷代詩話、筆記、史志中輯録有關平山堂的軼聞若干條。

自平山堂建成以來，歷代衆多文人到此游覽并留下了大量的詩文。乾隆時期，學者開始對與平山堂相關的歷代詩文進行彙編，先後有：乾隆七年（1742），由新安汪應庚編、汪應銓校的《平山攬勝志》十卷；乾隆十六年（1751），由江都程夢星編纂，江都汪立德、汪秉德校梓的《平山堂小志》十二卷。趙之壁於乾隆二十七年（1762）任兩淮鹽運使。乾隆三十年（1765），乾隆皇帝南巡，揚州鹽商在北郊新建了卷石洞天、西園曲水、平岡艷雪等二十景，形成了『兩堤花柳全依水，一路樓臺直到山』的園林景觀。兩淮鹽運使趙之壁在南巡接駕後纂成了《平山堂圖志》，對揚州北郊到平山堂的園林和名勝分别加以叙述，并次以歷代藝文。從《平山堂圖志》的編修過程來看，趙之壁在編修過程中參考了汪應庚的《平山攬勝志》和程夢星的《平山堂小志》等資料。

該書是研究揚州歷史名勝與人文景觀非常重要的資料，其關於平山堂各景觀的記述和收録的六十六幅名勝全圖，是研究平山堂人文景觀布局及演變情況的重要資料。不僅如此，該書在日本的傳播、刊刻及回傳中國，對研究中日文化交流史也具有重要價值。

明文出版社一九八〇年出版的《中國佛寺史志彙刊》，影印出版了《平山堂圖志》清乾隆三十年（1765）揚州官署原刻本。文海出版社一九七一年出版的《中國名山勝迹志叢刊》，影印出版了《平山堂圖志》日本天保十四年（1843）官板本。成文出版社一九八三年出版的《中國方志叢書・華中地方・江蘇省》，影印出版了《平山堂圖志》清光緒九年（1883）歐陽利見重刻本。卞孝萱、高小健、王少浩、陸寧、吴曉揚等人有趙之壁及其《平山堂圖志》的整理研究成果。上海古籍出版社二〇二三年出版的馬建民校注《平山堂圖志》，以清乾隆三十年（1765）揚州官署原刻本爲底本，以日本天保十四年（1843）官板本、清光緒九年（1883）歐陽利見重刻本、清光緒二十一年（1895）六一頭陀心悟重訂本等爲參校本，部分整理成果參考廣陵書社二〇〇四年出版的高小健點校《平山堂圖志》。

（馬建民）

新編龔景瀚詩文集

《新編龔景瀚詩文集》十四卷，清龔景瀚撰，包括《澹静齋文鈔》六卷、《外篇》二卷，《澹静齋詩鈔》六卷。

龔景瀚（1747—1802），字惟廣，一字海峰，閩縣（今福建省福州市）人。《清史稿》卷四百七十八、《清史列傳》卷七十四、陳世鎔《福州西湖宛在堂詩龕徵録》卷十六、李桓《國朝耆獻類徵初編》卷二百三十六等有傳。清乾隆三十六年（1771）進士，後里居教授十有四年。乾隆四十九年（1784），始出選授甘肅靖遠知縣，未到任，檄署中衛縣。五十一年（1786）冬，返任靖遠知縣。五十二年（1787）六月，調任平凉知縣。五十五年(1790)秋，權知固原州兼攝鹽茶廳撫民同知篆。五十七年（1792）四月，攝循化廳同知，八月復

澹静齋文鈔卷之一
閩中海峯龔景瀚箸　男式穀校刊
王會圖賦
唐受天命奄有四方皇帝既成武功遂恢文德遠夷慕義如內諸侯貞觀三年南蠻酋長謝元深來朝中書侍郎顏師古言曰昔周武王時遠國入朝太史次爲王會篇今蠻夷如元深等冠服有異宜令有司寫爲圖以示子孫章顯盛德無極制曰可圖成張於紫宸殿秘書監參預朝政臣魏徵拜手稽首而獻賦曰臣聞神農氏之有天下也摶捖剛朒提絜形氣襲九冢種九埶以竅領

回任平凉。五十九年（1794），擢陝西邠州知州。清嘉慶元年（1796），陝甘總督宜綿巡邊，調景瀚佐軍幕，籌劃軍務，以功擢慶陽知府，賜花翎。三年（1798）冬，調蘭州知府，未到任，仍留軍幕。五年（1800）始到蘭州任。七年（1802）冬，送部引見，帝垂詢軍事甚悉。十二月，以疾卒於京師，時年五十六。著有《澹静齋文鈔》六卷、《外篇》二卷、《澹静齋詩鈔》六卷、《祭儀考》四卷、《説裸》二卷、《邶風説》二卷、《禘祫考》一卷、《離騷箋》二卷、《孔志》三卷、《循化廳志》八卷、《讀書録》二卷、《訪古録》二卷、《積石山房四書文》三卷、《石塔碑刻記附考》一卷等。

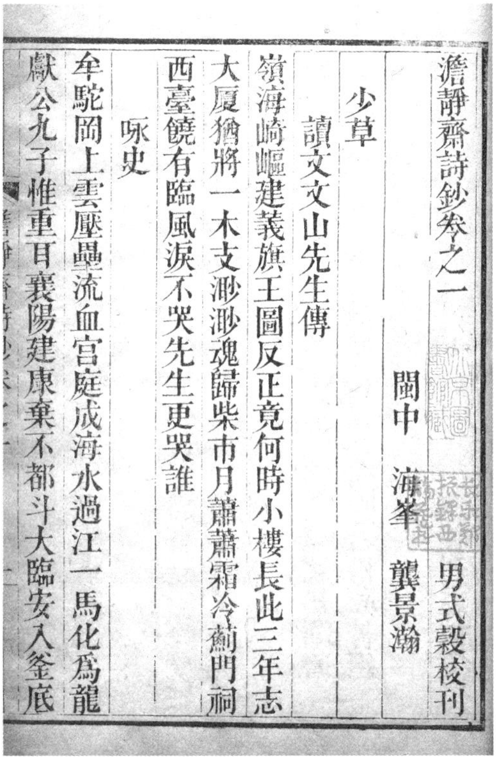
澹靜齋詩鈔卷之一　男式穀校刊
閬中　海峯　龔景瀚
少草
讀文文山先生傳
嶺海崎嶇建義旗王圖反正竟何時小樓長此三年志
大厦猶將一木支渺渺魂歸柴市月蕭蕭霜冷薊門祠
西臺慟有臨風淚不哭先生更哭誰
咏史
牟駝岡上雲壓壘流血宮庭成海水過江一馬化爲龍
獻公九子惟重耳襄陽建康棄不都斗大臨安入釜底

龔景瀚著述主要見諸《澹静齋全集》。該集於清道光六年（1826）由龔氏恩錫堂刊刻傳世，每半頁十行，行二十一字，四周雙邊，白口，單黑魚尾。傳世本另有中國科學院文獻情報中心藏清嘉慶刻本、中國國家圖書館藏清道光二十年（1840）重刻本、中國社會科學院文學研究所藏清道光二十五年（1845）龔耿光刻本、四川省圖書館藏清同治八年（1869）龔易圖濟南重刻本等。

《澹静齋全集》所録《澹静齋文鈔》《澹静齋詩鈔》爲其子龔式穀校刊，林昌彝參校，龔景瀚子龔瑞穀、龔受穀、龔豐穀及孫龔福康校，刻工爲福州李邦棟。《文鈔》卷六末和《外篇》卷二後都有『同里後學林昌彝參校』字樣，《文鈔》（含《外篇》）、《詩鈔》終均有『男豐、受、瑞穀，孫福康校字』的說明。《文鈔》卷四最後一篇《皇清誥授奉直大夫雲南鎮南州知州顯考厚齋府君行述》文末署『愚侄林枚光填諱』。

《澹静齋文鈔》卷首有陳壽祺撰《龔海峰先生傳》，末有乾隆六十年（1721）元月新安朱文翰所作《跋》。正編六卷以類編次，收賦、考、說、論、書、叙、記、傳、墓誌、壽序、祭文、書後、跋等共七十四篇。《外篇》二卷多爲公文，有疏、議、札、子、告示、禀文等十八篇。《澹静齋文鈔》的主要價值在於：一是經史闡釋往往能祛惑釋疑，不囿於舊說，『凡古今因革損益，無不窮源竟委』（林昌彝《海天琴思録》卷五）。二是談論時事，皆條分縷析，實事求是，獻策有可操作性。三是文字流暢通達，即使在交往應酬的書信中，也能見出其性情与真誠。四是作爲地方官員，能愛民勤政，

澹靜齋文鈔外篇卷之一
男式穀校刊
閩中海峯龔景瀚箸
陳時事疏
謹奏爲正士習以飭官方端民風事竊惟士習之盛衰官方之所由隆汚民風之所由升降也周以三物教萬民爲士者孝弟廉恥之節日砥礪其心其源既清一旦出而臨民而六計尚廉八柄詔吏乃可得而施若乃干城之寄旁及武夫甫田之中升夫髦士則微獨兵農不分士與農亦不分士習正斯民風醇矣後世鄉舉里選之濫既不可行而浮華聲氣之弊接踵而起崎嶇暮夜

禮上恤下。五是爲當地人才培養和文化建設做出了貢獻。

《澹静齋詩鈔》六卷，有張世法及秦金門《序》，共收詩四百八十三首。各卷自有集名，卷一《少草》《游草》共五十九題六十六首，卷二《雙駿亭草》共十九題三十五首，卷三《栖鳳草》《雙駿亭後草》共四十題一百一十首，卷四《小草》共六十六題八十二首，卷五《思存草》共四十四題八十二首，卷六《庚戌以後草》共七十一題一百零八首。《澹静齋詩鈔》載詩的主要内容包括：一是寫所到之處的懷古、見聞和風光。二是贈答唱和之作，可見龔景瀚的交游与經歷。三是對民生的關注和同情。四是以考據入詩，將其淵博的學識和嚴謹的學術考證貫穿於詩及注之中。

《清史稿》卷一百四十八、《晚晴簃詩匯》卷九十四、《清人詩文集總目提要》、《中國叢書綜録》、《清人别集總目》、《清人文集别録》卷九、《清人詩集叙録》卷四十二等對《澹静齋文鈔》《澹静齋詩鈔》都有著録。陳慶元、林曉玲、廖劍華、徐瑛子、曾寒冰等有研究論文成果。上海古籍出版社二〇二二年出版的安正發、王文娟校注《龔景瀚詩文集》，析出《澹静齋全集》之《澹静齋文鈔》（含《外篇》）、《澹静齋詩鈔》，以清道光六年（1826）龔氏恩錫堂刻《澹静齋全集》本爲底本，以清道光二十年（1840）重刻本爲參校本，以《皇朝經世文編》等爲校對材料。

（安正發）

真率齋初稿

《真率齋初稿》十卷，《詞》二卷，清楊芳燦撰。

楊芳燦生平參見本書前文《［嘉慶］靈州志迹》提要。

《真率齋初稿》今存三種刻本：其一是清乾隆四十四年（1779）刻本，四册，每半頁十行，行二十一字。白口，左右雙邊，單黑魚尾。前有顧敏恒、王昶《序》。其二是清嘉慶六年（1801）刻本，八册，該本是在清乾隆五十七年（1792）石渠刻本《真率齋初稿》、《芙蓉山館詩稿 詞稿》（詩六卷、詞兩卷）及《桐華吟館詩稿》（楊揆撰）的合訂本基礎上增補而成，前有法式善《序》。其三是清道光十八年（1838）刻本，六册，是乾隆四十四年（1779）楊廷錫古歡書屋藏板的單行本之補刻本，前有顧敏恒、王昶《序》，後有楊廷錫、汪士侃《跋》。

《真率齋初稿》乃乾隆四十四年（1779）楊芳燦赴甘肅前刊刻，是楊氏將早年生活於江南時所作詩詞輯録成集的單行本，稿以『真率齋』名，皆因舊有齋在邑城北，爲高祖楊宗濂讀書之所，以齋名，志不忘祖。後乾隆五十年（1785）畢沅選刻《吟翠軒初稿》二卷本，所收楊氏詩共八十七首，皆選自《真率齋初稿》，後收入《吴會英才集》。嘉慶十年至十二年（1805—1807）刊刻《芙蓉山館詩鈔 詞鈔 文鈔》乃楊氏删并

《真率齋初稿》等單行本又益以續得而成，是其晚年手定之本。故名曰初稿，實乃後續各種刻本之始稿。

《真率齋初稿》包括詩十卷，録詩三百二十五首，詞二卷，録詞一百五十二首。具體來説，卷一存詩《采蓮曲》《題淵明采菊圖》等六十五首，卷二存詩《擬唐人塞下曲》《吴門與顧大笠舫夜話》等三十七首，卷三存詩《織錦曲擬劉豫章》《滄浪亭蘇子美》等三十六首，卷四存詩《美人篇》《爲杲溪先生題友松圖》等二十六首，卷五存詩《金川死事二公詩》《題孔千秋篆册》等二十一首，卷六存詩《春感示荔裳》《春閨思》等三十七首，卷七存詩《首夏信筆》《秋雨嘆贈顧七韶陽》等二十九首，卷八存詩《懷方子雲》《客館孤坐》等二十五首，卷九存詩《花燭詞爲平湖蔣永川賦》《送臧子三歸廣陵》等二十八首，卷十存詩《過高唐》《夏五雜憶》等二十一首。詞卷一存《滿江紅・咏北齊三才》《念奴嬌・吴門客舍》等七十五首，卷二存《蝶戀花・爲玉溪題小影》《荷葉杯・寄二弟》等七十七首。

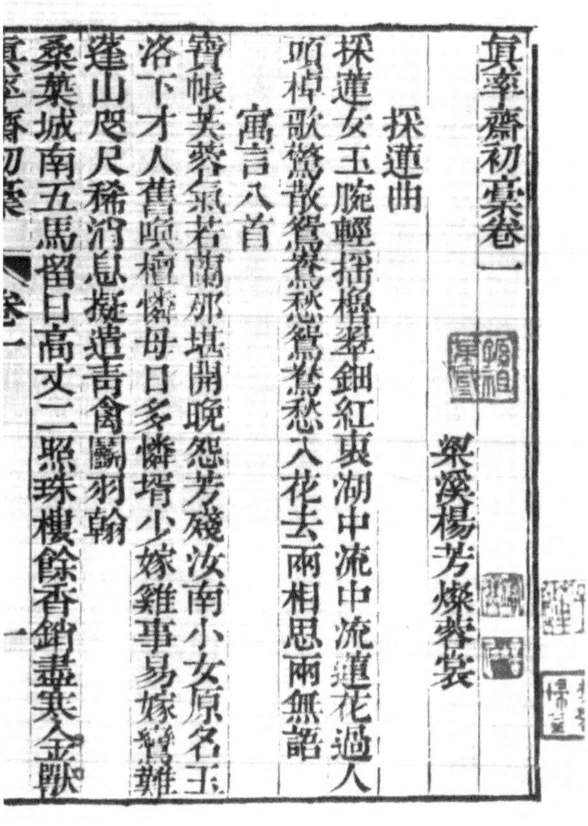
真率齋初稿卷一 粱溪楊芳燦蓉裳
采蓮曲
采蓮女玉腕輕搖櫓翠鈿紅衷湖中流中流蓮花過人
項棹歌驚散鴛鴦愁鴛鴦愁入花去兩相思兩無語
寓言八首
寶帳芙蓉氣若蘭邪堪開晚怨芳殘汝南小女原名玉
洛下才人舊項檀憐母日多憐壻少嫁雜事易嫁雞難
蓬山咫尺稀消息擬遣青禽屬羽翰
桑葉城南五馬留日高丈二照珠樓餘香銷盡失金猷
真率齋初稿 卷一 一

楊芳燦是乾嘉詩壇名家，在其早年、爲官西北及晚年的詩作中，雖有較爲分明的階段性特徵，但總不脱華艷的一貫風格，這種詩風在其早年詩集《真率齋初稿》中體現得最爲鮮明，對該集的研究具有重要的文獻學及文學意義。第一，楊芳燦存世詩詞集較多，又經數次刊刻，版本複雜，但該集爲後世各種版本之始稿，其可作爲楊氏其他版本重要的參校本，同時對其研究可以幫助理清各版本間的源流關係。第二，楊芳燦早期詩風清新絶艷，賴於他對六朝至唐詩的模仿，這種詩風貫穿始終。中年爲官西北，在西北自然地理環境和社會文化環境的影響下，詩風呈現出複雜的風貌，既有早期詩風的沿襲，又有新變，詩風沉鬱雄闊，衆體兼備。因此，對楊氏早年《真率齋初稿》中詩詞作品的研究可以清晰地展示楊氏文學風格嬗變的過程及其對西北地域文化感知中的多元審美情趣，同時亦是地域變遷對文人心態影響的有利佐證。

《真率齋初稿》在《清史稿》卷一百四十八《藝文四》有著録，《無錫文庫》第四輯收録。有關楊芳燦及其著述整理研究成果較爲豐富。上海古籍出版社二〇二三年出版的梁艷校注《真率齋初稿》，以清乾隆四十四年（1779）刻本爲底本，以清光緒十七年（1891）無錫劉繼增木活字本《芙蓉山館詩鈔 詞鈔 文鈔》爲參校本，又參以清乾隆五十年（1785）畢沅選刻《吴會英才集》卷十三、卷十四所輯《吟翠軒詩》。

（梁艷）

荆圃倡和集

《荆圃倡和集》十六卷，清楊芳燦撰。

楊芳燦生平參見本書前文《［嘉慶］靈州志迹》提要。首都圖書館藏《荆圃倡和集》清嘉慶四年（1799）刻本，按『文（陽）』『行（春）』『忠（白）』『信（雪）』分成四册。每半頁十行，行二十二字，四周雙邊，黑口，單黑魚尾。

《荆圃倡和集》記清乾隆五十一年至嘉慶四年（1786—1799）楊芳燦爲官伏羌、靈州時與仲弟楊揆、郭楷、周爲漢、侯士驤、楊承憲等師友間的詩詞倡和活動及作品。在卷前《自序》中，楊氏稱乾隆五十一年（1786）冬，其以伏羌令上計入都，正臘回甘，仲弟荔裳（楊揆）乞假偕出，間有倡和之作。靈州射堂前有隙地，植紫荆數本，枝葉繁茂，

荔裳爲題楹額曰爲『荊圃』。後楊芳燦一官靈州，十年不調，與友人分題選韻，月凡三集，所得詩詞輯録而藏，因援例改官部郎，結習所存，不忍弃置，爰綜前後所作，付之剞劂，共十六卷，題曰《荊圃倡和集》。

《荊圃倡和集》包括詩十卷，詞六卷。卷前有楊芳燦、楊揆《序》。卷一至卷八共存詩四百零六首，輯録《北邙山歌》《函谷關》《爲莊悔齊題元池覽古圖》《黄河水橋》《分賦朔方古迹得靈武臺》《過澗歇青銅峽》《受降城》《賀蘭山》等詩作。卷九及卷十皆爲聯句詩，輯録《崆峒聯句一百韵》《河橋聯句》《蘭山夜集聯句》等詩作。詞六卷，共存詞三百八十六首，輯録《摸魚兒・九日蘭山登高》《南鄉子・塞上曲》《繞佛閣・六盤山古寺題壁》等詞作。

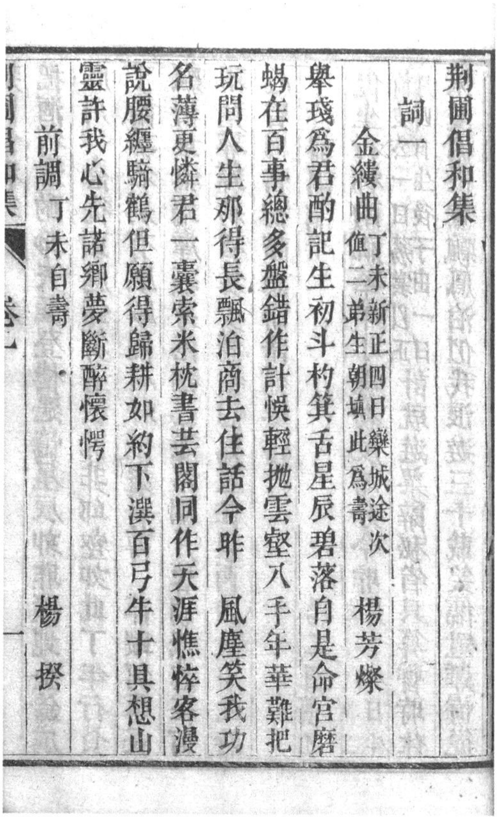
荊圃倡和集
詞一
金縷曲 丁未新正四日欒城途次值二弟生朝填此爲壽 楊芳燦
舉琖爲君酌記生初斗杓箕舌星辰碧落自是命宫磨蝎在百事總多盤錯作計悞輕抛雲壑入手年華虀把玩問人生邪得長飄泊商去住話今昨 風塵笑我功名薄更憐君一囊索米枕書芸閣同作天涯憔悴客漫說腰纒騎鶴但願得歸耕如約下澳百弓牛十具想山靈許我心先諾鄉夢斷醉懷愕
前調 丁未自壽 楊揆

荊圃倡和是清代乾嘉之際以寧夏靈州爲倡和活動中心，在西北文壇規模大、成就高的文人創作群體，倡和的文體詩詞兼有，倡和的作品豐富了寧夏乃至西北古代地域文學的内涵，具有重要的文學史價值。第一，古代文學研究對結社活動尤其是地方性的文學社群關注不够，對荊圃倡和群體的研究可豐富該領域研究成果，并爲後續研究提供可資利用的研究方法。第二，荊圃倡和群體對寧夏地域文化的書寫體現了寧夏古代文學的活力，真實地反映出文人社會生活、文化性格和審美心理，構建了乾嘉之際寧夏社會風貌的圖景，對其研究可成爲地方史料的有力補充。第三，荆圃群體在寧夏的倡和活動實現了江南文化與西北文化的融合，體現了不同地域間文化的互融互攝，對其研究可清晰地瞭解南方文人在寧的生存狀況，以及其對寧夏地域文化的認知過程中對自身文學創作和文藝觀的影響，同時亦可管窺主流文壇對西北文壇的介入和滲透。第四，荆圃倡和群體文學作品中體現的詩學主張和詞學追求，是審視清代中期詩風詞風嬗變不可或缺的參照，尤其詞學活動發生在浙西詞派和常州詞派交替之際，對清詞的發展和詞壇格局的形成具有促進作用，對其研究可成爲清代文學研究的有力補充。

《聽秋聲館詞話》《楊蓉裳先生年譜》對《荆圃倡和集》有著録。萬柳著《清代詞社研究》有專章研究，王利娜、杜運威、張瑜婷碩士學位論文論及此集。上海古籍出版社二〇二二年出版的梁艷校注《荆圃倡和集》，以清嘉慶四年（1799）刻本爲底本，以清嘉慶十二年（1807）刻本楊揆《桐華吟館詩稿 詞稿 文鈔》、清道光十四年（1834）刻本楊夔生《真松閣詞》、清光緒十七年（1891）無錫劉繼增木活字本楊芳燦《芙蓉山館詩鈔 詞鈔 文鈔》爲參校本，并參以他書附録序跋、楊芳燦生平材料等。

（梁艷）

芙蓉山館全集

《芙蓉山館全集》二十卷，清楊芳燦撰。

楊芳燦生平參見本書前文《［嘉慶］靈州志迹》提要。《芙蓉山館全集》傳世版本主要有兩種。其一爲清嘉慶十年至十二年（1805—1807）間刻本《芙蓉山館詩鈔 詞鈔 文鈔》（下文稱『嘉慶本』），包括詩鈔八卷、詩補鈔一卷、詞鈔兩卷、文鈔一卷。版框高十八點五厘米，寬十四點五厘米。每半頁十二行，行二十五字，左右雙邊，白口，單黑魚尾。另一爲清光緒十七年（1891）無錫劉繼增木活字本（下文稱『光緒本』），包括詩鈔八卷、詩補鈔一卷、詞鈔二卷、詞附鈔一卷、文鈔八卷、附録一卷。版框高十七點六厘米，寬十三點四厘米，每半頁十行，行二十四字，四周單邊，黑口，單黑魚尾。版心有『無錫匡寶才集字排印』字樣。

嘉慶本和光緒本屢被楊氏本人及編刊者稱爲《芙蓉山館全集》，但它實際上是選集而非全集。嘉慶本并非一次成書，而是不斷增補而成，不僅陸續增入《芙蓉山館詩補鈔》《芙蓉山館詞補鈔》各一卷，還陸續增入大量駢文，編入《芙蓉山館文鈔》。嘉慶本乃楊芳燦主講關中書院時，删并《真率齋初稿》《芙蓉山館詩稿 詞稿》等單行本後續增而成，是楊氏晚年手定之本，真實地反映了楊氏本人對自己詩詞文集的編選標準。光緒本以最爲完整的嘉慶增補本爲底本，但改進了嘉慶本的體例，把原不分卷的《芙蓉山館文鈔》及《續刻》按文類重新編排，釐爲八卷。

《芙蓉山館全集》包括詩鈔八卷、詩補鈔一卷、詞鈔兩卷、詞附鈔一卷、文鈔八卷。其正文卷前附詩鈔、詩補鈔、詞鈔、詞附鈔、文鈔各本原序跋，包括王昶撰《真率齋初稿序》、楊廷錫撰《真率齋初稿跋》、法式善撰《芙蓉山館詩稿序》等篇，還附録《無錫金匱縣志·文苑列傳》、姚春撰《墓表》等。詩鈔八卷共存詩六百四十三首，詩補鈔一卷存詩七十六首。詞鈔兩卷存詞一百九十六首，詞附鈔一卷存集句詞《拗蓮詞》三十二首及《移箏詞》三十二首。文鈔八卷，包括卷一存《賦》十四篇，《記》十二篇，《銘》一篇，《贊》三篇。卷二存《啓》六篇，書十九篇。卷三至卷六存《序》八十三篇。卷七存《壽序》四篇，《碑》五篇，《敘略》一篇，《傳》一篇。卷八存《墓銘》五篇，《墓表》三篇，《誄》六篇，附《哀辭祭文》一篇，《雜文》一篇。

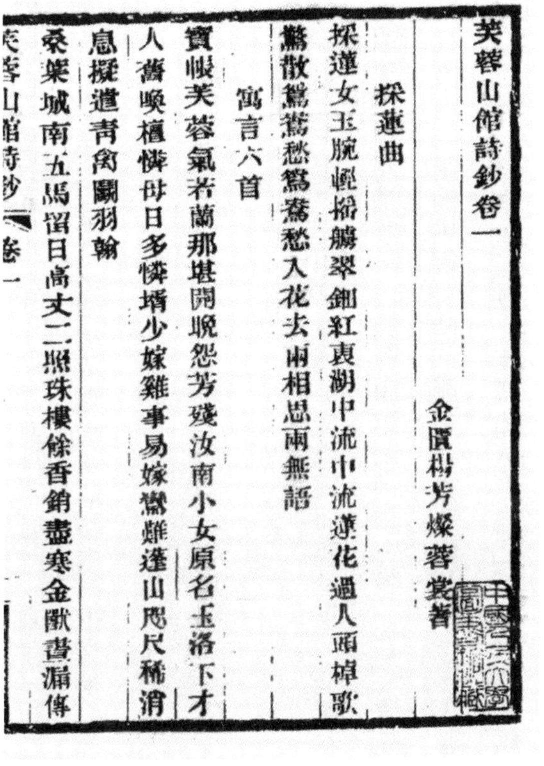
芙蓉山館詩鈔卷一
金匱楊芳燦蓉裳著
採蓮曲
採蓮女玉腕輕搖鶼翠鈿紅裏湖中流中流蓮花過人頭棹歌驚散鴛鴦愁鴛鴦愁入花去兩相思兩無語
寓言六首
寶帳芙蓉氣若蘭那堪開晚怨芳殘汝南小女原名玉洛下才人舊喚檀憐毋日多憐埒少嫁難事易嫁鸞難逢山咫尺稀消息擬遣青禽翽羽翰
桑葉城南五馬留日高丈二照珠樓餘香銷盡寒金獸書漏傳
芙蓉山館詩鈔 卷一

楊芳燦是乾嘉文壇著名的文學家，詩詞文兼善，其爲官靈州十年，創作的文學作品多收録於《芙蓉山館全集》，此集對研究寧夏古代文學與地域文化有重要的文獻價值。主要表現爲，第一，文人的地域遷移促進了地方文學空間及文學風貌的形成，《芙蓉山館全集》對靈州自然生態、文化生態的文學感知和書寫一定程度上反映了清代寧夏地方文學的繁榮和成長。第二，《芙蓉山館全集》中收録的《寧夏采風詩》《沙磧田》等記載的寧夏社會政治生活内容具有重要的史料價值，可促進地方史及地方文學的研究。第三，作者楊芳燦作爲主流文壇的大家進入到寧夏文學的記憶中，其文學風格既延續了早期江南文化浸染下的清新華艷，又融合了西北文化影響下的雄健蒼勁，達到了自成一家的境界，揭示出寧夏地域文學與主流文學的溝通及向主流文學的擴展，顯示出寧夏古代地域文學深厚的積澱。

《全清詞・雍乾卷》輯録楊芳燦詞二百九十六首。《錫山歷朝書目考》《江蘇藝文志・無錫卷》《清人詩集叙録》《清人别集總目》《清人詩文集總目提要》等對其詩文集版本存有介紹。嚴迪昌《清詞史》設無錫楊氏詞人群專題，當代學者楊緒容、勒建明輯校《楊芳燦集》。

（梁艷）

默齋公牘

《默齋公牘》二卷，清俞德淵撰，清路德評選。

俞德淵（1778—1835），字原培，號陶泉，又號默齋，寧夏平羅人。清嘉慶十二年（1807）丁卯科舉人，二十二年（1817）丁丑科進士，選爲翰林院庶吉士。歷官江蘇荆溪知縣、長洲令、蘇州督糧同知、常州知府、兩淮鹽運使，有政聲，爲林則徐、賀長齡、陶澍等所器重。《清史稿》卷三百八十四、《清史列傳》卷七十六、《重修兩淮鹽法志》卷一百三十八、《［道光］平羅記略》卷七、《民國朔志》卷十六等多種文獻均有傳。有《默齋文稿》（一題《默齋存稾》）、《館課存稿》、《詩古文家言公牘》、《默齋公牘》等著述，除《默齋公牘》外，其他均不見傳。另有《重修文昌閣碑》《王忠烈公祠碑紀》《宜荆兩邑在城義倉碑紀》及《俞德淵次韵》組詩四首、詞作《菩薩蠻》等散見詩文傳世。

路德（1785—1851），字閏生，號鷺洲，陝西盩厔終南鎮北堡（今陝西省西安市周至縣終南鎮毓興村）人。嘉慶十四年（1809）進士，授翰林院庶吉士，歷户部湖廣司主事，官至軍機章京。後潛心治學，曾主關中乾陽、宏道、象峰、對峰各書院。著述有《仁在堂示集》等多種，還有評改釐定他人著作多部。

《默齋公牘》傳世的兩種版本均爲俞氏留餘堂家刻本，其一爲廣東省立中山圖書館等藏清道光二十年

（1840）刻本，版框高十六點五厘米，寬十一點四厘米，每半頁九行，行二十二字，白口，四周雙邊，無魚尾，無界行。書衣有『平羅留餘堂藏版』字樣，版心鐫書名、類目、頁次。另一爲中國科學院文獻情報中心、四川大學圖書館等藏清同治九年（1870）重刻本，四周雙邊，白口，無魚尾，其他版式同道光刻本。卷上、卷下首頁鈐『江陰金武祥印』白文方印。相比較而言，同治重刻本刻印質量更佳。

同治刻本的《默齋公牘》有路德《序》，《附録》林則徐撰《中議大夫兩淮都轉鹽運使司鹽運使平羅俞公墓誌銘》、賀長齡撰《兩淮都轉平羅俞君言行補遺》及李元度撰《俞陶泉都轉事略》。卷上收書信十三篇，爲上行文或平行文；卷下收曉諭公示類文獻十八篇，是下行文。各篇文章大體按作文時間先後排序。卷上書信主要分爲『致大吏及僚友書』和『致屬吏及友人書』二類。卷下曉諭公示有關於海運的，有關於社會安定的，有關於鹽務的。文章情感真率，邏輯性强，客觀記録了俞德淵的政務之見，特别是他殫精竭慮、終

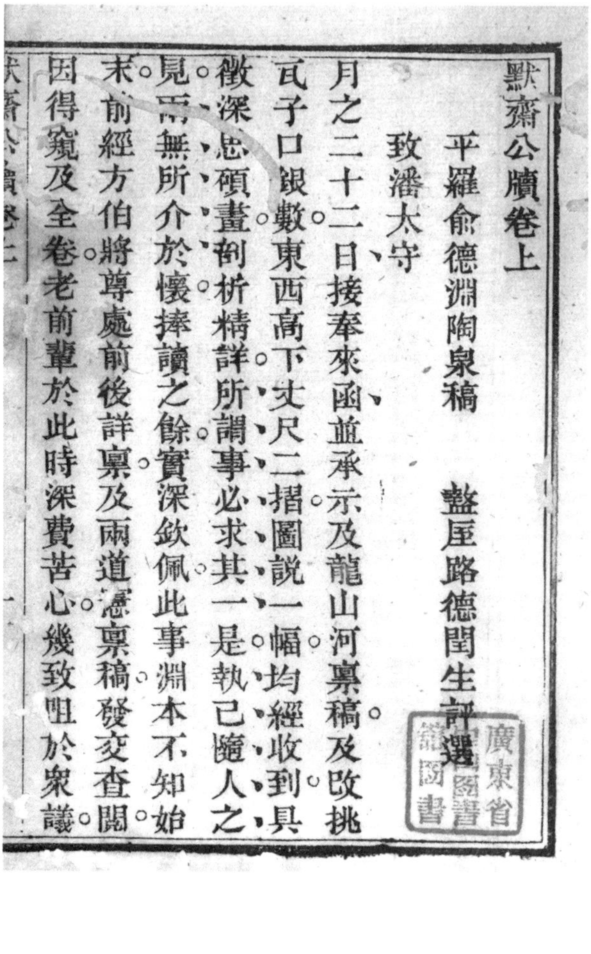
默齋公牘卷上
平羅俞德淵陶泉稿　盩厔路德閏生評選
致潘太守
月之二十二日接奉來函並承示及龍山河稟稿及改挑貳子口銀數東西高下丈尺二摺圖說一幅均經收到具徵深思碩畫剖析精詳所謂事必求其一是執已隨人之見兩無所介於懷捧讀之餘實深欽佩此事淵本不知始末前經方伯將尊處前後詳稟及兩道憲稟稿發交查閱因得窺及全卷老前輩於此時深費苦心幾致咀於衆議
默齋公牘卷上　一

日苦思且用自己的實踐證明了是有效的關於海運、鹽政的見解，部分成爲清朝的國家政策。

從路德序可知，俞德淵生前已將自己的公牘文稿收集成册，托人抄寫留存，《默齋公牘》至遲在道光十五年（1835）就已成書。俞德淵去世後，路德在整理其遺物時，搜其『遺書，得公牘稿數册……是册成於鈔胥之手，頗多舛譌。余逐加讎校，擇其有關政術者，録爲二卷，附録林、賀二公作，以存君之梗概』，再加以評點，於道光二十年（1840）刊刻成書。同治九年（1870）重鎸，增加了李元度《俞陶泉都轉事略》。《默齋公牘》刊刻時，除收録俞德淵公牘外，還將路德評點也刻録其中。評點有四種形式：一爲句讀；二爲文中夾注；三爲對評點者認爲的關鍵的、美妙的、特别的詞句進行圈點；四爲篇末文字點評。

《默齋公牘》内容雖衹有兩卷，但對於研究當時的海運、鹽政意義重大。此書也是研究俞德淵最直接、最重要的材料，從中可以看到一位爲國家和百姓盡心操持的中國古代循吏良吏形象，雖爲公牘，却有着刻骨的感人力量。因此，此書不僅是重要的史料，更有很大的教育功能，也有很高的文學價值。是書中有八篇亦見於清葛士濬《皇朝經世文續編》，林則徐所作《墓誌銘》亦見於《雲左山房文鈔》卷四，賀長齡所作言行補遺亦見於《耐庵文存》卷四，李元度《俞陶泉都轉事略》一文亦見於《國朝先正事略》卷五十四。

《皇朝經世文續編・姓名總目二・别見》『俞德淵』條、《［光緒］甘肅新通志》卷九十四、《販書偶記續編・政書類・雜録之屬》、《民國朔志》卷三十一《志餘下・著作》、《中國古籍總目・史部・政書類・公牘之屬》等著録有《默齋公牘》。俞德淵及其《默齋公牘》最早研究主要體現在清俞思益撰《寧夏俞氏族譜》中，此譜收録了俞德淵生平及《陶泉公入名宦祠詳文并事實册》、賀長齡爲俞德淵所作言行補遺、清陶澍爲俞德淵作行述等。當代學界研究成果較多，主要有：胡迅雷撰《清代平羅俞氏家族》一文論述了其生平和主要功績，并簡要梳理了俞氏家族的情況；徐莊撰《明清時期寧夏版本經眼録》一文對廣東省立中山圖書館藏俞氏《默齋公牘》的版本情況作了介紹；吕超、景永時撰《清代寧夏籍兩淮鹽運使俞德淵生平事迹考述》對於俞德淵生平事迹作簡要概述。另，刁俊碩士學位論文《明清以來寧夏歷史人物著述考——以朱㮵等人爲例》簡要介紹了俞德淵的著述情況；吕超碩士學位論文《寧夏籍名宦俞德淵考》對俞德淵的生平、思想、政績以及著作進行了考述。田富軍著《寧夏明清人士著述研究》對俞德淵及其《默齋公牘》有專門研究。

上海古籍出版社二〇二二年出版的田富軍、李星校注《默齋公牘》，以中國科學院文獻情報中心藏清同治九年（1870）重刻本爲底本，以廣東省立中山圖書館藏清道光二十年（1840）刻本爲參校本，參考四川大學藏清同治九年（1870）重刻本、河南大學藏清光緒二十七年（1901）上海久敬齋石印本《皇朝經世文續編》、林則徐《雲左山房文鈔》、賀長齡《耐庵文存》、李元度《國朝先正事略》、王安定《重修兩淮鹽法志》、《［道光］平羅記略》、《民國朔志》等文獻完成。

（田富軍）

誥授振威將軍晋贈建威將軍固原提督法福禮巴圖魯敕封三等子爵諭賜祭葬入祀昭忠祠賜謚壯節顯考玉溪府君年譜*

《誥授振威將軍晋贈建威將軍固原提督法福禮巴圖魯敕封三等子爵諭賜祭葬入祀昭忠祠賜謚壯節顯考玉溪府君年譜》（簡稱『《年譜》』）一卷，清王開雲編。

書衣題名《屏溪王壯節公年譜》，書名頁題名《王壯節公年譜》，卷端題名《誥授振威將軍晋贈建威將軍固原提督法福禮巴圖魯敕封三等子爵諭賜祭葬入祀昭忠祠賜謚壯節顯考玉溪府君年譜》，傳世版本爲清咸豐四年（1854）玉屏王鳳翥刻本。中國國家圖書館、清華大學圖書館、北京大學圖書館、浙江圖書館、杭州市圖書館、青海省圖書館，及日本東京大學東洋文化研究所等均有藏。青海省圖書館藏《年譜》全書共四十八頁。正文每半頁八行，行十五至十八字，四周雙邊，白口，單黑魚尾，四眼綫裝。

譜主王文雄（1749—1800），字殿宣，号玉溪，貴州玉屏人。生於清乾隆十四年（1749）二月十二日，戰死於嘉慶五年（1800）七月二十四日。乾隆三十二年（1767），其十九歲，應童子試。『時緬匪蠢動，……慨然曰：「文章報國，世不乏人。惟立功異域，竊有志焉。」』當年十月，遂從軍，隨大學士傅恒出征緬甸，後又隨大將軍阿桂征金川。嘉慶三年（1798），以鎮壓湖北白蓮教有功升固原提督。嘉慶五年（1800），被白蓮教軍擊斃，謚号『壯節』。此譜係其子王開雲所編，記譜主王文雄的仕履、戰績等。

王開雲，字湘友，以任子補光禄寺署正，改刑部主事，轉户部員外郎，掌山東道監察御史，尋簡放瑞州府，繼任登州、永平、順德，擢山東鹽運使，均有政績。以事去，卒於家。

《年譜》正文前有《御製碑文》《御賜祭文》各一篇。正文編年繫事，從譜主誕生，『高宗純皇帝乾隆十四年己巳年一歲』述起，述及其太高祖、先祖、先大父等，重點詳細叙述了譜主一生特别是從軍出征的行事，叙事截至嘉慶六年（1801）八月十九日『諭賜祭葬，葬府君於縣城東門外之望城坡』。譜末後依次附嘉慶十九年（1814）正月王士杰《跋》，同年閏二月王

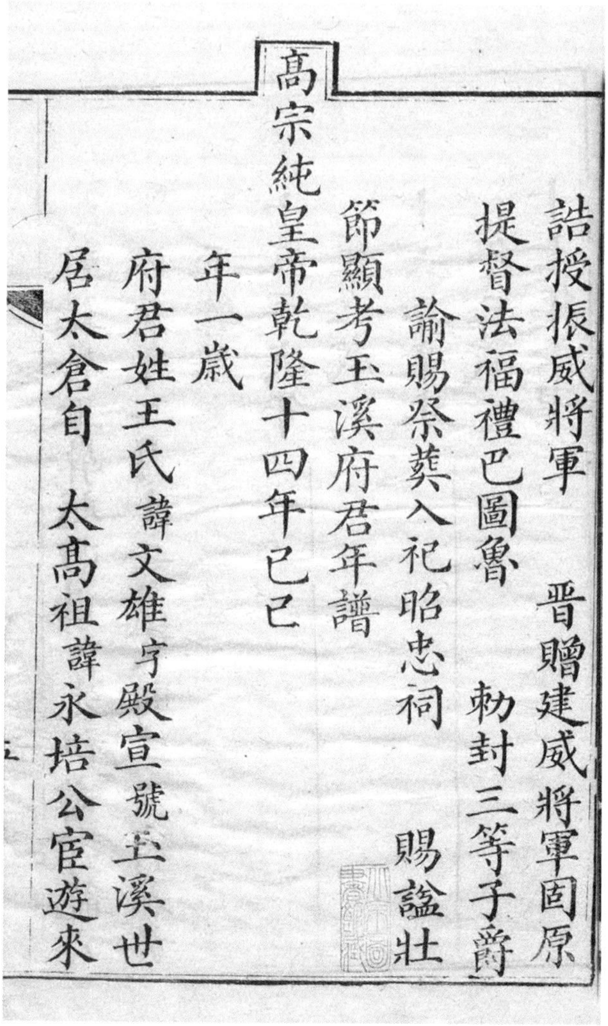
誥授振威將軍　晉贈建威將軍固原
提督法福禮巴圖魯　勅封三等子爵
諭賜祭葬入祀昭忠祠　賜謚壯
節顯考玉溪府君年譜
高宗純皇帝乾隆十四年己巳
年一歲
府君姓王氏諱文雄字殿宣號玉溪世
居太倉自　太高祖諱永培公宦遊來

開雲識，道光十四年（1834）十月王開雲《跋》，咸豐四年（1854）正月王鳳翥《跋》。

據《年譜》各跋語所載，《年譜》係王開雲於嘉慶六年（1801）編成，十五年後即嘉慶十九年（1814）春，初刻傳世。二十年後即道光十四年（1834），王開雲又重加校訂後再版。再後二十年即咸豐四年（1854），王文雄之孫、王開雲之子王鳳翥又重抄重刻傳世。本《年譜》比較詳細地勾勒出了譜主一生行事的軌迹，不僅爲研究譜主本人，也爲研究清軍出征緬甸、出征金川、鎮壓白蓮教起義等，提供了難得的一手資料。

（胡玉冰　馬小玲）

寧夏俞氏族譜

《寧夏俞氏族譜》不分卷，清俞思益撰。

俞思益（1803—？），字集生，號仰伯，平羅人。廪貢生，誥授朝議大夫。清道光十九年（1839）掣簽廣東。二十一年（1841）奉委管理軍需米局，兼辦木排事宜。二十四年（1844）奉委署理韶州府經歷事。二十六年（1846）春二月，署韶州乳源縣事；秋七月，代理廣州府從化縣事。清咸豐七年（1857）任瓊州府陵水縣知縣，九年（1859）督辦潮州新關税務，十年（1860）捐升同知。清同治六年（1867）欽加知府銜。編寫《寧夏俞氏族譜》。其生平仕履參見《寧夏俞氏族譜·集生年譜》。

《寧夏俞氏族譜》原譜成於同治七年（1868），抄本，原一百一十六頁，每半頁九行，行二十五字。傳世本有兩種：一種現藏廣東省立中山圖書館（簡稱廣東本），書末有『廣東人民圖書館圖書』陽文方印；另一種藏寧夏平羅縣俞氏後人俞行學家（簡稱寧夏本）。二本當爲族譜初次修成後，抄寫兩份，一存俞思益廣東寓所，一存寧夏平羅家中。從二本行款、字體看，疑出自一人之手，抄本文字略有差異，可互校。廣東族譜上起自高祖俞天申，下訖八世孫『敦』字輩，最後記載時間爲俞敦廉卒年，即一九二六年十一月。廣東本有殘缺，自俞思益編定後其族人又有補充内容。寧夏本破損更嚴重，文字多漫漶不清，未見有後人補寫情況。

《寧夏俞氏族譜自序》中載，俞氏舊譜因遭水患而不見傳。明朝初年，寧夏俞氏祖先宦游甘肅，家於寧夏。清初，族中之人將親支名派、嘉言善行記録下來，形成初見譜系之本。同治元年（1862），此本毁於戰亂。後俞思益多次返回寧夏，收集墓誌銘等資料，修成族譜。據高學耀《寧夏俞氏族譜序》及金保基《寧夏俞氏族譜跋》知，此譜當成書於同治七年（1868）正月十五日前，正月十五日高學耀序成，正月十六日金保基跋成，分别附於原書前後。今傳本《寧夏俞氏族譜跋》位於他序之後，自序及正文前，當爲後人裝訂錯誤。

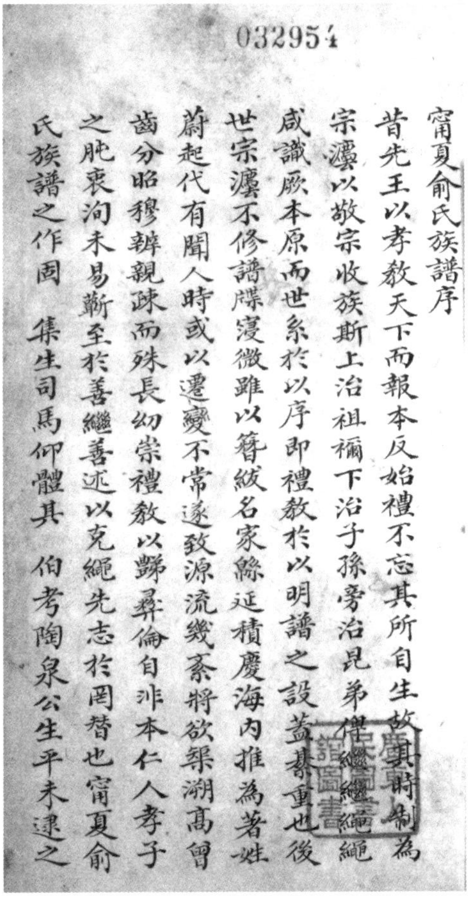
032954

寧夏俞氏族譜序

昔先王以孝教天下而報本反始禮不忘其所自生故其時爲宗灋以敬宗收族斯上治祖禰下治子孫旁治昆弟俾繩繩咸識厥本原而世系於以序即禮教於以明譜之設蓋甚重也後世宗灋不修譜牒寖微雖以簪紱名家綿延積慶海内推爲著姓蔚起代有聞人時或以遷變不常遂致源流幾紊將欲架溯高曾齒分昭穆辨親疎而殊長幼崇禮教以彝倫自非本仁人孝子之肫衷洵未易蘄至於善繼善述以克繩先志於罔替也寧夏俞氏族譜之作固　集生司馬仰體其　伯考陶泉公生平未逮之

《寧夏俞氏族譜》前有《目録》，有他序一篇、跋一篇、自序一篇，分别爲清同治七年（1868）番禺高學耀撰《寧夏俞氏族譜序》，同年番禺金保基撰《寧夏俞氏族譜跋》及清俞思益撰《寧夏俞氏族譜自序》。後按凡例、祠規、世譜、世系、墓誌銘、詳册、補遺、行述、家傳、年譜的順序編排。墓誌銘包括兩篇，爲清董國華撰《盛初公暨赫太宜人墓誌銘》以及清吴其濬撰《鑑堂公墓誌銘》；詳册爲清朱桂楨撰《陶泉公入名宦祠詳文并事實册》；補遺爲清賀長齡爲俞德淵所作《兩淮都轉平羅俞君言行補遺》；行述爲清陶澍爲俞德淵作《皇清誥授中議大夫兩淮鹽運使顯祖考陶泉府君行述》；家傳包括俞思益爲其父所作之傳，其妻安恭人傳（因原譜缺頁，不知撰者姓名），俞思益爲俞思震之妻楊孺人所作之傳；年譜爲俞思益爲自撰《集生年譜》，記載起自嘉慶八年（1803）其出生，至同治六年（1867）其六十五歲之間事。

《寧夏俞氏族譜》是研究寧夏平羅籍名宦、兩淮鹽運使俞德淵及其侄俞思益生平事迹的重要資料，也是研究寧夏平羅俞氏家族的重要史料，對於整理《［道光］平羅記略》《續增平羅記略》有很重要的意義。《寧夏俞氏族譜》原稿係寧夏人俞思益所著，豐富了寧夏文人著述的種類。

俞思益及其《寧夏俞氏族譜》近年始被關注和研究，田富軍、吕超、趙和平等有整理研究成果，俞氏後人俞行芳二〇一五年成書的《重修寧夏俞氏族譜》將此書廣東本和寧夏本影印、整理、增修，但未公開出版。上海古籍出版社二〇二二年出版的田富軍等校注《寧夏俞氏族譜》，以清同治七年（1868）抄本爲底本，參以其他歷史文獻。

（田富軍）

藤花館集

《藤花館集》不分卷，清高熙喆撰。

高熙喆（1854—1938），字仲瑊，號亦愚，山東滕縣關鎮人，祖籍浙江會稽。後世將作者名亦多寫作『高熙哲』，如清末石印本《［光緒］滕縣鄉土志》一卷、民國三十年（1941）北平法源寺刻本《［民國］續滕縣志》五卷等。高熙喆出身於没落士紳之家，自幼秉承家學，精讀經史文集，尤精文辭。清光緒八年（1882）壬午科舉人，十五年（1889）己丑科進士，授朝議大夫、翰林院編修、國史館纂修，歷任甲午科（1894）山西

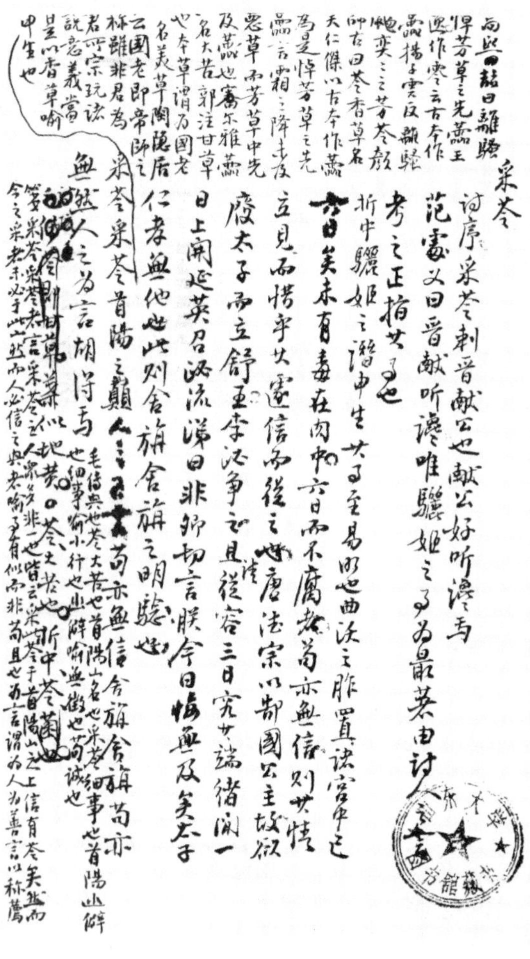

正考官、湖廣貴州道監察御史，署工科給事中。光緒三十年（1904）後，歷任甘肅寧夏知府、直隸宣化知府、大名知府等職，辛亥革命後回滕縣家居。其仕宦三十餘年間，剛直不阿、直言進諫，致力於除積弊，易風俗，勸學倡儉，鼓勵生産。日軍發動侵華戰争之際，高熙喆年逾古稀，痛斥奴顔婢膝的漢奸賣國行爲，於一九三八年八月含恨辭世。著有《周易注》《毛詩注》《春秋左氏傳注》《四書説》《高太史文鈔》等。高熙喆生前重視鄉土地方志的編纂，纂修了《滕縣鄉土志》一卷，《續滕縣志》五卷等。

傳世《藤花館集》見《高熙喆集》，爲高熙喆手稿本，孤本，毛邊紙書寫，收録文一百七十六篇，詩二十首。《高熙喆集》一函六册，不分卷，山東大學圖書館藏。其中，除《詩經》的箋注爲行書未訂稿本外，其餘部分皆以楷書清稿，字體大小、墨色深淺皆不一，或爲作者親筆謄抄本。書中圈點改錯之處甚多，頁眉處多注釋字句，中間亦夾雜若干頁排印紙張，版心鎸『高太史續文鈔卷四』，某些眉批上標注『不印』二字，疑爲早期自家印刷品，整體未及印行。《藤花館集》書衣題簽爲『藤花館』，後世學者據此取名《藤花館集》，山東大學圖書館藏本總題名爲《高熙喆集》。卷四從《邵性坦妻徐氏節孝碑銘》至《畢太封翁太夫人壽序》爲排印形式，共二十頁。

按已排印的若干紙張而言，該書原名應爲《高太史續文鈔》，則亦應另有《高太史文鈔》。現《高太史續文鈔》不分卷，高熙喆撰，稿本，山東大學圖書館藏，函套題《高熙喆集》，共六册，一九五六年油印本；《高太史文鈔續》，高熙喆撰，民國初年刻本；《高太史文鈔》四卷，高熙喆撰，清宣統刻本，《清史稿藝文志拾遺》著録；《高太史文鈔》不分卷，高熙喆撰，稿本，《中國古籍總目・集部》著録；《高太史論鈔》四卷，高熙喆撰，清宣統元年（1909）刻本，每半頁十行，行二十五字，四周雙邊，黑口，天津圖書館藏。

《藤花館集》有《詩經》箋注一册，僅存六首，以行書抄寫。所有文章内，碑傳内容占一半，主要爲滕縣地方人物傳記。第一册首篇爲《采苓》，其餘爲《螽斯》《東山》《破斧》等六篇。《螽斯》篇，書眉上畫有螽斯樣貌。第二册首篇爲《楊公琪繼室周孺人節孝碑文》，楷書九行，藍緑色圈點。其餘爲《南守砦義士祠堂記》《孔憲璒室王節婦碑文》《李心憲室龐氏節孝碑文》等二十三篇詩文，其中有詩夾雜期間，如《歌風臺》十首，《閏七夕》三首等。第三册上卷首篇爲《工部尚書陳文恪公神道碑》，共三十三篇碑文。下卷首篇爲《幼青先生墓表》，共十六篇。第四册首篇爲《夢樓種先生傳》，共七篇。

高熙喆直言敢諫，光緒年間直諫山東巡撫袁世凱有狡計，圖目前苟且，忘日後大患。民國袁世凱竊取辛亥革命成果，高熙喆爲躲避其打擊報復，遂隱居於膠州柯昌泗等好友家中。袁世凱死後，年逾花甲的高熙喆無心仕途，便掛冠家居，教課子孫，潛心著述。《藤花館集》中收録較多關於滕縣的文獻記載，保留了許多滕縣重要的鄉邦文獻。記事至民國七年（1918）止。

《藤花館集》具有多種史料價值。大致有滕縣史料價值、清末朝野現狀史料價值、民國戰争史料價值、民國人物傳記史料價值、寧夏的社會史料價值等等。如，《工部尚書陳文恪公神道碑》記載了晚清湖北學者陳學棻的仕宦資料，西太后垂簾聽政朝野境况，以及庚子時八國聯軍進攻北京後，天下大亂的詳情，是『日坐吏部堂視事，彈隕如雨』。後世相關資料中，鮮少有陳學棻的生平材料，而作爲陳氏的門生，高熙喆的詳細記載有助於彌補清代《碑傳集》的不足。又如《陸軍協統王公家傳》《鍾忠莊公家傳》皆詳細介紹了蔡鍔於雲南領導辛亥革命的全過程，以及王振畿刺殺蔡鍔的陰謀經過。保存了其他文集中缺失的史料，對研究雲南辛亥革命很有價值。

高熙喆光緒三十年（1904）由御史任寧夏府知府，下車伊始即致力於革除衙門内一切陋規，自此衙門各種陋習一掃而空。《民國朔志》記載，高熙喆『豐裁嚴峻，下車伊始，即先將署内一切陋規革除盡净，并自書紀諭粘貼堂柱。……每到渠工，必親携胡餅與民座啖，僕從人等均自給口食，不准用渠一錢。故御下雖嚴而人無怨言。』自從寧夏水利同知裁撤後，寧夏境内四條水渠歸知府兼辦，於是弊端叢生。高熙喆到任後也大力治理侵吞公款的腐敗現象。他清廉勤懇，政聲顯著。積極撥款改造寧夏的水利工程，維修包括漢延、唐徠、大清、惠農等渠，督導築渠，自備飯蔬，與民同勞作。五六個月風雨無阻地奔忙於工地與府衙。至水渠修築完畢，穀物連年豐收，西北荒原上出現了萬頃肥田，造福了寧夏百姓。高熙喆認識到寧夏地處邊疆，文風未振，便購官房以興建學校，捐書授徒，積極提高寧夏人民的文化水準。後其母去世，告假回家守喪，期滿調任直隸宣化知府。

《清史稿藝文志拾遺》《綠督廬日記抄》《民國朔志》《中國古籍總目》《中國近代史文獻必備書目》等對《高太史文鈔》《高太史文鈔續》《藤花館集》有相關著録。高熙喆及其著述目前未見有整理研究成果。

（劉紅）

姑臧李郭二家詩草

《姑臧李郭二家詩草》十二卷，清段永恩輯。

段永恩（1875—1947），字季承，一字補之，號北園，係甘肅涼州府武威縣學增廣生。清光緒十九年（1893）縣試案首，二十五年（1899）歲試考列一等，補增廣生員。三十三年（1907）丁未科舉貢生。欽點知縣分發新疆即用。編著有《養拙齋詩草》、《武威段氏族譜》四卷、《會試硃卷》一卷、《姑臧李郭二家詩草》等。《養拙齋詩草》或在『文革』中遺失，《武威段氏族譜》有民國三年（1914）鉛印本（藏於中國國家圖書館），《會試硃卷》有清光緒三十三年（1907）刻本（藏於甘肅省圖書館）。其生平參見《會試硃卷》《武威段氏族譜》中張得善撰《姑臧段濟川先生傳》。

《姑臧李郭二家詩草》包括李蘊芳撰《醉雪盦遺草》一卷，附《醉雪盦賦草》；郭楷撰《夢雪草堂詩稿》八卷、《夢雪草堂續稿》三卷。有民國五年（1916）鉛印本傳世。

郭楷生平參見本書前文《［嘉慶］靈州志迹》提要。《姑臧李郭二家詩草》本《夢雪草堂詩稿》《夢雪草堂續稿》，版框高十八點五厘米，寬十二點三厘米，每半頁十二行，行三十一字。四周雙邊，上書口爲白口、下書口細黑口，單黑魚尾，版心依次題書名、卷次、頁次。《二家詩草》首頁以隸書題云『姑臧李郭二家詩草』，牌記以楷書題云『時在丙辰秋七月印』。《夢雪草堂詩稿》正文前有民國四年（1915）夏段永恩撰《夢雪草堂詩稿序》，簡略介紹郭楷生平，重點論述郭楷的詩歌藝術成就。其後有嘉慶四年（1799）秋八月郭楷撰《夢雪草堂詩稿自序》。據郭楷《自序》云，此詩稿『取丙午（1786）後詩，憶記之所及者，得二十之三，并靈武所作，録爲一册，以當日記簿子』。

《夢雪草堂詩稿》正文按詩歌文體分類編纂，卷一爲五言古九篇，七言古九篇，五言律十四篇，七言律十五篇，五言排句七篇，七言絶句九篇。卷二爲七言古二十篇，五言律十五篇，五言排句一篇，七言律八篇，五言絶句一篇，七言絶句六篇。卷三爲五言古二十四篇，七言古十篇，五言律十六篇，五言排句一篇，七言律九篇，五言絶句三篇，七言絶句兩篇。卷四爲五言古十一篇，七言古九篇，五言律五篇，五言排句四篇，七言律七篇，七言排句兩篇，七言絶句一篇。

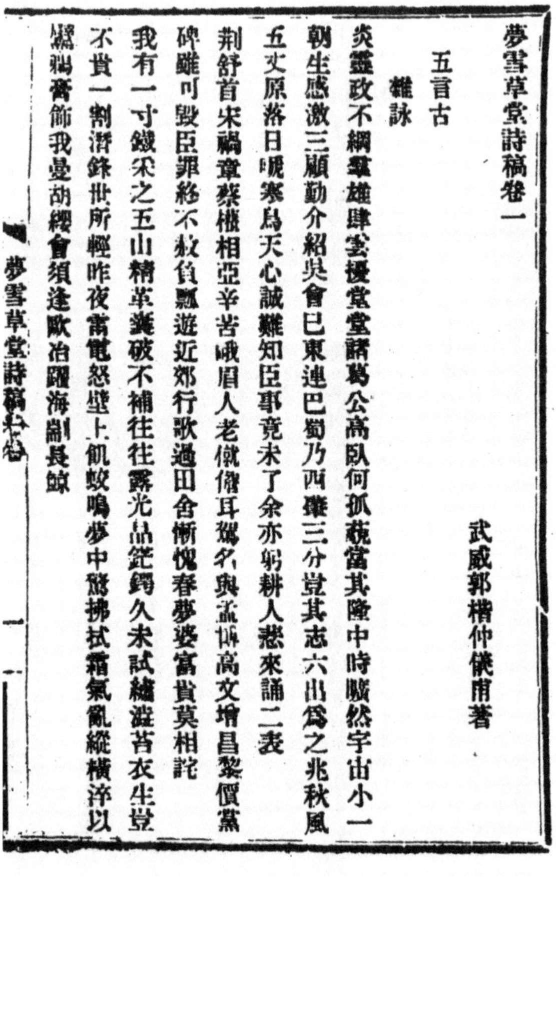
夢雪草堂詩稿卷一
武威郭楷仲儀甫著
五言古
雜詠
炎靈政不綱羣雄肆雲擾堂堂諸葛公高臥何孤蔽當其隆中時骯然宇宙小一
朝生感激三顧勤介紹吳會已東連巴蜀乃西肇三分豈其志六出窺之兆秋風
五丈原落日暝寒鳥天心誠難知臣事竟未了余亦躬耕人懋來誦二表
荆舒首宋禍章蔡樴相亞辛苦峨眉人老儌儻耳駕名與流俗高文增昌黎價黨
碑雖可毀臣罪終不赦負瓢遊近郊行歌過田舍慚愧春夢婆富貴莫相詫
我有一寸鐵采之五山精革囊破不補往往露光晶鈍鍔久未試繡澁苦衣生豈
不貴一割潛錄世所輕昨夜雷電怒壁上飢蛟鳴夢中竊拂拭霜氣亂縱橫淬以
隱淵齊飾我曼胡纓會須逢歐冶躍海剸長鯨
夢雪草堂詩稿卷一　一

卷五爲五言古七篇，七言古兩篇，五言律五篇，五言排句三篇，五言絶句一篇，七言律三篇，七言絶句一篇。卷六爲五言古十一篇，其中包括一篇楊芳燦倡和之作，七言古二十篇，五言排句兩篇，七言律一篇，七言排句一篇，七言絶句兩篇。卷七爲五言古十四篇，七言古六篇，五言律十七篇，五言排句一篇，五言絶句兩篇，七言律五首，七言絶句六篇。卷八爲五言古十篇，七言古二篇，五言律四篇，五言排句一篇，七言律五篇，七言絶句三篇。

《夢雪草堂續稿》卷一爲五言古七篇，七言古八篇，五言律五篇，五言排句一篇，七言律十一篇，七言絶句十二篇。卷二爲五言古七篇，七言古四篇，五言律十六篇，五言排句四篇，七言律十二篇，七言絶句五篇。卷三爲五言古三篇，七言古六篇，五言律七篇，五言排句三篇，七言律十二篇，七言絶句七篇。卷末附道光二十年（1840）七月十日楊芳燦撰写的《雪莊先生哀誄并輓詩》一篇。

《姑臧李郭二家詩草》是目前唯一保存李藴芳、郭楷詩歌的詩集，有助於學界研究李、郭二人的生平、交游、文學等，更爲體察乾嘉時期西北文士的知識、觀念與學術思想，瞭解其時西北特别是寧夏一地的風土人情，探究西北士人群體交游網絡的構建及生存狀態等提供相對豐富的文獻史料。郭楷詩文清新自然，情感真摯，立意深遠，語句渾然天成，但也失之有句無篇。其學術上能承用『宋、元以來先儒舊説』，『不爲非常可喜之論，而犁然有當於人心』，此等心態和選擇，更可見於《夢雪草堂讀易録》《夢雪草堂詩稿》之中。

《隴右著作録》《隴右文獻録》《甘肅出版史略》《清史稿藝文志拾遺》《清人詩文集總目提要》《清人别集總目》《中國古籍總目·集部》等書目對《醉雪盦遺草》《夢雪草堂詩稿》《姑臧李郭二家詩草》有著録。李鼎文等撰文研究過該書，李林山、吴娱等有該書的整理成果。上海古籍出版社二〇二二年出版的魏一校注《夢雪草堂詩稿》，以民國五年（1916）鉛印本《夢雪草堂詩稿》《夢雪草堂續稿》爲底本，以清嘉慶四年（1799）刻本《荆圃倡和集》、近人徐世昌所編《晚晴簃詩匯》以及其他著作中所收郭楷詩歌等文獻爲參校本，部分成果參考吴娱整理《姑臧李郭二家詩草·燕京雜咏·張玉溪先生詩》。

（魏一）

趙氏家譜

《趙氏家譜》不分卷，清佚名編。

寧夏回族自治區博物館藏該譜抄本，孤本。版框高二十四厘米，寬十四點五厘米。首册缺書衣，内頁均完整，共計二百頁。該家譜未見其他文獻著録或記載。

《趙氏家譜》爲趙氏後人按世系順序編纂的家譜，記載了該趙氏家族的歷史、主要成員世系、生卒年月、婚配情況、安葬地點、子嗣、出仕任職及事迹等内容。叙事時間起於明正德十年（1515），止於清道光二十二年（1842），長達三百餘年。譜中篇幅詳略不盡相同，有的僅一二頁，如一世趙繼先、十一世趙福墀。而趙良棟（家譜第四世）的記載包括其生平、《襄忠公戰功

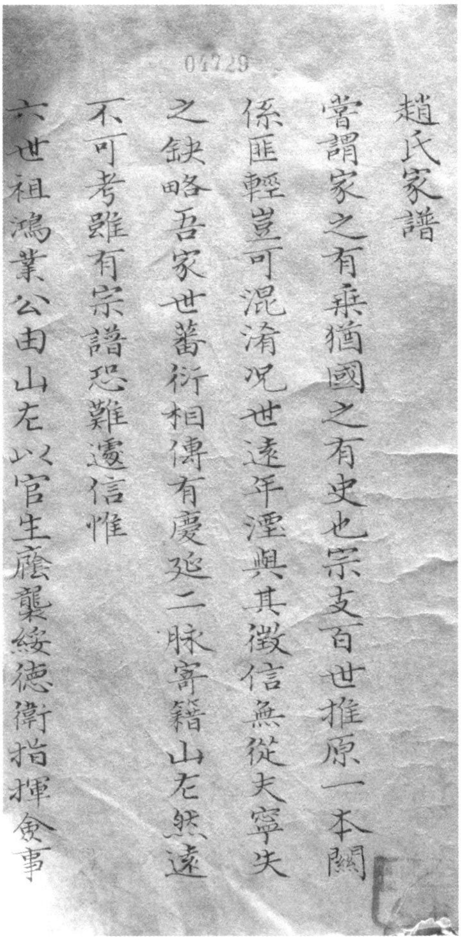
趙氏家譜
嘗謂家之有乘猶國之有史也宗支百世推原一本關
係匪輕豈可混淆况世遠年湮與其徵信無從大寧失
之缺略吾家世蕃衍相傳有慶延二脉寄籍山左然遠
不可考雖有宗譜恐難遽信惟
六世祖鴻業公由山左以官生廕襲綏德衛指揮僉事

事迹》《勇略將軍趙襄忠公傳》《御製祭文》、墓葬碑文等，多達三十頁。

趙良棟生平參見本書前文《奏疏存稿》提要。他先後參與平定順治時期寧夏兵變、米喇印、丁國棟領導的起義。康熙時期『三藩』叛亂，趙良棟親率兵丁進取漢中、平定四川、恢復雲南政局。晚年還爲平定准噶爾叛亂出謀劃策。戎馬一生，爲國家統一做出了重要貢獻。趙良棟先後任寧夏屯田都司、大同總兵官、天津總兵官、寧夏提督、雲貴總督等職，在清初朝野有重要的影響。去世後，康熙皇帝不僅派皇子臨喪，還欽賜御製碑文、頒布御製祭文、派大臣致祭，可謂是備極哀榮。《清史列傳》中有趙良棟傳，一些清代文獻中還保存有其墓誌銘及神道碑銘文。清乾隆四十五年（1780）修成的《乾隆寧志》也有趙良棟及其長子趙弘燦、次子趙弘燮及趙弘燮子趙之壁小傳。此外，《乾隆寧志》還記載了趙氏家族趙弘煜、趙之垣、趙之增、趙之坊、趙之均、趙之壇、趙之埰、趙秉錕等人。《趙氏家譜》不僅是珍貴的寧夏地方文獻，也爲研究趙氏家族提供了更爲直接而全面的資料，可補充其他資料中的不足。

《趙氏家譜》整理研究成果很少。上海古籍出版社二〇二一年出版的李海東、徐遠超校注《趙氏家譜》，以寧夏回族自治區博物館藏清抄本爲底本，以《清實録》《清史列傳》《乾隆寧志》等爲對校材料。

（徐遠超）

阮鄰自訂年譜

《阮鄰自訂年譜》不分卷，清徐保字編。

徐保字，生平參見本書前文《［道光］平羅紀略》提要。中國國家圖書館、北京大學圖書館等藏有清咸豐間烏程徐氏刻本《阮鄰自訂年譜》一册，六十五頁，每半頁十行，行二十字，全文約一萬四千餘字。

《阮鄰自訂年譜》分爲譜前、正譜和譜後三個部分。譜前爲徐氏家族世系。正譜采用『（年號＋）干支＋年齒』的方式載述譜主徐保字生平。内容涉及生卒時間及地點、婚姻、子女、科第、仕途、親友存殁、當代時事、與同代人物（親戚、朋友、同學、同事、

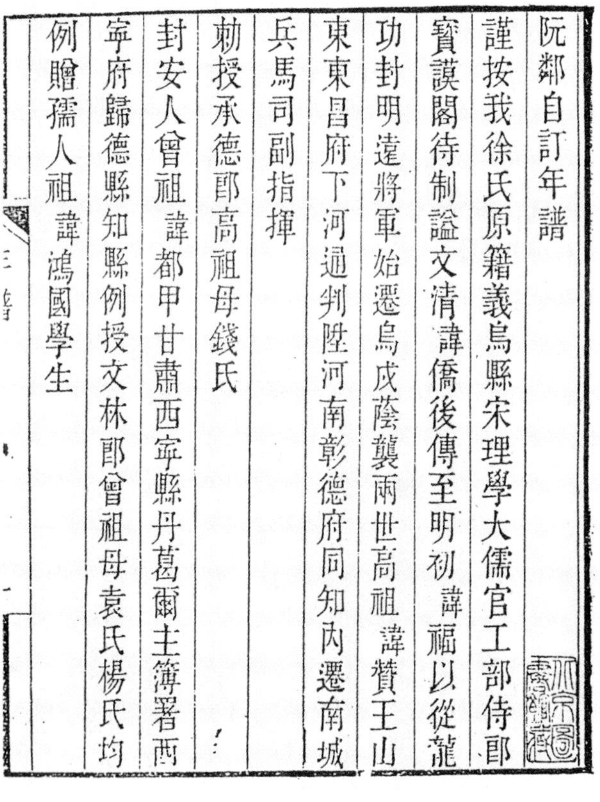
阮鄰自訂年譜
謹按我徐氏原籍義烏縣宋理學大儒官工部侍郎
寶謨閣待制謚文清諱僑後傳至明初諱福以從龍
功封明遠將軍始遷烏戍蔭襲兩世高祖諱贇王山
東東昌府下河通判陞河南彰德府同知内遷南城
兵馬司副指揮
勅授承德郎高祖母錢氏
封安人曾祖諱都甲甘肅西寧縣丹葛爾主簿署西
寧府歸德縣知縣例授文林郎曾祖母袁氏楊氏均
例贈孺人祖諱鴻國學生

門生、老師等）的交游關係、得到的恩榮等。叙事時間起於清乾隆五十一年（1786），止於清道光三十年（1850），共六十五年。譜後由徐保字之子徐鼎庚、徐師戌補編，交代了徐保字卒後家事及著作的刊行情况。

《阮鄰自訂年譜》至少具有以下四個方面的價值。首先，《阮鄰自訂年譜》是研究徐保字生平非常有價值的一手資料。由此譜可以看出，徐保字生長在文人雅士聚集的江南，自幼受儒家正統思想的薰陶，逐漸形成了一套儒家處世哲學和治學爲官的觀念。徐保字通過大挑得到了晋升的機會，『以一等引見勤政殿，奉旨以知縣用，掣籤甘肅』[1]。自道光二年（1822）到甘肅赴任至道光二十三年（1843）引疾致仕共二十一年的時間裏，先後出任通渭知縣、平羅知縣、肅州知縣、夏州知縣、平番知縣、茶馬同知、安西州知州、階州知州、鹽茶同知、慶陽知府、平凉知府。這些地區普遍地理位置重要、多民族雜居、經濟落後、社會矛盾複雜、民風剛悍。儘管如此，徐保字决訟斷辟、發展教育、興修水利、除暴安民，事無巨細，充分發揮施政能力，爲地方社會發展做出了一定的貢獻。

其次，《阮鄰自訂年譜》爲與譜主徐保字相關的人物研究提供了一定的綫索。例如，《阮鄰自訂年譜》記載，徐保字與寧夏籍名宦俞德淵爲同年舉人，二人『常於渠次過從，相得甚歡』[2]。道光十三年（1833）九月十一日，徐保字乘船到揚州，忽患瘧疾，俞德淵讓其在題襟館中住下，請醫生給他看病，直到二十六日，

① （清）徐保字編：《阮鄰自訂年譜》，《朔方文庫》，胡玉冰總主編，國家圖書館出版社二〇一八年，第二百一十七頁。

② （清）徐保字編：《阮鄰自訂年譜》，《朔方文庫》，胡玉冰總主編，國家圖書館出版社二〇一八年，第二百三十三頁。

徐保字才離開。這些内容亦可爲研究俞德淵爲人處世提供佐證。

第三，《阮鄰自訂年譜》具有一定的史料價值。徐保字所處的道光時期是清代内憂外患的時期，徐保字親身參與了剿撫青海藏民還牧北遷、平定張格爾叛亂等重大事件，并用了較大的篇幅將事件的經過詳細記録到了自己的年譜之中。這些記載與《清宣宗實録》等史料高度相符，却更爲真實地反映了徐保字作爲一名底層邊吏對於事件的認識和態度。

第四，《阮鄰自訂年譜》全方位呈現了徐保字所處嘉道時期的社會生活。例如，《阮鄰自訂年譜》中除對每場考官、考試結果的詳細記載外，同年、考題等信息也都一目了然，可爲相關科考研究提供參考。譜中所載的『調署』『補缺』『捐官』等情況直接反映了清中期以來西北地區地方治理所面臨的多重困境。此外，《阮鄰自訂年譜》中記載了大量旅途經歷，可作爲研究清代地理交通的參考資料。

《阮鄰自訂年譜》在來新夏編《近三百年人物年譜知見録》有著録，後編入《北京圖書館藏珍本年譜叢刊》。研究成果較少。上海古籍出版社二〇二二年出版的徐遠超校注《阮鄰自訂年譜》，以中國國家圖書館藏清咸豐年間烏程徐氏刻本爲底本，以《烏程縣志》《兩浙輶軒續録》《乾隆寧志》等爲對校材料。

（徐遠超）

寧夏滿營駐防事宜

《寧夏滿營駐防事宜》一卷，清佚名編纂。

寧夏回族自治區博物館藏本爲清抄本，孤本。其書衣題『寧夏滿營駐防事宜』八字，無邊欄、界行，每半頁八行，每行字數不等，多者近四十字。正文共八十六頁。末頁題『嘉慶甲戌年丁卯月甲午日立』，據此，本書抄成於清嘉慶十九年二月初二（1814年2月21日）。

清朝曾派八旗駐防寧夏，主要任務是攘外安内。攘外指使寧夏成爲西北邊疆的兵站，策應保衛邊疆；安内指鞏固政權，維護統治秩序。古代文獻有關滿營駐防寧夏的記載較少，清代寧夏舊志記載多限於對滿營地理位置、官兵設置以及簡要的變更節點進行記述，更爲詳細的駐防内容未見記載。而後世專門性的研究也相對缺乏。《寧夏滿營駐防事宜》是目前所見記載清寧夏滿營有關事宜最爲詳盡的文獻。其如同記帳簿，將某類官職的俸銀數量，領米數量，馬匹数量折算銀兩及其他公事费用等，一一條列。詳細記録了清代駐防寧夏八旗官兵的官職、人數、俸餉、官兵陣亡後的善後及家眷支錢支糧等事宜，是非常難得的清代寧夏滿營駐防史料，具有較高的研究價值。其主要内容包括：

其一，對於駐防寧夏的八旗官兵，從官職、人數、俸餉、官兵陣亡後的善後到家眷支錢支糧事宜做了詳細的記載。另將馬匹的放養、用料等做了簡要的記載。

其二，對於官署衙門内的設置，官印、牌樓、衙署等作簡要記載。

其三，較爲詳細地記載了官兵紅白事件、賞恤、公差費用、房屋維修等款項的分給和借用。駐防當局的經營收入主要用於公共性事務，旗地租金與息銀等收入均由八旗駐防當局統一支配，主要用於贍養孤寡、官兵公差、旗營公事、養育兵、修造房屋、買補馬匹等領域。

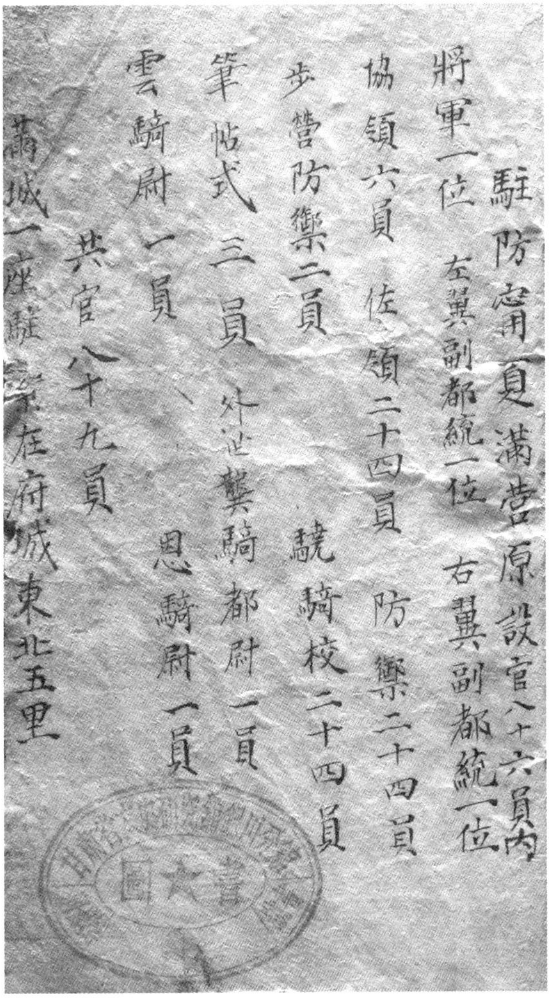
駐防甯夏滿營原設官八十六員內
將軍一位 左翼副都統一位 右翼副都統一位
協領六員 佐領二十四員 防禦二十四員
步營防禦二員 驍騎校二十四員
筆帖式三員 外並 騎都尉一員、
雲騎尉一員 恩騎尉一員
共官八十九員
滿城一座 在府城東北五里

其四，對於八旗所屬的牛录，詳細記載了將領及文武官員的分配，兵、馬數量，馬料支取數目，軍器數目，軍營房屋，火器營演陣官兵數目，行圍官兵數目，將軍親隨出行人員數，印房、左右司承辦事宜，操演練兵等事宜，條列記載。

滿營在寧夏駐防的這段歷史，相對比較零散地分布在相關史料與研究中，欠缺系統性。通過對《寧夏滿營駐防事宜》的梳理，有助於理清其發展脉絡，對瞭解清駐防八旗的發展具有重要的參考意義，且能從軍事制度、俸餉制度、經營制度的演變中一窺滿營駐防之興衰。同時，也可爲寧夏在保衛祖國邊疆和民族融合方面發揮着不可替代的作用提供有力證明。

關於寧夏滿營問題的研究成果較少，較早的有滕紹箴撰文，主要從寧夏八旗駐防軍的設立及變遷過程、駐防編制等方面闡述了其歷史貢獻，對寧夏八旗駐防軍由盛到衰的過程進行詳細考述，并對之後民族融合的原因做了較爲全面的分析。此外，李自然撰文，從八旗駐防寧夏的建立過程、駐防功能、駐防人員的多元性、待遇、兵額的變化五方面進行闡述，突顯寧夏的重要軍事戰略地位；陳永耘撰文，對新滿營的初創和發展作了細緻的解讀；刁俊撰文，闡述了雍正時期在寧夏的駐防八旗及社會發展方面的情況；張玉梅撰文，利用清宮藏寧夏滿營檔案，完整地闡述了涉及寧夏滿營的各個方面；丁卓源、胡玉冰撰文，利用相關文獻，分析《滿人四門官花園地之圖》的裝裱者、繪製者及八旗官兵的生計來源，有助於探究寧夏地區的八旗制度。與《寧夏滿營駐防事宜》直接有關的整理研究成果未見發表。上海古籍出版社二〇二二年出版的張冠魯、周媛校注《寧夏滿營駐防事宜》，以寧夏回族自治區博物館藏清抄本爲底本，以其他歷史文獻爲參校資料。

（張冠魯　周媛）

寧夏滿營事宜

《寧夏滿營事宜》一卷，清佚名編纂。

該文獻以楷體手抄形式傳世，原爲銀川民間所藏，二十世紀八十年代，文物普查時發現，孤本。其版框高二十二厘米，寬十四點五厘米，四眼綫裝，共三十三頁。書衣有『事宜壹本』四漢字，另用滿文注明其寫作時間，漢語意爲『光緒十五年十月書畢』。據《欽定大清會典事例》卷五百五十八記載，清嘉慶十年（1805）奏准各處駐防滿營事宜，俱應協領辦理，故知《寧夏滿營事宜》的作者當是寧夏滿營的某位協領，其爲正三品官職。

《寧夏滿營事宜》内容可分五類。其一爲寧夏滿營興廢資料。如明確記載寧夏滿營八旗官兵是從雍正三年（1725）由京城移駐而來，乾隆三年（1738）因地震『盡行摇倒』，乾隆五年（1740）閏六月初七日竣工，二十日起入駐。其二爲新滿城建築形制、規模資料。如城牆周長、高度、厚度，四門、四角樓、四牌樓、城牆炮眼、垛口數目等情况。其三爲駐防官員衙署、甲兵用房數目資料。如載將軍衙門一座、副都統衙門二座，『協領等官衙署八十所，兵房五千間』等，甚至詳細記載了衙署的裁汰、招商出租情况。其四爲將軍等各級官員、兵甲、匠役的俸餉組成及支領時間資料。詳細記載了從將軍到布甲以及匠役應支餉銀、米石、心紅紙張、馬匹、料草銀兩數目、折銀，支領時間，以及告退甲兵、閑散挑補、孤寡養贍銀，筆貼式衣履銀，孀婦守節銀，舉人赴京會試盤費銀，兵丁紅白事恩賞銀數目及支領時間等。其五爲户口數、男婦子女數等資料，當時寧夏滿營共計一千五百二十五户，一萬三千四百一十一口。

《寧夏滿營事宜》除大字正文外，另有小字注文，以補充説明。書中所載本色米的計量單位從『石』『斗』『升』『合』具體到『勺』，本色草的計量單位從『捆』『束』具體到『分』，米折銀、料草折銀的計量單位從『兩』『錢』『分』『釐』具體到『毫』。需要注意的是，個別小字統計的計量與正文統計計量有出入。

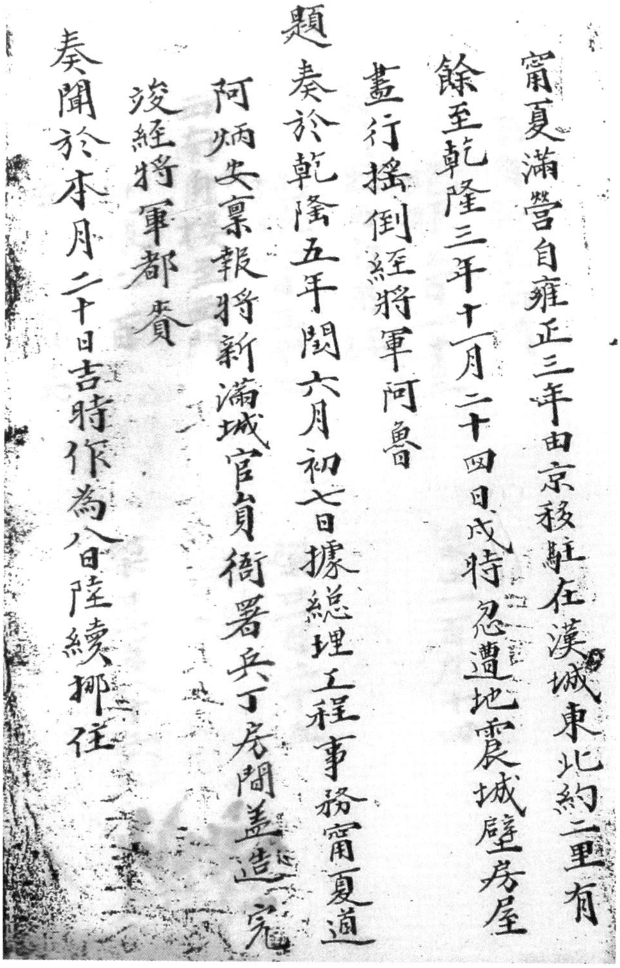
甯夏滿營自雍正三年由京移駐在漢城東北約二里有
餘至乾隆三年十一月二十四日戌時忽遭地震城壁房屋
盡行摇倒經將軍阿魯
題奏於乾隆五年閏六月初七日據總理工程事務甯夏道
阿炳安稟報將新滿城官員衙署兵丁房間蓋造完
竣經將軍都賚
奏聞於本月二十日吉時作爲入日陸續挪住

作爲寧夏傳世的一部滿營記事籍册，《寧夏滿營事宜》有較爲重要的文獻價值，主要表現在，第一，該書關於寧夏滿城興竣時間的記載比以往可見文獻記載得更加準確，如《大清一統志》《乾隆寧志》《民國朔志》中關於舊滿城震毀的時間僅有『乾隆三年』的記載，《寧夏滿營事宜》則將地震的時間具體至『乾隆三年十一月二十四日戌時』。又如關於新滿城興竣時間，史料記載不盡相同，《寧夏滿營事宜》則詳細記載爲『乾隆五年閏六月初七日』等。第二，對寧夏駐防八旗研究提供了詳實的史料。如，左翼蒙古協領衙署門面房和佐領衙署均在乾隆年間奉旨裁汰後『招商出租』的記載，對於研究乾隆年間『不事農商』而又『生齒日繁』的旗人生計、城内旗人生活狀況都具有重要意義。

最早提及并利用《寧夏滿營事宜》者是賀吉德，他撰文將隱匿民間多年的《寧夏滿營事宜》公諸於世，且對其作者和成書年代做了一定考證。此後未見其他專門的研究成果。上海古籍出版社二〇二二年出版的張航校注《寧夏滿營事宜》，以清光緒手抄本爲底本，校以其他歷史文獻。

（張航）

寧夏青海里程

《寧夏青海里程》不分卷，清佚名編。

《寧夏青海里程》日本東洋文庫藏，清抄本，係孤本。無邊欄、界行，無版心。每半頁九行，每行字數十字至二十字不等。

《寧夏青海里程》，大致以逆時針方向，詳細地記述寧夏府屬寧夏縣城、寧朔縣城、中衛縣城、平羅縣城、寶豐縣城、靈州城、寧靈廳城、花馬池州同城，西寧府屬西寧縣城，固原直隸州屬固原州城、平遠縣城、海城縣城、硝河城州判城、打拉池縣丞城、化平直隸廳屬化平廳城，以及這些州縣所屬營、

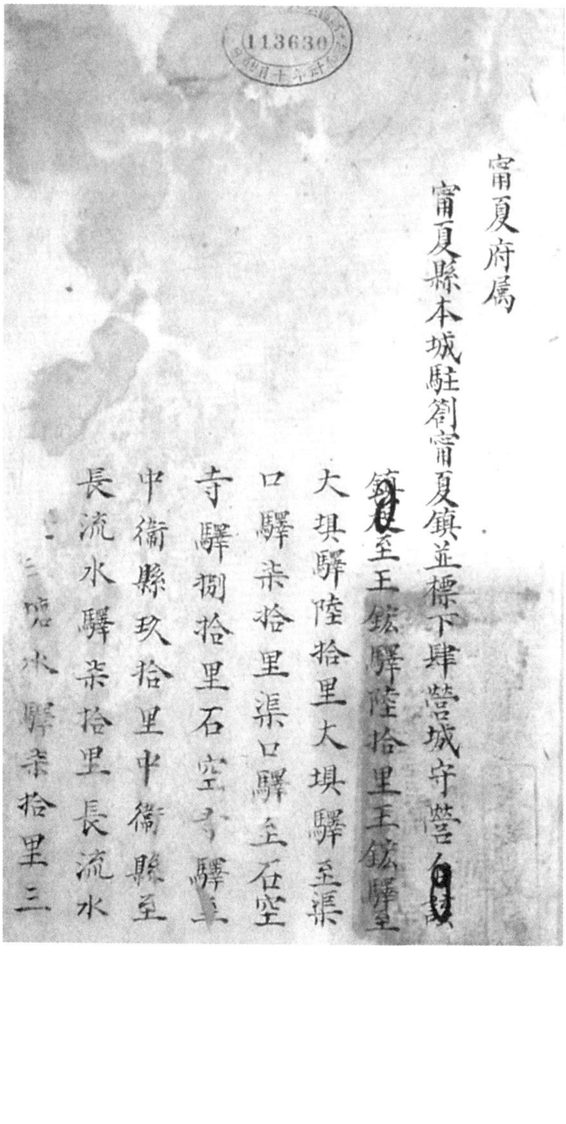
寧夏府屬
寧夏縣本城駐劄寧夏鎮並標下肆營城守營自
鎮至王鋐驛陸拾里王鋐驛至
大壩驛陸拾里大壩驛至渠
口驛柒拾里渠口驛至石空
寺驛捌拾里石空寺驛至
中衛縣玖拾里中衛縣至
長流水驛柒拾里長流水
[illegible]水驛柒拾里三

堡、汛、驛至甘肅省省城的里程。資料多取自寧夏府屬州、廳、縣、營圖册，以備重修《大清會典》之用。

日本東洋文庫藏本當係稿本，爲省文，編寫者對部分内容多有修改且較有規律。如寧朔縣『與寧夏縣同城。西南至平羌堡汛計程肆拾里。又自平羌堡起至玉泉營肆拾里，玉泉營至大垻驛肆拾里。由大垻、中衛、三眼井、寬溝、松山、平城、平番、沙井驛壹路接算，至省，共計程壹千壹百里』段落中，『計程』『又自』『起』『由大垻、中衛、三眼井、寬溝、松山、平城、平番、沙井驛壹路接算』『共計程』等字句均删減了。其他各段落中，如有相似句式或表述内容，也均照此進行删減。

《寧夏青海里程》有其獨特的價值。主要表現爲，第一，該檔案再現了《大清會典》在重修編撰過程中所用部分資料的真實原貌，爲研究清末檔案資料的書寫格式多樣化提供了難得的證據。第二，提供了今寧夏轄境主要城鎮之間的里程，爲研究清末寧夏交通道路格局及其變化，具有十分重要的參考價值。目前學界對《寧夏青海里程》尚無專門的研究成果。上海古籍出版社二〇二二年出版的李彦霞整理《寧夏青海里程》，以日本東洋文庫藏清抄本爲底本，參以其他歷史文獻。

（李新貴　李彦霞）

寧夏出差日記

《寧夏出差日記》不分卷，清佚名撰。

美國國會圖書館藏《寧夏出差日記》，清稿本，係孤本。《美國國會圖書館藏中文善本書續録》中范邦瑾撰提要記載，《寧夏出差日記》係『清道光間藍稿本，一册一函。版框高十七點三厘米、寬十六點八厘米。每半頁十二行，行十九字至二十二字，四周雙邊，白口，藍雙魚尾。無書名頁。開卷題：「道光十八年五月二十六日辰時之吉自京起程赴任」。封面簽題：「寧夏出差日記」，另有紅紙題：「道光十八年五月二十六日吉立」。全文墨筆書於藍直格紙上，字迹不甚工整，多有塗改删補，應係稿本。』[1]頁眉記有日期、天氣、地名、里程。每頁魚尾上方均有『德寶賬』三字，疑似所用紙本商標。

《寧夏出差日記》版框内居中横貫雙軌藍綫，雙軌藍綫上下各有藍柱間隔且上下對稱，此格式爲古代賬簿常用的腰格斗方賬格式。結合《寧夏出差日記》封面簽題與多種古代賬簿封面相似，且魚尾上方的『德寶賬』字樣，推測《寧夏出差日記》所用紙本原爲賬簿。此外，清代官員入仕之書《事宜須知》卷二，作

① 范邦瑾編著：《美國國會圖書館藏中文善本書續録》，上海古籍出版社二〇一一年，第八十九頁。

者對赴任起程提供七條建議中便有記録在途賬目以及登寫日記，可見清代官員赴任途中有記賬與日記的習慣，故《寧夏出差日記》作者可能使用沿途記録賬目的賬簿登寫日記。是書清代未見著録、刊印，卷内也無藏書印。故其流傳較難考證，據《美國國會圖書館藏中文善本書續録》序言及《寧夏出差日記》入藏時間推測，《寧夏出差日記》疑似經歷了從中國到日本再到美國的流傳過程。

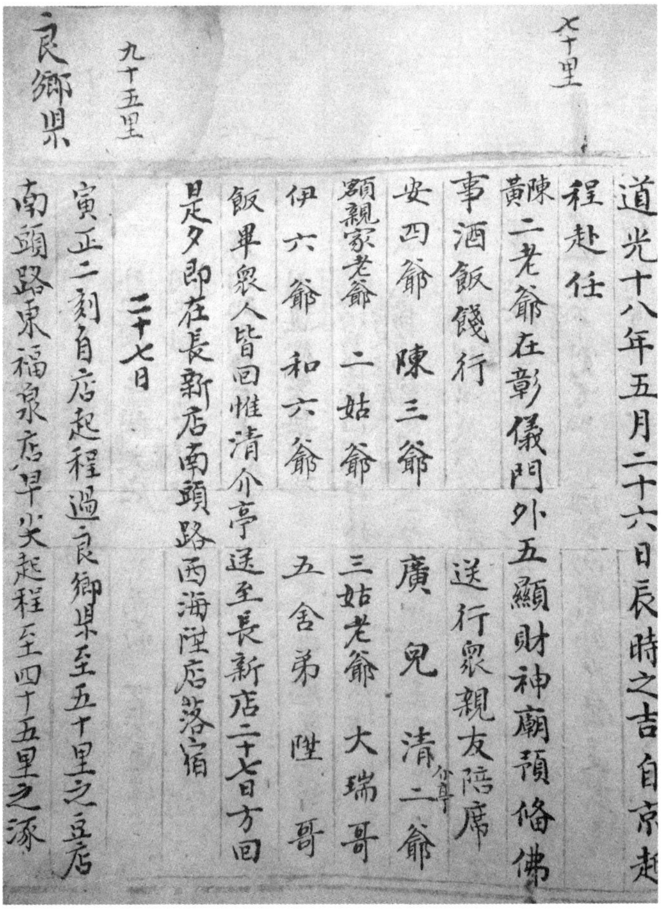
道光十八年五月二十六日辰時之吉自京起
程赴任
陳黄二老爺在彰儀門外五顯財神廟預備佛
事酒飯餞行　送行衆親友陪席
安四爺　陳三爺　廣兒　清二爺令尊
顯親家老爺　二姑爺　三姑老爺　大瑞哥
伊六爺　和六爺　五舍弟　陞哥
飯畢衆人皆回惟清介亭送至長新店二十七日方回
是夕即在長新店南頭路西海陞店落宿
二十七日
寅正二刻自店起程過良鄉县至五十里之豆店
南頭路東福泉店早尖起程至四十五里之涿
七十里
九十五里
良鄉县

《寧夏出差日記》全文近一萬字，記載日記作者自京城至寧夏赴任途中的每日行程、天氣、地理古迹及人物見聞。作者起程於道光十八年（1838）五月二十六日，終於道光十八年七月二十七日，歷時六十一天，途經直隸、河南、陝西、甘肅四省，行程四千三百餘里。全文按内容可分爲三部分。第一部分爲道光十八年五月二十六日起程。該部分主要記載了作者親友餞行、自京起程。第二部分爲道光十八年五月二十七日至七月二十六日，該部分共五十九天，詳記作者自京起程赴寧途中經歷。途中經歷的記載皆有規律可循，頁眉處記録日期、天氣、地名、日行里程。正文部分，每日首先記載出發時間、自何處起程、行走里程、途經地點、何處早尖、落宿等。其次記載途中人物見聞，如名勝古迹、路况、突發事件、作者所思等。第三部分爲道光十八年七月二十七日，該部分記載作者到達目的地接印上任。

《寧夏出差日記》未署作者姓氏，其内容也未出現有助於考證作者姓名的直接資料。范邦瑾在《美國國會圖書館藏中文善本書續録》提要中考察，『疑此書作者於道光十八年七月二十七日接任寧朔縣知縣或縣級官員，其前任爲哈公。察方志，此段資料恰逢灾焚遺失，姓名無考。』①筆者研讀《寧夏出差日記》，并結合相關方志、檔案、實録等史料推測，日記作者疑爲道光十八年清廷派往寧夏的理藩院駐寧夏理事司員，負責處理蒙漢交界地區蒙古民人交涉事務。

《寧夏出差日記》有其獨特的價值，主要表現爲：第一，提供自京城至寧夏清晰的路綫，是研究清代西行交通路綫的可靠資料。《寧夏出差日記》記載了作者自京城至寧夏爲官的沿途路程。途經保定府、正定府、順德府、彰德府、衛輝府、懷慶府、河南府、西安府、平凉府，最後至寧夏府。日記明確、清晰地記載了自京城至寧夏的時間、途經各地名、日行里程。且日記爲作者私人所記一手資料，真實可靠，爲研究自京城至寧夏路綫提供可靠資料。并可與其他文獻史料所記路綫相結合研究清代西行交通路綫。第二，

① 范邦瑾編著：《美國國會圖書館藏中文善本書續録》，上海古籍出版社二〇一一年，第八十九頁。

補充沿途所經各地志書中所缺道光年間史料。所記沿途各地風土人情、歷史掌故，爲研究途經各地歷史地理及文化史提供材料。第三，佚名作者自京城外任寧夏，途中所記交游、接任過程、赴任時間等爲研究清代職官赴任制度提供一手資料，并可起補充或者佐證《會典》等書中所記赴任制度的作用。上海古籍出版社二〇二二年出版的李彦霞等校注《寧夏出差日記》，以美國國會圖書館藏清稿本爲底本，校以其他歷史文獻。李彦霞撰文研究過該日記。

（李彦霞）

半部論語齋初草

《半部論語齋初草》一卷，清趙尚仁撰。

趙尚仁，生卒年不詳，字壽山，靈州（今寧夏回族自治區靈武市）人。清光緒二十年（1894）甲午科舉人，英年早逝。曾爲寧夏鎮邊將軍張俊府下幕僚，與當時甘肅名儒慕壽祺、寧夏文人吴復安等交好。趙尚仁工書法，書體頗似松雪，有《半部論語齋初草》及《龍見井中歌有序》傳世。《民國朔志》卷十七《人物志二・學行》有傳。

《半部論語齋初草》成書於光緒二十五年（1899）前，傳世本爲民國三十年（1941）抄本。由於稿本已佚，故此抄本爲唯一傳世的本子。《中國西北文獻叢書》第六輯《西北文學文獻》第十九卷據此本影印。此本書名頁背面有慕壽祺題識，正文共十二頁，每半頁九行，行二十一字，版心題頁次。

《半部論語齋初草》爲趙尚仁的詩歌選集，集名取『半部論語治天下』之意。該書共包含歌行、律詩、絶句等各體詩歌共四十九首，卷末有趙尚仁《序》、慕壽祺《跋》、潘宗岳《題詩》、雷應龍《題詩》并《跋》等。其詩歌内容主要以咏史、寫景和咏物爲主，作者常居寧夏，其詩歌多書寫西北地方風土人情，如《賀蘭山懷古七律》《丁酉六月游賀蘭山》《灘上羊》等，同時其詩歌中也反映了一些清末西洋文明對時人生活的影響，如《火輪船》《電報》《電燈》等，而更多的詩歌則着眼於現實生活，抒發其建功立業的志向，如《書齋有感》《題盧生睡像》等。

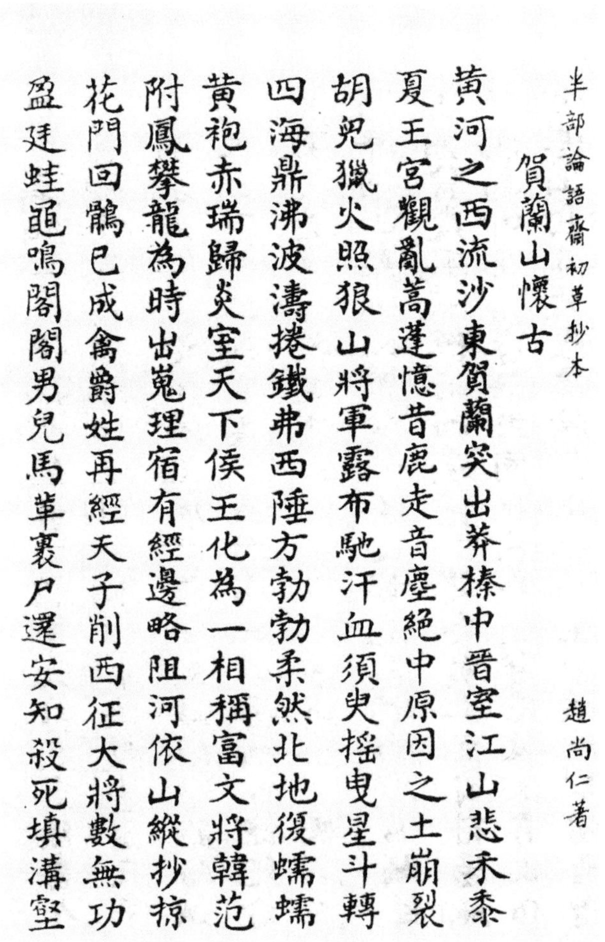

半部論語齋初草抄本
賀蘭山懷古
趙尚仁著
黃河之西流沙東賀蘭突出莽榛中晉室江山悲禾黍
夏王宮觀亂蒿蓬憶昔鹿走音塵絶中原因之土崩裂
胡兒獵火照狼山將軍露布馳汗血須臾搖曳星斗轉
四海鼎沸波濤捲鐵弗西陲方勃勃柔然北地復蠕蠕
黃袍赤瑞歸炎室天下侯王化為一相稱富文將韓范
附鳳攀龍為時出嵬理宿有經邊略阻河依山縱抄掠
花門回鶻已成禽爵姓再經天子削西征大將數無功
盈廷蛙黽鳴閣閣男兒馬革裹尸還安知殺死填溝壑

據民國二十八年（1939）慕壽祺所撰跋語可知，此書爲『寧夏趙壽山同學在張府設帳時之所贈也，詩意清新，筆姿秀極，藏之已四十年餘年矣』，故此書於光緒二十五年（1899）之前即已成書。此本後經潘宗岳、董席珍、雷應龍等借讀并題語，最後於慕壽祺六十七歲（即1941）時交由『寧夏省城民衆教育館妥慎收藏』（卷前慕壽祺題識）。原稿本已亡佚，現今所見抄本卷末有『以上共寫三仟柒佰肆拾捌字』字樣，應據原稿本所抄。

作爲趙尚仁唯一傳世的詩歌選集，《半部論語齋初草》具有重要的文獻價值，主要表現在：第一，趙尚仁作爲清末寧夏地區較爲著名的詩人，其詩歌創作内容大部分與寧夏有關，對於研究寧夏地方文化和歷史具有重要的參考意義。第二，趙尚仁英年早逝，相關研究資料甚少，此詩集爲研究趙尚仁的生平及其文學創作提供了寶貴的文獻資料。第三，由於《半部論語齋初草》稿本或已亡佚，此抄本爲趙尚仁詩集唯一留存下來的孤本，因此具有重要的版本價值。孫遜、段懷君、田富軍等撰文研究過該書。上海古籍出版社二〇二三年出版的王敏整理《半部論語齋初草》，以民國三十年（1941）抄本爲底本，校以其他歷史文獻。

（付明易）

重修中衛七星渠本末記

《重修中衛七星渠本末記》（簡稱《七星渠記》）三卷，清王樹枏輯。

王樹枏（1851—1936），字晉卿，晚號陶廬老人，新城（今河北省高碑店市）人。清光緒十二年（1886）丙戌科進士，二十四年（1898）十二月被任命爲中衛知縣。二十五年（1899）二月到任，并開始調查七星渠情况。二十九年（1903）三月，王樹枏離任。歷官至新疆布政使。辛亥革命後，以滿清遺老自居，曾任清史館總纂。王樹枏一生著述頗豐，據尚秉和《故新疆布政使王公行狀》，主要有《陶廬文集》《陶廬箋牘》《陶廬叢刻》等，主編《新疆圖志》《奉天省通志》等方志。《陶廬老人隨年録》載，王樹枏在中衛任知縣期間編著有《歐洲戰事本末》《希臘

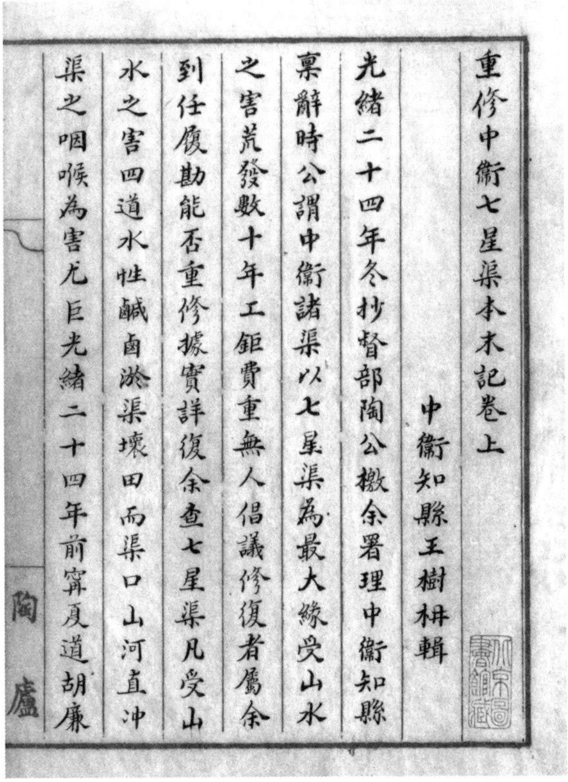
重修中衛七星渠本末記卷上
中衛知縣王樹枏輯
光緒二十四年冬抄督部陶公檄余署理中衛知縣
稟辭時公謂中衛諸渠以七星渠爲最大緣受山水
之害荒發數十年工鉅費重無人倡議修復者屬余
到任履勘能否重修據實詳復余查七星渠凡受山
水之害四道水性鹹鹵淤渠壞田而渠口山河直沖
渠之咽喉爲害尤巨光緒二十四年前寗夏道胡廉
陶廬

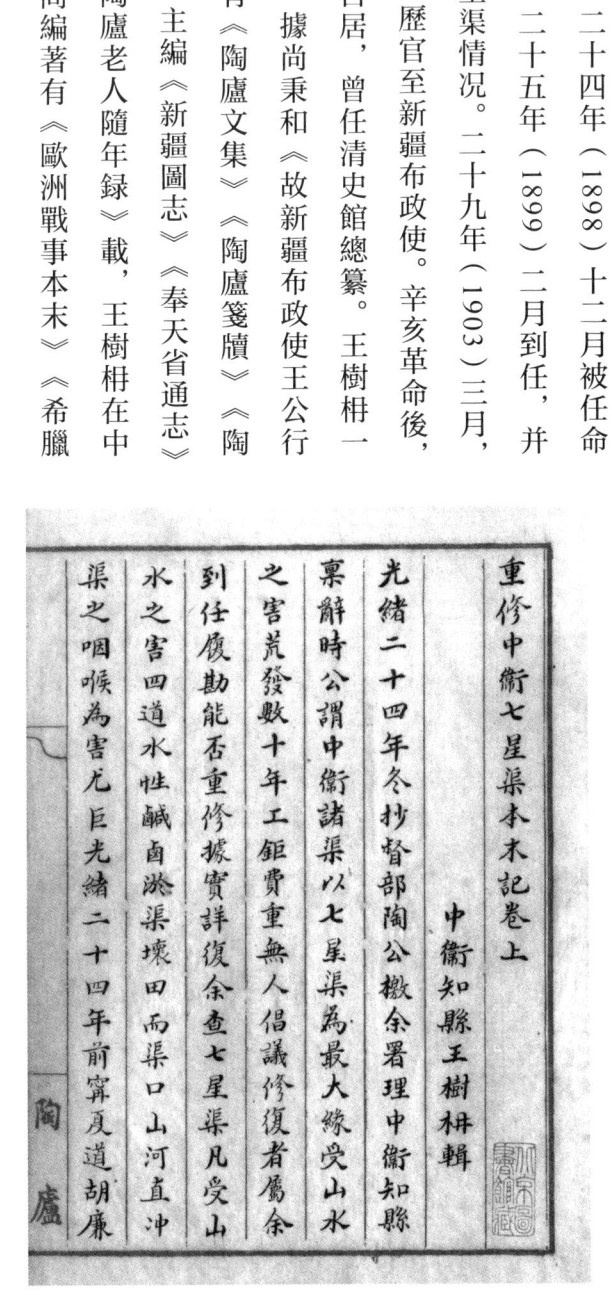

學案》等著作。然《隨年録》及《王公行狀》均未提及《七星渠記》，或因此書爲往來公文編輯而成，非爲著述，故不載。

中國國家圖書館藏《七星渠記》爲朱絲欄稿本，每半頁八行，行二十字。左右雙邊，白口，單魚尾，版心下印『陶廬』二字。

《七星渠記》是重修七星渠時王樹枏與各級主管官員間公文往來的彙編，全書以王樹枏所撰公文爲綱，各有標題，請示性公文下間附各級官員的批復公文。《七星渠記》三卷并没有截然的區分，大致以多寡爲卷，按時間排列，但各卷均有所側重。

卷上共收公文二十七篇，是工程的準備階段。光緒二十四年（1898），在王樹枏任中衛知縣前，陝甘總督陶模囑他調查七星渠情況，看能否重修。二十五年（1899）二月王樹枏正式任中衛知縣，即着手調查七星渠。在進行認真勘察之後，王樹枏將工程的可行性、工費預算、人員組織等上報各級主管官員，并通知協同辦理之縣丞、副將、巡檢、首士等共同做好修渠的準備工作，隨即開始修浚。不過由於時值農忙，修七星渠的整體工程實際上從光緒二十六年（1900）春纔正式開始。

卷中共收公文二十三篇，是工程具體實施階段，主要是工程進度、用工用料情況、工程之難易與效果等。其中有魏光燾《致中衛縣》一文猶可關注。此文雖衹有短短二百六十五字，却生動勾畫出了當時清政府所面臨的局勢。内有義和團之亂，外有外國軍隊逼近，致原先修渠之兵員均先調防平凉，以備關隴，渠工遂暫止。

卷下共收公文二十二篇，是工程的完工、驗收階段。光緒二十七年（1901）重修七星渠工程基本完工，二十八年（1902）八月二十五日全部竣工。

寧夏中衛的七星渠至今仍在使用，是中衛市最主要的灌溉系統之一，對中衛乃至寧夏的農業發展有着至關重要的作用，所以《七星渠記》不僅有文獻意義，更有現實意義。首先，是編是目前發現的較爲系統地記載寧夏古代水利工程的史料，完整地記録了七星渠從倡議修浚至最後完工、驗收、訂立章程的所有環節與細節。且編纂此書者即爲主持七星渠工程之王樹枏，文獻來源更是王樹枏家抄之本，其真實性與可信性更高。其次，《七星渠記》所記載的在修渠中遇到的困難及解決的方法，對如今七星渠的治理，甚至對西北相同地質環境下的水利工程的治理，都有可取之處。古人在生產力極其低下的年代，利用自己的智慧將原本頻受洪澇影響的荒蕪之地，變成了沃野千里之區，其治理經驗和方法在新時期同樣能够發揮出應有的價值。再次，可從中體會出時局之變換、國家之興亡。七星渠工程在修浚過程中因義和團之亂和八國聯軍侵華而被迫中止，可見國之興亡關乎民生。

王建宏撰文，報道了寧夏中衛發現《七星渠記》一事。魏舒婧撰文研究過該文獻，韓超有該書的整理成果。

（胡玉冰　韓超）

寧夏典藏珍稀文獻編

蘇文忠公全集

《蘇文忠公全集》（又稱《東坡全集》《蘇東坡集》）一百一十卷，宋蘇軾撰。

蘇軾（1037—1101），字子瞻，又字和仲，號東坡居士，謚號文忠，眉山（今四川省眉州市）人。北宋著名文學家、書畫家、史學家和哲學家，唐宋八大家之一，同時也是豪放派的代表人物。《宋史》卷三百三十八有傳。蘇軾與父親蘇洵（1009—1066）、弟弟蘇轍（1039—1112）皆以文學聞名，世稱『三蘇』，與漢末『三曹』（曹操、曹丕、曹植）齊名。

寧夏回族自治區圖書館藏明嘉靖十三年（1534）江西布政司刻本《蘇文忠公全集》共一百册，每半頁十行，行二十字，四周雙邊，白口，雙黑魚尾。入選第四批《國家珍貴古籍名録》。

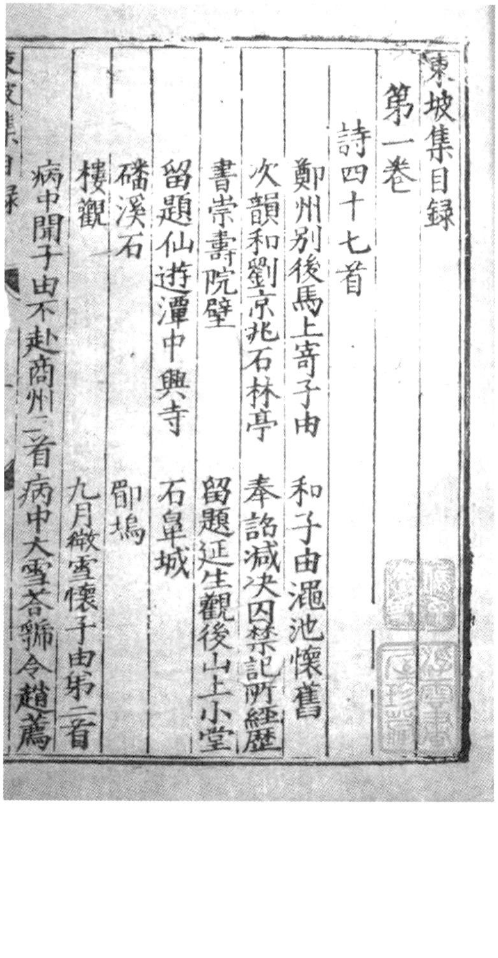
東坡集目録
第一卷
詩四十七首
鄭州别後馬上寄子由　和子由澠池懷舊
次韻和劉京兆石林亭　奉詔减决囚禁記所經歷
書崇壽院壁　留題延生觀後山上小堂
留題仙遊潭中興寺　石鼻城
磻溪石　郿塢
樓觀　九月微雪懷子由弟二首
病中聞子由不赴商州三首　病中大雪荅虢令趙薦
東坡集目録

蘇軾一生命運多舛，却豁達超脱，其人其文皆爲後世文人士子學習之典範。《蘇文忠公全集》内容全面詳實，不僅具有極高的文學價值，亦不失爲研究蘇軾的重要資料。其傳世版本至今所見可分兩大類，一類稱『大全集本』，另一類則爲分集編訂，號稱『東坡七集本』。七集本出自蘇軾原本原目，後人稍加增益，爲之善本，風行海内。宋版曾有杭、蜀、建諸本，至明代多有散佚。明成化四年（1468）江西程氏據諸本重加編訂成帙。此嘉靖本即據成化本校讎改正後重刊。内容包括《東坡集》四十卷，《東坡後集》二十卷，《東坡奏議集》十五卷，《東坡内制集》十卷，《東坡外制集》三卷附樂語，《東坡應詔集》十卷。第一頁和最後一頁均鈐有『白鹿堂』方印，每卷卷端卷末均鈐有『浮雲書屋』『浮雲書屋珍藏』朱文長方印。書末『嘉定十三年江西布政司重刊』牌記中的『嘉定』二字有挖補痕迹。附宋王宗稷所編《年譜》一卷。

（徐遠超）

少司徒王公平蠻督木傳

《少司徒王公平蠻督木傳》（簡稱《平蠻督木傳》）不分卷，明蔡時鼎撰。

蔡時鼎（1550—1592），字臺輔，號調吾，福建漳浦人。明萬曆二年（1574）進士，歷知桐鄉、元城。十一年（1583），選授雲南道監察御史。十五年（1587），起太平推官，進南京刑部主事，就改吏部。十九年（1591），晋升爲南京禮部祠祭司郎中。二十年（1592）卒於任上。其生平資料參見《明史》卷二百三十《蔡

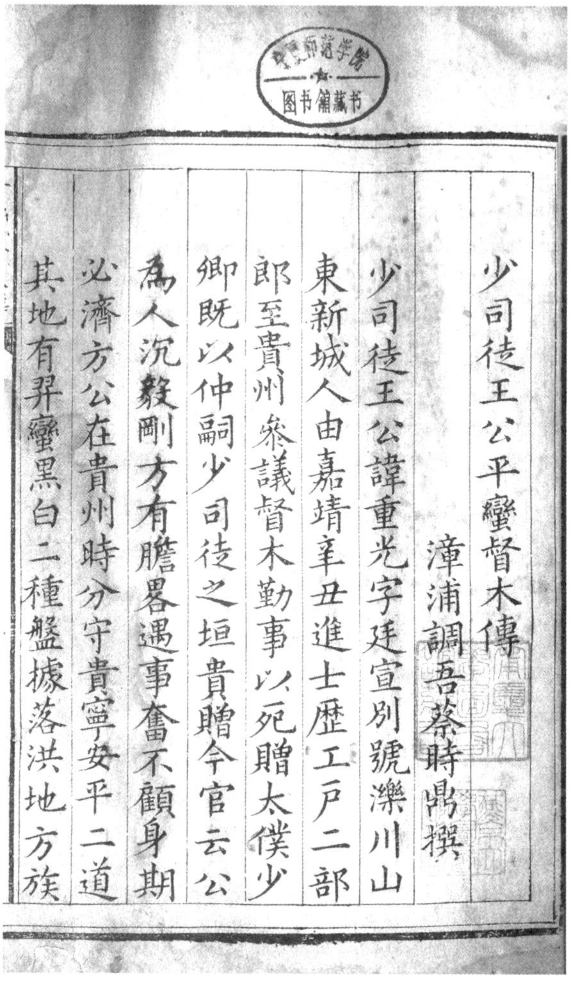

少司徒王公平蠻督木傳

漳浦調吾蔡時鼎撰

少司徒王公諱重光字廷宣別號灤川山東新城人由嘉靖辛丑進士歷工戸二部郎至貴州參議督木勤事以死贈太僕少卿既以仲嗣少司徒之垣貴贈今官云公爲人沉毅剛方有膽畧遇事奮不顧身期必濟方公在貴州時分守貴寧安平二道其地有罫蠻黑白二種盤據落洪地方族

時鼎傳》、《漳浦縣志》卷十五《人物志上》、《江南通志》卷一百一十七《職官志·名宦》、《浙江通志》卷一百五十《名宦》、《桐鄉縣志》卷五《知縣》《宦迹》、卷九《藝文》之《邑令蔡公去思碑記》等。

寧夏大學圖書館藏明萬曆刻本《平蠻督木傳》原藏北京大學圖書館。一九五八年，寧夏大學前身寧夏師範學院成立，北京大學捐贈此刻本，現館藏至今。北京師範大學圖書館藏有《平蠻督木傳》另一萬曆刻本，《北京師範大學圖書館藏明刻孤本秘笈叢刊》第十一册《忠勤録》第五百七十三頁至五百七十八頁收録此傳。山東省桓臺縣新城鎮新立村忠勤祠有其石刻拓本集《忠勤祠帖》，由山東省桓臺縣政協王士禛紀念館編，廣陵書社據此影印出版。

《平蠻督木傳》傳主王重光（1502—1558），字廷宣，號灤川，山東新城（今山東省淄博市桓臺縣）人，清初著名詩人王士禛的高祖，屬明清新城王氏家族第一代成員。嘉靖二十年（1541）進士，歷任工、户二部主事。三十五年（1556），遷貴州布政司參議，一面討伐黑白二羿叛亂，一面督辦新殿采木事宜，後卒於任上。四十一年（1562），三殿告成，追贈太僕少卿。貴州百姓感念其恩，在永寧建忠勤祠，與王陽明合稱『二王』，每年一同祭祀。萬曆十六年（1588），王重光次子王之垣又在家鄉新城另建忠勤祠，輯《忠勤録》，以此將忠孝、恭勤作爲王氏家族風典範。王氏家族是明清時期重要的文人群體，文學創作活躍，但王重光著述甚少[1]，現傳世可見有《祝嘏詞》三章[2]。

萬曆年間，蔡時鼎受王重光第三子王之輔之托，撰《平蠻督木傳》。傳文以王重光一生行事爲主綫，對其生平進行記述，并評價。先叙王重光生平，總括其沉毅奮勇的性格特點；次詳細交代王重光任貴州按察使參議時，平黑白羿蠻之事；第三介紹王重光爲修繕三殿采木勤事殉職一事；第四倒叙其任山西僉事，分巡雲中時滅仇鸞氣焰之事；第五旁涉王重光騎射技藝精湛；最後列述其後世子孫，總論王重光忠信篤實、德行高尚。撰者蔡時鼎與傳主王重光年代相近，且與王氏家族有過實際交往，因而傳記内容可信度較高，對後世有關王重光及『新城王氏家族』的研究具有很高的參考價值。

《平蠻督木傳》有刻本、拓本等傳世。萬曆三十一年（1603），《平蠻督木傳》刻於石碑，由王重光孫王象乾仿王羲之書而刻寫，孫王象晋、曾孫王與耔、王與齡勒石。其碑刻在今山東省桓臺縣新城鎮新立村忠勤祠。其後，王重光孫王象乾、王象蒙又將與祖父王重光相關事迹的碑帖輯録而成《忠勤録》。二〇〇三年山東省桓臺縣政協出版忠勤祠石刻拓本集《忠勤祠帖》，其中亦收録有《平蠻督木傳》。

① 王士禛《居易録》載：『先高祖太僕忠勤公遺墨，止有采三殿大木於黔中時所爲《祝嘏詞》及史論數篇。』參見（清）王士禛撰《居易録》，見袁世碩編《王士禛全集》，齊魯書社二〇〇七年版，第四千九百九十七頁。

② 《祝嘏詞》收録在《忠勤祠帖》第八十二頁。

目前學界尚未對《平蠻督木傳》進行單獨而全面的研究，其視角主要聚焦在傳主王重光所在的新城王氏家族上，但并未對王重光本人的生平論著等進行系統化的整理。上海古籍出版社二〇二二年出版的牛露露、郭婉瑩校注《平蠻督木傳》，以寧夏大學圖書館藏明萬曆刻本爲底本，以北京師範大學圖書館藏明萬曆王象乾、王象蒙輯《忠勤録》，廣陵書社出版的山東省桓臺縣新城鎮新立村忠勤祠石刻拓本集《忠勤祠帖》爲參校本，同時參考《明史》《貴州通志》等史籍資料。

（牛露露）

劉太淑人傳

《劉太淑人傳》不分卷，明郭正域撰。

郭正域（1554—1612），字美命，號明龍，謚文毅，湖廣江夏縣（今湖北省武漢市）人。明萬曆十一年（1583）進士，官至禮部左侍郎，生平見《石匱書》卷一百八十二《郭正域傳》、《東林列傳》卷十五《郭正域傳》、《禮部志稿》卷四十二、《大泌山房集》卷十九《郭公神道碑》、《本朝分省人物考》卷七十六、《牧齋初學集》卷五十一《禮部右侍郎兼翰林院侍讀學士贈太子少保禮部尚書謚文毅郭公改葬墓誌銘》、《罪惟録》列傳卷十一下、《明書》卷一百三十五等。著有《東宮進講尚書義》一卷、《楚事妖書始末》一卷、《黄離草》十卷、《合并黄離草》三十卷、《皇明典禮志》二十卷、《高文襄公拱墓誌銘》等。評點《解莊》十二卷、《韓文杜律》二卷以及《昭明文選》等。批點《選詩》七卷、《選賦》六卷、《考工記》一卷，校點《韵經》五卷，爲《石頭庵集》《管子》《鎸五侯鯖》等書作序，傳振商所編的《四家詩》中收録有郭正域詩歌。《合并黄離草》收録於《四庫禁毀書叢刊·集部》册十三，《皇明典禮志》著録於《千頃堂書目》《四庫全書存目叢書》等書中，《韓文杜律》在《四庫全書總目》卷一百九十三有著録，《高文襄公拱墓誌銘》在《春秋正旨》附録二中有著録。《東宮進講尚書義》在《明史》卷九十六有著録，已佚。《楚事妖書始末》在《明史》卷九十七有著録，已佚。此外，《十三經補注》《武昌志》《江夏志》等均已佚。

寧夏大學圖書館藏《劉太淑人傳》明萬曆刻本。該書爲綫裝，在書衣正中書『劉太淑人傳』五字，封面貼有長條狀題簽，題『劉太淑人傳』五字，并蓋有『寧夏師範學院圖書館』藏書印一枚。書衣與封面書法筆迹不同。每半頁八行，行十六字。四周單邊，白口，無魚尾。版心標有卷次。山西忠勤祠有該傳石刻，石刻中作者置於正文前，無書者姓名。

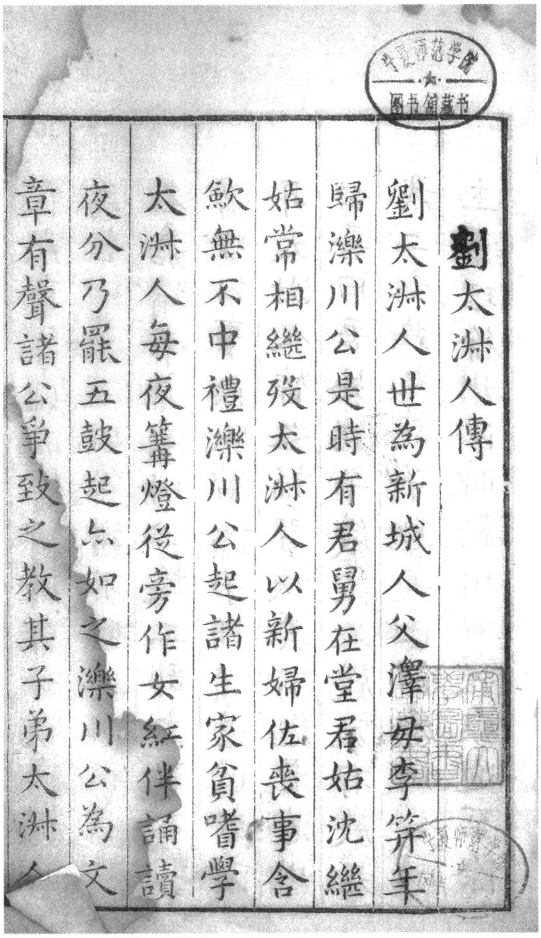

《劉太淑人傳》爲現存記載王重光夫人劉太淑人事迹最豐富的文獻。主要記載劉太淑人秉承優秀傳統美德，勤儉持家，孝敬公婆，相夫教子，治理家業，教導子孫，與人爲善的事迹。萬曆二十一年（1593）劉氏離世時，作者受王象乾之托所寫，并采用文末具名的形式，在卷末署有撰者郭正域及書者沈紹文之姓名。當時的新城王氏科第甚盛，被稱爲『半朝王家』。時作者應於朝廷爲官，撰成此書或爲作者瞭解咨詢，

或爲口傳資料，或爲作者實地取材。該傳按時間順序進行講述，行文較爲流暢清晰。

《劉太淑人傳》爲較完整記載劉太淑人生平的一部傳記，有一定的學術研究價值。主要表現在：第一，爲研究劉太淑人提供了較爲詳實可靠的一手資料。第二，文中對新城王氏人物、數量及相關事迹的記載，豐富了對王氏宗族的研究。第三，傳中所載劉太淑人對公婆、丈夫、子孫的言行舉止，彰顯了明代山左新城王氏的家風、家教及女德。第四，傳中載有《灤川公傳》《普門品》，还記有《普門品》中部分内容，不僅凸顯王氏家族的宗教信仰，也爲使用他校法提供方嚮。

《黄離草》《合并黄離草》《忠勤録》對《劉太淑人傳》有著録，其部分石刻拓印文本著録於尹德喜主編的《忠勤祠帖》。現未有學者對該傳進行專門研究，僅在部分論文中論及其中某些情況，如《明清時期山左新城王氏家族文學研究》分析了該傳的部分内容，《郭正域年譜》中點明了此文的創作緣由、時間等情況，《明代石刻書法研究》及《邢侗與晚明清初山左集古刻帖考論》中指出忠勤祠中該傳之石碑墨書爲顔體。上海古籍出版社二〇二二年出版的張倩等校注《劉太淑人傳》，以明萬曆刻本爲底本，校以其他歷史文獻。

（張倩）

朱子年譜

《朱子年譜》四卷，《考異》四卷，《附録》二卷，清王懋竑撰。

王懋竑（1607—1741），字予中，號白田，江蘇寶應人。清康熙五十七年（1718）進士。王懋竑精於朱子之學，有《朱子年譜》《白田雜著》《白田草堂存稿》《朱子答江元適薛士龍書考》《朱子文集注》《讀史記疑》等著作。其中，《朱子年譜》是其代表作。王懋竑歷經康熙、雍正、乾隆三朝，在崇奉儒學的社會背景下，纂訂《朱子年譜》主要是爲了發揚朱學。王懋竑細考朱子生平學術思想及活動，『取李本（李默所修本）洪本（洪去蕪所修本）作參考，補訂勒爲《年譜》四卷，又備列其去取之故爲《考異》，并采論學切要語爲《附録》，訂異審同，去門户之見，對朱陸異同作一總結。』①《四庫全書總目》稱：『諸家之中惟懋竑本最精核，他家皆不免疏舛。』②

寧夏回族自治區圖書館館藏《朱子年譜》爲清著名哲學家、教育家焦循的家藏本，係乾隆間寶應王氏

① 錢穆著：《中國近三百年學術史》，中華書局一九八四年版，第二百八十七頁。
② （清）永瑢等編：《四庫全書總目》，中華書局一九六五年版，第五百四十六頁。

白田草堂刻本，四册，入選第二批《國家珍貴古籍名録》。

此本首卷卷端鈐有『焦氏藏書』等白文方印三枚。序後有焦循於嘉慶五年（1800）所作的七十一字墨筆題記：『朱子之論陸氏也，曰：「空腹高心，妄自尊大。」乃近世之學朱子者，正蹈此八字之病，得非以陸氏認爲朱子乎？朱子之學，全在讀書窮理，今乃不讀書、不窮理也。庚申閏月望日，江都焦循記。』書中另有眉批多處，如『謂貧民下户深喜亦不然』『禍福已定徒爾勞擾正是禪』『南宋所以日蹙』，以六字至四十三字不等。《朱子年譜》不僅是探求儒學發展、程朱理學和朱陸學術異同等方面的重要資料，對於研究焦循思想、藏書以及寧夏回族自治區圖書館藏書史也有重要的價值。

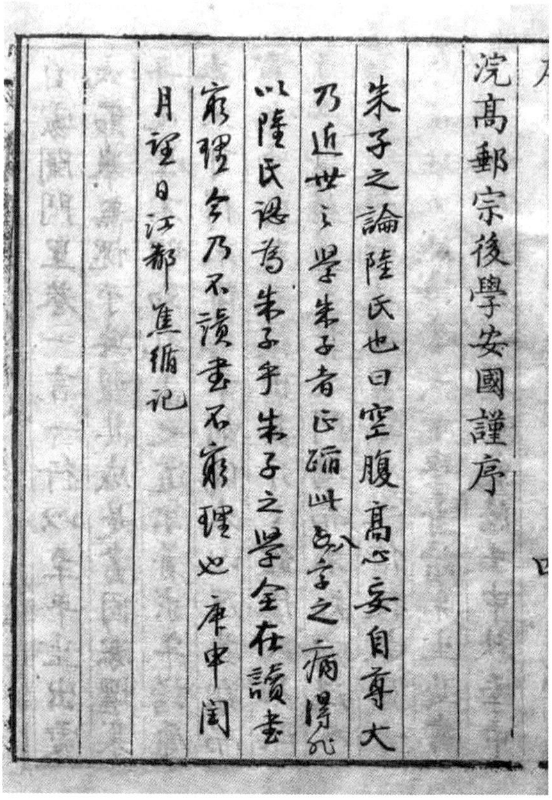
浣高郵宗後學安國謹序
朱子之論陸氏也曰空腹高心妄自尊大
乃近世之學朱子者正蹈此八字之病得非
以陸氏認爲朱子乎朱子之學全在讀書
窮理今乃不讀書不窮理也庚申閏
月望日江都焦循記

（徐遠超）

蘆屋圖詩文

《蘆屋圖詩文》不分卷，清潘榮陛編。

潘榮陛，字在廷，大興人。清雍正九年（1731）入皇宫供職，先後奉置史館，恭膺宫闕製作督銷之職，乾隆十一年（1746）致仕。著有《帝京歲時紀勝》《工務紀由》《月令集覽》《昏儀便俗》《讀禮須知》《曠懷閑草》等書。《帝京歲時紀勝》前有《自序》一篇。

寧夏大學圖書館藏《蘆屋圖詩文》清乾隆五十二年（1787）刻本，係孤本，一函兩册，綫裝。版框高十七點五厘米，寬十二點三厘米。每半頁九行，行二十字。四周雙邊，

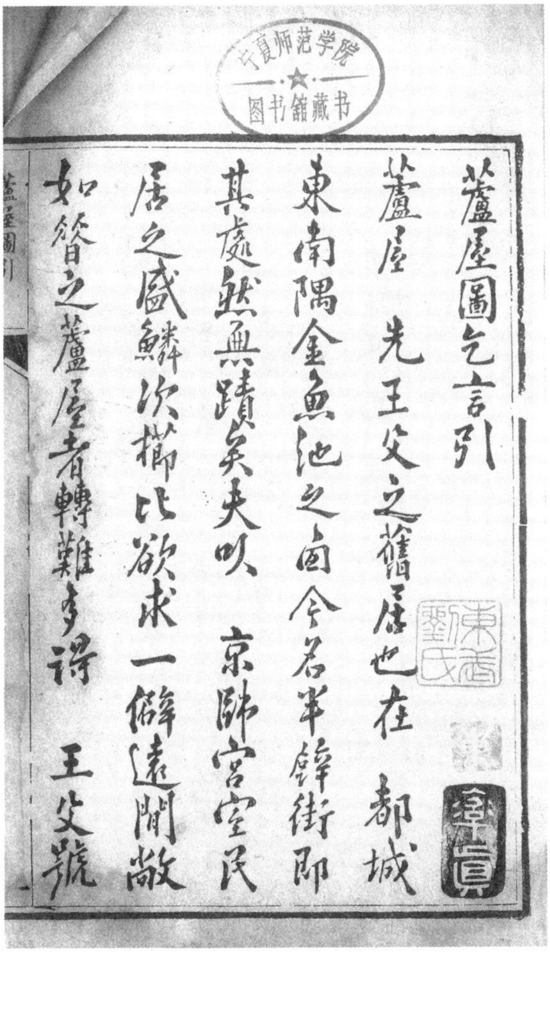

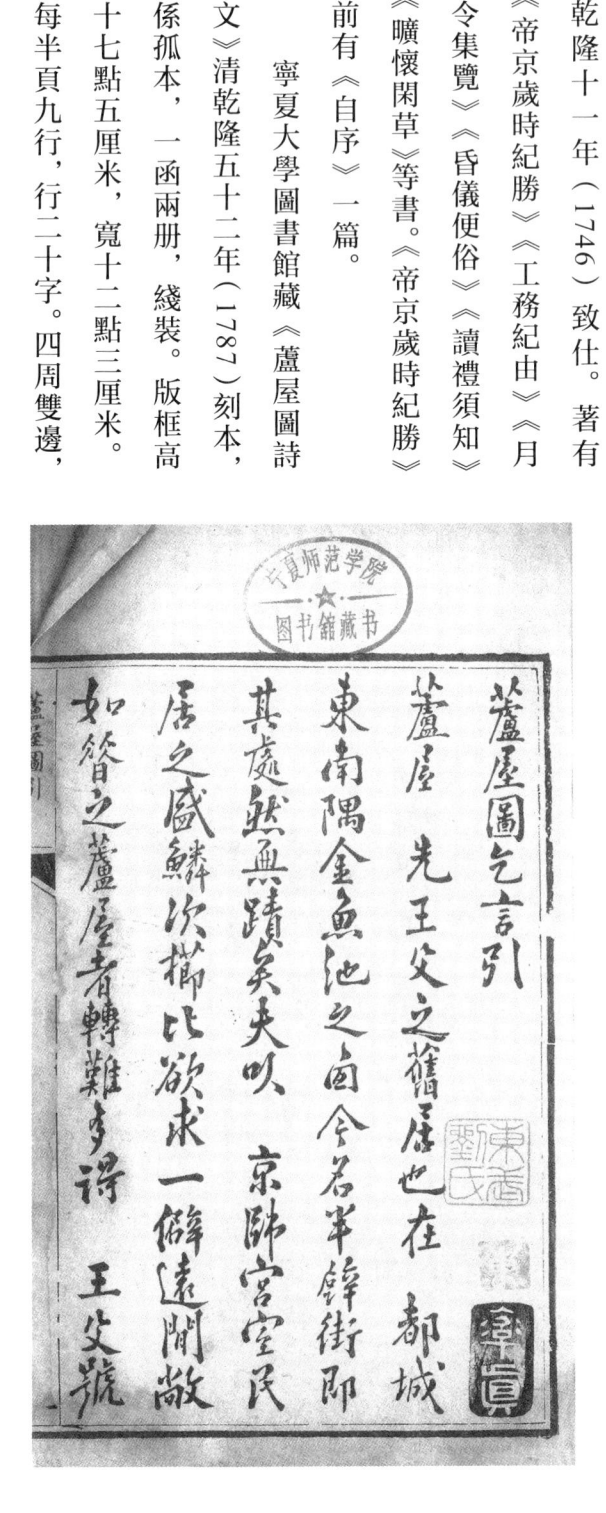

單黑魚尾。封面及函套題簽爲『蘆屋圖』，卷端及版心題名『蘆屋圖詩文』，有頁碼。本書分四部分，第一部分《蘆屋圖乞言引》共六頁，行楷刊刻，半頁六行，行十四字。『蘆屋圖乞言引』字下鈐『東武劉氏』朱文方印，『東』白文方印各一枚。本頁又刻有王文治『率真』陰文方印一枚。第二部分爲主體，共七十頁，天頭處有批語。第三部分《恭賦》共兩頁，每半頁九行，行十九字，行楷刊刻。《書後》共三頁，半頁九行，行二十字。第四部分僅一頁，爲『潘君楚吟老世伯，舊居名曰蘆屋。圖卷後諸君題咏於康熙丁未，後人刻版成書，分送鄉誼』。

寧夏大學圖書館藏《蘆屋圖詩文》

係潘榮陛將其祖父潘楚吟舊居蘆屋得到的名士題咏及畫作收録刻寫傳世。上册正文前有《蘆屋圖乞言引》和題名《蘆屋圖》的畫作一副，畫作附題記，下册正文後附《恭賦》《蘆屋圖書後》和手寫題記。全册共載詩文作者九十五人，詩文一百五十篇，其中五言詩二十三首，七言詩一百零二首，四言詩七首，六言詩四首，詞四首，

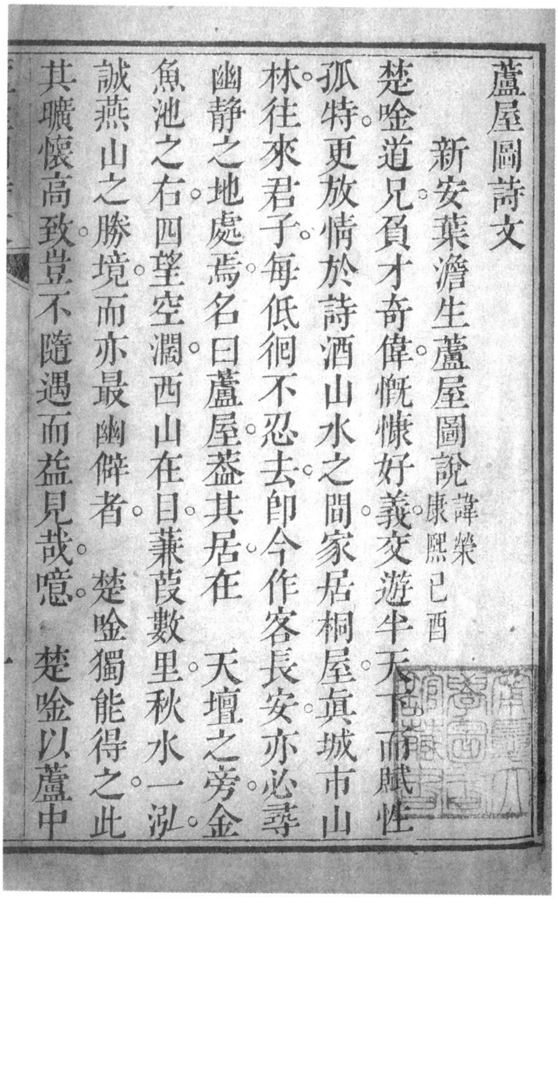
蘆屋圖詩文
新安葉澹生蘆屋圖說 諱榮 康熙己酉
楚唫道兄負才奇偉慨慷好義交遊半天下而賦性孤特更放情於詩酒山水之間家居桐屋眞城市山林往來君子每低徊不忍去即今作客長安亦必尋幽静之地處焉名曰蘆屋葢其居在 天壇之旁金魚池之右四望空濶西山在目蒹葭數里秋水一泓誠燕山之勝境而亦最幽僻者 楚唫獨能得之此其曠懷高致豈不隨遇而益見哉噫 楚唫以蘆中

文兩篇，長短句雜文三篇。其中包含鄭燮、盧見曾等名家詩咏。此書中詩文雖然多爲潘榮陛延請名家所寫，但詩文作者的字號多有訛誤。如書中記載黄登賢字『雲門』，但經查檢，黄登賢實字『筠盟』。可見此書作者潘榮陛與詩文作者未必相熟。

《蘆屋圖詩文》有一定的學術研究價值。首先，此書爲潘榮陛所輯，對研究潘榮陛的家學與生平有一定的幫助。其次，《蘆屋圖詩文》中記載大量名士題咏，有些并不見於其詩集中，如鄭燮題詩并未見於《鄭板橋集》中，此書對於名士文集有着補充作用。該書爲寧夏大學圖書館藏孤本，整理研究成果較少。王艷秀撰文從版本、内容等方面進行過研究，楊思雨撰文從成書等方面進行過研究，王婧哲撰文從詩文作者等方面對此書進行了研究。上海古籍出版社二〇二二年出版的王婧哲、楊思雨校注《蘆屋圖詩文》，以寧夏大學圖書館藏孤本爲底本，校以其他歷史文獻。

（王婧哲）

漢石例

《漢石例》六卷，清劉寶楠録。

劉寶楠（1791—1855），字楚楨，號念樓，江蘇寶應人。清嘉慶二十四年（1819）優貢生，道光二十年（1840）年進士，歷任直隸文安、元氏、三河、寶坻等縣知縣。劉寶楠精於漢學，是『揚州學派』的傑出代表。著作有《論語正義》二十四卷、《釋穀》四卷、《漢石例》六卷、《愈愚録》六卷、《勝朝殉揚録》三卷、《寶應圖經》六卷、《念樓集》等二十餘種。

寧夏大學圖書館藏《漢石例》清道光十六年（1836）稿本，入選第二批《國家珍貴古籍名録》。該本一函六册，版框高十九點九厘米，寬十三點八厘米，每半頁十行，行二十三字，小字雙行同，四周單邊，白口。書紙用朱色方格紙，謄抄工整。書中有朱、墨筆修改，闕字例用『□』。

寧夏大學圖書館藏稿本爲目前所見《漢石例》最早的版本，該本目録後題：『道光十六年三月下旬，寶楠自校一過，漫識於目録後。時寓都中揚州新館之淮海堂。』《漢石例》抄本在中國國家圖書館、復旦大學圖書館和福建省圖書館各藏一部，傳世刊本主要有清道光十六年（1836）刻本、道光二十九年（1849）連筠簃刻本、同治八年（1869）丁彦臣刻本、同治八年山東文友堂刻本、同治八年四明蔣瑞堂鳩工刻本、光緒三年（1877）行素草堂《金石叢書》本、光緒十一年（1885）吴縣朱氏槐廬家塾刻《槐廬叢書》本和光緒十四年（1888）行素草堂《金石叢書》本。此稿本對刻本當有重要校勘價值。

《漢石例》共六卷二百八十五例。正文前有道光十年作者自作《叙目》一篇，主要叙述漢碑中今人宜避之處，如『祖考稱考』『祖母稱母』『父母生稱考妣』『祖考稱皇』『女子稱妃』等二十五例。目録後有道光十年作者識語。正文卷一至卷三述墓碑例，卷四述廟碑例、德政碑例和墓闕例，卷五雜例，卷六總例。共列墓碑例一百五十條，廟碑例二十九條，德政碑例十三條，墓闕例十一條，雜例三十二條，總例四十八條。

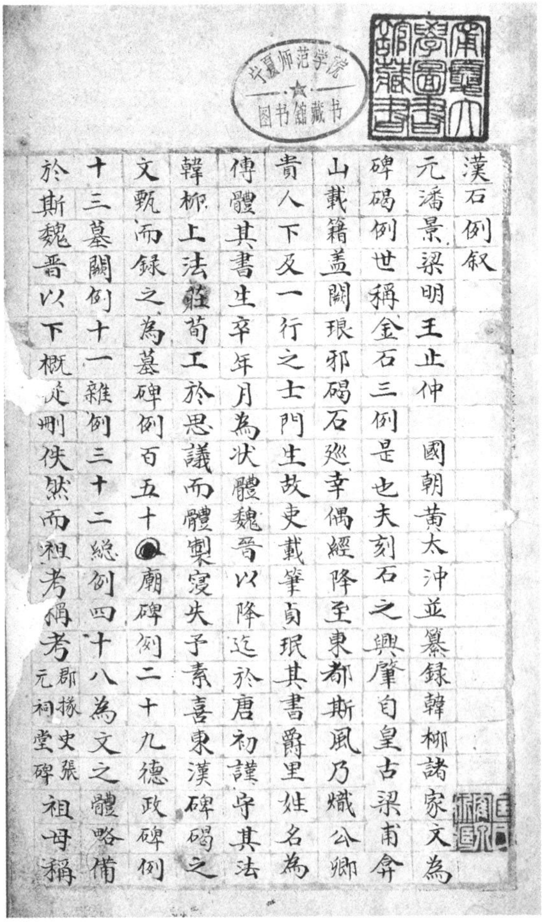
漢石例叙
元潘景梁明王止仲　國朝黄太沖並纂録韓柳諸家文為
碑碣例世稱金石三例是也夫刻石之興肇自皇古梁甫弇
山載籍盖闕琅邪碣石巡幸偶經降至東都斯風乃熾公卿
貴人下及一行之士門生故吏載筆負珉其書爵里姓名為
傳體其書生卒年月為狀體魏晋以降迄於唐初謹守其法
韓柳上法莊荀工於思議而體製寖失予素喜東漢碑碣之
文甄而録之為墓碑例百五十●廟碑例二十九德政碑例
十三墓闕例十一雜例三十二總例四十八為文之體略備
於斯魏晋以下概从刪佚然而祖考稱考郡掾史張元祠堂碑祖母稱

《漢石例》成於道光十年（1830），道光二十九年（1849）刻入《連筠簃叢書》，同治八年（1869）山東濟南府再次刻印，後又輯入《金石全例》。《連筠簃叢書》本張穆叙中談到劉寶楠編修《漢石例》緣由：『鄱陽洪氏《隸釋》《隸續》，其文其銘，體例非一。』『錢塘梁氏《志銘廣例》、吴江郭氏《金石例補》、嘉興馮氏《金石綜例》，搜采校博，舉例尚疏。至長洲王氏《碑版廣例》，雖上取秦漢，下訖中唐，其指乃主於摧毀漢人，專以文章正統與韓歐。』『吾友寶應劉君楚楨，始本竹垞之意，壹以東京爲主，傳以經術，加之博證，纂爲《漢石例》六卷。』[①]《續修四庫全書總目提要》評價其書特點：『其書頗能得大義，義舉而例亦因之，至於斷制深嚴，條例明暢，尤非諸家所能及。』[②]

《叢書集成初編》和新文豐出版公司一九九七年出版的《石刻史料新編》第四十册據《連筠簃叢書》本排印。目前對《漢石例》的研究祇有在介紹古籍書目和研究漢代石刻義例時簡略提到，專門針對此書的研究尚未見到。上海古籍出版社二〇二二年出版賀知章校注《漢石例》，以寧夏大學圖書館藏清劉寶楠手稿本爲底本，以連筠簃刻本爲參校本，以《集古録》《金石録》《隸釋》《隸續》《蔡中郎集》《水經注》《古文苑》《金石萃編》《金石文字記》等著作中收録的碑文以及《陔餘叢考》《日知録》《潛研堂文集》《讀書雜志》等爲部分篇章的對校材料。

（賀知章）

① （清）劉寶楠録：《漢石例》，中華書局一九八五年。

② 《續修四庫全書總目提要》編纂委員會編：《續修四庫全書總目提要・史部》，上海古籍出版社二〇一四年。

香南精舍金石契

《香南精舍金石契》不分卷，清覺羅崇恩撰。

覺羅崇恩（1799—1878），姓愛新覺羅氏，清皇族，清興祖福滿第三子索長阿之七世孫，字仰之，號語舲、禹鈴、雨舲，别號香南居士、語鈴道人，室名香南精舍、吾亦愛吾等。正紅旗。生於清嘉慶四年（1799）四月，道光十四年（1834），以理事同知通判尋用補吏部事，步入仕途。後屢次升遷，道光二十三年（1843）任山東巡撫。同治四年（1865）罷官歸家，光緒四年（1878）四月十六日卒，年七十六歲。著有《香南精舍金石契》《金石玉銘》《香南居士集》等。

《香南精舍金石契》寧夏大學圖書館藏崇恩手稿本，孤本，入選第三批《國家珍貴古籍名録》。該本共二册。版框高十八點九厘米，寬十三點二厘米，每半頁九行，行二十六字，小字雙行五十字，四周單邊，白口，毛裝本。另有清光緒二十六年（1900）影印本、湖南師範大學圖書館藏碧琳瑯館抄本，作者均爲崇恩，然其内容與寧夏大學圖書館藏本不同，爲同名異書。

寧夏大學圖書館藏本，第一册《覆刻隋太僕卿元公墓誌銘》及《覆刻隋太僕卿元公夫人姬氏墓誌》，并附張延濟、包世臣、陸繼輅《跋》。第二册《評定舊拓晋唐帖》，册末有『唐拓《孝經》』，後有摹印爲『永堤之印』，當是據永堤藏拓本摹印。無封面，抄寫用紙版心有『香南精舍金石契』七字，當係崇恩抄書專用紙，書名據此而題。

第一册字迹工整，卷端下鈐『禹舲』朱文小方印，末有記兩篇，并鈐『崇恩』小方印，當爲崇恩謄清稿。《隋太僕卿元公墓誌銘》及《隋太僕卿元公夫人姬氏墓誌》之後附有崇恩《跋》，對於研究兩誌文提供了材料。第二册粘紅色紙箋八張，白色箋兩張。字迹多係行楷或草書，首頁附有崇恩弟景星、垣麟致崇恩書信一封。此書係崇恩手書草稿，

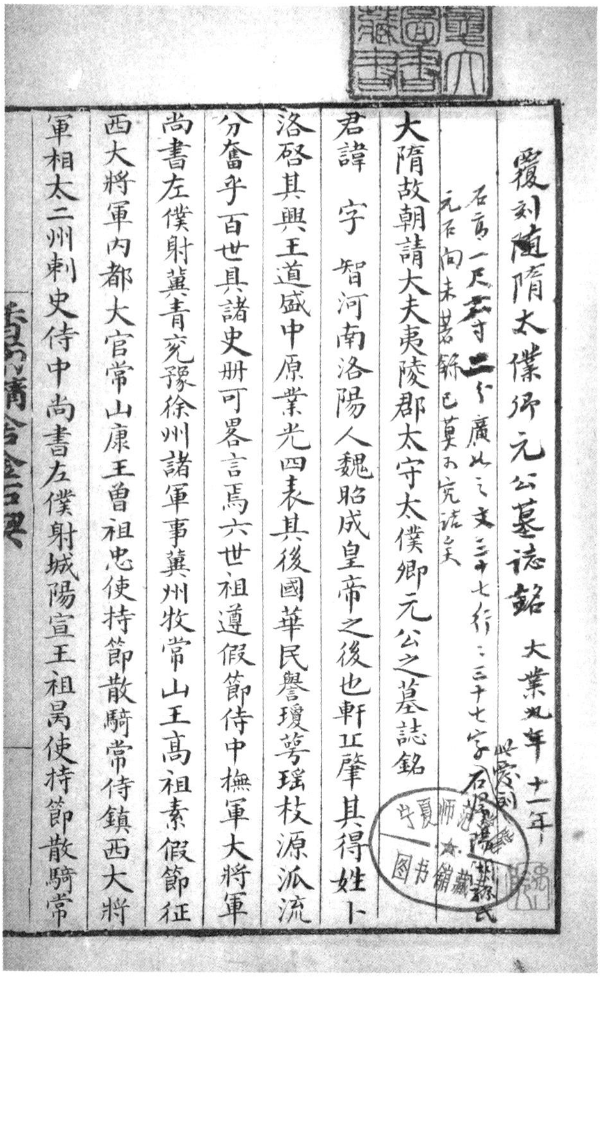
覆刻隨隋太僕卿元公墓誌銘　大業九年十一年
大隋故朝請大夫夷陵郡太守太僕卿元公之墓誌銘
君諱　字　智河南洛陽人魏昭成皇帝之後也軒丘肇其得姓卜
洛啓其興王道盛中原業光四表其後國華民譽瓊萼瑶枝源派流
分奮乎百世具諸史册可略言焉六世祖遵假節侍中撫軍大將軍
尚書左僕射冀青兖豫徐州諸軍事冀州牧常山王高祖素假節征
西大將軍内都大官常山康王曾祖忠使持節散騎常侍鎮西大將
軍相太二州刺史侍中尚書左僕射城陽宣王祖昺使持節散騎常
香南精舍金石契

對於研究崇恩的書法有重要意義。具備了文獻和文物兩方面的價值。

上海古籍出版社二〇一二年出版的孔德成校注《香南精舍金石契》，以寧夏大學圖書館藏崇恩手稿本爲底本，以清《金石續編》稿本、清光緒十七年（1891）錢塘丁氏補刻《清儀閣題跋》本、清道光二十六年（1846）《藝舟雙楫》木活字本、清光緒四年（1878）興國州署刻《合肥學舍札記》本、綫裝書局二〇〇七年出版的《隋代墓誌銘彙考》中相關内容爲參校材料。

（孔德成）

漢文西夏史籍編

宋臣韓范經略西事始末紀

《宋臣韓范經略西事始末紀》一卷，明李維楨撰。

李維楨（1547—1626），字本寧，湖北京山人。《明史》卷二百八十八有傳。穆宗隆慶二年（1568）戊辰科進士，神宗萬曆間遷提學副使，浮沉外僚，幾三十年。熹宗天啓初年，以布政使家居，年七十餘，預修《神宗實録》，纍官禮部尚書。李維楨一生著述豐富，主要有《史通評釋》二十卷、《黄帝祠額解》一卷、《大泌山房集》一百三十四卷、《庚申紀事》一卷、《南北史小識》一卷、《國朝進士列卿表》二卷等。

《宋臣韓范經略西事始末紀》係李維楨自《宋史·韓琦傳》和《范仲淹傳》輯録韓范二人抗擊西夏事迹并附己見而成書一卷，編入其《大泌山房集》卷一百二十三。版框高二十一點三厘米，寬十三點九厘米。每半頁十行，行二十一字，四周雙邊，白口，單黑魚尾。中國國家圖書館藏明萬曆刻本《大泌山房集》爲全帙，六函四十八册。北京師範大學圖書館藏明萬曆三十九年（1611）刻本爲殘本。

《宋史》卷三百一十二《韓琦傳》載：『琦與范仲淹在兵間久，名重一時，人心歸之，朝廷倚以爲重，故天下稱爲「韓范」。』宋仁宗慶曆元年（1041）正月，元昊親率十萬大軍攻宋。負責涇原路軍事的韓琦獲悉消息後調兵遣將，親自謀劃抗擊夏軍。由於宋將任福驕傲輕敵，未按韓琦所制定部署的行軍路綫行進，在好水川，宋軍慘敗，死傷近萬人。好水川慘敗後，這促使宋統治者對西北邊界重新進行了調整，一改過去進攻的戰略，改以防禦爲主。同年十月，

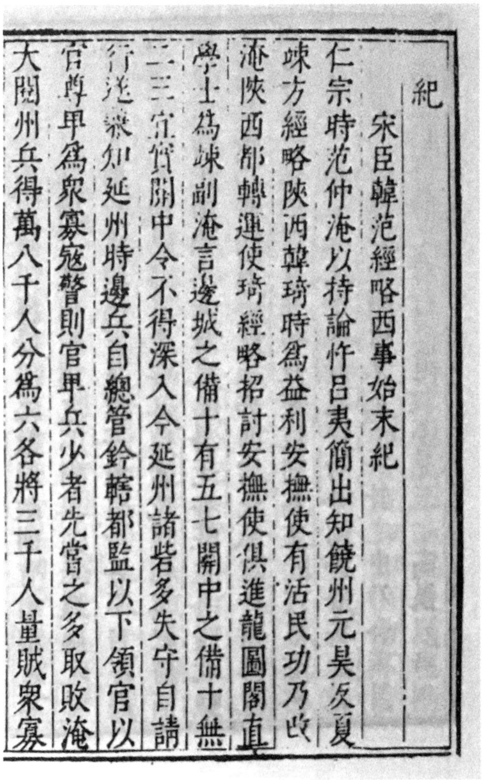
紀
宋臣韓范經略西事始末紀
仁宗時范仲淹以持論忤呂夷簡出知饒州元昊反夏
竦方經略陝西韓琦時爲益利安撫使有活民功乃改
淹陝西都轉運使琦經略招討安撫使俱進龍圖閣直
學士爲竦副淹言邊城之備十有五七關中之備十無
二三宜嚴關中令不得深入今延州諸砦多失守自請
行從之知延州時邊兵自總管鈐轄都監以下領官以
官尊卑爲衆寡寇警則官卑兵少者先當之多取敗淹
大閱州兵得萬八千人分爲六各將三千人量賊衆寡

宋朝將陝西分爲秦鳳、涇原、環慶、鄜延四路，起用韓琦知秦州、王沿知渭州、范仲淹知慶州、龐籍知延州，各兼本路馬步軍都部署、經略安撫緣邊招討使，分統各路軍務。起用韓琦、范仲淹等人抗夏，確實起到了震懾夏軍的作用。孔平仲《孔氏談苑》卷三載，范仲淹知延州，邊境就有傳言：『軍中有一韓（即韓琦），西賊聞之心骨寒。軍中有一范（即范仲淹），西賊聞之驚破膽。』范仲淹曾多次上書仁宗皇帝，在對夏政策上提出持久防禦的戰略主張，即『屯兵營田，爲持久計』，仁宗起初并未予以重視。好水川慘敗的教訓，使仁宗意識到范仲淹的主張是正確的。而以前對夏主張進攻和速戰速決的韓琦也放弃了原來的主張，開始注意防禦。這樣，『韓范』在對夏策略上都基本采取防禦爲主的策略。

『韓范』制定的以防禦爲主、積極進取横山、防中有攻的戰略，後來因爲元昊納款而未能全部付諸實施，但從此漸復進築横山幾乎成了宋朝邊帥的傳統用兵方略。李維楨對韓范二人在禦夏戰事中的主張及其實施步驟作如上詳細的梳理後發表己見曰：『故天下無不可爲之事，而患無任事之人。不患無任事之人，而患無任人之君。賢如二公，遭時如二公，然宋終難夏也，悲夫！』這也反映了明代漢籍中西夏文獻的總體特點，即借西夏事來議論時政，强調在明代黨争激烈的現實下，臣子之間能够以國事爲重，放弃私慾和政見，君王亦能獨立，不受黨派干預，在黨争之中能够選取對治理國家有利的意見。

明朝與西夏有關的文獻主要有朱㮵編《寧夏志》、胡汝礪編《寧夏新志》、管律編《寧夏新志》、王洙編《宋史質》、柯維騏編《宋史新編》、邵經邦編《弘簡録》、祁承㸁編《宋西事案》等。另外，宋濂等人編修的《元史》中雜有許多西夏史料，陳邦瞻編《宋史紀事本末》中有三卷西夏專題。李維楨撰《宋臣韓范經略西夏始末紀》，史料全部輯自已有的文獻，其目的不在於要挖掘出新資料，而是在於借西夏事議論時政，故其書之重要性主要體現在資政價值方面。

《宋臣韓范經略西事始末紀》在目録書裏一般著録爲『韓范經略西夏紀』。在《澹生堂藏書目》卷四《雜史類·野史稗史》、《千頃堂書目》卷五《史部·别史類》、《明史》卷九十七《藝文志·史部·雜史類》中有著録，尚無專門的整理研究成果。

（胡玉冰）

宋西事案

《宋西事案》二卷，明祁承㸁撰。

祁承㸁（1563—1628），字爾光，號夷度，又稱曠翁，晚年號密士老人、海濱詢士（一作『海濱詢叟』），山陰（今浙江省紹興市）人。明萬曆三十二年（1604）甲辰科進士，歷任山東、江蘇、安徽、河南等地地方官，官終江西布政使司右參政。他是明朝著名的目録學家、藏書家，藏書樓名『澹生堂』，著有《澹生堂藏書約》《澹生堂藏書目》《澹生堂集》《澹生堂外集》《宋賢雜佩》《藏書訓約》《牧津集》等。編纂的叢書有《國朝徵信叢録》《澹生堂餘苑》等。在與祁承㸁有關的各種傳記資料中，没有一種提及他曾編修過《宋西事案》，而目録書對《宋西事案》的編修者也記載不一。考證黄汝亨《寓林集》卷一《宋西事案序》記載，祁承㸁編修《宋西事案》是可信的。

《宋西事案》在清代被禁毁，曾經至少有三種版本傳世。其一是藏於南京圖書館的明天啓刻本（以下簡稱南圖本），編修者題名爲『海濱詢士』，有序《輯宋西事案引》。其二是藏於臺北『國家圖書館』的明抄本（以下簡稱臺灣抄本），無序。其三僅見於傳增湘著録，編修者題名爲『海濱詢叟』，有明人黄汝亨序。目前祇有前兩種傳世，第三種仅留存序。南圖本原爲聞喜堂藏書，版框高十九點八厘米，寬十三點七厘米。每半頁九行，行十八字。左右雙邊，白口，單魚尾。臺灣抄本與南圖本行款及内容格式都相同，惟缺《輯宋西事案引》，且多脱、訛、衍、倒等文字錯誤，版本質量遠不如刻本。由於此本於清朝各帝之諱均不避，當抄成於晚清以後。臺灣還藏有一部《宋西事案兵疏》，它是將《宋西事案》卷二的内容單刻行世，具體刻印者已無考。傅增湘經眼之《宋西事案》已佚，其内容及版式特徵不詳。

《宋西事案》卷一主要記述了北宋仁宗趙禎明道元年至慶曆八年（1032—1048）間宋夏關係史上發生過的重大事件。所輯録的史實共立四十五個標題，叙事始自《元昊西平之封》，訖於《元昊之亡》，每篇史實之後附載有祁承㸁簡短的議論。卷二輯録了北宋張方平、夏竦等十四位臣僚關於宋夏關係的二十一篇奏疏，輯録的奏疏均在標題中注明奏疏者，但未標明該篇奏疏的出處。卷一和卷二的有些史實或奏疏之中還有若干的旁注，每篇奏疏之後同樣附載有祁承㸁簡短的議論。

《宋西事案》諸事與奏議係祁承㸁直接從宋、明文獻中原文節録，除個别史料略有增删外，他對節録的史料基本未作剪裁，衹是給史實加上標題，以概括其大意，給奏疏在原題上又加上奏疏人的姓名，以明其奏疏者，然後再對這些史料加以評點、議論，較長的評點附在史實或奏疏之末，短的評點則用旁注的形式體現。卷一有二十四個專題的部分或全部内容從明人陳邦瞻的《宋史紀事本末》中輯録，有十一個專題的部分或全部内容輯録自宋人司馬光的《涑水記聞》。卷二的二十一篇奏疏中，除《韓琦陳用兵練卒疏》《韓琦請鄜慶渭三路添兵疏》外，其餘十九篇都是從明黄淮、楊士奇等奉敕編纂的《歷代名臣奏議》中輯録。另外，輯録的與范仲淹有關的史實主要是從《范文正公言行拾遺事録》中取材，與韓琦有關的史實主要是從《宋忠獻韓魏王君臣相遇家傳》中取材。需要注意的是，祁承㸁在輯録韓范事迹時，有誤混之處。

祁承㸁編修《宋西事案》具有很强的現實針對性。當時明朝統治者所面臨的問題與宋朝一樣，正日益受到來自『夷狄』異族的嚴重威脅，如何解決這個問題，以使政權盡快從將被顛覆的危險境地中解脱出來，每一位憂國憂民者對此都很關注。祁承㸁曾在明朝的軍事部門任過職，對於國家在體制上存在的各種弊端非常瞭解。由於他已經被罷免了官職，不能直接向皇帝上書言事，就用編寫史書的方式，通過對歷史的總結，希望明朝統治者能吸取經驗教訓，以度過難關。他在序中對大金的統治者表現出了極大的蔑視，辱稱清太祖努爾哈赤爲『奴酋』，他的開國大業爲『奴酋狂逞』，清代統治者自然不能容忍這樣的狂悖之語。黄汝亨《宋西事案序》更全面地概括了祁承㸁編修《宋西事案》的緣由，且議論的言辭比祁承㸁的更加尖鋭，更不能讓清統治者容忍。正是由於祁、黄兩人在序中表現出來强烈的民族情緒，加上《宋

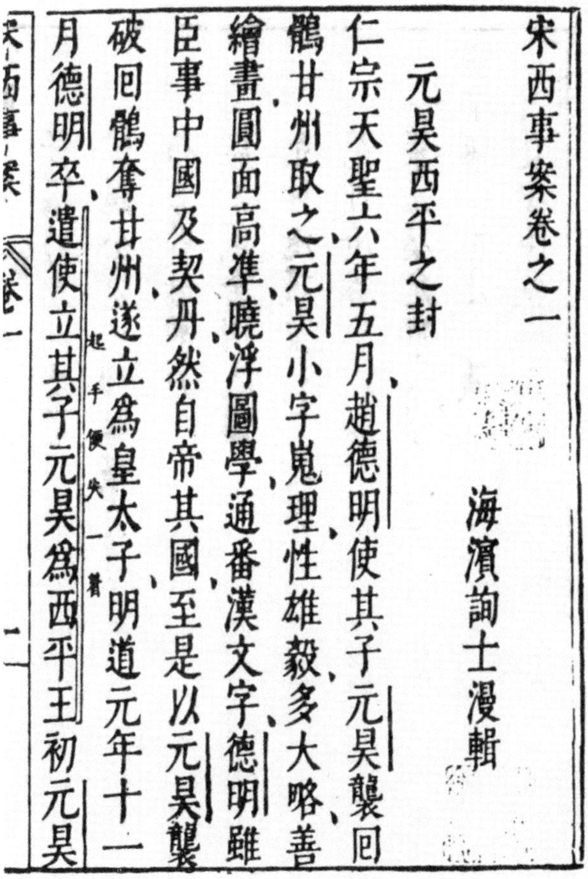
宋西事案卷之一
海濱詢士漫輯
元昊西平之封
仁宗天聖六年五月趙德明使其子元昊襲回鶻甘州取之元昊小字嵬理性雄毅多大略善繪畫圓面高準曉浮圖學通番漢文字德明雖臣事中國及契丹然自帝其國至是以元昊襲破回鶻奪甘州遂立爲皇太子明道元年十一月德明卒遣使立其子元昊爲西平王初元昊
起手便失一着
宋西事案 卷一 一

西事案》本身所輯録的史實都是在影射時事，於是在軍機處的奏請下，《宋西事案》就成了被清政府下令全毁的書籍了。

值得慶幸的是，在清人精心織就的禁書網中，《宋西事案》竟然完整留存了下來。這不僅爲我們研究明人著西夏史籍提供了文獻材料，也爲我們研究祁承爜的民族思想提供了素材，同時也爲研究清禁書史提供了難得的史料。

《宋西事案》輯録體例前後不一，有些史料輯録出來以後没有作進一步的裁剪，造成部分内容的重複。在輯録的過程中還産生了很多脱訛衍倒等文字上的錯誤，影響到了對文獻内容的理解，所以在利用《宋西事案》時一定要對它所輯録的史料進行校勘。

《宋西事案》在明代目録書中未見有著録，清及近代目録如《千頃堂書目》卷五《史部·别史類》、《傳是樓書目·史部·雜史類》、《清代禁毁書目》、《四庫采進書目·浙江省第四次鮑士恭呈送書目》、《浙江采集遺書總録》丁集之《雜史類》等有著録。李範文、白濱、胡玉冰等撰文研究過該書，楊志高有該書的整理成果。

（胡玉冰）

西夏書

《西夏書》十五卷，存十一卷，清周春撰。

周春（1729—1815），字芚兮，號松靄，浙江海寧人。《清史列傳》卷六十八、《清史稿》卷四百八十一及卷四百八十四有《周春傳》，《海昌備志》卷十七、《海寧縣志》卷八、《海寧州志稿》卷二十九、《［乾隆］杭州府志》卷一百三十八等散見周春事迹。周春博學好古，著述頗豐，學術涉及經、史、子、集四部，尤精音韻學。除《西夏書》外，他還著有《十三經音略》十三卷、《中文孝經》一卷、《孝經外傳》一卷、《爾雅補注》四卷、《小學餘論》二卷、《代北姓譜》二卷、《遼金元姓譜》一卷、《遼詩話》一卷、《選材録》一卷、《杜詩雙聲疊韻譜括略》八卷、《海昌掌故録》十二卷、《海

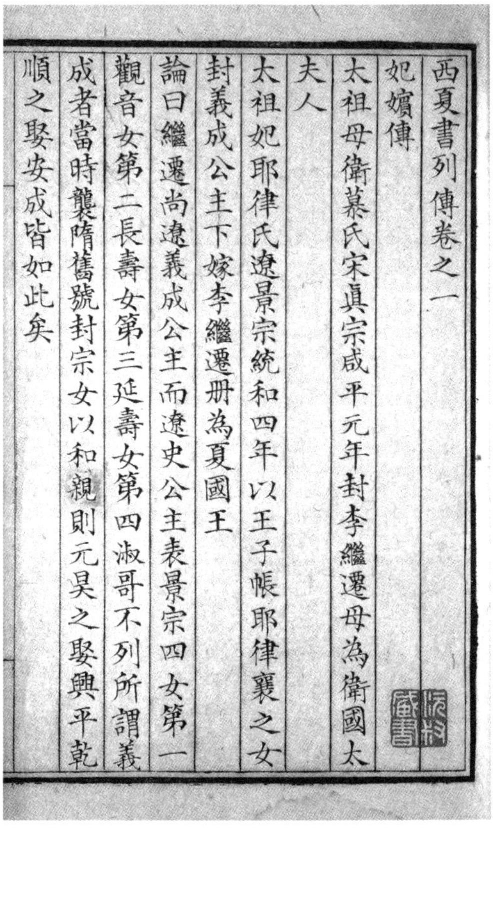
西夏書列傳卷之一
妃嬪傳
太祖母衛慕氏宋真宗咸平元年封李繼遷母為衛國太夫人
太祖妃耶律氏遼景宗統和四年以王子帳耶律襄之女封義成公主下嫁李繼遷册為夏國王
論曰繼遷尚遼義成公主而遼史公主表景宗四女第一觀音女第二長壽女第三延壽女第四淑哥不列所謂義成者當時襲隋舊號封宗女以和親則元昊之娶興平乾順之娶安成皆如此矣

《佛昌勝覽》二十卷、《海昌拾遺》八卷、《補州志·靈異傳》一卷、《海潮説》三篇、《海神廟志》一卷、《爾雅》八卷、《大悲咒音義》一卷、《曇花館小稿》一卷等，另有《爾雅廣疏》等若干種未刊之作。

《西夏書》是中國最早的一部用紀傳體——這種封建正統史家所推崇的『正史』編撰體裁來記述西夏歷史的漢文西夏史籍，也是唯一一部紀傳體斷代西夏史書。以抄本形式傳世，共有三種版本。中國國家圖書館藏本原爲傳增湘藏園所藏；北京大學圖書館藏本後有胡玉縉《西夏書書後》，原爲朱希祖家藏本；上海師範大學圖書館藏本原爲謝光甫永耀樓所藏。中國國家圖書館藏本文字錯訛較少，内容在傳世本中最全，且卷次無錯亂，在傳世本中質量最佳。

《西夏書》有周春序、胡玉縉《西夏書書後》。正文包括《列傳》《載記》《考》共三部分。《列傳》四卷，卷一《妃嬪傳》記太祖母衛慕氏至仁宗后罔氏等八位夏主后妃的生平事迹，對桓宗、襄宗、神宗、獻宗和末帝睍等夏主的后妃未述及。卷二《家人傳》記與西夏皇族有直接血親關係者的事迹，包括李惟忠、李楨及被廢的夏太子德任等人。卷三《臣傳》記西夏開國諸臣、叛臣等。卷四《外國傳》記吐蕃、党項羌、回鶻、于闐、大食國等國之事。《載記》五卷，其中兩卷内容有殘缺。《載記一》記西夏開國國主景宗元昊事，殘存十七頁半，缺首頁的前半頁。《載記二》記第二代國主毅宗諒祚事，僅存首頁的前半頁。《載記三》記第三代國主惠宗秉常事，《載記四》記第四代國主崇宗乾順事，《載記五》記第五代國主仁宗仁孝、第六代國主桓宗純祐、第七代國主襄宗安全、第八代國主神宗遵頊、第九代國主獻宗德旺和第十代國主睍的事迹。《考》存兩卷。《地理考》比較詳細地考證了西夏國河南九州、河西九州、熙秦河外四州共二十二州的建置興廢以及西夏逐步占領這些州的歷史沿革，同時考證了西夏國的部分軍城堡寨和幾條河渠的基本情況。《官氏考》以考證西夏職官、姓氏爲主，列舉了西夏職官五十三種，姓氏六十七種。

據吴騫《愚谷文存續編》卷一《西夏書序》及傳世本内容分析，《西夏書》原有十五卷，完整本應包括《世紀》二卷、《列傳》四卷、《載記》五卷、《考》三卷、《年譜》一卷。但傳世本内容首尾完整者有九卷，即四卷《列傳》（《妃嬪傳》《家人傳》《臣傳》《外國傳》）、三卷《載記》（《載記三》《載記四》《載記五》）、兩卷《考》（《地理考》《官氏考》）。内容殘缺者有《載記》兩卷（《載記一》《載記二》）。内容全缺者四卷，包括《世紀》二卷、《考》一卷以及《年譜》一卷。造成這種情況的原因已無法確考。從《西夏書》傳世情況看，由於它全靠手抄傳世，從未刊行過，在輾轉傳抄中，有些内容可能就失抄不傳了。

周春編修《西夏書》，以宋、元、明三朝漢文西夏文獻爲史料來源，主要取材於《長編》《東軒筆録》《儒林公議》《涑水記聞》《夢溪筆談》《宋史》《遼史》《金史》《宋史紀事本末》等文獻，尤以元人、明人的文獻爲引用重點。由於歷史和編寫者自身的局限，《西夏書》存在明顯的不足，如各部分内容未能融爲一體，割裂痕迹明顯；編寫者未能更廣泛地搜集材料，對選用的材料也未能全都加以辨明；紀事前後重出，西夏紀年與宋朝紀年换算時出現錯誤；《載記》部分許多紀年下没有史實，失載内容很多；『論曰』部分有的與史實不符，有妄下雌黄之弊。再加上在傳抄過程中有脱、訛、衍、倒等現象，所以在利用《西夏書》時一定要批判繼承，同時，也不能因此而否定《西夏書》的史學價值。

傳世的《西夏書》雖爲殘本，但它對於瞭解西夏歷史依然具有重要的參考價值。主要表現在以下四個方面。

第一，《西夏書》是傳世的清人著漢文西夏史籍中成書時間最早的一部，周春也是文獻記載的乾嘉學者中最早爲西夏國寫專史的，他的治史方向對其他學者編寫西夏專史影響很大，其後許多學者加入到治西夏史的行列。第二，《西夏書》是漢文西夏史籍中第一部也是唯一一部紀傳體斷代西夏史書。編書者大膽采用紀傳體寫西夏歷史，敢於衝破封建正統史學觀念的束縛，這種精神是很可貴的。第三，《地理考》和《官氏考》爲研究西夏地理、職官、姓氏方面的問題提供了材料，尤其後者爲張澍編《西夏姓氏録》提供了很好的借鑒。第四，《西夏書》采用『論曰』的形式發表編寫者對歷史人物的評價，或考證史實，或臧否人物，或縱論史實，内容豐富，涉及西夏政治、軍事、文化、歷史、地理、民族、外交等各個領域，一方面反映史書編寫者學識淵博，另外，還可以補史傳所未備。

《［光緒］杭州府志》卷八十七《藝文志·史部·載記類》、《海昌備志》卷三十八《藝文》、《海寧州志稿》卷十四、《［光緒］杭州府志》卷一百零七《藝文志·史部》、《清朝續文獻通考》卷二百六十一《經籍志·史部·正史類》、《清史稿》卷一百四十六《藝文志·史部·載記類》、《書目答問》卷二《史部·載記類·西夏書事》條范希曾補正、《中國邊疆圖籍録·西夏史料·清》等均著録了《西夏書》。李蔚、顧吉辰、胡玉冰等撰文研究過《西夏書》，胡玉冰有該書的整理成果。

（胡玉冰）

西夏書事

《西夏書事》四十二卷，清吴廣成撰。

吴廣成，生卒年不詳，號西齋，江蘇青浦縣（今屬上海）人。《［光緒］青浦縣志》卷十九《文苑傳》有專傳。諸生，負俊才，淹通群史，好爲古文辭。治史以西夏史、明史爲主，著述主要有《明史紀事本末補編》六十卷、《明史紀事本末續編》二十卷、《西夏書事》四十二卷，另有《二十一史金石考異》《歷朝名年紀略》《明遺雜記》等三種著作。除《西夏書事》外，其他均未傳世。

《西夏書事》是清傳世西夏史籍中卷帙最長、内容最豐富的一部。劉貢九初鐫於清道光五年（1825），此即小峴山房刻本，每半頁九行，行二十字。左右雙邊，白口，單黑魚尾。民國二十四年（1935）北平隆福寺文奎堂據小峴山房本影印，但漏印了其中的《參訂姓氏》。李盛鐸述古堂藏小峴山房刻本後歸中國國家圖書館。北京大學圖書館藏本有清丁晏的朱筆題記和黄金臺手書《後序》。中國國家圖書館另藏有《西夏書事》清抄本一部。

《西夏書事》有石韞玉、趙逢源、周郁濱三篇《序》，許進松、吴熊兩篇《跋》，正文外，另有《參訂姓氏》《西夏書事目録》《西夏書事凡例》。北大藏本《凡例》後有清丁晏的朱筆題記，卷四十二後有道光七年（1827）夏六月平湖黄金臺撰《後序》。國圖藏本於正文後還附有近人胡玉縉所撰《〈西夏書事〉書後》。正文叙事起自唐僖宗中和元年(881)春三月宥州刺史拓跋思恭起兵討賊，訖於宋理宗紹定四年(1231)夏四月夏故臣王立之隱於申州，述西夏自夏州政權建立至國亡共三百五十餘年的歷史。以叙西夏攻伐、朝貢之事爲主，雜以天文、地理、職官、選舉、禮樂、兵刑等典章制度，涉及内容之廣，在西夏史籍中爲僅見。《西夏書事》引書極廣，除《宋史》《遼史》《金史》《元史》等紀傳體史書外，於《長編》等編年體史書、《欒城集》等宋人文集、《夢溪筆談》等宋人筆記中事涉西夏者也多有輯録。有十人協助吴廣成編修《西夏書事》，有些史學修養比較高，如周郁濱（1780—1834），字仁望，又字泉南，諸生，著有《珠里小志》《六朝事迹增補》《歷代官制沿革考》等史类書籍。

吴廣成認爲，西夏是藩屬國而非正統王朝，在與宋『并雄西北』的西夏、遼、金三國中，遼、金都有專史，唯獨『夏鮮專書』，於是他决心彌補缺憾，編修《西

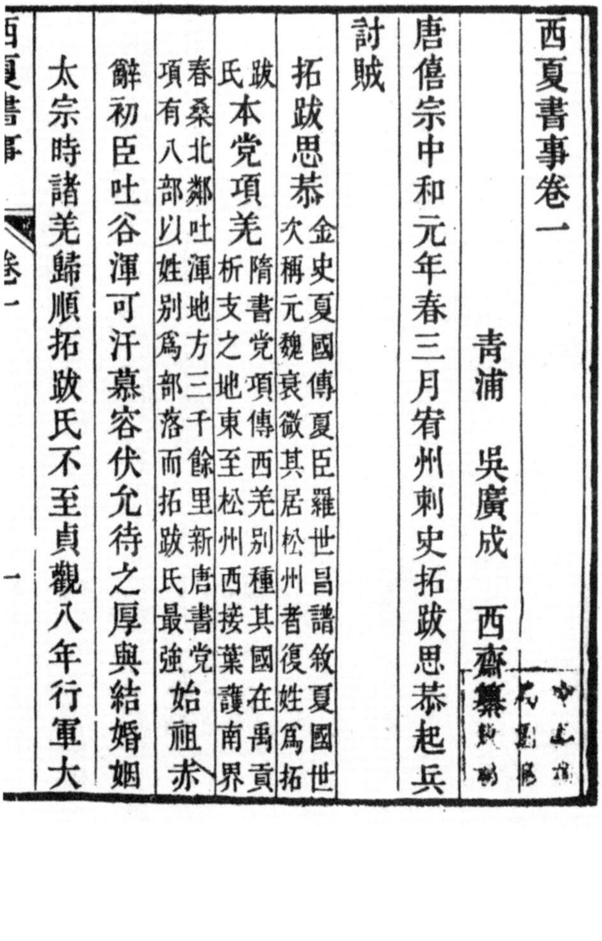
西夏書事卷一
青浦　吴廣成　西齋纂
唐僖宗中和元年春三月宥州刺史拓跋思恭起兵討賊
拓跋思恭金史夏國傳夏臣羅世昌譜叙夏國世次稱元魏衰微其居松州者復姓爲拓跋氏本党項羌隋書党項傳西羌别種其國在禹貢析支之地東至松州西接葉護南界春桑北鄰吐渾地方三千餘里新唐書党項有八部以姓别爲部落而拓跋氏最強始祖赤辭初臣吐谷渾可汗慕容伏允待之厚與結婚姻太宗時諸羌歸順拓跋氏不至貞觀八年行軍大
西夏書事　卷一　一

夏書事》。他原本想用紀傳體來編寫，但由於『西夏事散見諸史者，不過朝貢、攻伐數大端，即歷朝《一統志》、陝甘新舊《通志》、綏靈寧夏各州衛志，自拓跋啓疆，職方失考，終夏之世，絶少人文。蒐羅不易，紀傳爲難』，因而選擇用編年體中的綱目體來編修西夏史書。對於時日記叙的不同，還是以正史和編年體史書所記爲準，與此有異的稗官野乘，一般不予采信。吴廣成在《西夏書事》中有四百多處按語、論贊之言，對西夏國主和西夏歷史進行評價，有些較爲客觀、公允，有些則充斥着綱常説教。還用『附』例和雙行夾注的方式來補充説明史實，考訂史實異同。或説明己見，對孰是孰非加以斷定，或存疑，不敢臆斷，或不加任何己見，祇是附録材料，是非由讀者去判斷。這樣做，不但保存了大量珍貴的異文資料，同時給他人提供了繼續研究的餘地，做法可取。

《西夏書事》刊行後，時人對其褒貶不一。褒者認爲它足可與《遼史》《金史》并行於世而不朽，貶者以爲它議論過多，多用『按』『論曰』等形式來宣揚正統思想和綱常名教，多以程朱理學的觀點評述史實，有喧賓奪主

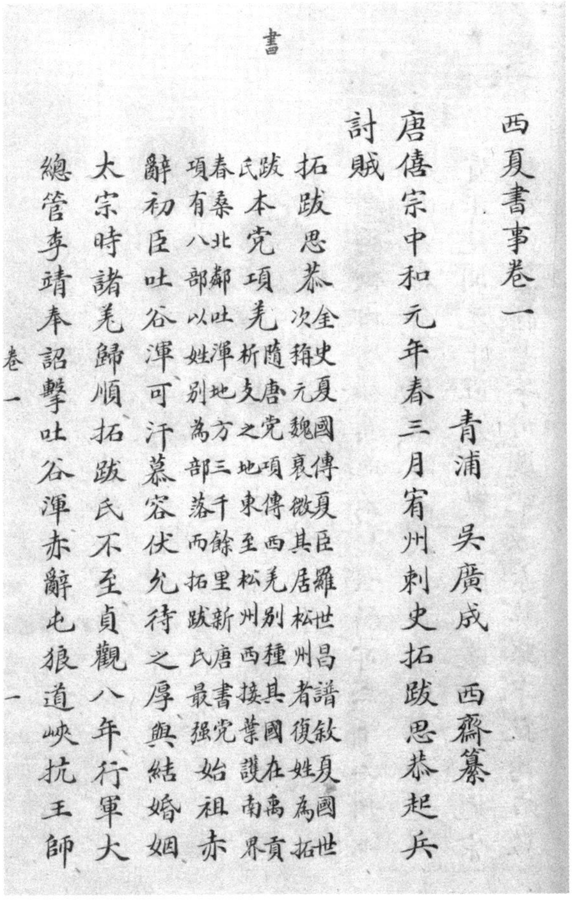
西夏書事卷一

青浦　吴廣成　西齋纂

唐僖宗中和元年春三月宥州刺史拓跋思恭起兵討賊

拓跋思恭金史夏國傳夏臣羅世昌譜叙夏國世次稱元魏衰微其居松州者復姓爲拓跋氏本党項羌隋唐党項傳西羌別種其國在禹貢析支之地東至松州西接葉護南界春桑北鄰吐渾地方三千餘里新唐書党項有八部以姓別爲部落而拓跋氏最强始祖赤辭初臣吐谷渾可汗慕容伏允待之厚與結婚姻太宗時諸羌歸順拓跋氏不至貞觀八年行軍大總管李靖奉詔擊吐谷渾赤辭屯狼道峽抗王師

書　卷一　一

之嫌。另外，傳世本有許多脱訛衍倒現象，還有史實叙述、判斷取舍上的錯誤，這些都影響到了《西夏書事》的利用價值。但我們要看到，《西夏書事》中保存的大量西夏史料爲治西夏史者提供了極大的方便，特别有兩類史料的價值彌足珍貴。一類是原書已不存的宋人著西夏專書的佚文，如趙珣《聚米圖經》《夏臺事迹》，劉温潤《西夏須知》。另一類是僅見於《西夏書事》中的史料，如張元、任得敬、高良惠三人均是西夏國重要的歷史人物，關於他們的生平事迹，史書中記述很少。《西夏書事》鈎沉索引而輯出的這些史料，其他文獻中均不見記載，《西夏書事》獨有的這些史料爲我們研究西夏重要的歷史人物提供了不可多得的資料。其他如世子仁愛、濮王仁忠、太子寧明、詞臣景珣，以及任得聰、任得恭、任純忠等人，都是比較重要的西夏人物，别的漢文史書基本很少述及，而《西夏書事》就輯録有他們的史料。這説明，《西夏書事》中所輯録的西夏史料還是非常值得進一步研究、利用的。

《[光緒]青浦縣志》卷二十七《藝文志·史部》、《萬卷精華樓藏書記》卷四十《史部·載記類》、《傳忠堂書目》卷二《史部·載記類》、《販書偶記》卷五《史部·載記類》等對《西夏書事》都有著録。李蔚、羅炳良、胡玉冰等撰文研究過《西夏書事》，龔世俊、胡玉冰等有該書的整理成果。

（胡玉冰）

西夏紀事本末

《西夏紀事本末》（簡稱《本末》）三十六卷，清張鑑撰。

張鑑（1768—1850），字春治，一字荀鶴，號秋水，晚號貞疾居士，學者尊稱三丈先生，浙江烏程人。《清史稿》卷四百八十六、《清史列傳》卷七十三有傳，《南潯鎮志》卷十三《人物》、卷十七《選舉》、卷三十《著述》、卷三十一《集文》中散見其事迹。張鑑一生游歷甚廣，博覽群書，於步算、樂律、音韵、六書、天文、地理、水利等無所不曉，且工於詩文。他一生著述宏富，達五十餘種，三百餘卷，傳世者有《冬青館甲集》《冬青館乙集》《蠅須館叢話》《眉山詩案廣證》《墨妙亭碑目考》《本末》等多種。

《本末》是傳世最廣的一部漢文西夏史籍，傳世版本較多，主要有單行本和叢書本兩種。單行本，爲清光緒十年（1884）江蘇書局刻本。叢書本有兩種，即光緒十一年（1885）刻《半厰叢書初編》本及《歷朝紀事本末》（又稱《九朝紀事本末》）本。三本中，江蘇書局本刊刻時間最早，《半厰叢書初編》本編輯體例最完善，而《歷朝紀事本末》本則印刷次數最多，《九朝紀事本末》本直接脱胎於《歷朝紀事本末》本。從内容看，叢書本較單行本多了一篇序和《目録》，其他均相同。從分卷看，叢書本將卷一之前的内容歸并爲卷首上、卷首下共二卷。從版刻體例看，《歷朝紀事本末》《九朝紀事本末》本顯然比江蘇書局本、

《半廠叢書初編》本行緊字密，且出現句讀符號。《歷朝紀事本末》本主要版本有清光緒十四年（1888）上海書業公所鉛印本、光緒二十一年（1895）上海積山書局鉛印本、光緒二十五年（1899）上海慎記書莊鉛印本、光緒二十八年（1902）秋月上海書局鉛印本、冬十月上海捷記書局鉛印本、光緒二十九年（1903）上海文林書局鉛印本、宣統二年（1910）上海文盛書局鉛印本、民國十四年（1925）上海校經山房成記書局鉛本印等。

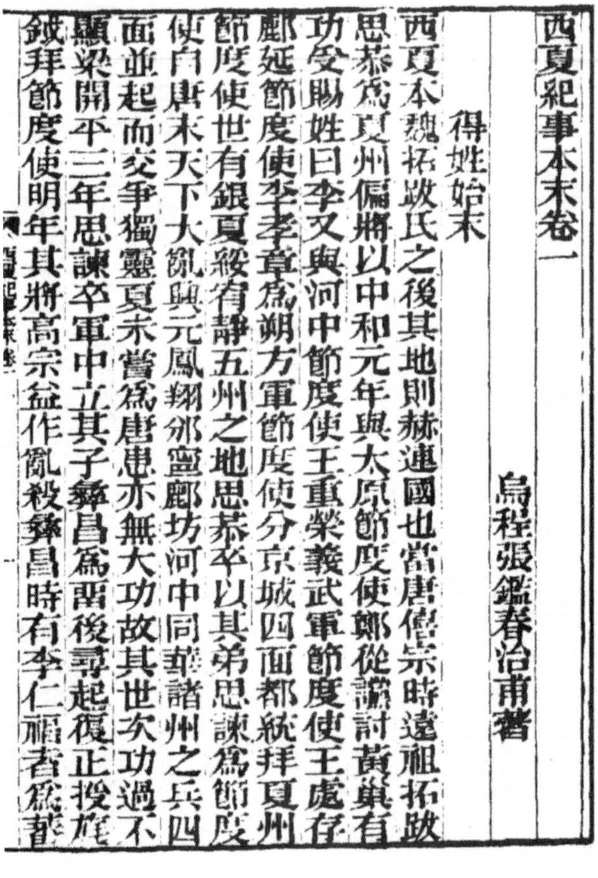

西夏紀事本末卷一

烏程張鑑春治甫著

得姓始末

西夏本魏拓跋氏之後其地則赫連國也當唐僖宗時遠祖拓跋思恭爲夏州偏將以中和元年與太原節度使鄭從讜討黃巢有功受賜姓曰李又與河中節度使王重榮義武軍節度使王處存鄜延節度使李孝章爲朔方軍節度使分京城四面都統拜夏州節度使世有銀夏綏宥靜五州之地思恭卒以其弟思諫爲節度使自唐末天下大亂與元鳳翔邠寧鄜坊河中同華諸州之兵四面並起而交爭獨靈夏未嘗爲唐患亦無大功故其世次功過不顯梁開平三年思諫卒軍中立其子彝昌爲留後尋起復正授旄鉞拜節度使明年其將高宗益作亂殺彝昌時有李仁福者爲蕃

《本末》是傳世西夏史籍中唯一一部紀事本末體西夏專史。全書包括《西夏紀事本末年表》、《西夏堡寨》（附《陝西五路之圖》《西夏地形圖》）、《歷代疆理通志》、《職方表》、卷一《得姓始末》至卷三十六《夾攻覆亡》。其編纂體例與記載内容自具特點。正如徐郙在《西夏紀事本末序》中稱贊的那樣：『先生是書，網羅舊聞，薈稡群説。端委詳明，同袁機仲之作；義例精密，過章茂深之編。文質一貫，不蹈於空疏；褒貶得中，不鄰於僭妄。此則知幾通識，末由吹索毛瘢，季緒軼才，不復掎摭利病者矣。』概括來説，首先，從編寫内容上看，三十六卷的内容，僅次於吴廣成編著的四十二卷《西夏書事》，記叙内容比較豐富。其次，在編寫體裁上，一事一題，一題一卷。取材不局限於一書，便於比勘異同，去粗取精。在正文前編輯《西夏紀事年表》《西夏堡寨》《歷代疆理通志》和《職方表》，專篇記載一朝大事和地理沿革，這在以往的紀事本末體史書中是没有的，有發凡起例之功。

同時，我們也要看到，張鑑所編寫的這部西夏專史，對史料的選擇、剪裁和書寫，帶有自身對這段歷史的理解與立場，主要表現在以下幾個方面。第一，他編寫西夏史沿襲『正統』史觀，將西夏作爲一個藩屬國來寫，把西夏對宋的發難視之爲僭逆，視之爲叛，視之爲反，尊宋貶夏。第二，受紀事本末體體裁特點所限，不能全面反映錯綜複雜的歷史事件之間的内在聯繫。第三，由於各種原因導致張鑑輯録西夏史實時内容上出現了誤輯現象。第四，張鑑用案語的方式對所采集的史料加以辨析，這反映了他在取材上的慎重態度。但其案語太少，再加上在選取材料時又極少注明史料出處，所以對史料真僞的辨明是我們利用《本末》時一定要做的工作。

《清史稿·藝文志》《清朝續文獻通考》《販書偶記》《續修四庫全書提要》《中國叢書綜録》《寧夏目録》等對《本末》都有著録。楊志高、任增霞、胡玉冰等撰文研究過《本末》，龔世俊、胡玉冰等有該書的整理成果。

（胡玉冰）

西夏姓氏録

《西夏姓氏録》不分卷，清張澍輯。

張澍生平叅見本書前文《帝王世紀輯注》。張澍在道光十年（1830）辭官後，開始潛心治學，取得了巨大成就，其西夏學成就集中體現在史學和金石學兩個領域，其中尤以西夏姓氏學研究的貢獻最爲突出。他的姓氏學代表著作是《姓氏五書》，包括《姓韵》《遼金元三史姓録》《姓氏尋源》《姓氏辨誤》《古今姓氏書目考證》等五種姓氏學專書。《西夏姓氏録》附於《遼金元三史姓録》之後。

《西夏姓氏録》傳世本主要有民國四年(1915)上虞羅氏刻《雪堂叢刻》本。此本每半頁十行，行二十四字，四周單邊，白口，單黑魚尾，版心題書名、頁碼。

張澍根據《長編》《宋史》《遼史》《金史·交聘表》《元史》《續通志》等歷史文獻，共析理出西夏姓氏一百六十二姓，其中一字姓八十三種，二字姓七十七種，三字姓和四字姓各一種。張澍在析理出來的每條姓氏之後均注明史料出處，并摘抄原文，有的還加按語，説明其他文獻中的不同音譯名，如『紐卧氏』條：『按：《續通志》作「紐鄂氏」。《交聘表》：大定四年三月丙戌朔，夏武功大夫紐卧文忠、宣德郎陳師古賀萬春節。』此條按語説明，紐卧氏在《續通志》中音譯爲紐鄂氏，引《金史·交聘表》注明西夏國二字姓『紐卧』的出處。對西夏國姓氏的研究，在張澍之前尚有周春，在其《西夏書》中有《官氏考》部分，專門對西夏的職官和姓氏加以整理。周氏書中收集的西夏人姓氏僅有六十七個，遠不能算是完備。張澍從西夏姓氏演變的角度探討西北地方民族關係及宋、遼、金、西夏各王朝相互滲透的歷史，最終完成《西夏姓氏録》一書，這是清代西夏姓氏學研究領域中的第一部也是唯一一部專著。

《西夏姓氏録》書成後影響很大，戴錫章在計劃編修《西夏叢刊》時，與西夏姓氏有關的部分就打算用《西夏姓氏録》中的材料。《西夏姓氏録》有三種抄本傳世，其中一種在光緒三十四年（1908）被伯希和從西安張澍的故居中掠走，被掠走的這批文稿共八十四本，合裝成十大巨册，現藏法國巴黎國家圖書館，著録在伯希和乙庫（即史部文獻）一六三三號。近代著名學者羅振玉曾從巴黎移録《西夏姓氏録》原稿，收入他的《雪堂叢刻》中，纔使這部重要的西夏姓氏學專著得以在中國傳世。羅振玉在宣統元年

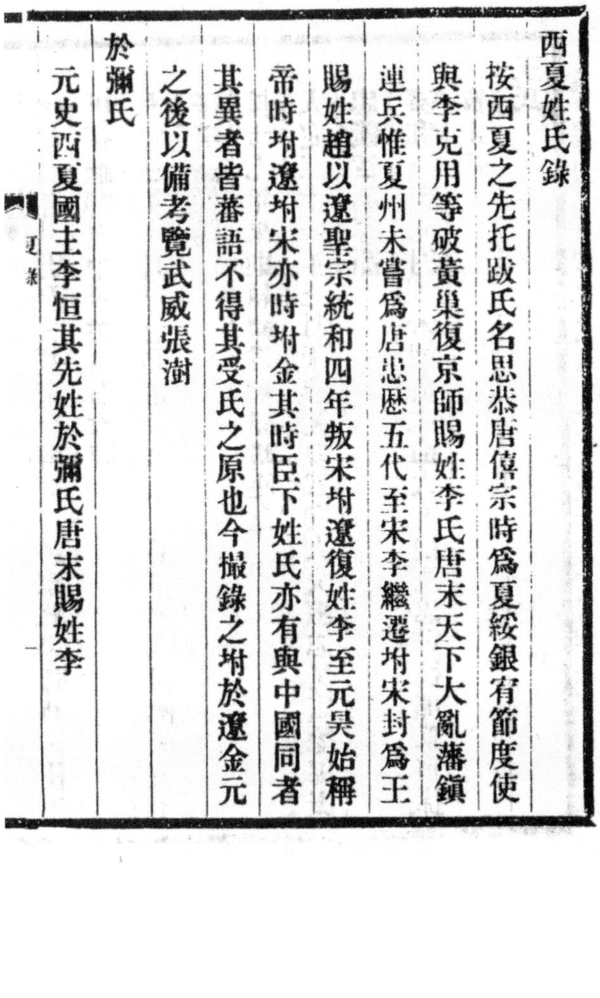
西夏姓氏錄
按西夏之先托跋氏名思恭唐僖宗時爲夏綏銀宥節度使與李克用等破黄巢復京師賜姓李氏唐末天下大亂藩鎮連兵惟夏州未嘗爲唐患歷五代至宋李繼遷附宋封爲王賜姓趙以遼聖宗統和四年叛宋附遼復姓李至元昊始稱帝時附遼附宋亦時附金其時臣下姓氏亦有與中國同者其異者皆蕃語不得其受氏之原也今撮錄之附於遼金元之後以備考覽武威張澍
於彌氏
元史西夏國主李恒其先姓於彌氏唐末賜姓李

（1909）冬曾撰寫了《西夏姓氏録跋》一文，簡要介紹了自己抄録《西夏姓氏録》的始末，其《跋》曰：『此就介侯先生手稿移録。張氏原稿，法國伯希和教授得之關中故家，今携歸法京。介侯先生自記謂「附遼金元之後」，今《遼金元姓氏録》稿亦歸法京，予亦手自移録。以撰輯頗疏略，異日當爲補輯而後刊行，或亦介侯先生之志乎？宣統元年冬。』[1]陝西博物館藏有兩種《西夏姓氏録》，其中一種不分卷，一册，爲張澍手稿本，另一種爲清稿本，二卷一册。

誠如羅振玉所言，《西夏姓氏録》『撰輯頗疏略』，這點張澍自己也意識到了。他在《養素堂文集》卷四《三史姓録序》中説：『余之爲三史姓也，依據本史，兼采當時人之著述，稍有增益。其所不知，則仍闕如。後之君子，尚其補正，是所望也。』[2]張澍編寫《遼金元三史姓氏録》留有的遺憾，同樣也適用於《西夏姓氏録》。羅振玉要對《西夏姓氏録》『補輯而復刊行』的願望并未實現，他僅僅移録了原稿，其中的舛誤却未加訂正，當代已有學者對《西夏姓氏録》進行了補闕糾謬的工作。綜合《西夏姓氏録》的錯訛，可分成六種類型，一是將吐蕃人名誤作西夏姓氏，二是將吐蕃族名誤作西夏姓氏，三是將西夏官號誤作西夏姓氏，四是將一人分作兩人而誤録其姓，五是將西夏人之名誤作西夏人之姓氏，六是將一姓異譯者而復

① 《羅雪堂先生全集》（初編）：《雪堂校刊群書叙録》卷下，文華出版公司一九六八年，第一册第四百零三頁。
② 《養素堂文集》：（清）張澍撰，《續修四庫全書》影印清道光十五年棗華書屋刻本，上海古籍出版社二〇〇二年，第一千五百零六册第四百七十六頁。

録其姓。[1]《西夏姓氏録》除了對西夏姓氏有誤録之外，還有漏録現象。俄藏黑水城文獻中有西夏文文本的《雜字》和漢文文本的《雜字》各一種，在西夏文本的《雜字》中，西夏人輯録出本族人二字姓共二百四十四個，本族人之名共四十五個。漢文文本的《雜字》中有《番姓名第二》一目，其中收録西夏國二字姓共六十個，祇有十幾個姓氏與西夏文文本的《雜字》重複。另外，西夏國主體民族党項羌族的姓氏，新舊《唐書》和《宋史》中録有八個二字姓。以上所提到的西夏國二字姓中，大部分在《西夏姓氏録》中都没有收録。據此，《西夏姓氏録》雖爲西夏姓氏專書成書時代最早的一部文獻，但由於它本身存在嚴重的誤録、漏録現象，所以學者利用時一定要加以辨明，并參考今人的研究成果，以免以訛傳訛。湯開建、李範文等撰文研究過該書，佟建榮有該書的整理成果。

（胡玉冰）

① 參見湯開建：《張澍〈西夏姓氏録〉訂誤》，《蘭州大學學報》一九八二年第四期，第六十四頁至第七十三頁。另，湯先生對傳世文獻與考古材料中出現的党項姓氏（番姓）作了一次較爲全面的輯録，爲研究西夏姓氏提供了便利，參見其《党項西夏史探微》上篇《党項篇・党項姓氏叢録》，允晨文化實業股份有限公司二〇〇五年，第二百零八頁至第二百一十五頁。

西夏紀年

《西夏紀年》二卷，清張澍編。

張澍生平參見本書前文《西夏姓氏録》提要。《西夏紀年》附見於《涼州府志備考》。此本有陝西歷史博物館藏藍格抄本，每半頁十行。

張澍曾編修過多部地方志，如《續黔書》《蜀典》《五涼舊聞》《涼州府志備考》等。《涼州府志備考》共四十卷，包括《地理山水》四卷，《物産》《祥異古迹》《流寓》各一卷，《職官》七卷，《大事記》三卷，《遺事》二卷，《人物》八卷，《藝文》十一卷，《西夏紀年》二卷。這部府志叙事時間脉絡分明，史實考證詳實，事件記述完備，其中頗有與西夏事相涉者。如《人物志》卷八中對由西夏仕元的余闕的生平介紹甚詳；《藝文志》卷八引録《西夏天祐民安碑》漢文碑文全文和《敕黑河神文》全文。《西夏天祐民安碑》是張澍在西夏金石學方面最爲重大的發現。《西夏紀年》二卷則是張澍在《涼州府志備考》中編寫的西夏專題。

《西夏紀年》記西夏國史從拓跋赤辭歸唐述起，卷一記拓跋思恭至李繼捧、李繼遷、李德明、李元昊、李諒祚事，卷二記李秉常、李乾順、李仁孝、李純祐、李安全、李遵頊、李德旺、李晛等國主事。卷二最後集中介紹西夏國疆域、物産、州郡設置、軍事制度以及民風民俗等内容。從所記内容來看，主要圍繞宋夏關係來寫。叙述中重點介紹了在西夏歷史上有重要影響的人物的事迹，特别是對元昊立國以後西夏各代國主的生平都進行了較爲詳細的介紹。

在張澍看來，遼、金、宋時期，涼州是西夏的領地，夏主統治涼州是涼州史中最重要的時期。因此，他在編寫涼州史時，用兩卷的篇幅介紹西夏國史，以此體現自己對歷史的尊重。鑒於當時西夏史料缺乏，張澍曾打算自撰一部西夏史，擬選擇宋王稱《東都事略・西夏傳》作爲編寫的底本，并采用宋、元人文集及筆記之類的『説部』作爲史料來源，這些材料多爲宋人親歷或親聞，其文獻價值較高。但令人扼腕的是，清嘉慶十五年（1810）夏，張澍辛苦積纍的六巨册西夏史料竟被蒙昧無知的家人當成

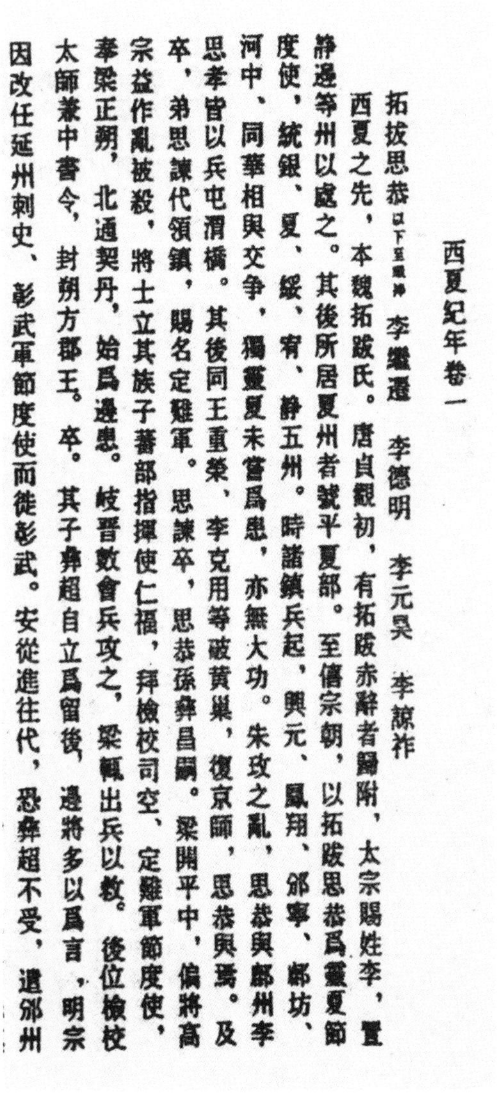
西夏紀年卷一

拓拔思恭 以下至繼捧　李繼遷　李德明　李元昊　李諒祚

西夏之先，本魏拓跋氏。唐貞觀初，有拓跋赤辭者歸附，太宗賜姓李，置静邊等州以處之。其後所居夏州者號平夏部。至僖宗朝，以拓跋思恭爲靈夏節度使，統銀、夏、綏、宥、静五州。時諸鎮兵起，興元、鳳翔、邠寧、鄜坊、河中、同華相與交争，獨靈夏未嘗爲患，亦無大功。朱玫之亂，思恭與鄜州李思孝皆以兵屯渭橋。其後同王重榮、李克用等破黄巢，復京師，思恭與焉。及卒，弟思諫代領鎮，賜名定難軍。思諫卒，思恭孫彝昌嗣。梁開平中，偏將高宗益作亂被殺，將士立其族子蕃部指揮使仁福，拜檢校司空、定難軍節度使，奉梁正朔，北通契丹，始爲邊患。岐晋數會兵攻之，梁輒出兵以救。後位檢校太師兼中書令，封朔方郡王。卒。其子彝超自立爲留後，邊將多以爲言，明宗因改任延州刺史、彰武軍節度使而徙彰武。安從進往代，恐彝超不受，遣邠州

廢紙給燒了，嘆息痛恨之餘，張澍再也無心編寫《西夏書》了。好在張澍未完全沉浸自己對西夏史的關注之情，他在編輯《凉州府志備考》時，『姑據《宏簡録》《金史》内附載西夏事迹，次爲《西夏紀年》二卷，以補前志之闕。』[1]明邵經邦編修的《弘簡録》卷二百五十四附載有《西夏》專題，另外《金史》卷一百三十四有《西夏傳》，據張澍所言，《西夏紀年》的編修，主要參考的就是這兩種文獻。胡玉冰撰文研究過該書，周鵬飛、段憲文有該書的整理成果。

（胡玉冰）

[1] （清）張澍撰，周鵬飛、段憲文點校：《凉州府志備考》，三秦出版社一九八八年，第八百三十三頁。按：『宏簡録』當作『弘簡録』，此避清高宗弘曆名諱。

西夏志略

《西夏志略》六卷，清佚名編。

該書傳世者均爲手抄本，未見刊印本。無序跋，具體抄成年代不詳。北京大學、中央民族大學、中國社會科學院考古研究所、民族文化宫，及日本大阪大學等單位圖書館有藏，清何元錫夢花館藏本已佚。各圖書館藏本册數互異，但内容、體裁及抄寫格式、卷次均相同。大阪大學圖書館藏抄本質量最優。抄本前四卷每半頁九行，行二十字。

《西夏志略》前四卷以編年綱目體的形式記載了自唐懿宗咸通末年平夏部拓跋思恭自稱刺史至南宋理宗寶慶三年（1227）西夏國亡共三百五十餘年的歷史。卷一起

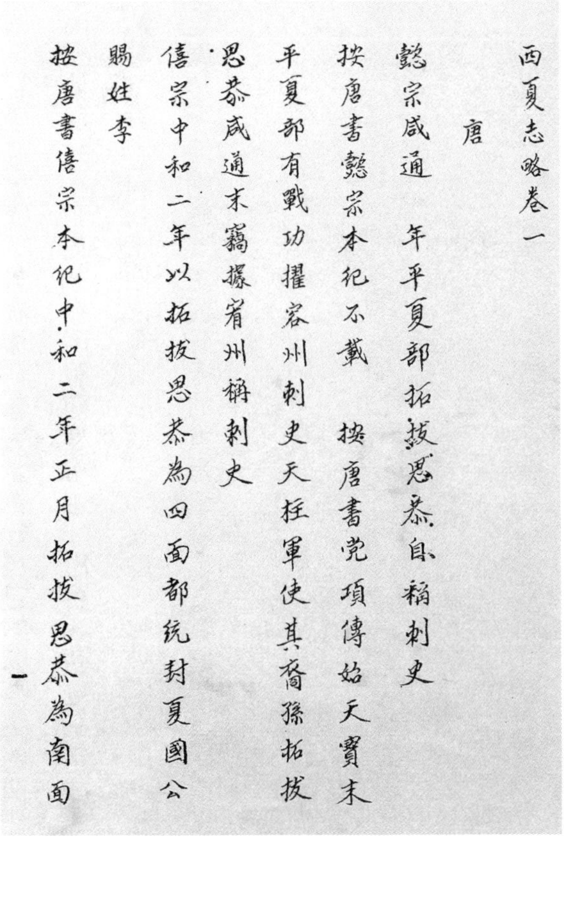
西夏志略卷一
唐
懿宗咸通　年平夏部拓拔思恭自稱刺史
按唐書懿宗本紀不載　按唐書党項傳始天寶末
平夏部有戰功擢容州刺史天柱軍使其裔孫拓拔
思恭咸通末竊據宥州稱刺史
僖宗中和二年以拓拔思恭為四面都統封夏國公
賜姓李
按唐書僖宗本紀中和二年正月拓拔思恭為南面

唐懿宗咸通末年平夏部拓跋思恭自稱刺史事，訖宋仁宗康定元年（1040）春正月趙元昊寇延州事。卷二起仁宗慶曆元年（1041）春二月元昊寇渭州事，訖英宗治平四年（1067）冬十月知青澗城种諤復綏州事。卷三起神宗熙寧元年（1068）春三月夏主諒祚卒、遣使告哀事，訖孝宗淳熙十三年（1186）故遼大石假道於夏以伐金，詔利西都統制置使議便宜事。卷四起光宗紹熙四年（1193）夏主仁孝殂、子純祐嗣事，訖金哀宗正大四年（1227）夏國亡事。卷四後附有《宋史·夏國傳論》《金史·西夏傳贊》《西夏雜録》。《西夏雜録》移録的是宋人魏泰《東軒筆録》卷十五、陳師道《後山談叢》卷四中所記西夏事，從取材角度看，主要以紀傳體史書爲主，節録了《新唐書》《宋史》《遼史》《金史》四史帝王本紀、人物列傳中與党項、西夏歷史有關的部分，對宋、遼、金三史《夏國傳》更是全部徵引。還有十三處徵引了九種宋人筆記所記西夏事。所引史料一般均注明出處。

《西夏志略》卷五至卷六爲《載記》。用人物列傳的形式記述了西夏立國前後十六位重要人物的生平事迹。卷五記李彝興（夏州政權彝興前的歷代先祖如仁福、彝超等人的事迹附在彝興傳中）、克睿、繼筠、繼捧、繼遷、德明、元昊、諒祚等八人生平，卷六記秉常、乾順、仁孝、純祐、安全、遵頊、德旺、晛等八人生平。《載記》以宋、金、遼三史《夏國傳》，特别是《宋史·夏國傳》爲基本史料。與前四卷節録原文不同，《載記》主要是化用原文，即編撰者用自己的語言對史料進行重新組織。另外，卷五還有十一處夾注，卷六有九處夾注，多引正史史料，對載記中的人名、地名及某些史實加以考證，或補正史之闕，或糾正史之謬。夾注注明史料出處，其正文所引史料則未注明出處。

《西夏志略》前四卷與後兩卷在内容、體裁及抄寫格式特點上都存在極大差異。在叙述相同的史實時，取材的依據有很大的不同，史料或選自不同的史書，或選同一史書的不同版本。全書編撰没有統一的體例，前後史學體裁不同，這在由學者一人獨立完成的史書中一般是不會出現。據考證，《西夏志略》這部西夏史料的彙編之作，是清佚名者將《古今圖書集成》《續通志》中的西夏史料彙編部分抄録出來，内容上未作任何改動，祇在格式上稍加改變，然後合二爲一，冠以《西夏志略》之名而行於世的。《西夏志略》卷一至四即《古今圖書集成》卷七十九至卷八十二《西夏部彙考》一至四，其卷五抄自《續通志》卷六百零四《載記十一·西夏上》，卷六抄自卷六百零五《載記十二·西夏下》。

究其成書原因，一是受乾嘉時期補史之風的影響，西夏國史成爲衆多史學家補寫的對象；二是《古今圖書集成》《續通志》部頭巨大，印製數量很有限，一般學人無法利用，抄録者將兩書中的西夏史料抄録出來，合二爲一，極大地方便了讀者。其抄録者與成書時間已不能確考。據《古今圖書集成》《續通志》第一次刊印時間及《西夏志略》最早的著録收藏者瞿世瑛、何元錫的卒年考證，其成書不早於嘉慶十四年（1809），不晚於道光九年（1829）。

由於成書的特殊性，加上抄者的失誤，《西夏志略》集三類錯誤於一身，第一類爲被徵引史書的史料本誤，第二類爲《古今圖書集成》《續通志》編修者對史料的引誤，第三類爲《西夏志略》抄録者的抄誤。但從資料彙編角度看，《西夏志略》還是有其獨特利用價值。主要表現在，首先，極大方便了古今學者對西夏史料的集中查閱，有利於對西夏史料集中進行利用和研究。其次，從《西夏志略》抄録的西夏史料本身來看，最大限度地防止了西夏史料被以訛傳訛，《宋史》《遼史》《金史》三史夏國傳彙於一書，便於學者在研究和利用時取長補短、補充印證。同時，在一定程度上反映了抄録者試圖打破西夏史籍傳統的編纂形式（主要是綱目體）。

《西夏志略》在《清吟閣書目》、《販書偶記》、《中國邊疆圖籍録·西夏史料》、《西夏史稿》附録四《西夏史文獻目録》等有著録。日本學者岡崎精郎，中國學者白濱、胡玉冰等撰文研究過該書，胡玉冰有該書的整理成果。

（胡玉冰）

西夏文綴

《西夏文綴》二卷，清王仁俊輯。

王仁俊（1866—1913），字捍鄭，一字幹臣，號籀許，吴縣（今江蘇省蘇州市）人。清光緒十八年（1892）壬辰科進士，曾官至湖北知府，先後任存古堂教務長、京師大學堂教習、學部編譯圖書局副局長等職。王仁俊一生博覽群書，涉及學科面廣，尤好治經史，還旁及敦煌、印度之學，是近代著名的史學家、輯佚學家和金石學家。就其對西夏公文研究的貢獻而言，集中體現在輯佚學方面，代表作是《西夏文綴》。

《西夏文綴》是一部漢文西夏公文彙輯之作，光緒三十年（1904）成書。傳世本主要有清光緒三十年刻《實學叢書》本。

《西夏文綴自序》言明王仁俊輯漢文西夏

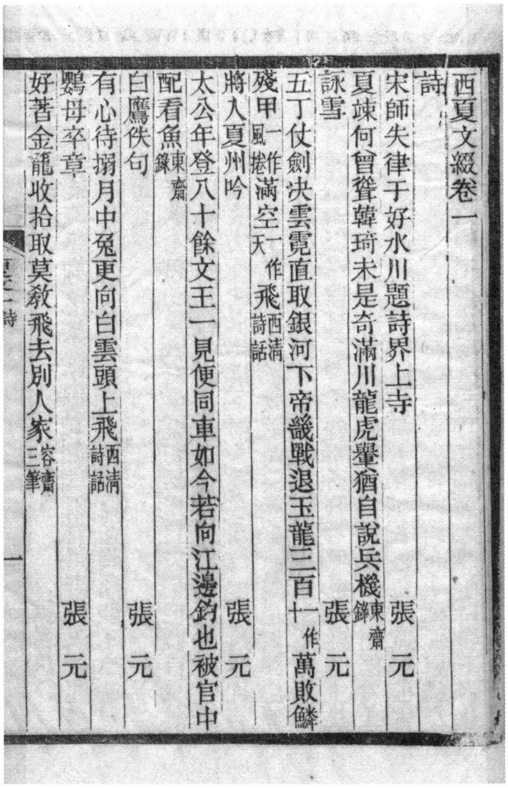
西夏文綴卷一
詩
宋師失律于好水川題詩界上寺　張　元
夏竦何曾聳韓琦未是奇滿川龍虎輦猶自說兵機東齋錄
詠雪　張　元
五丁仗劍決雲霓直取銀河下帝畿戰退玉龍三百萬一作十敗鱗殘甲風一作捲滿空一作天飛西清詩話
將入夏州吟　張　元
太公年登八十餘文王一見便同車如今若向江邊釣也被官中配看魚東齋錄
白鷹佚句　張　元
有心待搦月中兎更向白雲頭上飛西清詩話
鸚母卒章
好著金籠收拾取莫敎飛去別人家容齋三筆

公文之由，其後的《述例》，則對《西夏文綴》書名取義及編纂體例加以説明。從《西夏文綴》正文的取材來看，王仁俊主要是從《宋史》《金史》《皇宋通鑑長編紀事本末》《西夏紀事本末》《朔方新志》等史書和《東齋録》《桯史》《松漠紀聞》《容齋三筆》《千百年眼》《西清詩話》等筆記、詩話中輯取材料，共輯出漢文西夏詩歌六首、漢文西夏公文二十一篇，其中包括《表》十一篇，《書》四篇，《奏》《銘》《碑》《序》《露布》《榜》各一篇。卷一輯録詩六首，包括張元的《宋師失律於好水川題詩界上寺》《咏雪》《將入夏州吟》《白鷹佚句》《鸚母卒章》等五首，另外無名氏《題關西驛舍》一首；《表》共十一篇，包括《邊臣違約招納逃亡表》《即位遣使詣宋表》《詣宋上誓表》《詣宋乞綏州城願依舊約表》《遣謨箇咩迷乞遇使宋貢表》《因敗遣令能嵬名濟等詣宋進誓表》《又詣宋謝罪表》《遣巴哩公亮等使金上誓表》《賀金正旦表》《誅任得敬及黨與并以所執宋人及蠟丸書詣宋謝表》《宋郤獻百頭帳再上表》。《奏》一篇，即《遣武功大夫錫鄂文忠等賀萬春節入見附狀奏》。卷二輯録《書》四篇，包括《不肯削號使文貴王嵩以臣榮旺弟旺令嵬名環卧譽諍三人議和書》《移宋劉昌祚書》《留置金明守兵漢人頸上使報宋經略使書》《遺統軍梁哆嘜書》。《銘》《碑》《序》《露布》《榜》各一篇，即《大夏國葬舍利碣銘》《重修感通塔碑》《密咒圓因往生集序》《伐宋露布佚句》《購夏竦榜》。《敕》一篇，即《黑水河龍神敕》。《西夏文逸目考》。王仁俊對輯録的每首詩、每篇公文均注明出處，作者或撰寫年代明確的則注明作者、撰寫年代。輯録西夏詩和公文時，除輯録首尾完整的外，對斷章殘句也輯録。

《西夏文綴》卷二附《西夏文逸目考》。王仁俊在輯録西夏公文時，從史書中僅見到一些公文的篇目，

《宋史》却未見其正文，因此暫付闕如，留待以後輯補。《逸目考》輯有三十八篇公文的篇名，其中見於《宋史》二十四篇，見於《遼史》五篇，見於《金史》七篇，見於《宋元通鑑》《東都事略》各一篇。王仁俊輯録《西夏文綴》時，不僅輯録西夏遞交給宋、遼、金各朝的漢文公文，同時也想輯録各朝回賜給西夏國的詔令之類的公文，并打算把它們編輯爲《外篇》，但《外篇》未見傳世，原因不詳。

王仁俊所輯《西夏文綴》内容雖不是很多，許多漢文西夏公文都漏輯，輯録的某些公文依據的版本也非最好，但他畢竟開輯録專題漢文西夏文獻之先河。他首先注意對散落在各種文獻中的西夏公文進行輯録，極大方便了學者的研究和利用，也爲後人作類似的工作提供了借鑒。戴錫章在編纂《西夏叢刊》時，就計劃要從《西夏文綴》取材。胡玉冰撰文研究過該書，目前尚未有該書的整理成果。

（胡玉冰）

西夏藝文志

《西夏藝文志》一卷，清王仁俊編。

王仁俊生平參見本書前文《西夏文綴》提要。《西夏藝文志》傳世本主要有清光緒三十年（1904）刻《實學叢書》本。王仁俊不僅在輯佚西夏公文方面做出了他的貢獻，同時在西夏目録的編修方面也有開創之功，突出表現就是《西夏藝文志》的編修。

王仁俊從《宋史》《金史》《續文獻通考》《大藏經》《道園學古録》等文獻中輯得西夏人撰譯之書十八種，附宋人談西夏之事的書四種，成《西夏藝文志》一卷，一定程度上彌補了西夏有國而無《藝文志》的缺憾。

《西夏藝文志》將西夏文獻分爲經、史、子、集四部，經部之下又分出『小學類』子目一種。四部共著録西夏人譯撰之作十八種，其中經部五種，史部兩種，子部八種，集部三種。著録文獻時采用『以書類人』的方法，即著録時以人爲主，作者名在書名之前。著録的每一部文獻都附有解題，在解題中介紹著録的依據，并引用與所著録文獻相關的文句，有時對文獻的存佚情況還略加說明。

從所著録的文獻來看，《經部》有景宗譯《孝經》、景宗譯《爾雅》、斡道冲著《周易卜筮斷》、斡道冲著《論語小義》二十卷、景宗著《蕃書》十二卷。西夏以佛教爲國教，但也重視儒家學說。《孝經》

爲儒家經典之一，專講孝道，這對於鞏固政權統治秩序有重要作用，元昊立國，自然要宣導孝道。《爾雅》屬解讀經書的工具書，可用來閱讀古書、通曉方言、辨識名物，這種著作對西夏人吸取儒家經典中的思想自然也很有用。斡道冲爲西夏大儒，西夏人多信鬼神，凡事都要占卜，所以他作《周易卜筮斷》指導西夏人如何占卜。《論語》是記孔子及其弟子言行的語録體儒家經典，斡道冲對它進行疏解，顯然也是爲了加强對儒家思想的理解。景宗元昊創制西夏文字，是他要擺脱宋朝制約和影響的重要手段之一，客觀上也促進了西夏文化

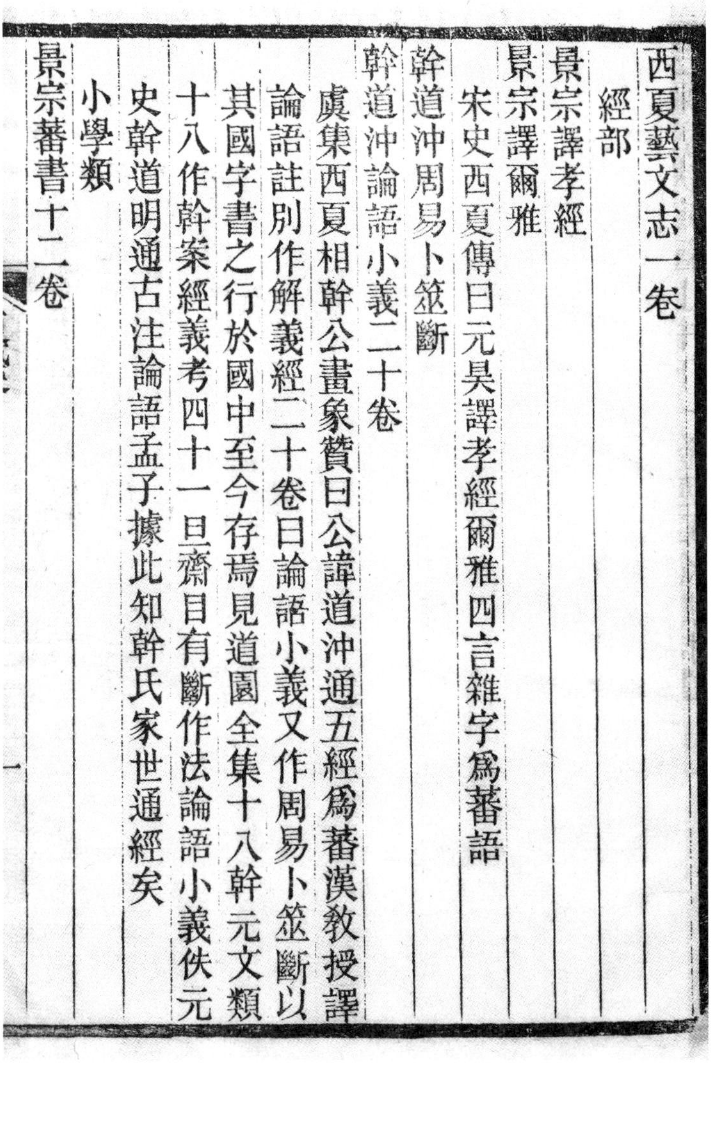
西夏藝文志一卷
經部
景宗譯孝經
景宗譯爾雅
宋史西夏傳曰元昊譯孝經爾雅四言雜字爲蕃語
斡道冲周易卜筮斷
斡道冲論語小義二十卷
虞集西夏相斡公畫象贊曰公諱道沖通五經爲蕃漢教授譯論語註別作解義經二十卷曰論語小義又作周易卜筮斷以其國字書之行於國中至今存焉見道園全集十八斡元文類十八作斡案經義考四十一旦齋目有斷作法論語小義佚元史斡道明通古注論語孟子據此知斡氏家世通經矣
小學類
景宗蕃書十二卷

更趨自身特点。《史部》著録：『焦景顔、王僉等修《實録》。羅世昌《西夏國譜》。』這兩種著作的著録表明，西夏本有國史，衹不過在其亡國的過程中散佚了。《子部》著録的文獻中有七部是佛經，其中一部爲元昊探求佛經教義的著作，突出體現了西夏尊崇佛教的特點。《集部》著録了三種詩歌，這反映了西夏人文學創作成就不高。

《西夏藝文志》後有《附宋人談西夏事書目》，著録宋人著書四種，即《西國樞要》《西夏雜記》《西戎聚米圖經》《西夏須知》。王仁俊在書名之下注明著録的依據，主要有宋尤袤《遂初堂書目》、晁公武《郡齋讀書志》和《宋史·夏國傳》。由此看來王仁俊有輯録宋人著漢文西夏文獻的打算，遺憾的是，他没有將此項輯録再繼續下去。

由於資料匱乏，《西夏藝文志》著録的西夏文獻數量很少，衹能從側面反映西夏的著述情況，而且著録的西夏文獻中有相當多的都已亡佚了。所以我們要注意以下兩個問題：第一，王仁俊編寫《西夏藝文志》主要依靠的是各代史書、文集等漢文文獻材料，經過他的鈎沉索隱、爬梳采擷後彙編而成《西夏藝文志》，由於時代久遠，直接的西夏文材料缺乏，所以著録文獻的可靠性就大打折扣。第二，《西夏藝文志》反映的是西夏一代的著述情況，而不是西夏一代的藏書情況，這一點也要區分清楚，其著述與其收藏相比，如九牛一毛。戴錫章在編輯《西夏叢刊》的計劃中，立目有《藝文志》，王仁俊的《西夏藝文志》被作爲重點采用的材料。

有感於王仁俊《西夏藝文志》著録中存在的問題，考慮到西夏文獻已大量出土的事實，聶鴻音廣采博搜，根據前蘇聯學者所公布的黑水城西夏文獻目録，結合其他古今中外撰述中提及的西夏文獻，作《補〈西夏藝文志〉》，輯録西夏人翻譯或撰寫的文獻，共得七十四種，其中經部二十二種，史部九種，子部三十七種，集部六種。聶先生爲《西夏藝文志》補充了一些新的材料，但在文獻分類上仍然沿襲王仁俊的四部分類法。而且他所補充的僅占西夏出土文獻的極少部分，有相當數量的西夏出土文獻未録入。

（胡玉冰）

西夏紀

《西夏紀》二十八卷，卷首一卷，戴錫章撰。

戴錫章（1868—1933），字海珊（又作『海三』），夔州府開縣漢豐鎮（今重慶市開縣）人，民國時期著名史學家。清光緒二十年（1894）甲午科鄉試舉人。次年赴京會試期間，積極參與『公車上書』，支援康梁『維新變法』。後任法部主事員外郎、地方初級檢查官等職。

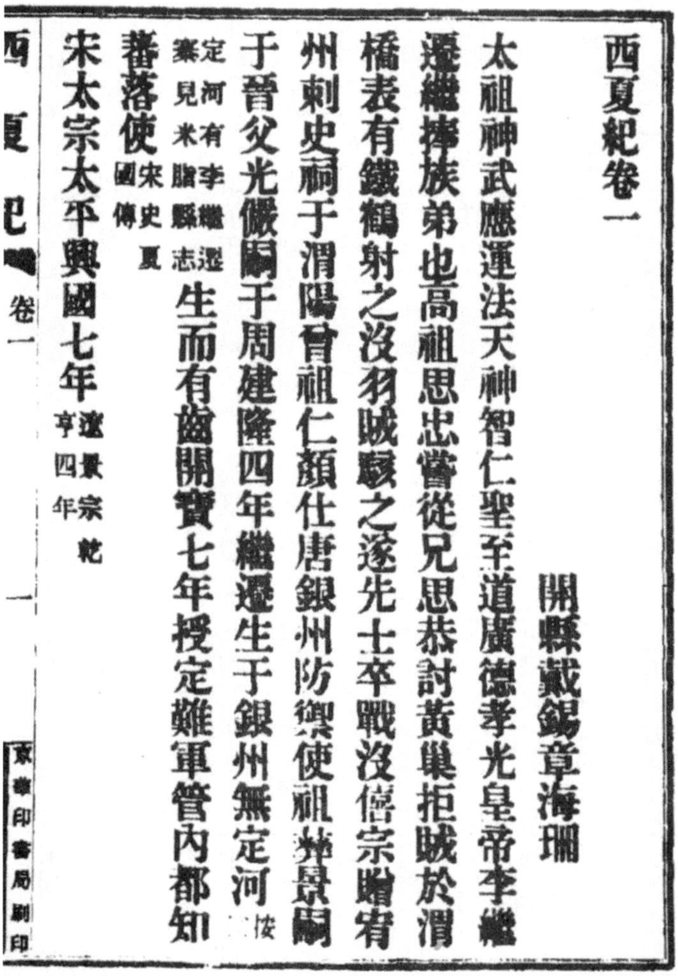

西夏紀卷一　　開縣戴錫章海珊

太祖神武應運法天神智仁聖至道廣德孝光皇帝李繼遷繼捧族弟也高祖思忠嘗從兄思恭討黃巢拒賊於渭橋表有鐵鶴射之沒羽賊駭之遂先士卒戰沒僖宗贈宥州刺史祠于渭陽曾祖仁顏仕唐銀州防禦使祖彝景嗣于晉父光儼嗣于周建隆四年繼遷生于銀州無定河按[illegible]定河有李繼遷寨見米脂縣志生而有齒開寶七年授定難軍管內都知蕃落使宋史夏國傳

宋太宗太平興國七年遼景宗乾亨四年

西夏紀　卷一　一　京華印書局刷印

民國六年（1917）受聘爲《清史稿》纂修。民國二十一年（1932）春，領銜編修《開縣志》，不久即病故，享年六十五歲。戴氏湛深史學，文章爾雅，著有《西夏紀凡例》、《西夏紀》、《西夏叢刊》十餘卷（未刊）、《清史稿・邦交志》十餘卷等。其生平事迹參見馬其昶《戴府君墓誌銘》、何振岱《送戴海珊歸里序》、胡玉縉《與戴海珊錫章書》、《西夏紀》諸序跋等。

《西夏紀》傳世本爲民國十三年（1924）京華印書局鉛印本，版框高二十五點五厘米，寬十五厘米，四周雙邊，白口，單黑魚尾。版心有『京華印書局刷印』字樣。書衣署版行時間爲『甲子歲朝立春日』，即一九二四年二月五日。書名《西夏紀》由合肥李繙題寫。

《西夏紀》卷首前有序六篇，作者分别是趙爾巽、柯劭忞、王樹枏、胡玉縉、王秉恩和戴錫章，序内容或爲書籍評點與議論，或爲撰寫經歷與緣起。其後爲徵引書目，列舉三百一十一種。全書采編年綱目體撰寫，『每條仿宋江少虞《皇朝事實類苑》例，各注書目』。卷首略言西夏先世史實；卷一至卷二十八，起於北宋太宗太平興國七年（982）李繼遷反宋，訖於南宋理宗寶慶三年（1227）西夏滅亡，記載了西夏興衰首尾二百四十六年的歷史。其中，卷一至卷三記夏太祖繼遷朝史實，卷四至卷五記夏太宗德明朝史實，卷六至卷十一記夏景宗元昊朝史實，卷十二至卷十三記夏毅宗諒祚朝史實，卷十四至卷十八記夏惠宗秉常朝史實，卷十九至卷二十三記夏崇宗乾順朝史實，卷二十四至卷二十五記夏仁宗仁孝朝史實，卷二十六記夏桓宗純祐、夏襄宗安全朝史實，卷二十七記夏神宗遵頊朝史實，卷二十八記夏獻宗德旺及末主晛朝史實。書尾有跋一篇，言著作題旨。

《西夏紀》始撰於清宣統三年至民國六年（1911—1917），『凡六易稿矣』，至民國十三年（1924）出版，前後歷時十三年。以清陳昆《西夏事略》爲藍本，輔以張鑑《西夏紀事本末》、吴廣成《西夏書事》，并參考宋人著述及清末以來學者對西夏文物、文字的研究成果，徵引文獻至三百餘種，記事廣博。考其編纂之緣有三，一爲補西夏斷代史書之闕，二爲近代中國振衰起蔽之鑒，三爲糾前賢他書記載之失。而《西夏紀》的史料價值也恰恰體現在這三個方面。《西夏紀》問世後，由於它的編輯内容和編纂體例遠勝出《西夏事略》，所以《西夏紀》漸行於世，而《西夏事略》漸漸失傳。

《販書偶記》《書目答問補正》《清代蜀人著述總目》等對《西夏紀》有著録。《中華文史叢書》第四輯、《中國西北文獻叢書》第三輯、《中國野史集成》等均據京華書局鉛印本影印。羅矛昆有《西夏紀》整理成果，聶鴻音撰文對戴錫章的《西夏紀凡例》未刊稿進行過研究。

（胡玉冰）

《宋史·夏國傳》集注

《〈宋史·夏國傳〉集注》十四卷，系表一卷，羅福萇注、羅福頤校補。

羅福萇（1895—1921），字君楚，祖籍浙江上虞，生於江蘇淮安。古文字學家、西夏學專家。羅振玉第三子。其學於經史古義無不通，主要著述有《夢軒瑣録》三卷、《西夏國書略説》一卷、《〈宋史·夏國傳〉集注》一卷、《古外國傳記輯存》一卷、《敦煌古寫經原跋録存》一卷、《倫敦博物館敦煌書目》一卷、《巴黎圖書館敦煌書目》一卷等。其生平與學術參見王旭梁著《羅福萇生平及其學術述論》《羅福萇集》。羅福頤生平參見本書前文《西夏文存》提要。

《〈宋史·夏國傳〉集注》傳世本主要爲民國二十六年（1937）石印《待時軒叢刊》本。

元以後學者編修或研究西夏史，非常重視利用《宋史·夏國傳》。羅福萇、羅福頤兄弟是最早對《宋史·夏國傳》進行整理的學者。羅福頤《集注序》稱：『先兄往歲居海東時，治西夏文字之學，因并及其史事，乃以《宋史·傳》爲經，旁搜别史及他載籍之記西夏事者，采以爲注，略仿裴氏之注《三國志》例，不厭其詳，并記其所從出，俾讀者不迷所自。』遺憾的是，羅福萇《集注》的大部分計劃没有完成就英年早逝，他的遺作發表在民國二十一年（1932）出版的《國立北平圖書館館刊·西夏文專號》上。羅福頤繼承其兄的遺志，將《集注》全部完成，析爲十四卷，收入其《待時軒叢刊》（一九三七年）中。

《〈宋史·夏國傳〉集注》共十四卷、系表一卷。正文前有羅福頤撰序一篇、《集注引用書目》一篇。正文采紀傳體叙事，卷一至卷十四分别爲《彝興、克睿、繼筠、繼捧》《太祖繼遷》《太宗德明》《景宗元昊（上）》《景宗元昊（中）》《景宗元昊（下）》《毅宗諒祚》《惠宗秉常（上）》《惠宗秉常（中）》《惠宗秉常（下）》《崇宗乾順（上）》《崇宗乾順（下）》《仁宗仁孝》《桓宗純祐、襄宗安全、神宗遵頊、獻宗德旺、末帝晛》，正文後附有羅福頤編《西夏世系表》，篇末爲《跋》。據羅福頤編《集注引用書目》，羅氏兄弟引書有四十八種，以宋元時期史、子、集諸部及《西夏書事》《西夏紀事本末》等爲主要徵引文獻，另外還引石刻文獻《芒洛塚墓遺文》《山左塚墓遺文》（兩文俱爲羅振玉所編）和新近發現的西夏國原始文獻《西夏乾祐二十年施經發願文》《西夏乾祐二十一年刊〈蕃漢合時掌中珠〉》。

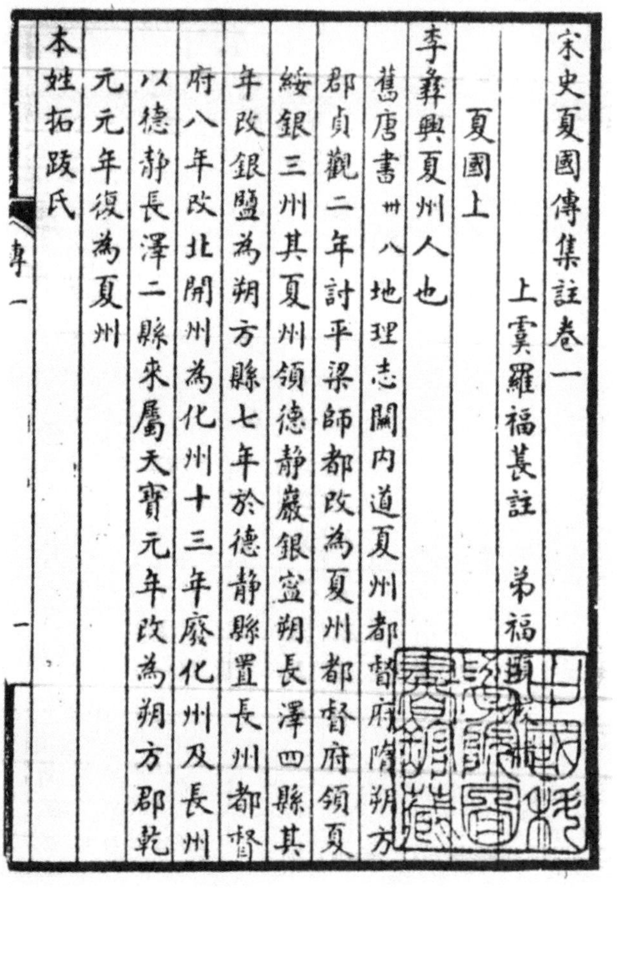
宋史夏國傳集註卷一
上虞羅福萇註　弟福
夏國上
李彝興夏州人也
舊唐書卅八地理志關内道夏州都督府隋朔方
郡貞觀二年討平梁師都改爲夏州都督府領夏
綏銀三州其夏州領德靜巖銀䆠朔長澤四縣其
年改銀䆠爲朔方縣七年於德靜縣置長州都督
府八年改北開州爲化州十三年廢化州及長州
以德靜長澤二縣來屬天寶元年改爲朔方郡乾
元元年復爲夏州
本姓拓跋氏

羅氏兄弟《集注》内容豐富，引石刻文獻和西夏國原始文獻來證明西夏史尤其值得稱道。但是《集注》也有缺點，比如多處徵引《西夏書事》和《西夏紀事本末》來注西夏史，而這兩種西夏史籍主要是根據宋元時期西夏史料來編修的，羅氏兄弟未能探尋其史料來源，直接引之爲第一手材料，這樣做是不恰當的。

《〈宋史·夏國傳〉集注》最早著録於羅振玉編《雪堂校刊群書解題》，又見於謝國楨撰《瓜蒂庵書目》。彭向前有該書整理成果。

（胡玉冰）

西夏文存

《西夏文存》一卷，《外編》一卷，羅福頤輯。

羅福頤（1905—1981），字子期，别號梓溪、紫溪，自戲號僂翁，室名待時軒、温故居。古文字學家、金石家、西夏學專家，羅振玉第五子。自幼秉承家學，諳習古器物文字之學。民國三十六年（1947）入北京大學文科研究所。畢生勤奮治學，於商周青銅器及其銘文、古璽印之形制與文字、戰國兩漢竹簡、古代石刻墓誌、敦煌經卷、古代醫書、夏遼金元少數民族、明清檔案等，皆有深入研究。平生著述二百六十三種，其中專著一百二十六種，文章一百三十七篇。其中《漢印文字徵》、《古璽文編》、《古璽彙編》、《古璽印概論》、《印章節概述》（合著）等考證嚴謹，對篆刻藝術影響極大。西夏研究方面有《宋史夏國傳集注》《西夏文存》《西夏官印彙考》等。其生平參見白濱撰《羅振玉父子對西夏學的貢獻》，載《遼金西夏研究年鑒（2009）》（學苑出版社二〇一〇年）。

《西夏文存》傳世本主要有民國二十四年（1935）上虞羅氏七經堪石印本。此本每半頁十二行，行二十字。四周單邊，白口，單黑魚尾。由於材料不足等原因，王仁俊彙輯西夏公文之作《西夏文綴》尚存缺憾，突出表現爲兩點，一是有漏輯現象，二是輯録的公文中有些是節選之文，而非全文。羅福頤輯《西夏文存》，專門糾正《西夏文綴》之失。

《西夏文存》共輯得漢文西夏公文三十篇，包括《表》十四篇、《奏》三篇、《書》六篇、《銘》一篇、《碑》兩篇、《序》兩篇、《後記》一篇、《敕》一篇。從《長編》《會編》《歐陽文忠公集》《甘肅通志》等漢文文獻中輯出四篇西夏公文，又補入新近發現的《掌中珠序》《施經發願文》兩篇，再加上從《西夏紀事本末》中輯録的四篇公文，這十篇是《西夏文綴》没有輯録的。羅氏又對《西夏文綴》輯録的節選之文進行了校證補足工作。如《西夏文綴》中德明《乞宋敦諭邊臣遵詔約表》、元昊《乞宋頒誓詔表》、秉常《貢宋表》及乾順《再上宋誓表》均輯自《宋史》，乾順《遣使詣宋謝罪表》輯自《西夏紀事本末》，這五篇公文内容不全，羅氏用《長編》一一給予補全。

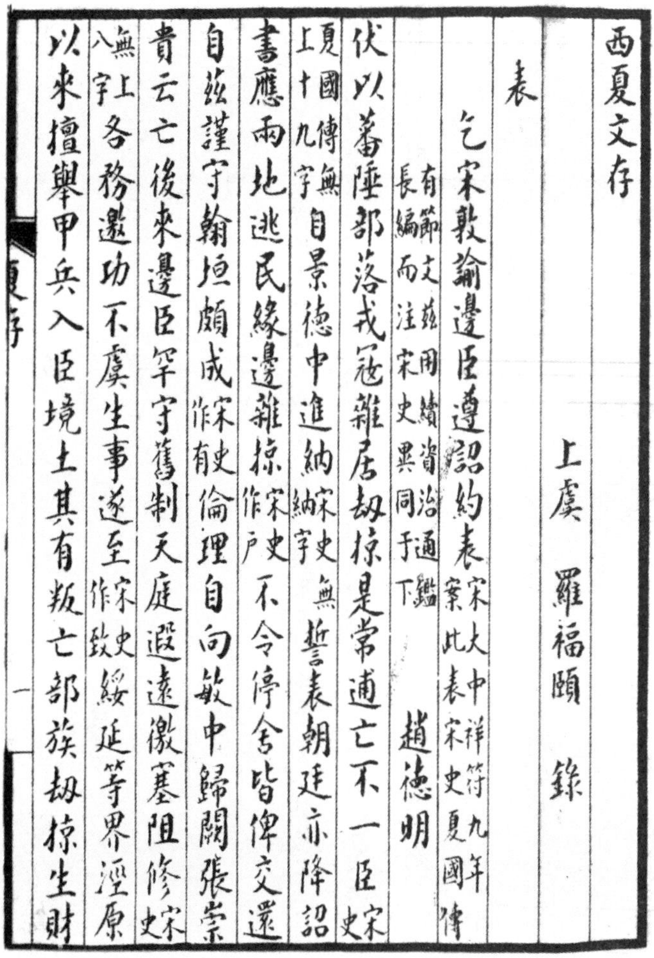
西夏文存

表　　上虞　羅福頤　錄

乞宋敦諭邊臣遵詔約表 宋大中祥符九年 案此表宋史夏國傳有節文茲用續資治通鑑長編而注宋史異同于下

趙德明

伏以蕃陲部落戎寇雜居劫掠是常逋亡不一臣 宋史夏國傳無上十九字 自景德中進納 宋史無納字 誓表朝廷亦降詔書應兩地逃民緣邊雜掠 宋史作戶 不令停舍皆俾交還自茲謹守翰垣頗成 宋史作有 倫理自向歛中歸闕張崇貴云亡後來邊臣罕守舊制天庭遐遠徼塞阻修 宋史無上八字 各務邀功不虞生事遂至 宋史作致 綏延等界涇原以來擅舉甲兵入臣境土其有叛亡部族劫掠生財

《西夏文存外編》輯録的漢文西夏公文有八篇，包括《表》四篇、《疏》三篇、《檄》一篇，這八篇公文也都是《西夏文綴》漏輯的，是羅氏從《西夏書事》中輯出的，吴氏未注明這些公文的出處，其中《回劉錡等檄書》在《會編》中雖有收録，但文字與《西夏書事》所録多有不同，所以羅氏便將這八篇不明出處的公文輯録爲《外編》一卷。《西夏文存》及其《外編》正可彌補《西夏文綴》的不足。因此，我們在研究漢文西夏公文時，王仁俊的《西夏文綴》、羅福頤的《西夏文存》及其《外編》都應該注意利用。胡玉冰撰文研究過上述書，目前尚未有上述書的整理成果。

（胡玉冰）

宋元人編西夏專題史料提要

宋人編西夏專題文獻的類型主要有詔令、奏議和歷史。與西夏有關的詔令最集中的收録在《宋朝大詔令集·政事門·四裔》中的《西夏》專題部分。奏議最集中的是《宋朝諸臣奏議·邊防門》中的《遼夏》專題部分。歷史專題主要有《武經總要前集·邊防·西蕃地界》《東都事略·西夏傳》《建炎以來朝野雜記·邊防·西夏扣關》《宋朝事實類苑·安邊禦寇·西夏》《隆平集·夷狄傳·夏國》等。這些專題以叙西夏歷史地理沿革爲主，有詳有略，内容多寡不一。元人編西夏專題史料最爲突出的成績是編輯出《宋史》卷四百八十五和卷四百八十六《夏國傳》、《遼史》卷一百一十五《西夏外記》、《金史》卷一百三十四《西夏傳》。三史《夏國傳》算是元朝史家對西夏國史的總結，但這遠遠不能概括西夏歷史的全部。

一、《武經總要前集·邊防》

《武經總要》四十卷，宋仁宗康定年間（1040—1041）曾公亮受命和丁度等人編修。該書分前後集，前集包括《制度》十五卷、《邊防》五卷，略備北宋前期軍事制度及邊疆堡寨的設置情況。後集包括《故事》十五卷、《占候》五卷，采摭歷代兵謀得失，足資考證。其前集卷十七《邊防》河東路、麟府路、廢壘，卷十八上《邊防》陝西路，鄜延、丹坊、保安軍路，邠寧、環慶路，涇、原、儀、渭、鎮戎、德順軍路，秦隴、鳳翔、階、成州路等多涉及西夏地理。卷十八下《邊防・西蕃地界》更是專題的西夏地理資料。

曾公亮（999—1078），字明仲，泉州晋江（今福建省泉州市）人。《宋史》卷三百一十二有傳。宋夏戰争期間，形成了四個比較大的交戰區域，即横山鄜延戰區、靈環隴山戰區、河西隴右戰區、熙河蘭廓戰區，宋夏雙方在這些戰區各自實際控制的地帶修築了很多堡寨。《武經總要》成書之時正值西夏立國不久，宋人對西夏國統治疆域及政權管理組織系統缺乏瞭解。從《武經總要》記載的内容來看，宋人記載西夏地理主要是套用宋朝地方行政管理體制來記述。

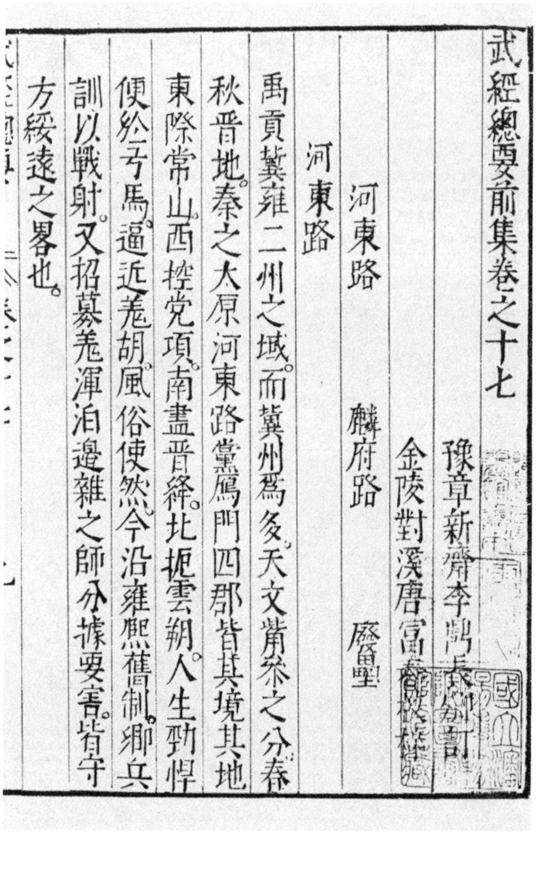
武經總要前集卷之十七
豫章新齊李鼎長卿訂
金陵對溪唐富春梓
河東路　麟府路
河東路
禹貢冀雍二州之域而冀州爲多天文觜參之分春秋晋地秦之太原河東路黨鴈門四郡皆其境其地東際常山西控党項南盡晋絳北扼雲朔人生勁悍便於弓馬逼近羌胡風俗使然今沿邊熙舊制鄉兵訓以戰射又招募羌渾泊邊雜之師分據要害皆守方綏遠之畧也

宋朝地方行政體制實行州（府、軍、監）與縣二級制，而在州（府、軍、監）之上設有作爲朝廷派出機構監察轄區的『路』。宋與夏交界地帶的『路』主要有陝西路和河東路，宋神宗時期又將陝西分爲永興軍、秦鳳軍兩路。元昊正式立國後，出於禦夏的軍事目的，在仁宗慶曆元年（1041）以後，逐步將陝西沿邊分爲秦鳳、涇原、環慶、鄜延、熙河、永興軍等六路。這些『路』已不再是常設的監察區，而是軍事區了。宋代州一級的地方行政區劃包括州、府、軍、監四種。地方上一般設『州』，如宋夏邊界地區的延州；在政治、經濟或軍事上比州重要的地方設『府』，如宋夏交界地區的延安府；於軍事或交通要道而不成州的地方設『軍』，如宋夏交界地帶的德順軍、鎮戎軍；於礦冶、鑄錢、牧馬、産鹽的地區設『監』。縣是宋朝最基本的一級行政區劃，另外還在地勢險要、須駐兵防禦的地區設『寨』。《武經總要》卷十八下《邊防・西蕃地界》記載西夏疆域及地方行政區劃時，結合上述宋朝制度，記西夏建國之初的疆域爲夏、銀、綏、宥、靈、會、鹽、蘭、勝、凉、甘、肅十二州地，而在具體行文中依次提及的『州』有夏、銀、綏、宥、靈、鹽、勝、凉、甘、肅、沙、伊、西、鄯、渭、蘭、會、河、洮、岷、厚、疊等二十二州。提及的『軍』包括豐安軍、清遠軍、赤水軍、大鬥軍、建康軍、寧寇軍、玉門軍、墨離軍、伊吾軍、天山軍、瀚海軍、積石軍、臨洮軍、河源軍、白水軍、安仁軍、振武軍、威戎軍、莫門軍等十九軍。提及的『郡』有朔方郡、銀川郡、上郡、寧朔郡、靈武郡、榆林郡、武威郡、張掖郡、酒泉郡、伊吾郡、西平郡、隴西郡、會寧郡、寧塞郡、合川郡等十五郡。很顯然，這些州、軍、郡不全屬西夏所轄。《武經總要》將其混記在一起，説明曾公亮等人對西夏行政區劃并不清楚。

西夏正式立國後，宋朝并不承認其政權的合法性，所以在《武經總要》中常斥之爲『僞』。如石堡鎮條載：

今『本延州西邊鎮塞也，至道中陷於夏，今僞號爲龍州。』靈州條載：『咸平中陷於賊，河外舊有五鎮，今夏國僞升爲州。』保静鎮條載：『本河外鎮，咸平中陷，今爲僞静州。』《武經總要》除《前集》中有西夏地理材料外，在其《後集》裏還有幾則與西夏有關的用兵故事。如卷一《上兵伐謀》載李繼隆智擒趙保忠，卷二《將帥不和必敗》載李繼遷智劫宋軍輜重糧草於靈武，卷十一《半濟可擊》載石保興黑水河大敗戎人，卷十三《察敵降》載曹光實中李繼遷詐降之計，光實被害。

《文獻通考》，宋末元初馬端臨撰。全書二十四門，三百四十八卷，是一部記載上古到宋寧宗時期典章制度的典制體史書，與唐朝杜佑的《通典》、宋朝鄭樵的《通志》合稱『三通』。《文獻通考·自序》對於該書的取名含意解釋道：『凡叙事，則本之經史，而參之以歷代會要以及百家傳記之書。信而有證者從之，乖異傳疑者不録，所謂文也。凡論事，則先取當時臣僚之奏疏，次及近代諸儒之評論，以至名流之燕談、稗官之紀録，凡一話一言可以訂典故之得失、證史傳之是非者，則采而録之，所謂獻也。其載諸史傳之紀録而可疑，稽諸先儒之論辨而未當者，研精覃思，悠然有得，則竊著己意附其後焉，命其書曰《文獻通考》。』

馬端臨（1254—約1334），字貴與，號竹洲，一號竹村，宋饒州樂平（今江西省樂平市）人。宋亡，隱居不仕。後任慈湖書院山長、柯山書院山長、台州儒學教授等。積二十餘年之功，纂成《文獻通考》，補杜佑《通典》之闕，會通歷代典章制度，於宋代的尤爲詳備。該書通過對歷代典章制度進行歷史性總結，并與王朝衰亡相聯繫，從而體現出馬端臨較爲鮮明的經世致用史學思想。《新元史》卷二百三十四有馬端臨傳。

《文獻通考》在《封建考》《輿地考》《四裔考》中述及西夏事。其卷二百七十六《封建考十七・唐天寶以後藩鎮》，從『李仁福不知其世家』述起，對西夏自拓跋思敬至仁宗仁孝間事進行了概述，所涉西夏地域主要包括夏、銀、綏、宥、静等五州。據《文獻通考》載，馬端臨對西夏史事尚有存疑之處，其曰：『繼乾順而立者，正史作「天祈」，《建炎以來朝野雜記》作「仁孝」，未知孰是。自乾順之死至嘉定甲申，幾八十餘年，其後立者决非一主。並夏亡之歲月，正史不載，當續考。』馬端臨所言『正史』不知何書，據傳世宋元文獻可知，繼乾順而立者是仁孝，夏亡於宋理宗寶慶三年。《文獻通考》卷三百三十四《四裔考十一・党項》相對專門地彙輯西夏事，卷三百三十五《四裔考十二・西夏》僅録『本末已見《封建考》』一句，没有再贅述具體史料。另在卷三百二十二《輿地考八・古雍州》、卷三百三十五《四裔考十二・吐蕃》中也雜有西夏事。總體而言，《文獻通考》編輯的西夏史料不出宋人編輯的史料範圍。

需要特别注意的是，《文獻通考・經籍考》輯録了今已不傳的幾種宋人著西夏文獻的提要，可與傳世的宋人著目録文獻相參，便於學界對其開始更加深入的研究。主要包括，《文獻通考》卷一百九十九《經籍考・史部・地理類》著録游師雄撰《元祐分疆録》、趙珣撰《陝西聚米圖經》，其内容同宋朝陳振孫撰《直齋書録解題》。《文獻通考》卷二百《經籍考・史部・僞史類》著録劉温潤撰《西夏須知》、劉温潤撰《蕃爾雅》、孫巽撰《夏國樞要》的内容同宋朝晁公武撰《郡齋讀書志》。《續文獻通考》編修者曾稱：『臣等謹按：馬端臨《考》不載西夏事，今從宋、遼、金諸史詳補之。』由上述梳理可知，馬端臨在《文獻通考》中是載有西夏史料的。弘治十四年（1501）春，胡汝礪編成《［弘治］寧夏新志》，其在《引用書目》中羅列有四十二種文獻，《文獻通考》名列其中。

二、《隆平集·夷狄傳·夏國》

《隆平集》二十卷，宋曾鞏撰。該書卷一至卷三記宋太祖至英宗五朝一百零六年史實，卷四以下分十一類記人、記事，史料價值很高，元修《宋史》將之列爲參考文獻，所載許多奏疏多有《宋史》未備者。卷二十《夷狄傳·夏國》載西夏李繼遷、德明、元昊事較詳。

曾鞏（1019—1083），字子固，建昌軍南豐（今屬江西）人。《宋史》

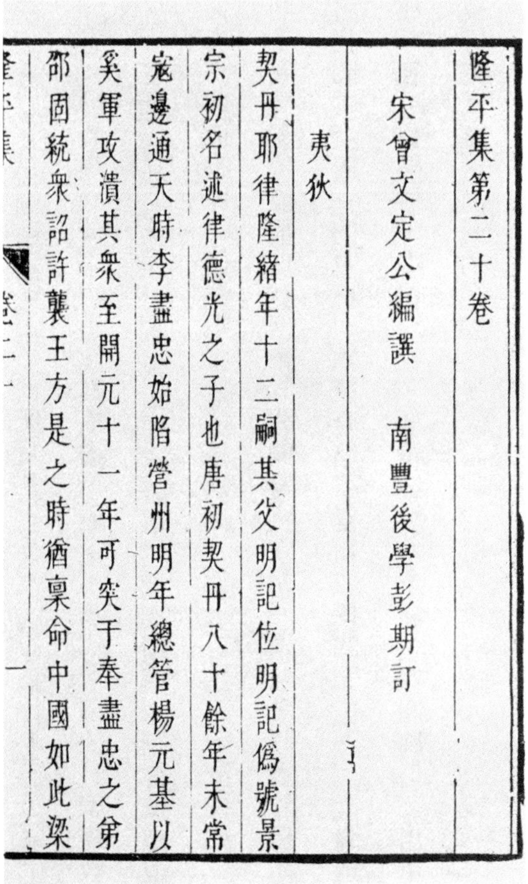
隆平集第二十卷
宋曾文定公編譔　南豐後學彭期訂
夷狄
契丹耶律隆緒年十二嗣其父明記位明記僞號景宗初名述律德光之子也唐初契丹八十餘年未常寇邊通天時李盡忠始陷營州明年總管楊元基以奚軍攻潰其衆至開元十一年可突于奉盡忠之弟邵固統衆詔許襲王方是之時猶稟命中國如此梁
隆平集　卷二十　一

卷三百一十九有傳。宋嘉祐二年（1057）進士。宋元豐四年（1081）充史館修撰，典修五朝國史。

《隆平集》卷二十《夷狄傳·夏國》主要記載西夏三代國主李繼遷、德明、元昊之事。太平興國七年（982）夏五月，夏州李繼捧入朝，獻銀、夏、綏、宥、静五州地於宋，引起其族弟李繼遷不滿，繼遷挾其家族數十人出奔地斤澤，開始與宋爲敵。宋淳化二年（991）秋七月，宋軍由翟守素統軍，大兵壓境，李繼遷被迫請降，宋授其銀州觀察使之銜，賜姓名趙保吉。此後趙保吉仍然叛服無常，景德元年（1004）中流矢死。其子德明嗣位，采取與宋友好的政策。德明子元昊嗣位後很快就稱帝，公開對抗宋朝，宋夏之間處於長期交戰狀態。曾鞏首先簡單交待了拓跋氏被唐代賜『李氏』的原由，然後介紹了夏州政權的嗣位人。從繼遷叛宋開始詳述，德明事稍略，元昊事又詳述。在《夏國傳》中還介紹了西夏國地方土産、民間風俗、出軍占卜之法和西夏運兵之法，從記述可知西夏國的民族是尚武的民族。曾鞏記載的這些資料絶大多數被《宋史·夏國傳》和《遼史·西夏外記》采入。此外，《隆平集》卷五《李迪傳》《賈昌朝傳》，卷八《范仲淹傳》《丁度傳》《吴育傳》《程琳傳》《明鎬傳》《王堯臣傳》等人物傳記中也載有西夏史料，這些人物傳記中的西夏史料是研究宋夏關係的基本史料，元人修《宋史》人物列傳時也多有采用。

《隆平集》卷二十《夷狄傳·夏國》的整理成果見王瑞來校證《隆平集》（中華書局二〇一二年版）。

三、《宋朝諸臣奏議·邊防門·遼夏》

《宋朝諸臣奏議》一百五十卷，宋趙汝愚編。該書收録了北宋二百四十一位臣僚的一千六百三十篇奏議，分爲甲、乙、丙、丁四集。所記之奏議，爲研究北宋的政治、經濟、文化、軍事、外交、民族等問題提供了系統的資料，可補正史之缺。

趙汝愚（1140—1196），字子直，饒州餘干（今江西省上饒市餘干縣西北）人。《宋史》卷三百九十二有傳。《宋朝諸臣奏議》卷一百二十九至卷一百四十《邊防門·遼夏》一至十二爲遼夏奏議，其中言西夏事者主要有，《遼夏一》：田錫《上太宗論邊事》《上太宗答詔論邊事》，王禹偁《上太宗答詔論邊事》。《遼夏二》：錢若水《上真宗答詔論邊事》《上真宗論備邊之要有五》，趙安仁《上真宗答詔論邊事》，張齊賢《上真宗論陝西事宜》《上真宗乞進兵解靈州之危》，楊億《上真

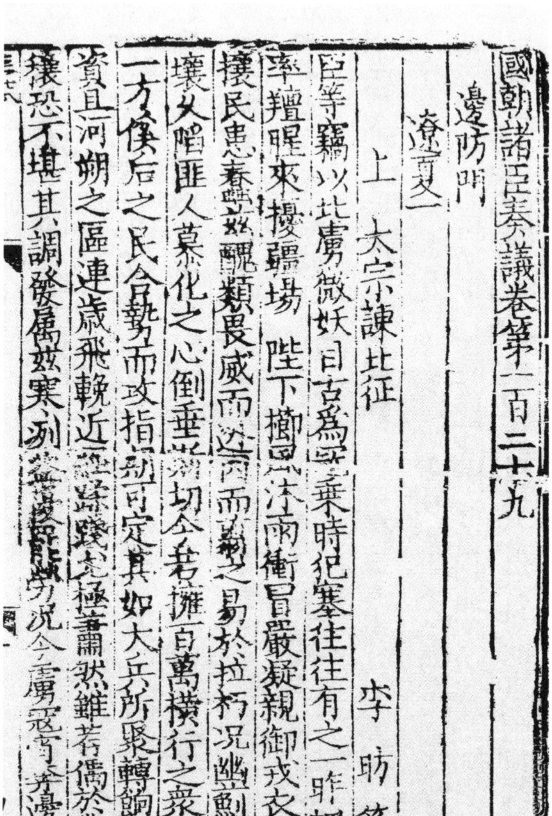
國朝諸臣奏議卷第一百二十九
邊防門
遼夏一
上太宗諫北征　李昉等
臣等竊以北虜微妖自古爲患乘時犯塞往往有之昨輒

宗論弃靈州爲便》。《遼夏三》：龐籍《上仁宗論先正内而後制外》，韓琦《上仁宗論外憂始於内患》，吴育《上仁宗論建立基本以銷未萌之患》《上仁宗論元昊不足以臣禮責》，富弼《上仁宗論西夏八事》。《遼夏四》：劉平《上仁宗乞選用酋豪各守邊郡》，陳執中《上仁宗論西邊事宜》，范仲淹《上仁宗乞嚴邊城實關内》《上仁宗論夏賊未宜進討》《上仁宗乞先修諸寨未宜進討》，龐籍《上仁宗論出界攻討未便》，田況《上仁宗論攻策七不可》《上仁宗兵策十四事》。《遼夏五》：孫沔《上仁宗論范仲淹答元昊書》，張亢《上仁宗論邊機軍政所疑十事》，張方平《上仁宗乞因郊禋肆赦招懷西賊》，范仲淹《上仁宗攻守二策》《上仁宗再議攻守》，龐籍《上仁宗論范仲淹攻守之策》，賈昌朝《上仁宗備邊六事》，范仲淹等《上仁宗論元昊請和不可許者三大可防者三》。《遼夏六》：余靖《上仁宗論元昊請和當令權在我》，富弼《上仁宗論不可待西使太過》，歐陽修《上仁宗論西鄙議和先防北虜》《上仁宗論廷議元昊通和事》《上仁宗論元昊來人不可令朝臣管伴》《上仁宗論西賊議和利害》，韓琦《上仁宗論備禦七事》，田況《上仁宗乞訪問執政專以虜患爲急》，范仲淹等《上仁宗論和守攻備四策》。《遼夏七》：丁度等《上仁宗論契丹請絶元昊進貢事》，余靖《上仁宗論契丹請絶元昊進貢事》，富弼《上仁宗論元昊所上誓書》，余靖《上仁宗論元昊所上誓書》。《遼夏八》：韓琦《上仁宗論西北議和有大憂者三大利者一》，劉敞《上仁宗論城古渭州有四不可》，吕誨《上仁宗論邊備弛廢》，司馬光《上英宗乞戒邊臣闊略細故》《上英宗乞留意邊事》《上神宗論納横山非便》，歐陽脩《上英宗論西邊可攻四事》，鄭獬《上神宗論种諤擅入西界》。《遼夏九》：劉述《上神宗論种諤擅入西界》《上神宗論种諤薛向》《上神宗論不可伐喪》，楊繪《上神宗論种諤擅入西界》，孫覺《上神宗論自治以勝夷狄之患》《上神宗論治邊之略》，范純仁《上神宗論小人妄陳邊事》，司馬光《上神宗論中國當守信義不可輕議用兵》《上神宗諫西師》，富弼《上神宗諫西師》。《遼夏十》：滕甫《上神宗諫伐西夏》，范純粹《上神宗論西師不可再舉》，司馬光《上哲宗乞還西夏六寨》，范純仁《上哲宗答詔論西事》，吕大防《上哲宗答詔論西事》，吕陶《上哲宗請以蘭州二寨封其酋長》。《遼夏十一》：范純粹《上哲宗乞以弃地易被虜之人》《上哲宗乞不妄動以觀成敗之變》，韓維《上哲宗論息兵弃地》，蘇轍《上哲宗乞因夏人納款給還其地》，孫覺《上哲宗乞弃蘭州》，王巖叟《上哲宗論西人請地》，蘇軾《上哲宗論前後致寇之由及當今待敵之要》，范育《上哲宗論禦戎之要》。《遼夏十二》：上官均《上哲宗論弃地非便》，范純粹《上哲宗論息兵失於欲速》《上徽宗論進築非便》，蘇轍《上哲宗論地界》《上哲宗論不可失信夏人》，張舜民《上徽宗論進築非便》。

除上述專卷述及西夏事外，尚有部分涉及西夏的奏議散見於其他各卷，如卷九十五《禮樂門·恤典》有蘇舜欽《上仁宗乞録用劉石子弟》。卷九十七《刑賞門·賞罰》有常安民《上哲宗奏爲種誼生擒鬼章賞未稱功》，許翰《上徽宗論西師賞功之濫》。卷一百二十三《兵門·民兵上》有韓琦《上英宗乞募陝西義勇》、司馬光《上英宗乞罷刺陝西義勇》（第一至第六狀）。卷一百二十五《兵門·蕃兵》有王堯臣《上仁宗乞用涇原路熟户》，范仲淹《上仁宗乞令陝西主帥并帶押蕃部使》，吕誨《上英宗請重造蕃部兵帳》。同卷《兵門・馬政》有陳次升《上徽宗論西蕃市馬》。

上述這些奏議的作者就宋夏關係中的某方面問題發表自己的看法，有些奏議是針對一個問題而發，朝臣均各抒己見，綜合研究各家之言，便不難瞭解宋人對問題的基本態度。有些奏議在宋人文集中亦有收録，所以利用《宋朝諸臣奏議》時最好能與文集中收録的相互比照，以還奏議之原貌，避免因異文而導致研究結論上出現偏差。

《宋朝諸臣奏議》卷一百二十九至卷一百四十《邊防門・遼夏》的整理成果見北京大學中國中古史研究中心校點整理《宋朝諸臣奏議》（上海古籍出版社一九九九年版）。

四、《宋朝大詔令集・政事門・四裔・西夏》

《宋朝大詔令集》是北宋八位皇帝所發布的各種詔令的彙編之作，八位皇帝包括太祖、太宗、真宗、仁宗、英宗、神宗、哲宗、徽宗，所收詔令計有三千五百六十八篇，雖

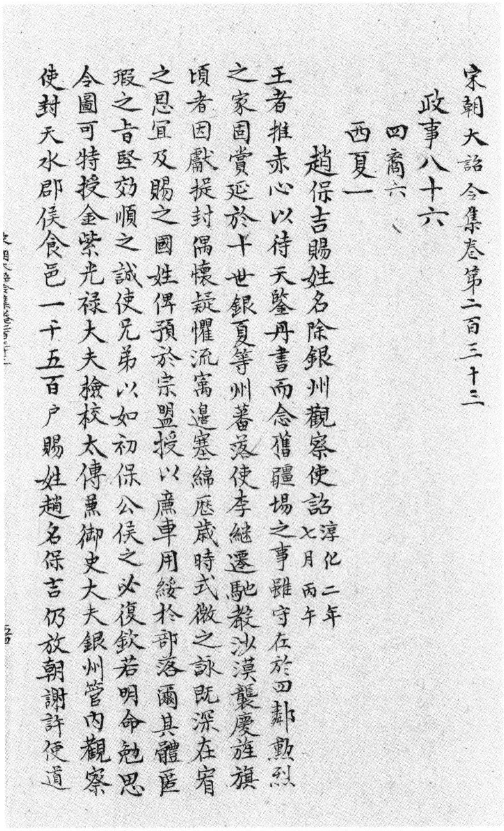
宋朝大詔令集卷第二百三十三
政事八十六
四裔六
西夏一
趙保吉賜姓名除銀州觀察使詔淳化二年七月丙午
王者推赤心以待天鑒丹書而念舊疆埸之事雖守在於四鄰勳烈之家固賞延於十世銀夏等州蕃落使李繼遷馳騖沙漠襲慶旌旗頃者因獻捷封偶懷疑懼流寓邊塞綿歷歲時式微之詠既深在宥之恩宜及賜之國姓俾預於宗盟授以廉車用綏於部落爾其體匪暇之旨堅效順之誠使兄弟以如初保公侯之必復欽若明命勉思令圖可特授金紫光禄大夫檢校太傅兼御史大夫銀州管内觀察使封天水郡侯食邑一千五百户賜姓趙名保吉仍放朝謝許便道

未將北宋所有詔令搜羅無遺，但它對研究北宋史實和訂正補充史書的漏誤依然有很高的參考價值。《宋朝大詔令集》原書有二百四十卷，另有目録兩卷。詔令收録始自宋太祖建隆年，訖於宋徽宗宣和年，分門別類，按年繫月編次。

研究西夏、宋、遼、金四朝之間的關係，各國之間的往來公文是非常重要的歷史文獻。《宋朝大詔令集》中收録的各種下行於西夏的公文就是研究宋夏關係的原始史料，《宋朝大詔令集》將下行於西夏的公文主要集中收録在卷二百三十三至卷二百三十六《政事門·四裔·西夏》中，四卷共輯録了北宋降給西夏的各種詔令達六十七條，其中卷二百三十三有十四條，卷二百三十四有十八條，卷二百三十五有十四條，卷二百三十六有二十一條。從降詔時間上看，最早的一條詔令是北宋太宗淳化二年（991）七月丙午所降《趙保吉賜姓名除銀州觀察使詔》，最晚的一條是哲宗元符三年（1100）所降《賜夏國主并南平王李乾德曆日詔》。從詔令内容上看，主要包括六類詔令。第一類爲賜官詔，主要是宋朝給歷代夏主賜封官爵的詔令，如真宗景德三年（1006）十月庚午《趙德明拜官封西平王制》。第二類爲賜物詔，主要是宋朝因某事賜與夏國銀、絹、茶等物而降詔，如仁宗慶曆七年（1047）十二月二十五日《賜夏國主賵贈詔》、哲宗元符三年《登極賜夏國主銀絹詔》。第三類是賜佛經詔，佛教爲西夏國教，爲籠絡西夏，宋朝贈佛經與西夏，如仁宗嘉祐三年（1058）《賜夏國主贖大藏經詔》。第四類是質問詔，宋朝因某事質問夏國，如英宗治平二年（1065）十月二日《賜夏國主取問無名舉兵迫大順城詔》。第五類是誡飭詔，主要警告夏國不要故意挑釁滋事，如治平元年（1064）九月庚午《諭夏國精擇使人不令妄舉詔》《賜夏國主令發遣熟户仍不得侵踐漢地詔》。第六類是答應詔，夏國有求於宋，或改其蕃俗而從漢俗，或乞買宋地物産，宋朝將自己的意見轉告於夏國，如《賜夏國主乞用漢儀詔》《賜夏國主乞買物詔》。另外，還有一條削官詔令，即元昊稱帝後宋仁宗寶元二年（1039）六月壬午降《削趙元昊官爵除去屬籍詔》。上述各類詔令從不同側面反映了宋朝最高統治階級對宋夏關係的態度和立場，或訓斥，或籠絡，軟硬兼施，在詔令的措辭上處處以中原大國自居，企圖以此震懾對方。歷史表明，這僅僅是北宋皇帝一厢情願的幻想。在國不富、民不强的時代，北宋衹能不時以『賜贈』來换得西夏的順服，一旦要求不被滿足，西夏馬上以武力掠奪，所以宋夏關係總是時和時戰。

《宋朝大詔令集》除了有專卷記反映宋夏關係的詔令外，其他卷次中亦有涉及宋夏關係的詔令，如卷一百四十五《典禮三十・弋獵》録《還趙保忠獻海東青詔》，卷一百八十六《政事三十九・蠲復下》録《令趙保吉授夏臺節制諭陝西詔》，卷二百一十三《政事六十六・備禦上》録《答知延州向敏中等言趙德明要約事詔》，卷二百一十九《政事七十二・武功下》録《克西夏九城陝西河東德音》，卷二百三十二《政事八十五・四裔・契丹》録《答契丹勸和西夏書》等等。以上所述的各種與西夏相關的詔令有少部分收録在歐陽修、范仲淹、韓琦、蘇軾等人的文集中，大多數詔令僅見載於《宋朝大詔令集》。而收録在文集中的詔令有些没有繫年，《宋朝大詔令集》中收録的詔令原始性很强，利用它可以補他書記載之缺，也可糾他書記載之誤。然而我們在研究西夏公文時對《宋朝大詔令集》利用得還很不够，尤其在研究北宋與夏之間的關係時多徵引《長編》和《宋史》等史書中的史料，而忽略了更原始、更完整的詔令，這些詔令應引起學者足够的重視。同時也要注意到，《宋朝大詔令集》也存在一些詔令繫年不可考、排序混亂和繫年有誤等問題，故引用材料時要注意辨明。①

《宋朝大詔令集》卷二百三十三至卷二百三十六《政事門·四裔·西夏》的整理成果見司義祖點校《宋大詔令集》（中華書局一九六二年版）。

五、《宋朝事實類苑·安邊禦寇·西夏》

《宋朝事實類苑》現存有七十八卷本和六十三卷本兩種，宋江少虞輯。該書成於宋紹興十五年（1145），全書分二十四門（一説二十八門），各以四字標題，并再分列子目，所記主要爲宋太祖至神宗一百二十六年（960—1085）史實，中間雜有西夏景宗元昊、毅宗諒祚、惠宗秉常三代西夏國主事。

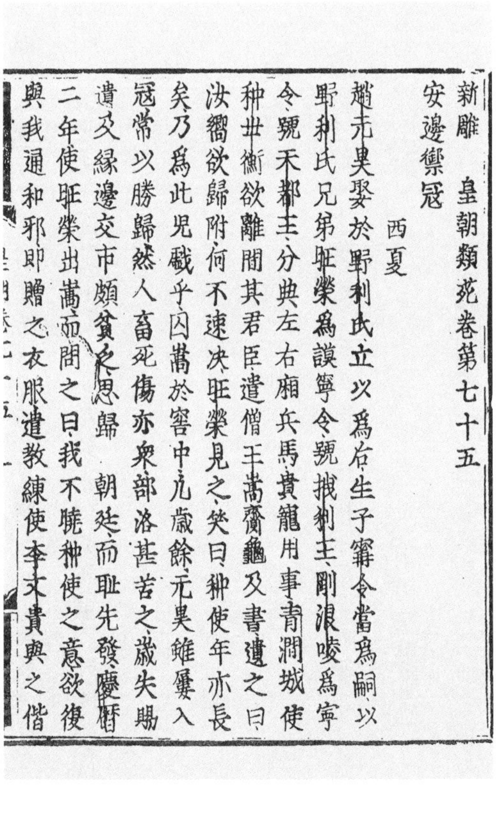
新雕 皇朝類苑卷第七十五
安邊禦寇
西夏
趙元昊娶於野利氏立以爲后生子寧令當爲嗣以野利氏兄弟旺榮爲謨寧令號拽利王剛浪㖫爲寧令號天都王分典左右廂兵馬貴寵用事青澗城使种世衡欲離間其君臣遣僧王嵩齎龜及書遺之曰汝嚮欲歸附何不速決旺榮見之笑曰种使年亦長矣乃爲此兒戲乎囚嵩於窖中凡歲餘元昊雖屢入寇常以勝歸然人畜死傷亦衆部落甚苦之歲失賜遺及緣邊交市頗貧乏思歸 朝廷而耻先發慶曆二年使旺榮出嵩而問之曰我不曉种使之意欲復與我通和邪即贈之衣服遣教練使李文貴與之偕

① 彭向前撰：《〈宋朝大詔令集〉西夏目詔令繫年考》，《寧夏社會科學》二〇〇六年第二期，第一百零九頁至第一百一十二頁。

江少虞，生卒年不詳，字虞仲，常山人。宋政和進士，調天台學官，後歷任建、饒、吉三州太守。《宋朝事實類苑》卷七十五《安邊禦寇·西夏》凡十二則，集中記述西夏事，涉及的西夏史實包括：元昊立國始末；諒祚請稱漢官，乞與宋通和；元昊被弑，种諤誘降嵬名山部；元昊欲與宋分庭抗禮；山遇歸宋受阻；康定元年（1040）五月十八日范雍奏西夏事；曹瑋語元昊必叛；綏州城設，城永樂宋軍遭敗績；許懷德智完延州；張子奭使夏，夏人待之不合禮制。

其他涉及西夏事者主要有，卷五十三《忠孝節義·任福》，記任福抗夏事。此條亦見《涑水記聞》卷十二。卷五十四《忠孝節義》之劉渙條，記劉渙出使唃厮囉事。此條亦見《澠水燕談録》。卷五十五《將帥才略》之范文正、曹煒、狄武襄等條，卷五十六《將帥才略》之郭遵、种世衡、任福、范雍、王吉、鄭工部、唃厮囉等條，均述及西夏事。上舉各條與西夏有關的史實，爲宋人采集西夏事，史料可信度較高。

《宋朝事實類苑》卷七十五《安邊禦寇·西夏》的整理成果見瞿濟基點校《宋朝事實類苑》（上海古籍出版社一九八一年版）。

六、《建炎以來朝野雜記·邊防·西夏扣關》

《建炎以來朝野雜記》甲集二十卷、乙集二十卷。宋李心傳編。李心傳（1167—1244），字微之，一字伯微，號秀巖，隆州井研（今屬四川）人。《宋史》卷四百三十八有傳。有史才，通故實。著有《建炎以來繫年要録》

《建炎以來朝野雜記》等，兩書都雜有宋夏關係及夏金關係之史實。

《建炎以來朝野雜記》乙集卷十九《邊防・西夏扣關》是西夏專題部分，概括了西夏仁宗、仁孝以前的西夏歷史。敘事自唐僖宗時受賜李氏、拜夏州節度使拓跋思恭始，繼之以思諫、彝昌、仁福、彝超、彝興、光睿、繼筠、繼捧（趙保忠）、繼遷（趙保吉）、德明、元昊、諒祚、秉常、乾順、仁孝等夏主事，也即李心傳所言『西夏十六傳本末』，考證其所敘之事，止於寧宗嘉定七年（1214）七月，夏遣使與宋密約夾攻金人，欲借此收復夏被金侵奪的故疆。但宋朝官員懷疑其中有詐，未將此事上報朝廷。此後宋夏之間的聯繫就中斷了。這實際上已經是夏神宗遵頊光定四年的事了，所以李心傳《西夏扣關》講述的是包括仁孝之後的純祐、安全、遵頊等共十九位夏國重要歷史人物之事。在同卷之《韃靼款塞（蒙國本末）》中也雜有西夏事，但內容很簡單。

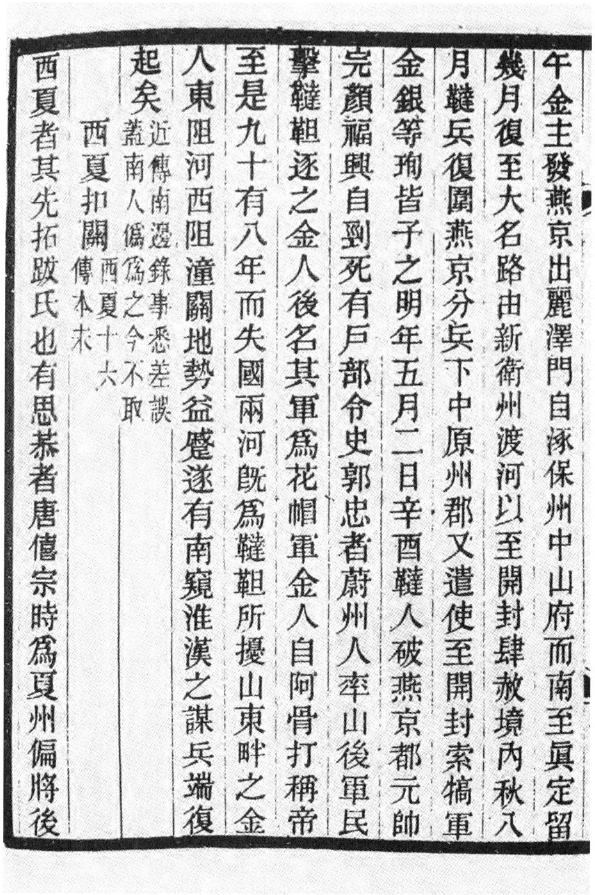
午金主發燕京出麗澤門自涿保州中山府而南至真定留幾月復至大名路由新衛州渡河以至開封肆赦境內秋八月韃兵復圍燕京分兵下中原州郡又遣使至開封索犒軍金銀等珦皆子之明年五月二日辛酉韃人破燕京都元帥完顏福興自剄死有戶部令史郭忠者蔚州人率山後軍民擊韃靼逐之金人後名其軍爲花帽軍金人自阿骨打稱帝至是九十有八年而失國兩河既爲韃靼所擾山東畔之金人東阻河西阻潼關地勢益蹙遂有南窺淮漢之謀兵端復起矣 近傳南遷錄事悉差誤蓋南人僞爲之今不取

西夏扣關 西夏十六傳本末

西夏者其先拓跋氏也有思恭者唐僖宗時爲夏州偏將後

《建炎以來朝野雜記》乙集卷

十九《邊防・西夏扣關》的整理成果見徐規點校《建炎以來朝野雜記》（中華書局二〇〇〇年版）。

七、《東都事略・西夏傳》

《東都事略》一百三十卷，宋王稱撰。該書主要記載北宋從太祖趙匡胤建隆元年（960）立國到欽宗趙桓靖康二年（1127）失國，共一百六十八年的歷史，包括宋太祖、太宗、真宗、仁宗、英宗、神宗、哲宗、徽宗、欽宗等共九代，因北宋都城開封又稱爲『東都』而取名曰《東都事略》。該書卷一百二十七、卷一百二十八《西夏傳》是傳世漢文西夏文獻中成書時間最早的西夏專史。

王稱，生卒年不詳，字季平，眉州（今四川省眉山市）人。《宋史翼》卷二十九有傳。王稱之父王賞在南宋高宗紹興年間曾參與編撰皇帝實録，王稱本人也繼承家學，刻意治史，他以國史、實録爲基本史料，修成《東都事略》。

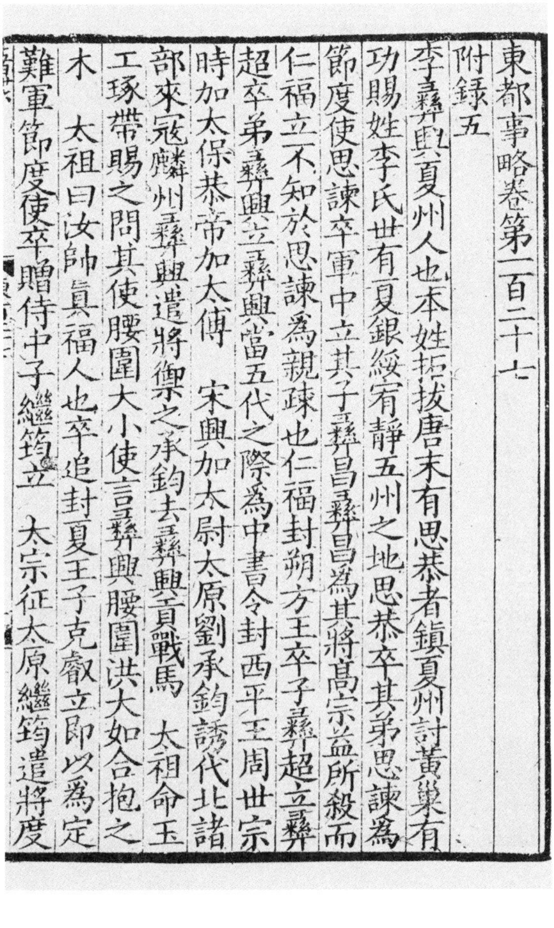
東都事略卷第一百二十七
附録五
李彝興夏州人也本姓拓拔唐末有思恭者鎮夏州討黄巢有功賜姓李氏世有夏銀綏宥靜五州之地思恭卒其弟思諫爲節度使思諫卒軍中立其子彝昌彝昌爲其將高宗益所殺而仁福立不知於思諫爲親疏也仁福封朔方王卒子彝超立彝超卒弟彝興立彝興當五代之際爲中書令封西平王周世宗時加太保恭帝加太傅　宋興加太尉太原劉承鈞誘代北諸部來寇麟州彝興遣將衛之承鈞去彝興貢戰馬　太祖命玉工琢帶賜之問其使腰圍大小使言彝興腰圍洪大如合抱之木　太祖曰汝帥眞福人也卒追封夏王子克叡立卽以爲定難軍節度使卒贈侍中子繼筠立　太宗征太原繼筠遣將度

《四庫全書總目》著録王稱撰《西夏事略》一卷，并指出是作僞者自《東都事略》抄出，别題此名。該書實即《東都事略》卷一百二十七《西夏傳》，叙事起自唐末拓跋思恭『鎮夏州，討黄巢有功，賜姓李氏，世有夏、銀、綏、宥、静五州之地』，訖於李元昊『因劓創死』，没藏氏『生諒祚，遂立之，以没藏氏爲太后，於是政在没藏矣』。述及西夏立國前的十一位夏主和立國後的元昊、諒祚兩人，重點介紹了李彝興、繼捧、繼遷、德明、元昊等五人的生平事迹。卷一百二十八《西夏傳》述及夏國皇帝諒祚、秉常、乾順事，叙事起自『諒祚既立而幼弱，國中大亂，有欲勸仁宗舉兵以收復靈、夏者』[1]，訖於『靖康元年，夏人知我戍邊士卒入援，遂乘虚犯河外，寇震威城，朱昭死之。又取西安州，陷懷德軍，劉銓、杜翊世以城死』[2]。

除兩卷《西夏傳》外，《東都事略》卷一百二十九《西蕃傳》雜有夏州政權與吐蕃唃厮囉政權間的交往歷史，卷十九《石保興傳》、卷二十《李繼隆傳》《王凱傳》等人物傳記還散見部分西夏史料，這些都是研究宋夏關係的基本史料，在元人編修《宋史》時也多有借鑒，所以在利用《宋史》材料來研究宋人禦夏事迹時，最好能參考《東都事略》人物傳記資料，以明其史料之源。

王稱在《東都事略》卷一百二十八《西夏傳》之末分析西夏國崛起的原因時説：『臣稱曰：自繼遷死，德明款塞，西鄙息肩矣。元昊强梁兇悍，乃謀僭尊，以天下之力而臨區區之一方，然未嘗少挫其鋒。及其敗

① （宋）王稱撰：《東都事略》，影印文淵閣《四庫全書》本，臺灣商務印書館一九八六年版，第三百八十二册第八百二十七頁。

② （宋）王稱撰：《東都事略》，影印文淵閣《四庫全書》本，臺灣商務印書館一九八六年版，第三百八十二册第八百三十頁。

於女色，禍發其子，且彼能叛君，而子亦能弑父，此天道也。嗚呼，夏小國也。自元昊以來，服叛不常，而每爲中國之患，雖有智者爲之謀，而亦莫能以得志，何哉？大氐國大則有所恃而不戒，故其强易弱；國小則無所恃而常懼。軍民之勢猶一家也，相恤相救，謀慮日深，故其弱爲難犯。此其所以爲中國之患與？』①王稱認爲，西夏政權在德明時期臣服於宋，對宋朝基本没有構成威脅。等到元昊時期，其僭越之心日漸顯露，對宋朝時叛時降。儘管其政權内部不時發生争權奪利之事，但在對宋朝的態度上却軍民一心，他們始終將宋朝視爲自己政權生存的最大威脅。而宋朝常常以大國自居，對西夏政權的崛起聽之任之，没有及時采取有效措施阻止西夏割據勢力進一步地壯大，最終養虎爲患。

《東都事略》卷一百二十七、卷一百二十八《西夏傳》的整理成果見孫言誠、崔國光點校《東都事略》（齊魯書社二〇〇〇年版）。

① （宋）王稱撰：《東都事略》，影印文淵閣《四庫全書》本，臺灣商務印書館一九八六年版，第三百八十二册第八百三十頁至第八百三十一頁。

八、《太平治迹統類·太祖太宗經制西夏、真宗經制西夏、康定元昊擾邊、仁宗經制西夏要略、治平西夏擾邊、神宗經制西夏、韓絳宣撫陝西、种諤建議大舉、李憲再舉取靈武、徐禧等築永樂城、哲宗弃四寨、哲宗朝議弃西夏地界》

《太平治迹統類》三十卷，宋彭百川編。該書取材於《長編》，并仿《通鑑紀事本末》體例，記北宋太祖至欽宗九朝典故，於朝廷大政及諸臣事迹，條分縷析，多可與史傳相參考。

彭百川，生卒年不詳，字叔融，眉州丹棱（今四川省眉山市丹棱縣）人。宋寧宗、光宗時人。好學不輟，終老布衣。《太平治迹統類》所載西夏專題史料非常豐富，足資治西夏史者參考。其西夏史料主要包括：卷二《太祖太宗經制西夏》，叙事起於唐末拓跋思恭鎮夏州，統銀、夏、綏、宥、静五州地，討黃巢有功，賜姓李，訖於至道三年（997）三月，傅潛等言護

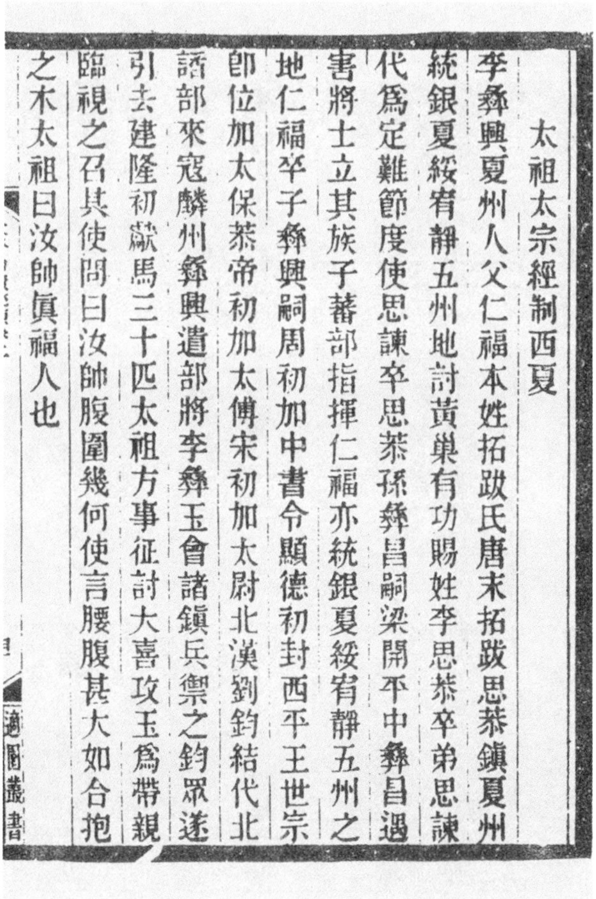
太祖太宗經制西夏
李彝興夏州人父仁福本姓拓跋氏唐末拓跋思恭鎮夏州
統銀夏綏宥靜五州地討黃巢有功賜姓李思恭卒弟思諫
代爲定難節度使思諫卒思恭孫彝昌嗣梁開平中彝昌遇
害將士立其族子蕃部指揮仁福亦統銀夏綏宥靜五州之
地仁福卒子彝興嗣周初加中書令顯德初封西平王世宗
即位加太保恭帝初加太傅宋初加太尉北漢劉鈞結代北
諸部來寇麟州彝興遣部將李彝玉會諸鎮兵禦之鈞衆遂
引去建隆初獻馬三十匹太祖方事征討大喜攻玉爲帶親
臨視之召其使問曰汝帥腹圍幾何使言腰腹甚大如合抱
之木太祖曰汝帥眞福人也

送二十五州軍芻粟已入靈州，會上不豫，因止其出師。卷五《真宗經制西夏》，叙事起於至道三年，上即位，訖於大中祥符元年（1008），趙德明以國内饑荒爲由，請宋贈送糧食，王旦出計，讓德明自來京師取糧，德明屈。卷七《康定元昊擾邊》，叙事起於仁宗明道元年（1032）冬十一月，封趙德明爲夏王，訖於慶曆五年（1045）八月辛未，詔班曆於夏。卷八《仁宗經制西夏要略》，叙事起於景祐元年（1034）十二月張亢上疏論西北攻守之計，訖於慶曆六年（1046）六月辛酉，詔河東經略使鄭戩裁減本道邊費以聞。卷十一《治平西夏擾邊》，叙事起於治平元年（1064）賜諒祚詔，訖於治平四年（1067）閏三月甲申，諒祚遣使來獻方物謝罪。卷十五《神宗經制西夏》，叙事起於諒祚圍大順城，中流矢敗走，訖於熙寧三年（1070）秋，秉常乃舉兵三十萬大寇環慶。同卷之《韓絳宣撫陝西》《种諤建議大舉》《李憲再舉取靈武》《徐禧等築永樂城》等條中均詳言宋夏戰事。卷二十《哲宗弃四寨》，叙事起於元豐八年（1085）三月，夏國進助山陵，訖於元祐四年（1089）十一月賜詔於夏。卷二十一《哲宗朝議弃西夏地界》，詳叙朝廷議割城寨，蘇轍、范純仁對此提出的建議。上述西夏史料，對宋太祖至哲宗時期宋夏關係史上的大事均有述及。

除以上各卷專題叙西夏事外，在《太平治迹統類》其他卷帙中也有部分專題中雜有西夏事。主要包括：卷九《仁宗諸臣謀國遠略》載包拯禦夏之策，《仁宗築古渭寨》詳言古渭寨進築始末。卷十《劉滬城水洛》詳言水洛城築城始末。卷十六《神宗開熙河》言及唃厮囉與西夏國的關係，并叙王韶經營熙河、牽制西夏的策略及具體行動。卷二十一《哲宗禽鬼章》叙及宋朝群臣對於擒獲鬼章一事的不同態度，蘇軾、蘇轍、范純仁等論及此事對宋夏關係的影響。卷二十五《蘇軾立朝大概》叙蘇軾禦夏之策。卷三十《兵制損益》叙仁宗、英宗、神宗三朝爲更好地禦夏，對兵制加以變革。

九、《宋史·夏國傳》《遼史·西夏外記》《金史·西夏傳》

公元一二二七年，西夏國被蒙元帝國所滅，元朝史官采取將西夏史附於宋、遼、金三史之後的做法，在《宋史》《遼史》和《金史》中分别有兩卷《夏國傳》、一卷《西夏外記》和一卷《西夏傳》。元順帝時，脱脱任中書左丞相，主張宋、遼、金各爲一史，獨自成書，各與正統，各與其年號，并親定修史義例。元至正三年（1343）三月，元順帝采納脱脱的建議，詔修宋、遼、金三史，令脱脱爲都總裁，主持修史工作。至正五年（1345）十月，三史即告完成，《宋史》四百九十六卷，《辽史》一百一十六卷，《金史》一百三十五卷，皆署脱脱等修。《宋史》卷四百八十五、卷四百八十六《夏國傳》是傳世漢文西夏文獻

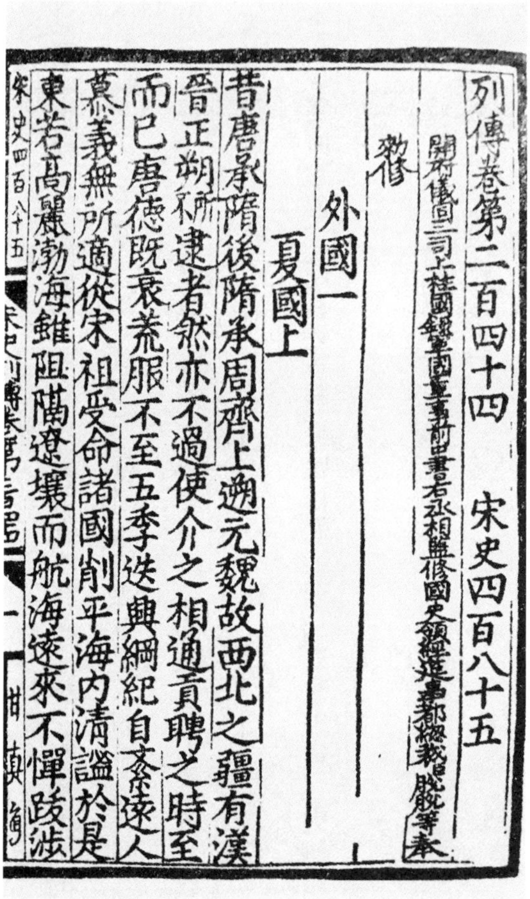
列傳卷第二百四十四　宋史四百八十五
開府儀同三司上柱國錄軍國重事前中書右丞相監修國史領經筵事都總裁臣脫脫等奉
勅修
外國一
夏國上
昔唐承隋後隋承周齊上遡元魏故西北之疆有漢
晉正朔所不逮者然亦不過使介之相通貢聘之時至
而已唐德既衰荒服不至五季迭興綱紀自紊遠人
慕義無所適從宋祖受命諸國削平海内清謐於是
東若高麗渤海雖阻隔遼壤而航海遠來不憚跋涉

中較早對西夏國史進行全面、系統梳理的文獻，此後史家編修西夏專史，皆以《宋史·夏國傳》爲基本史料。卷四百八十五《夏國傳上》開篇即講宋承唐統，周邊各政權無不與宋相交通，各國朝聘之事不斷。叙西夏國史，從唐貞觀初，有拓跋赤辭者歸唐，太宗賜姓李，置静邊等州以處之事追述起，訖夏毅宗諒祚殂，子秉常立。在記夏景宗元昊事時，插述西夏國的服飾、社會風俗及立國之初的軍制、官制、疆域等情況。卷四百八十六《夏國傳下》叙事起自秉常即位，訖於末主睍爲元所俘，夏國遂亡。還補叙夏國地理、軍事制度及民間風俗等方面的資料。最後是『論曰』，概述西夏國史，并對西夏立國時間之久發出了『不有君子，其能國乎』①的感嘆！

元人編修《宋史》，基本上以宋朝舊有的國史、實録爲藍本，參以《東都事略》、墓誌、行狀等一些私家撰著，對於《夏國傳》部分的編修，其基本史料也來源於這些文獻。元人在交代《宋史·夏國傳》的編修情況時説：『前宋舊史有《女直傳》，今既作《金史》，義當削之。夏國雖偭鄉不常，而視金有間，故仍舊史所録存焉。』②此外，元人還利用宋人著漢文西夏文獻以補充西夏史料不足的缺憾。《宋史》卷四百八十六《夏國傳》論曰：『今史所載追尊謚號、廟號、陵名，兼采《夏國樞要》等書，其與舊史有所抵牾，則闕疑以俟知者焉。』③《夏國樞要》是宋人孫巽所編著，内容涉及西夏國自然地理和人文地理，史料價

①（元）脱脱等撰：《宋史》，中華書局一九七七年版，第四十册第一萬四千零三十頁。
②（元）脱脱等撰：《宋史》，中華書局一九七七年版，第四十册第一萬三千九百八十二頁。
③（元）脱脱等撰：《宋史》，中華書局一九七七年版，第四十册第一萬四千零三十頁。

值很高，元人引此類文獻所載西夏史料入《夏國傳》，提高了其史料的可信度。

《遼史》卷一百一十五《西夏外記》叙事起自西夏遠祖思恭被唐賜姓李氏，訖於遼天祚帝遣使册乾順爲夏國皇帝。遼朝聖宗、興宗、道宗及天祚帝等四朝與西夏國太宗、景宗、毅宗、惠宗及崇宗等五朝間朝貢、攻伐等大事，多綱目式地記述，還簡要記載了西夏國人衣冠服飾、騎乘、土産品物、軍事制度等内容，在三史《夏國傳》中是記西夏事最爲簡略的，但其記西夏物産的資料爲其他史籍所罕見。

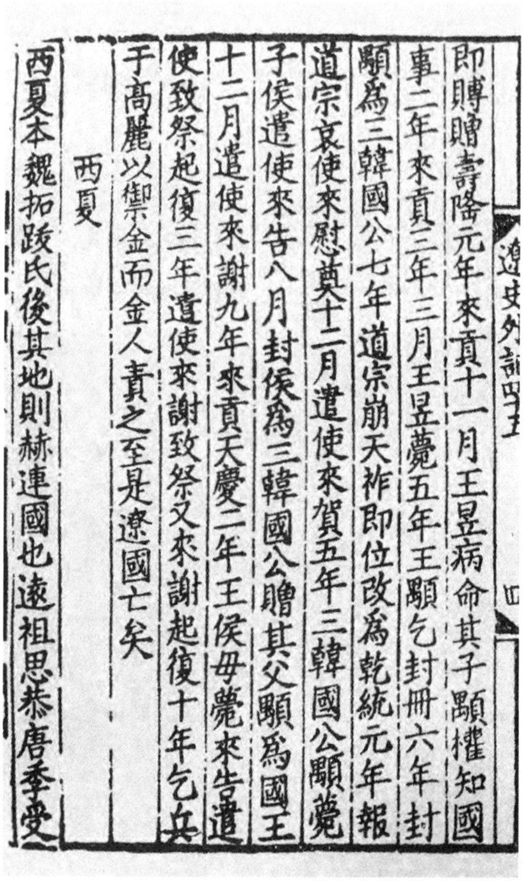

遼史外記四十五

即賻贈壽隆元年來貢十一月王昱病命其子顒權知國
事二年來貢三年三月王昱薨五年王顒乞封冊六年封
顒爲三韓國公七年道宗崩天祚即位改爲乾統元年報
道宗哀使來慰奠十二月遣使來賀五年三韓國公顒薨
子俁遣使來告八月封俁爲三韓國公贈其父顒爲國王
十二月遣使來謝九年來貢天慶二年王俁母薨來告遣
使致祭起復三年遣使來謝致祭又來謝起復十年乞兵
于高麗以禦金而金人責之至是遼國亡矣

西夏

西夏本魏拓跋氏後其地則赫連國也遠祖思恭唐季受

元人修《遼史》主要參考了遼人耶律儼《遼朝實録》、金人陳大任《遼史》稿本等文獻，這些文獻原書現已不傳，文獻中是否設有西夏專記已經不得而知，但鑒於遼與西夏之間特殊的關係，文獻中記遼夏交通之事當在情理之中。元人修《遼史·西夏外記》未言明其參考史料，清人黄任恒撰《補遼史·藝文志·史部·載記類》著録有一種《夏國史》，這很可能是一部漢文西夏史書，遼時此書尚存，元人修《夏國傳》

時不知是否參考。《遼史・西夏外記》中遼夏關係的史料基本同《遼史》聖宗、興宗、道宗及天祚帝等帝王本紀中的相關内容，夏國遠祖事、物産及軍制等資料主要參考了《隆平集》等文獻。從編修質量來看，《遼史・西夏外記》是三史《夏國傳》中最差的。史料中錯誤較多，如遼天祚帝册封夏國乾順爲夏國皇帝事在天祚帝保大三年（1123）六月，天祚帝被金人執歸事在保大五年（1125）八月，而《遼史・夏國傳》統繫於保大二年（1122）六月，還將夏太宗德明和其子元昊事誤混等等。文字方面也有脱、訛、衍、倒等問題。

金太宗天會二年(1124)，西夏正式向金朝上誓表稱臣，金夏之間正式形成了以君臣相稱的政治關係。《金史》卷一百三十四《西夏傳》叙事，起自金太祖天輔六年（1122）夏主乾順遣大將李良輔救遼主，被金將打敗於宜水，訖於金哀宗正大四年(1227)夏國亡，在『贊曰』中簡單提及西夏國的族源及地理情況。《金史・西夏傳》修撰時主要以金歷朝實録和國史爲依據，另外王鶚、劉祁、元好問等人搜集的資料對修史也很有用，金代《大金集禮》等書尚存，所依據的材

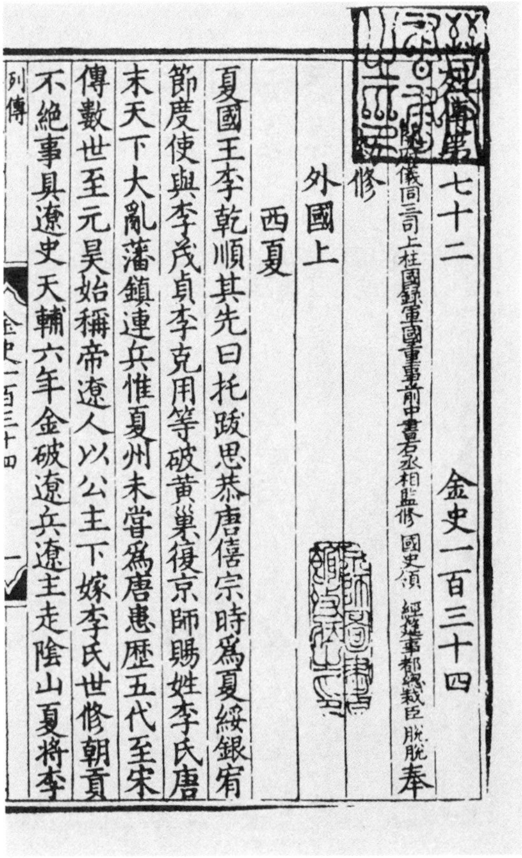
列傳第七十二　金史一百三十四
開府儀同三司上柱國録軍國重事前中書右丞相監修國史領經筵事都總裁臣脱脱奉
修
外國上
西夏
夏國王李乾順其先曰托跋思恭唐僖宗時爲夏綏銀宥
節度使與李茂貞李克用等破黄巢復京師賜姓李氏唐
末天下大亂藩鎮連兵惟夏州未嘗爲唐患歷五代至宋
傳數世至元昊始稱帝遼人以公主下嫁李氏世脩朝貢
不絶事具遼史天輔六年金破遼兵遼主走陰山夏將李
列傳　金史一百三十四　一

料遠比修《遼史》的豐富，故《金史·西夏傳》記事詳於《遼史·西夏外記》，但略於《宋史·夏國傳》。由於金衛紹王、哀宗兩朝實録闕如，所以《金史·西夏傳》中這兩朝的金夏之事也失載。

元人修《金史·西夏傳》，提及了一部重要的西夏史書《西夏世次》。《西夏世次》（又稱《西夏國譜》）二十卷，是一部由西夏人羅世昌編修的西夏史籍，以叙夏國帝王世次爲主。《西夏書》卷三有《羅世昌傳》，《西夏書事》卷四十二載羅世昌修《西夏世次》事。該書由西夏人所編，其史料的可靠性要遠勝他史，惜其不傳於今。同《宋史·夏國傳》《遼史·西夏外記》一樣，《金史·西夏傳》在史料和文字方面也存在錯誤，利用時也同樣要參考相關的研究和整理成果，以免以訛傳訛。

元人修宋、遼、金三史《夏國傳》，除參考當時官府所藏的西夏文獻外，在袁桷的建議下，還發動所有編史人員照他開列的書單訪求散落民間的西夏文獻。在書單中，可以肯定是記載西夏事的書有兩部，即《趙元昊西夏事實》《西夏事宜》。這兩部西夏書歷代公私目録均未見著録，作爲修史書的重要參考文獻，兩書的内容或許已散入到三史《夏國傳》中了。宋、遼、金三史《夏國傳》分别側重記宋夏關係、金夏關係和遼夏關係，編年記事時分别以宋、遼、金三朝年號即所謂『正統年號』繫事，所記内容以朝貢、攻伐爲主，對西夏地理、民風民俗、官制、軍制等也間有記述，但均語焉不詳，對西夏其他典章制度的記述基本上是空白。總體來看，三史《夏國傳》由於材料來源不一樣，記述的角度不同，因而内容詳略各異。以《宋史·夏國傳》爲最詳（但詳於北宋而略於南宋），《遼史·西夏外記》最爲簡略，《金史·西夏傳》詳於《遼史·西夏外記》

却略於《宋史·夏國傳》。由於三史《夏國傳》在不同時間修成，有些史實的記述甚至還有分歧。比如就西夏文字的創制時間及其創制者，《遼史·西夏外記》載爲元昊之父德明時期由德明創制，《宋史·夏國傳》載爲元昊時期由元昊及其大臣野利仁榮創制。結合《隆平集》《長編》《夢溪筆談》等宋人文獻和西夏文《妙法蓮華經》殘本序等西夏文獻可知，《宋史·夏國傳》所載最爲可信。有些史實的記述則可以互補。如《金史·西夏傳》載西夏亡國事曰，正大『三年二月，遵頊死，七月，德旺死，嗣立者史失其名。明年，夏國亡』①。而《宋史·夏國傳》載其事曰，德旺死後，『清平郡王之子南平王晛立，二年丁亥秋，爲大元所取，國遂亡』②。結合其他文獻可知，《宋史·夏國傳》所載是可信的，它可補《金史·西夏傳》記載的不足。由於編著者個人的學術水準及時代所限，三史《夏國傳》中都有史料記載和文字方面的錯誤，所以利用三史《夏國傳》時一定要參考有關的整理和研究成果，如三史《夏國傳》中華書局點校本的校勘記部分，以免以訛傳訛。

除《夏國傳》外，三史中的本紀、志、表、列傳部分都散見許多西夏史料。《宋史》北宋九代皇帝的本紀，《天文志》《地理志》《禮志》《食貨志》《兵志》等各志中都雜有西夏史料，《兵志》中的西夏史料更爲豐富。卷二百四十五《周王元儼傳》、卷二百五十《石保興傳》《石元孫傳》《王克臣傳》《韓崇訓傳》等人物列傳中也雜有很豐富的西夏史料，清人在編輯西夏專史時多有采録。《遼史》除《西夏外記》外，聖宗、

---

① （元）脱脱等撰：《金史》，中華書局一九七五年版，第八册第二千八百七十六頁。

② （元）脱脱等撰：《金史》，中華書局一九七五年版，第四十册第一萬四千零二十八頁。

興宗、道宗、天祚皇帝等諸帝本紀，《兵衛志》《地理志》《百官志》《禮志》《部族表》《屬國表》等志、表，卷七十四《韓紹芳傳》《韓德凝傳》、卷八十二《耶律德威傳》等人物傳記中西夏史料也是比較豐富的。

《金史》中雜有的西夏史料也比較多，除《西夏傳》外，太祖、太宗、熙宗、海陵帝、世宗、章宗、宣宗、哀宗等諸帝本紀，卷七十《習室傳》、卷七十一《斡魯傳》等人物傳記中也雜有西夏史料，也爲研究金夏關係提供了寶貴的資料。尤其值得注意的是，卷三十八《外國使入見儀》《新定夏使儀注》爲研究金夏交際之禮提供了基本材料，特别是《新定夏使儀注》記接待夏使之禮和夏使向金國主行禮甚詳。卷六十至卷六十二《交聘表》記金、西夏、高麗三國間的交際往來，金夏交往的一些史實僅見於此表所記，所記夏使姓氏、官職也是研究西夏姓氏和職官制度的重要材料。清人張澍輯《西夏姓氏録》時有許多西夏人的姓氏就采録於《交聘表》。

《宋史》卷四百八十五、四百八十六《夏國傳》的整理成果見中華書局一九七七年版點校本，《遼史》卷一百一十五《西夏外記》的整理成果見中華書局二〇一七年版點校本，《金史》卷一百三十四《西夏傳》的整理成果見中華書局一九七五年版點校本。胡玉冰撰《西夏史書與三史的〈西夏傳〉》（見《史學史研究》，二〇〇一年第二期）研究三史西夏專題的史料價值。

（胡玉冰）

附録

《朔方文庫》總目録

一、寧夏舊志編

册號

[正統] 寧夏志二卷（明）朱㮵纂　明萬曆二十九年（1601）刻本　一

[弘治] 寧夏新志八卷（缺卷七）（明）王珣修（明）胡汝礪纂（明）馮清重纂　明弘治十四年（1501）刻本　一—二

[嘉靖] 寧夏新志八卷（明）楊守禮修（明）管律纂（明）孟霦重校　明嘉靖十九年（1540）刻本　二—三

[萬曆] 朔方新志五卷（明）楊應聘修（明）楊壽纂　清康熙間增補本　四—五

[乾隆] 銀川小志不分卷（清）汪繹辰纂　清抄本　五

［嘉靖］固原州志二卷（明）楊經纂修　明嘉靖十一年（1532）刻本　一六
［萬曆］固原州志二卷（明）劉敏寬董國光纂修　明萬曆四十四年（1616）刻本　一六
［宣統］新修固原直隸州志十二卷（清）王學伊總纂（清）錫麒分纂　清宣統元年（1909）官报書局鉛印本　一七—一九
［民國］固原縣志十二卷　葉超等纂　民國抄本　一九—二三
［咸豐］固原州憲綱事宜册不分卷（清）佚名纂修　抄本　二四
［宣統］新修硝河城志一卷（清）楊修德修　清宣統元年（1909）官报書局鉛印本　二四
［民國］化平縣志四卷　蓋世儒修　張逢泰纂　民國二十九年（1940）平凉一心印書館石印本　二四
［民國］西吉縣志（存卷一）　馬國璵纂　民國三十六年（1947）稿本　二四
［康熙］隆德縣志二卷（清）常星景修（清）張煒纂　清康熙五年（1666）刻本　二四
［道光］隆德縣續志不分卷（清）黄璟纂修（清）藺乃瀅校正　清道光六年（1826）刻本　二四
［民國］重修隆德縣志四卷　桑丹桂修　陳國棟纂　民國二十四年（1935）鉛印本　二五
［乾隆］中衛縣志十卷（清）黄恩錫纂修　清乾隆二十七年（1762）刻本　二六
［道光］續修中衛縣志十卷（清）鄭元吉修（清）余懋官纂　清道光二十一年（1841）刻本　二七—二八

二、歷代人物著述編

帝王世紀不分卷（西晋）皇甫謐撰（清）顧觀光輯　民國二十四年（1935）上海大東書局影印清道光間錢氏刻《指海》本　三五
高士傳三卷（西晋）皇甫謐撰　明嘉靖三十一年（1552）黄省曾刻《漢唐三傳》本　三五
年曆不分卷（西晋）皇甫謐撰　清同治十年（1871）皇華館書局刻本　三五
列女傳不分卷（西晋）皇甫謐撰　清順治間李際期宛委山堂刻《説郛》本　三五
玄晏春秋不分卷（西晋）皇甫謐撰（清）潘介祉輯　清抄本　三五
傅子四卷（西晋）傅玄撰（清）嚴可均輯　清抄本　三五
傅子五卷（西晋）傅玄撰（清）傅以禮輯　清稿本　三五
梁補闕集二卷（唐）梁肅撰　清小雲谷抄本　三六
删定止觀三卷（唐）梁肅撰　清宣統三年（1911）鉛印本　三六
二皇甫詩集八卷（唐）皇甫冉 皇甫曾撰　明正德十三年（1518）劉成德刻本　三六
清閟閣遺稿（元）倪瓚撰　明萬曆二十八年（1600）刻本　三七
青陽先生文集九卷附録二卷（元）余闕撰（明）郭奎 張毅輯　明弘治三年（1490）徐傑刻本　三八
友石山人遺稿一卷（元）王翰撰（元）王偁輯　明弘治八年（1495）袁文紀刻本　三八
虚舟集五卷（明）王偁撰　明弘治六年（1493）刻嘉靖元年（1522）鄭銘、陳暹重修本　三九

石淙詩稿十九卷（明）楊一清撰　明嘉靖刻本　五二—五三
晉溪本兵敷奏十四卷（明）王瓊撰　明嘉靖二十三年（1544）廖希顔、江濬刻本　五四—五六
北虜事迹一卷（明）王瓊撰　明嘉靖二十九至三十年（1550—1551）刻《金聲玉振集》本　五七
胡蒙谿詩集十一卷（明）胡侍撰　明嘉靖二十五年（1546）朱氏刻本　五七
胡蒙谿文集四卷（明）胡侍撰　明嘉靖二十五年（1546）朱氏刻本　五七
胡蒙谿續集六卷附録一卷（明）胡侍撰　明嘉靖刻本　五七
真珠船八卷（明）胡侍撰　明嘉靖二十七年（1548）刻本　五八
墅談六卷（明）胡侍撰　明嘉靖二十五年（1546）朱氏刻本　五八
蓉川集四卷入夏録三卷贈言一卷附録一卷（明）齊之鸞撰　清康熙二十年（1681）齊山悠然亭刻本　五九
毛襄懋年譜一卷御書世彙三卷榮哀録一卷幽光集二卷書一卷行狀一卷墓誌銘一卷（明）毛伯温撰　清乾隆三十五年（1770）毛占元刻本　六〇
毛襄懋先生文集八卷（明）毛伯温撰　清乾隆三十五年（1770）吉水毛仲愈等刻本　六〇—六一
毛襄懋先生別集十卷（明）毛伯温撰　清乾隆三十五年（1770）吉水毛仲愈等刻本　六一—六二

三、寧夏典藏珍稀文獻編

四、漢文西夏史籍編

五、寧夏專題文獻與文書檔案編

《朔方文庫補編》總目録

冊號

一、歷代人物著述編

新編龔景瀚詩文集十四卷（清）龔景瀚撰　清道光二十年（1840）重刻本　八—一〇

誥授振威將軍晋贈建威將軍固原提督法福禮巴圖魯敕封三等子爵諭賜祭葬入祀昭忠祠賜謚壯節顯考玉溪府君年譜一卷（清）王開雲編　清咸豐四年（1854）重刻本　一〇

海北聰禪師語録五卷（清）海北聰禪師撰（清）清雲等記録　明萬曆至清康熙刻《徑山藏續藏》本　一一

正覺潤光澤禪師澡雪集（清）潤光澤禪師撰（清）照水和尚重編　北京圖書館出版社二〇〇四年影印《禪宗全書》本　一一

洗心水禪師語録二卷（清）洗心禪師撰（清）實雪等編　北京圖書館出版社二〇〇四年影印《禪宗全書》本　一二

林我禪師語録四卷（清）林我禪師撰（清）海鑫等編　北京圖書館出版社二〇〇四年影印《禪宗全書》本　一三

斌雅禪師語録二卷（清）斌雅禪師撰（清）海岳 源清記録　北京圖書館出版社二〇〇四年影印《禪宗全書》本　一三

二、寧夏專題文獻與文書檔案編

主要參考文獻

一、目録類

《内閣藏書目録》：（明）孫能傳 張萱等撰，《續修四庫全書》本，上海古籍出版社二〇〇二年版。
《古今書刻》：（明）周弘祖撰，上海古籍出版社二〇〇五年版。
《萬卷堂書目》：（明）朱睦㮮撰，《續修四庫全書》本，上海古籍出版社二〇〇二年版。
《千頃堂書目》：（清）黄虞稷撰，影印文淵閣《四庫全書》本，臺灣商務印書館一九八六年版。
《四庫全書總目》：（清）永瑢等撰，中華書局一九六五年版。
《八千卷樓書目》：（清）丁仁編，《續修四庫全書》本，上海古籍出版社二〇〇二年版。
《天一閣書目》：（清）范邦甸等編，《續修四庫全書》本，上海古籍出版社二〇〇二年版。
《隴右方志録》：張維編，《中國西北文獻叢書》據北平大北印書局一九三四年版影印，蘭州古籍書店一九九〇年版。
《中國邊疆圖籍録》：鄧衍林編，商務印書館一九五八年版。

《中國地方志綜録》：朱士嘉編，商務印書館一九五八年版。
《寧夏地方文獻存佚目録》：寧夏回族自治區圖書館編，一九六四年内部發行。
《日本主要圖書館·研究所所藏中國地方志總合目録》：日本國立國會圖書館參考書志部編，（東京）國立國會圖書館一九七九年版。
《天一閣藏明代地方志考録》：駱兆平著，書目文獻出版社一九八二年版。
《中國地方志聯合目録》：中國科學院北京天文臺編，中華書局一九八五年版。
《稀見地方志提要》：陳光貽編，齊魯書社一九八七年版。
《西北五省（區）社會科學院館藏古籍綫裝書、西北地方文獻、外文及港臺報刊聯合目録》：西北五省（區）社會科學院圖書資料情報協作組編，寧夏人民出版社一九九一年内部發行。
《寧夏地方文獻聯合目録》：寧夏回族自治區圖書館協作委員會編，寧夏人民出版社一九九二年版。
《中國地方志總目提要》：金恩輝　胡述兆主編，漢美圖書有限公司一九九六年版。
《甘肅省圖書館藏地方志目録》：甘肅省圖書館主編，蘭州大學出版社一九九六年版。
《新編天一閣書目》：駱兆平編著，中華書局一九九六年版。
《中國古籍善本書目·集部》：中國古籍善本書目編輯委員會編，上海古籍出版社一九九八年版。
《日藏漢籍善本書録》：嚴紹璗編著，中華書局二〇〇七年版。
《寧夏地方文獻暨回族伊斯蘭教文獻導藏書目》（一）：丁力主編，陽光出版社二〇一〇年版。

《西北史籍要目提要》：田澍、陳尚敏主編，天津古籍出版社二〇一〇年版。

二、叢書類

《天一閣藏明代方志選刊》：上海古籍書店一九六一年至一九六六年版。

《新修方志叢刊》：學生書局一九八〇年版。

《中國方志叢書》：成文出版社一九六八年至一九八五年版。

《中華文史叢書》：王有立編，華文書局一九六九年版。

《寧夏歷代方志萃編》：吴忠禮主編，天津古籍出版社一九八八年版。

《寧夏地方志叢刊》：寧夏回族自治區圖書館編，寧夏人民出版社一九八八年版。

《天一閣藏明代方志選刊續編》：上海書店一九九〇年版。

《中國西北文獻叢書》：《中國西北文獻叢書》編輯委員會編，蘭州古籍書店一九九〇年版。

《中國西北稀見方志》：全國公共圖書館古籍文獻編委會編，中華全國圖書館文獻縮微複製中心一九九五年版。

《故宫珍本叢刊》：故宫博物院編，海南出版社二〇〇〇年版。

《續修四庫全書》：顧廷龍主編，上海古籍出版社二〇〇二年版。

《中國西藏及甘青川滇藏區方志彙編》：張羽新主編，學苑出版社二〇〇三年版。
《中國地方志集成》：鳳凰出版社　上海書店出版社　巴蜀書社二〇〇八年版。
《南京圖書館藏稀見方志叢刊》：南京圖書館編，國家圖書館出版社二〇一二年版。
《原國立北平圖書館甲庫善本叢書》：中國國家圖書館編，國家圖書館出版社二〇一三年版。
《寧夏舊方志集成》：貟有强　李習文主編，學苑出版社二〇一五年版。
《朔方文庫》：胡玉冰總主編，國家圖書館出版社二〇一八年版。
《朔方文庫補編》：胡玉冰總主編，國家圖書館出版社二〇二三年版。